Apologetics at the Cross

십자가 중심 변증학

Apologetics at the Cross
by Joshua D. Chatraw and Mark D. Allen

Copyright ⓒ 2018 by Joshua D. Chatraw and Mark D. Allen
Originally published by Zondervan, Grand Rapids, MI 49546, USA.

This Korean edition copyright ⓒ 2025 by Word of Life Press, Seoul, Republic of Korea.
Published by arrangement with HarperCollins Christian Publishing, Inc. through rMaeng2,
Seoul, Republic of Korea.
All rights reserved.

이 한국어판의 저작권은 알맹2를 통하여 HarperCollins Christian Publishing, Inc.과
독점 계약한 생명의말씀사에 있습니다.
신저작권법에 의하여 한국 내에서 보호받는 저작물이므로 무단전재와 무단복제를 금합니다.

십자가 중심
변 증 학

ⓒ 생명의말씀사 2025

2025년 2월 24일 1판 1쇄 발행

펴낸이 l 김창영
펴낸곳 l 생명의말씀사

등록 l 1962. 1. 10. No.300-1962-1
주소 l 서울시 종로구 경희궁1길 6 (03176)
전화 l 02)738-6555(본사) · 02)3159-7979(영업)
팩스 l 02)739-3824(본사) · 080-022-8585(영업)

기획편집 l 유영란
디자인 l 조현진
인쇄 l 영진문원
제본 l 다온바인텍

ISBN 978-89-04-05043-7 (03230)

저작권자의 허락 없이 이 책의 일부 또는 전체를
무단 복제, 전재, 발췌하면 저작권법에 의해 처벌을 받습니다.

Apologetics at the Cross

십자가 중심
변 증 학

조슈아 채트로우, 마크 앨런 지음
노진준 옮김

생명의말씀사

추천하는 글

이 책은 한마디로 변증의 종합 선물 세트라고 할 수 있습니다. 기존의 변증서들이 주로 지성적 작업에 기초했다면, 이 책은 단순히 논리와 지성을 통해 설득하는 방식이 아닌, 복음적 겸손을 가지고 타인 중심적인 과정을 통해 복음을 제시하는 십자가 중심적 변증을 소개합니다.

변증의 역사를 모두 다 살피고 각 장단점을 모두 종합해서, 인간 지성의 한계를 드러내면서도 강압적이지 않은 방식으로 접근하고, C. S. 루이스처럼 인간 안에 있는 상상과 정서에 깊이 접근하며, 조너선 에드워즈와 제임스 스미스처럼 인간의 욕망인 정서를 함께 다룹니다. 또 찰스 테일러처럼 인생의 문제를 단순히 개인의 문제가 아닌 더 큰 대서사의 상황과 연결시켜서 하나님을 통해 인간을 이해하도록 돕습니다.

'십자가 중심 변증'이라는 표현은 단순히 그리스도의 죽음과 부활을 증거한다는 말이 아닙니다. 그리스도께서 십자가로 희생하셨던 성육신의 삶처럼 십자가를 닮은 방식으로 사람들에게 다가가는 것까지 포함합니다. 결국 변증은 말이나 설득의 기술이 아니라, 복음의 아름다움을 깊이 경험한 사람이 복음의 겸손을 가지고 사람들을 대하는 방식입니다. 변증의 기초가 되는 베드로전서 3장 15절의 말씀 "너희 속에 있는 소망에 관한 이유를 묻는 자에게는 대답할 것을 항상 준비하되 온유와 두려움으로 하고"에서 '온유와 두려움'의 태도가 바로 복음의 겸손입니다. 변증은 기술이 아니라, 복음에 젖은 마음이며, 복음에 푹 잠긴 삶에서 흘러 온다고 보여 줍니다. 변증의 모든 것이 총망라된 작품입니다.

고상섭, 그사랑교회 목사

한국 교회의 침체를 극복하려면 '아폴로기아'(변증하라)라는 하나님의 명령에서 답을 찾아야 합니다. 신약의 사도들과 초대 교회의 교부들은 그들이 처한 역사적-문화적 상황 속에서 복음을 전했습니다. 변증의 목적은 자기 지식을 자랑하는 것에 있지 않습니다. 현대 사회에 채색된 반성경적 사상을 논박하는 일보다 더 중요한 것은 십자가 복음으로 사람을 구원하는 것입니다. 이 책의 저자들은 비판자의 고소에 대한 공감 능력(공감적 고소)의 필요성을 강조합니다. 그리고 '안에서 밖으로' 전략을 따라 불신의 이유를 제거하고 그들을 십자가 복음으로 인도해야 한다고 말합니다. 변증에는 질문을 분석하고 답변하는 훈련이 필요합니다. 십자가 복음을 효과적으로 전달할 수 있는 잘 훈련되고 온유한 변증가들이 한국 교회에 필요합니다. 복음 전도를 위한 변증에 관심이 있는 분들께 『십자가 중심 변증학』을 필독서로 추천합니다.

김기호, 한동대학교 기독교변증학 교수

젊은 세대에게 복음으로 접근하는 데 변증학이 점점 더 중요한 시대에, 조슈아 채트로우와 마크 앨런은 놀랍도록 포괄적이면서도 쉽게 읽을 수 있는 책을 집필했습니다. 이 책은 변증학의 역사와 방법론에 대한 폭넓은 내용을 유지하면서 자연스럽게 독자가 쉽게 실천할 수 있는 응용으로 안내합니다. 십자가 중심 변증(영광의 변증과 대조)이라는 개념에 기초한 창의적이고 실천적인 '안에서 밖으로' 방법론은 그리스도 중심의 지혜와 겸손에 흠뻑 적신 접근 방식을 제공합니다. 변증학에 대한 인식이 필요한 한국 교회이기에, 다음 세대의 복음화에 진심인 목회자 또는 성도에게는 구체적으로 이 책이 더욱 필요할 것입니다. 적극 추천합니다!

박바울, 합동신학대학원대학교 조직신학 조교수

우리 문화에서 변증학을 실천하는 것은 이제 전문가만의 '특화된' 주제에서 벗어나, 이웃과 대화를 나누기 위해서라도 필요한 일이 되었습니다. 조슈아 채트로우와 마크 앨런은 지금까지 제가 본 것 중에 가장 포괄적이고, 접근하기 쉬우며, 최신의 기독교 변증학 지침서를 집필했습니다. 이 주제를 이렇게 풍성하게 다뤘음에도 불구하고, 놀라울 정도로 읽기 쉬운 책입니다. 저자들은 변증학에 대한 다양한 접근 방식을 존중하며 소개하고, 여러 학문과 사상가의 통찰을 통합한 자신만의 길을 제안합니다. 강력히 추천합니다.

팀 켈러(Tim Keller), 뉴욕시 리디머교회 설립자

제가 읽은 변증학 도서 중 최고의 책입니다. 신자 개인과 교회의 삶에서 변증학의 위치에 대해 설득력 있는 비전을 제시하며, 기독교 전통의 풍부한 지혜와 최근의 변증적 접근 방식을 잘 활용하고 있습니다. 그리스도인의 삶을 풍요롭게 하고, 오늘날의 복잡한 세상 속에서 그들의 신앙을 변호하고 전하는 데 도움을 줄 것입니다.

알리스터 E. 맥그래스(Alister E. McGrath),
옥스퍼드대학 과학과 종교 분과 교수, 이안 램지 과학과 종교 센터 소장

이 책은 성경, 역사, 철학, 문화 등을 아우르는 포괄적인 변증학 교재일 뿐 아니라, 그 이상입니다. 바로 현대 세속적 시대에 꼭 필요한, '안에서 밖으로'라는 창의적이고 독창적인 변증학 접근법을 제안합니다. 만약 저처럼 '변증학'에 대해 주저하는 마음이 있다면, 이 책이 당신에게 또 다른 길을 보여 줄 것입니다.

제임스 K. A. 스미스(James K. A. Smith), 캘빈대학교 철학 교수, 『습관이 영성이다』 저자

이 책이 변증학 도서 목록에 추가되어 기쁩니다. 신앙 변증서 대부분이 복음을 그 기준과 본보기로 삼지 않는데, 이 책은 예수 그리스도의 십자가와 부활이라는 기독교의 소망의 이유가 신앙을 방어하는 형태와 방법을 인도하고 주관하도록 하여 새로운 지평을 열었습니다. 『십자가 중심 변증학』은 성경 자료, 변증학의 역사, 신학을 통합해 교회를 사회적 형태로 구현된 십자가형 논증(cruciform argument)으로 제시합니다. 그래서 다양한 사람에게는 복음의 현실로 나아가는 여러 다른 길(즉, 다양한 논증 방식)이 필요할 수 있음을 교회의 구성원이 인식하도록 돕습니다. 이 책은 변증학적 지혜, 특히 십자가의 지혜로 가득 찬 책입니다.

케빈 J. 밴후저(Kevin J. Vanhoozer), 트리니티복음주의신학교 조직신학 연구 교수

성경의 핵심 주제와 기독교 전통의 가장 우수한 요소를 바탕으로, 조슈아 채트로우와 마크 앨런은 기독교 신앙과 변증학의 중요성을 더 깊이 탐구하려는 이들에게 꼭 필요한 책을 제공합니다. 이 창의적인 책은 복음 메시지에 관한 확고한 헌신, 변증학 분야에 관한 광범위한 조사 및 능숙한 분석, 그리고 십자가 중심으로 상황화(contextualization)를 다룬 유용한 입문서입니다. 『십자가 변증학』은 독자를 단순히 정보와 교육으로 이끄는 것을 넘어, 진정한 증인과 신실한 삶으로 나아가도록 방향을 제시합니다. 이 탁월한 자료는 학생, 목회자, 교회 지도자에게 힘을 실어 줄 뿐 아니라, 단순히 읽는 책을 넘어, 사람들이 지침을 얻기 위해 반복적으로 찾아볼 신뢰할 수 있는 나침반이 될 것입니다. 강력히 추천합니다!

데이비드 S. 도커리(David S. Dockery), 트리니티국제대학교/트리니티복음주의신학교 총장

솔직히 말해, 많은 그리스도인이 '신앙을 변호하는' 모습을 떠올리며 마치 거의 아무것도 모르는 사람에게 정신적 학대를 가하는 일처럼 생각하기도 합니다. 그러나 대개 이런 느낌을 받는 이유는 우리가 낡고 문화적으로 둔감한 변증학 모델을 물려받았기 때문입니다. 제가 조슈아 채트로우와 마크 앨런의 이 책을 사랑하는 이유는 "이것이 정확한 변증학 방법이다."라고 말하지 않기 때문입니다. 그보다는 더욱 유용하게도, 주요 원칙을 문화적으로 민감한 틀 안에서 적용하도록 돕는 지도를 제공합니다. 이 분야에서 어려움을 겪고 있다면, 이 책을 읽고 배우십시오!

니콜라스 페린(Nicholas Perrin), 휘튼대학교대학원 성경학 학과장

변증학 책이 단순히 내용만 다루는 것이 아니라, 온유하고 지혜로운 어조와 마음에 관해 논의하며, 방법과 접근 방식을 신중하고 균형 있게 개관한다고 생각해 보십시오. 그것이 바로 『십자가 중심 변증학』입니다. 이 책은 흔히 제기되는 질문을 다룰 뿐 아니라, 사람들이 그러한 문제를 생각하고 관계 맺는 다양한 방식에 대해 방향을 제시합니다. 이 책은 단순히 지성만이 아닌, 영혼의 깊이까지 담아낸 변증학의 교과서입니다.

대럴 복(Darrell Bock),
댈러스신학교 기독교 리더십 및 문화 참여 센터 문화 참여 담당 이사

이 책은 제목에 걸맞은 내용을 담고 있을 뿐만 아니라, 그 이상을 제공합니다. 십자가를 본뜬 신앙 변호 방식이 어떤 모습인지 일반적으로 보여 줄 뿐 아니라, 관련 있고 흥미로운 문화 분석을 통해 우리가 신실하게 살도록 부름 받은 이 시대를 이해하게끔 구체적으로 도와줍니다. 지혜를 깊이 생각하게 하고 실천할 제안을 담은 이 책은 그 통찰과 명확함으로 인해 다시금 찾아보게 될 것입니다.

트레빈 왁스(Trevin Wax), 브로드만 & 홀먼 성경 및 참고자료 편집자

『십자가 중심 변증학』은 그리스도 중심의 설득력 있는 비전을 제시하며, 기독교 변증학이 어떠해야 하는지 보여 줍니다. 이 비전은 십자가의 겸손에 뿌리를 두고 고난 받는 교회의 인내 속에서 탄생합니다. 조슈아 채트로우와 마크 앨런은 복잡한 개념을 명확히 하고 고대의 개념을 현대적으로 이해하기 쉽게 만드는 특별한 능력을 지녔습니다. 그들은 현대 변증학 접근 방식을 성경적이고 역사적인 선례의 빛 아래 두며, 우리가 활용할 수 있는 풍부하고 다양한 변증학 전통과 그것이 오늘날에도 여전히 얼마나 연관이 있는지 잘 보여 줍니다. 또한, 변증학적 방법론을 균형 있고 통찰력 있게 다루고, 회의적인 사람을 '프로젝트'가 아닌 '인격'으로 대하는 실질적인 지혜를 제공합니다. 『십자가 중심 변증학』은 예수 그리스도의 복음으로 오늘날의 문화와 매력적이고 자비롭게 소통하기를 원하는 모든 이에게 이상적인 자료입니다.

조 비탈레(Jo Vitale), 자카리아스 연구소 학장 및 RZIM 변증가

차례

추천하는 글	4
역자 서문: 노진준 목사	14
서론: 십자가 중심 변증으로의 초대	18

1부 십자가 중심 변증을 위한 기초

1장 성경이 말하는 변증 1   36

1. 창조, 일반 계시와 섭리적 돌봄 | 2. 논쟁 | 3. 기적과 능력들 | 4. 역사적인 확증, 목격자의 증언 그리고 증거 | 5. 성취된 예언 | 6. 본이 되는 성품과 사랑을 지닌 선한 시민으로서의 그리스도인 | 휴식을 위한 멈춤

2장 성경이 말하는 변증 2   64

변증에 대한 결정적인 성경적 접근? | 7. 개인적, 교회적 그리고 성령의 증언 | 8. 잘못된 신앙을 약화시키고 기반을 무너뜨리기 위한 의도로 질문을 던짐 | 9. 이의에 대한 답변 | 10. 고난을 위한 이유들 | 11. 논리와 이성 | 12. 묵시적 변증 | 13. 이방 자료들로부터의 논증들 | 14. 예수님의 독특한 권위 | 15. 이야기 | 결론: 상황적이고 십자가 중심적인

3장 위대한 전통 안에서의 변증 1   92

우리 앞에 걸어간 건축가들 | 초대 교회 | 중세 시대 | 종교개혁을 향하여

4장 위대한 전통 안에서의 변증 2   120

십자가를 중심에 두기 | 개신교 종교개혁 | 가톨릭의 대응 개혁 | 17세기와 18세기 | 19세기 | 20세기 | 결론

2부 십자가 중심 변증을 위한 신학적 비전

5장 최근의 적합한 방법들   154

변증적 지도를 그리는 다양한 접근들 | 고전적 변증 | 증거주의 변증 | 전제주의 변증 | 경험적/서사적 변증 | 앞으로 나아갈 길 | 정리하면서

6장 말과 행동을 통해 십자가로 인도하기   192

말씀을 통해 사람을 십자가로 인도하기 | 복음은 무엇인가? | 행동을 통해 사람을 십자가로 인도하기 | 결론

7장 하나님과 사람 앞에서, 십자가를 닮은 겸손   **214**

십자가 중심 변증과 영광의 변증 | 하나님 앞에서의 겸손: 하나님의 초월성에 순복함 | 사람 앞에서의 겸손: 이웃을 사랑하기 | 결론

8장 복음을 위한 전인적인 호소   **248**

전인적인 변증 | 이것이 변증과 무슨 상관이 있는가? | 사랑은 이것과 무슨 상관이 있는가? | 정체성과 목적: 나이키와 아우구스티누스로부터의 교훈 | '이성'이 충분하지 않을 때 | 변증, 이성, 증거 | 결론

9장 십자가 렌즈를 통한 상황화   **274**

보편적 진리의 상황화 | 바울의 목회 철학 | 사도행전에 나오는 주요 설교의 개관 | 냄새를 맡을 수 있는가? 문화 이해하기 | 그다음에는?

3부 십자가 중심 변증의 실천

10장 안에서 밖으로, 세상의 도전을 상대할 준비   **294**

복습하고 돌아오기 | 세 가지 일반적인 역사적 변천: 후기 모더니즘에 오기까지 | 두 가지 영향력: 내재적 틀과 홍보대사의 시대 | 십자가 중심 변증의 적용: 태도와 상황화 | 안에서 밖으로 다가가기

11장 후기 모더니즘에 다가가기   324

후기 모더니즘에 건설적으로 다가가기 | 1. 현대 다원주의 | 2. 진정성의 윤리 | 3. 종교적 무감각 | 4. 치유적 전환 | 뒤돌아보고 앞을 내다보기

12장 기독교를 향한 비평과 공격 다루기   368

공격 무기 1: "기독교는 너무 엄격하다. 사람들이 자기 마음을 따라 성장할 기회를 빼앗는다." | 공격 무기 2: "기독교 성윤리는 비인간적이고 그리스도인은 동성애 혐오자이다." | 공격 무기 3: "그리스도인은 위선자다. 여기에는 오늘 내가 만나는 많은 사람들, 그리고 역사적, 집단적으로 사람을 부당하게 대우한 교회가 포함된다." | 공격 무기 4: "신앙은 이성이나 과학과 대치되며, 증거 없이 믿는 사람을 위한 것이다. 초자연과 신성에 관한 오래된 신화를 벗어나 이성과 경험적 관찰을 통해 진리를 발견한 지가 벌써 오래다." | 공격 무기 5: "세상에 너무 많은 악과 고난이 있어서 하나님을 믿을 수 없다." | 공격 무기 6: "나는 심판과 진노의 하나님은 믿을 수 없다." | 공격 무기 7: "성경은 믿을 만하거나 진지하게 받아들일 만하지 않다." | 공격 무기 8: "기독교의 삼위일체 교리는 혼란스럽고 비논리적이다." | 공격 무기를 넘어 나아가기

13장 실제 사례 가이드   426

변증의 영역 넓히기 | 이정표 | 가장 위대한 이야기 | 예수님의 죽음과 부활 | 한 사람을 예배하다: 너무 빠르게 일어난 유대인의 패러다임 변화 | 결론

감사의 글   468

역자 서문

노진준 목사
순회설교자, PCM 공동 대표

현대인은 기독교에 우호적이지 않습니다. 단순히 기독교가 무엇을 크게 잘못해서가 아니라, 더 이상 '절대'를 인정하지 않는 상대적이고 개인적인 사고의 틀을 가졌기에 절대적이고 공동체적인 기독교 세계관에 우호적일 수 없기 때문입니다. 전도를 하는 것도 쉽지 않고, 진리를 증명하기 위한 논증도 큰 의미가 없습니다. 현대인은 이제 논리적 설득을 기대할 만큼 절대를 향해 열려 있지 않습니다. 이런 절망적인 상황에서 그리스도인은, 그리고 그리스도의 교회는 어떻게 전도의 대사명을 감당할 수 있을까요?

불가능해 보이는 현실은 초대 교회도 마찬가지였습니다. 다신론과 낙관적 쾌락주의에 익숙했던 로마인에게, 또 민족적 우월감과 생존 본능에서 비롯된 종교적 타협에 익숙했던 유대인에게 유일한 진리요 생명이신 부활하신 그리스도를 증거하는 일은 당시의 빈약한 교회로서는 감당할 수 없는 사명이었습니다. 기독교에 전혀 우호적이지 않던 당시 사람들에게 초대 교회는 어떻게 복음의 진리를 변증할 수 있었을까요? 물론 그들이 세상을 변화시키기 위한 치밀한 계획과 의도를 가지고 행동했다고 볼 수는 없을 겁니다. 어쩔 수 없는 한계로 인해 현실을 주도하기보다는 현실에 반응할 수밖에 없었지만, 그들에게는 결코 체념하거나 타협할 수 없었던 분명한 것이 있었습니다. 그것이 그들로 하여금 환난 중에도 인내하게 했고, 억울함에도 자비와 친절을 베풀게 했고 그들의 세계관을 형성하게 했습니다. 그것은 바로 십자가였습니다. 본서에서 저자가 강조한 것처럼 바울이 말한 십자가는 복음을 가리킵니다. 복음이란 단어 자체가 우리의 시대에는 이미 퇴색된 다양한 의미로 받아들여질 때도 있고(복음을 단순히 희생과 헌신을 요구하지 않는 좋은 소식 정도로 이해하는) 너무 광범위하게 받아들여질 수도 있어서 십자가라는 말이 좀 더 구체적이고 실천적으로 들린다는 것이 서글픈 현실이기는 하지만, 복음의 참된 의미를 되새기도록 하기 위해 저자들은 십자가의 이미지와 의미를 강조합니다.

 이 책은 기독교 복음이 왜 진리인가를 변증하는 책이 아니라, 현대 그리스도인에게 어떻게 이 시대에 변증적으로 살아갈지 알려 주는 책입니다. 우리 그리스도인은 자신이 무엇을 믿는지를 알고 믿는 바에 확신을 가지는 것이 중요하지만, 단지 "나는 무엇을 믿는가?"를 아는 것보다 "내가 아는 것을 어떻게 전할 것인가?"라는 질문 앞에 자신을 세워야 합니다. 저는 이 말을 사실성과 진실성이라는 말로 표현해 보고 싶습니다. 사실을 아는 사람에게는 사실이 가장 중요합니다. 하지만 사실을 모르는 사람에게는 사실을 말하는 사람의 진실성이 중요합니다. 포스트트루스(post-truth) 시대는 진리에 대한 관심, 혹은 확신이 없어서 무엇이 진리인가보다는 무엇이 가장 진리처럼 들리는가에 관심이 있습니다. 게다가 극단적 개인주의에 함몰된 상태에서는 어떤 것이 내게 가장 그럴듯하게 들리는가에 가장 큰 관심을 가지게 됩니다. 가짜 뉴스겠다 싶은데도 가짜 뉴스가 쉽게 퍼져 나가는 이유는 사람들이 듣고 싶은 것을 듣기 때문이 아닐까 싶습니다. 진리를 알고 있는 그리스도인은 사실성이 무엇보다 중요하기 때문에 선포하듯이 전도를 하게 됩니다. 진리를 믿지 못하는 것은 그들의 책임이라고 말입니다. 하지만 진실성이 결여되어서 사실을 사실처럼 말하지 않고, 사실처럼 실지 못한 것에 대한 책임이 그리스도인에게 없다고 말하지 못할 것입니다. 현대 기독교 변증이 기독교 진리의 사실성을 증명하려는 시도뿐만 아니라 그 방법의 진실성도 강조하는 이유가 여기에 있습니다.

　십자가 중심 변증이란 단순히 십자가에 대한 변증일 뿐 아니라 십자가에 대한 십자가적 변증입니다. 십자가적 변증의 근거는 성육신에 있습니다. 전능하시고 거룩하신 하나님이 사람이 되셔서 언약적 구원을 성취하신 놀라운 복음의 사건이 변증의 내용이고 변증의 방법입니다. 청중의 마음을 이해하고 공감하면서도 청중의 원함을 만족시키기보다 청중의 필요를 제공하는 설교자의 긴장이 십자가적 변증에 있습니다.

　십자가적 변증은 특히 21세기에 복음 전도의 사명을 감당해야 하는 교회에게는 대단히 중요한 도전입니다. 복음을 듣지 않으려는 현대인에게 다가가기 위해서 복음의 내용을 변질시키고 상대화시킴으로써 다원주의적이 되어 버리거나, 아니면 더 이상 현대인에게는 전도할 수 없다는 상실감에 교회를 세상과 고립시키는 현상이 두드러지게 나타나고 있습니다. 그리스도의 교회는 성육신하신 예수님을 놓을 수 없습니다. 동시에 그 구원의 하나님이 성육신하셨다는 과정의 경이로움도 당연시할 수 없습니다.

이 책을 잘 설명해 주는 단어 중 하나는 긴장입니다. 서론에서 언급한대로 저자들은 독자에게 신학적으로 유능한 전도자가 될 것을 권합니다. 왠지 신학자와 전도자는 함께 어우러지기 어려운 단어처럼 보입니다. 신학자는 내용만을 강조하고 전도자는 실천만을 강조하는 것처럼 보이기 때문일까요? 아니면 신학자의 현장은 상아탑이고 전도자의 현장은 광장이기 때문일까요? 둘의 영역이 다르더라도 서로를 대적하기보다 서로를 보완하고 서로에게서 배우려는 소통과 공감이 있다면 얼마나 좋을까요? 교회는 교인들에게 그들이 믿는 것이 무엇인지 좀 더 철저하게 가르치고 교육해야 할 사명이 있습니다. 교인에게는 예수 그리스도께서 성육신하신 하나님이시라는 사실이 무엇보다 중요하기 때문입니다. 그래서 무엇을 믿는가에 의미를 두지 않으려는 21세기 포스트트루스 시대를 사는 그리스도인은 어떤 면에서 모두 신학자가 되어야 합니다. 동시에 21세기 불확신의 시대를 사는 그리스도인은 모두 진리를 알기에 진리를 전하는 전도자가 되어야 합니다. 어떻게요? 이 긴장을 이 책은 '십자가적'이라고 부릅니다.

예수 그리스도가 길이요 진리요 생명이십니다(요 14:6). 이 그리스도를 더 많은 사람이 만나면 좋겠습니다. 『십자가 중심 변증학』은 우리를 그 열정 앞으로 인도합니다. 그리스도인이 무엇을 믿는지 변증하고, 그 변증학적인 기초를 제공하지만, 궁극적으로 이제 우리가 믿는 것을 어떤 자세로, 그리고 어떤 방법으로 세상과 소통할 것인지로 마무리합니다. 이 책이 21세기를 살아내는 한국 교회를 위해 적시에 소개될 수 있음에 생명의말씀사에 감사를 드립니다. 무엇보다 어느 시대에나 유일한 진리이신 예수 그리스도를 세상에 드러내기 위해 치열하게 사명을 감당하는 교회들을 응원합니다.

서론: 십자가 중심 변증으로의 초대

"나는 성경을 무기로 '신앙을 변호해야 했던' 문화에서 자랐다. 내 신앙에 도전하는 사람은 누구든지 원수로 여겼다."

_ 유진 피터슨, 달라스 윌라드의 『온유한 증인』(*Allure of Gentleness*) 추천사에서

변증을 위한 성경 구절을 하나 꼽으라면 아마도 베드로전서 3장 15절을 말할 것이다.

"너희 마음에 그리스도를 주로 삼아 거룩하게 하고 너희 속에 있는 소망에 관한 이유를 묻는 자에게는 대답할 것을 항상 준비하되 온유와 두려움으로 하고."

사도 베드로는 그리스도인이 자신의 소망에 관해 묻는 사람들에게 답을 줄 수 있어야 한다고 말한다. 영어 성경에서 '대답' 혹은 '변호'라고 번역된 단어는 '아폴로기아'(*apologia*)인데 짐작하는 대로 이 단어에서 '변증'(Apologetic)의 영어 단어가 나왔다. 우리는 그리스도 안에 있는 우리의 소망에 대한 아폴로

기아 혹은 변증을 하도록 준비되어야 한다. 하지만 변증에 관한 많은 책이 그냥 이 구절만 언급할 뿐 그 문맥을 충분히 깊이 있게 설명하지 못한다.

거의 2천 년 전에 사도 베드로는 신앙을 포기하지 않도록 권면하기 위해 한 기독교 공동체에 편지를 써서 보냈다(참조. 벧전 5:9, 12). 이 신자들은 비신자들로부터 주변 문화를 따르라는 육체적, 심리적 압박과 미움을 받고 있었을 뿐 아니라 과거 삶의 스타일로 돌아가고 싶은 유혹, 기독교 공동체 안에서의 긴장, 그리고 자신들의 영적 갈등까지 경험하고 있었다. 그들이 경험하는 시험들로 지쳐 있던 베드로의 독자는 포기하기 일보 직전의 위기 상황에 놓여 있었던 듯하다. 한 신약학자가 주목한 대로 "한 사람의 기독교 신앙이 비난을 받고 조롱을 당할 때 그가 예수 그리스도의 복음의 진리에 대해 의심을 가지기 시작하는 것은 자연스러운 일이다."[1]

---

1) Karen H. Jobes, *1 Peter*, Baker Exegetical Commentary on the New Testament (Grand Rapids, Baker Academics, 2005), 42; 캐런 H. 좁스, 『BECNT 베드로전서』, 베이커 신약성경 주석, 권대영 역, 부흥과개혁사, 2021.

신앙을 포기할지 진지하게 생각하고 있는 이 공동체에 베드로는 어떤 말을 할 수 있었을까?

베드로는 스스로 생각을 많이 했던 것으로 보인다. 무리가 예수님을 체포하러 왔을 때 대제사장의 하인의 오른쪽 귀를 자른 베드로였다(그를 문화적 용사로 본다면 어떤가!). 베드로의 기질을 생각할 때 핍박을 받고 있는 그리스도인에게 윌리엄 월리스(William Wallace, 스코틀랜드 독립전쟁의 영웅으로 "브레이브 하트"라는 영화를 통해 유명해졌다.-역주)처럼 전쟁 연설을 하고 전쟁을(적어도 말로만이라도) 독려하는 것이 더 그답지 않은가! 그는 불은 불로 대적하는 공격적인 전술로 대처하라고 지친 공동체를 이끌 수도 있었다. 존중을 요구하라고 그들을 격려할 수 있었고, 나중에 다루게 될 '영광의 변증'을 시작할 수도 있었다. 하지만 그는 그렇게 하지 않았다.

아마도 베드로에게는 여전히 예수님의 책망이 그의 귀에 들렸는지 모른다. "칼을 칼집에 꽂으라 아버지께서 주신 잔을 내가 마시지 아니하겠느냐"(요 18:11). 몇 년이 지난 후에도 베드로의 귀에는 그의 구주께서 하셨던 말씀이 맴돌고 있었을 것이다. "누구든지 나를 따라오려거든 자기를 부인하고 자기 십자가를 지고 나를 따를 것이니라 누구든지 자기 목숨을 구원하고자 하면 잃을 것이요 누구든지 나와 복음을 위하여 자기 목숨을 잃으면 구원하리라"(막 8:34-35).

그 당시에 십자가는 결코 가볍게 생각할 수 있는 대상이 아니었다. 아무도 십자가를 목에 걸고 다니지 않았다(고문 기구는 그리 좋은 장식품이 아니다.). 베드로가 어떻게 예수님이 제자들에게 "종이 주인보다 더 크지 못하다 한 말을 기억하라 사람들이 나를 박해하였은즉 너희도 박해할 것이요"(요 15:20)라고 말씀하시던 때를 잊을 수 있겠는가!

베드로가 이 편지를 쓸 즈음에는 아마도 예수님의 생애에서의 마지막 한 주간을 그의 마음속에서 반복적으로 재생하고 있었을 것이다. 예수님이 예고

하신 대로 그대로 이루어졌다. 그분은 자기 목숨을 대속물로 주려고 오셨다(막 10:45). 예수님의 방법, 그분이 자신의 목숨을 주심으로 악과 죄를 정복하신 방법은 베드로에게 잊을 수 없는 표적을 남겼다. 바로 그 십자가의 길이, 적대적인 문화에 둘러싸여 있던 공동체를 향해 베드로의 그러한 권면을 가능하게 한 것이다.

예수님을 그의 모델로 삼은 베드로는 사면초가의 공동체에 편지를 보내면서 보복하기보다는 고난 중에 즐거워하며 그리스도의 부활에 의해 보장된 상급을 신뢰하라고 가르친다(벧전 1:6; 4:12-14). 고난과 시험 가운데 있는 그들에게 베드로는 세상에서 하나님을 향한 찬양을 선포하도록 그들을 개인이 아닌 공동체로 부르셨음을 상기시킨다(벧전 2:9). 그리고 애정, 존경, 겸손으로 행하는 삶을 살고(11-12, 15-17절; 3:8-9) 적대적인 비신자들에게 긍정적인 영향을 줄 수 있도록 고귀한 삶을 살라고 가르친다. 베드로에게 있어서 십자가의 길은 신자가 불신자와, 특히 적대적인 불신자와 어떻게 교류할지에 관한 모범을 제공한다(2:22-24).

바로 이 문맥에서 베드로전서 3장 14-15절을 읽어야 한다. "그러나 의를 위하여 고난을 받으면 복 있는 자니 그들이 두려워하는 것을 두려워하지 말며 근심하지 말고 너희 마음에 그리스도를 주로 삼아 거룩하게 하고." 15절의 "너희 마음에 그리스도를 주로 삼아 거룩하게 하고"는 14절에서 베드로가 부정적인 방식으로 쓴 "그들이 두려워하는 것을 두려워하지 말며 근심하지 말고"를 긍정적으로 표현한 것임에 주목하라. 이 대조는 신자가 두려움에 굴복할지, 아니면 그리스도를 주로 경외하며 그분이 궁극적으로 모든 것을 주관하신다는 사실을 신뢰할지(17절), 그들이 내려야 했던 선택을 보여 준다. 두 번째 선택, 즉 그리스도를 신뢰하고 주로 경외하는 것은 아폴로기아로 대답하는 것을 의미했다.

베드로전서 3장 15절의 문맥에 대한 이와 같은 연구는 베드로가 믿은 복음의 변호가 단순히 말로 하는 전쟁이 아니었음을 보여 준다. 다시 말해 그는 그리스도인을 비신자와의 대립 관계로 몰아넣지 않았다. 오히려 박해받는 공동체에 소망을 주고 그들이 기쁨으로 인내하도록 권면함으로써 변증적 대화를 위한 태도를 제시한다.[2] 베드로는 낙심한 그리스도인에게 예수님을 위해 지적인 일격을 가할 수 있는 승리주의자가 되도록 청하기보다 '온유', '존경', '선한 양심', '선한 행실'과 같은 단어와 문구를 사용한 신중한 교훈들로 청한다.[3] 신학자인 케빈 밴후저(Kevin Vanhoozer)가 지적한 대로 "베드로의 초점은 무엇을 말하는가보다 어떻게 말하는가에 있었다."[4] 베드로는 복음의 대적들로 인해 수척해진 기독교 공동체에 겸손함과 기쁨으로 대답할 것을 준비하라고 명한다. 우리는 이 접근을 '십자가 중심 변증'이라고 부른다.[5]

실용적 정의

가장 기본적인 형태에서 변증학이란 기독교 신앙을 위한 호소와 변호를 제공하는 학문이다. 다시 말하면 변증학은 말과 행실을 통해 왜 사람이 믿을 수 있는지(변호)와 왜 믿어야 하는지(호소)에 대한 답변을 제공한다. 변증학의 목적은 사람들이 복음을 들을 수 있도록 길을 만들기 위해 의심과 회의의 잔재를 제거하는 것이다.

---

[2] 사도 바울도 기쁨으로 고난을 받는 것이 구원의 확신을 가져다주고 그에 대한 증언이 된다고 강조한다. 예를 들어 살전 1:4-10을 보라.

[3] Miroslav Volf, "Soft Defense: Theological Reflections on the Relation Between Church and Church in 1Peter," *Ex Auditu* 10, no. 4 (1994): 21을 보라.

[4] Kevin Vanhoozer, *Pictures at a Theological Exhibition: Scenes of the Church's Worship, Wiutness and Wisdom* (Downers Grove, IL: InterVarsity, 2016), 218.

[5] 바울이 종종 그랬던 것처럼(예. 고전 1:16-27; 엡 2:16; 빌 3:18), 이 책 전반에 걸쳐 우리는 기본적으로 '십자가'를 '복음'의 동의어로 사용한다. 1장에서 설명하는 대로 가끔은 복음이라는 단어를 사용하겠지만 우리는 전략적 이유로 십자가라는 말을 사용하는 바울을 따른다.

기독교 신앙을 위한 호소와 변호를 실천하라는 이 초대가 어떤 사람에게는 매력적으로 들릴 것이고 어떤 사람에게는 전혀 매력적으로 들리지 않을 것이다. 만일 후자에 속한다면 우리도 공감한다. 아래 우리의 이야기에서 보겠지만 우리 둘 모두 변증학의 울타리 밖에 있다가 이제야 제대로 이해하게 되었으니까. 당신도 우리 둘이 걸어온 길에서 접촉점을 찾을 수 있기를 희망한다.

우리의 이야기

변증학은 나와 무관하다. 적어도 나는(조슈아) 그렇게 생각했다. 대학을 졸업하고 대학원에 들어갈 때까지 나는 내 신앙을 전하고 하나님과 동행하는 일에 열심이었지만 변증에는 관심이 없었다. 어떤 사람에게는 이런 모습이 이중적으로 보일 수 있고 어떤 사람에게는 공감이 될 것이다. 변증에 대해 무심하거나 노골적인 반감을 가졌던 두 가지 이유가 떠오른다.

첫 번째로 나는 논증이 아닌 복음에 헌신했기 때문에 변증에 공감할 수 없었다. 물론, 내가 잘 이해하지 못하는 것들이 많다. 그러나 복음을 이해하는 것만이 유일하게 필요한 일이다. 상처를 받으며 살아가는 내 주변 사람에게 필요한 것은 복음이었다. 하지만 나중에 깨달았듯이 복음에 헌신하려면 사람과 복음 사이의 장벽을 허무는 방법을 알아야 했다. '복음 중심'이라는 말에 대한 나의 정의는 너무 편협했다.

두 번째로 변증에 심취한 이들(어떤 이유에서든지 대체로 남자였다!)은 대체로 그들의 신앙을 전파하려고 시도하지 않는 것은 둘째 치고 소통에 있어서도 그리 능숙하지 못했다. 대학생 때 변증을 좋아했던 나의 친구들은 논쟁에서 이기는 데는 능숙했지만 사람을 얻는 데는 그렇지 못했다.

목사로 섬기고, 이웃에게 복음을 전하고, 학생을 가르치는 나의 경험은 다른 사람에게 표준적인 논증을 강요하는 것(잘 준비된 논증이지만 다른 사람들의 상황과 독특함에 마땅한 관심을 가지지 않는)이 결코 효과적이지 않다고 가르쳐 주었다. 잘 준비된 논증이 중요하지 않다는 말이 아니다. 사실, 아주 중요하다. 하지만 다른 사람과의 논쟁에서 이기는 것과 그들을 설득하는 것은 다른 일이다. 이기고서도 결국 질 수 있다.

그러나 여기서 내가 하려는 말은 이 두 반론 모두 변증에 대한 공정한 평가를 제공하지 않는다는 사실이다! 내가 이런 과거의 생각을 나누는 이유는 어쩌면 당신도 같은 생각을 하고 있을지 몰라서이다. 하지만 그것은 변증학이 해야 하는 일과 할 수 있는 일에 대한 정당한 평가가 아니다.

시간이 지나면서 변증학에 대한 나의 이 불편함은 오히려 실제적인 필요를 느끼게 했고, 또 목회를 하면서는 실제적인 필요를 절실하게 인정할 수밖에 없었다.

첫 번째 변화는 내가 다니던 주립대학에서 종교학 강의를 들을 때 일어났다. 강의 첫째 날 교수는 많은 학생이 개인적인 경건과 신앙의 전통에 뿌리를 내린 성경에 대한 관심 때문에 이 수업을 신청했을 거라고 말했다. 그는 약간은 거들먹거리는 말투로 그의 수업에서 우리는 '역사 비평학의 분명한 결과들', 즉 학자 대다수가 오랫동안 신약성경에 대해 알고 있던 것들을 다룰 거라고 이야기했다.

그 교수는 학생들이 당연히 비평학의 결론들에 승복할 필요를 느끼게 될 거라고 주장하면서, 여러 세기 전에 계몽주의가 시작되었으므로 경건한 삶에 대한 추구는 자유지만 그의 수업 시간에는 신앙의 문제가 아닌 역사적인 문제를 다루게 될 것이라고 강조했다. 지금 와서 생각해 보면, 기독교 철학자들은 역사와 신앙 사이의 이 잘못된 이분법을 가지고 논쟁을 벌일 것이 분명했다. 그러나 당시 나는 철학자도 아니었고 그 모든 말이 내게는 상당히 위협적이었다.

나는 제기된 질문들에 당황했을 뿐 아니라 낙심이 되기도 했다. 왜 내가 다니던 지역 교회에서는 이런 문제를 듣지 못했던 것일까? 그때까지 나는 기독교의 '무엇', 즉 기독교의 내용만을 들었을 뿐이다. 그런데 비로소 티모시 켈러(Timothy Keller)가 기독교의 '왜'라고 부른 것, 즉 "내가 왜 그것을 믿어야 하는가?"라는 질문에 대한 답을 간절하게 찾게 되었다.

교회는 종종 '왜'라는 질문을 설교와 제자훈련에서 제외시킨다. "내가 평생 교회에서 자랐는데도 이 질문을 처음으로 듣다니, 왜 나는 이런 질문들에 대답할 준비가 되어 있지 않은가? 이성적인 답이 있기는 한 걸까?"를 생각하며 혼란스러워했던 기억이 있다. 나중에 목회를 하면서 다른 사람들도 '왜'라는 질문을 하거나, 아니면 그들의 친구가 던진 '왜'라는 질문에 대한 답을 찾는다는 것을 알게 되었다. 변증은 불가피하다. 나는 교회 안팎에서 날마다 소통하는 사람을 도와야 한다고 느끼기 시작했다.

"변증이 핵심이다." 실력 있는 한 동료의 말에 내가(마크) '진심이야?'라고 생각했던 기억이 난다. 주변에 있던 동료 교수와 직원들이 고개를 끄덕이며 동의하는 것을 보면서 나는 순간 그들이 아는 변증과 내가 아는 변증 사이에 차이가 있다는 것을 느꼈다. 그들은 변증을 포용하고 있었고 나는 거리를 두고 있었다. 사실 나는 변증의 적실성에 상당히 회의적이었다. 예를 들면, "변증학이란 현대주의의 실패한 학문이 아닌가? 더 이상은 유용하지도 않고 존중되지도 않고 적합하지도 않은 구식 근본주의의 유물이 아닌가? 후기 현대 사회에서 이미 변증학의 유용성이 종말을 고했음을 보지 않았는가?"라는 식의 의문이었다.

어쩌면 나는 내가 대학이나 신학교에서 배운 변증학이 재조명되거나 재구성될 수 있다는 생각을 한 번도 해본 적이 없었기 때문에 변증학을 과거의 유물로만 여겼는지 모른다. 지금의 내가 형성된 대학 시절과 신학교에 다닐 당시 변증학은 유용했다. 나의 신앙을 이성적으로 만들어 주었기 때문이다. 성경은 참되고 예수 그리스도는 구주시라고 믿기 위해서 지성을 포기해야 할 이유가 없음을 나에게 설득시켜 주었다! 나중에 변증학을 부정적으로 바라보기 시작했을 때 나는 "내가 어떻게 여기에 와 있는 거지?"라고 스스로 물어야 했다.

첫째로, 변증학은 내 주변에 있는 사람들이 아무도 묻지 않는 질문들에 대한 답을 하는 것처럼 보였다. 몇 년 동안 나는 버지니아 근교의 한 교회에서 목회를 했다. 우리 회중은 대부분 젊고 중산층 이상의 가족들로 구성되어 있었는데 그들은 하나님에 관한 철학적인 논쟁을 묻지 않았다. 그들이 알고 싶은 것은 어떻게 성공적인 결혼 생활을 할 수 있는지, 어떻게 성공적인 직장 생활을 할 수 있는지, 어떻게 건강하고 우수한 자녀를 양육할 수 있는지, 어떻게 스트레스를 줄이고 외로움을 조절하고 중독에서 벗어나고, 상실과 고통으로부터 회복될 수 있는지였다. 하나님이 그들의 삶에서 실제로 역사하시는 분임을 알고 싶어 했다. 만일 하나님이 존재하신다면 논쟁에 의해서가 아니라 매일의 삶에서 경험을 통해 그 존재를 확신하게 될 것처럼 보였다.

몇 년이 지난 후에 나는 농사일에 종사하는 사람들이 공동체를 이룬 시골 마을에서 교인 대부분이 노인인 작은 교회를 섬기게 되었다. 부임 초기에 우리는 데이비드 램(David T. Lamb)의 책인 『내겐 여전히 불편한 하나님』(God behaving badly)[6]으로 주일 저녁에 시리즈 강의를 한다고 광고했다. 한 평신도가 최근 주일 저녁 강연 시리즈에서 마지막 때의 사건들에 관해 가르친 내용이 인기를 끌었기 때문에 나는 이 강연 시리즈에도 제법 많은 사람이 관심을 가지고 참석하리라고 합리적으로 예상했다. 하지만 정작 시간이 되었을 때

---

6) David T. Lamb, *God Behaving Badly: Is the God of the Old Testament Angry, Sexist, and Racist?* (Downers Grove, IL: InterVarsity, 2011); 데이비드 T. 램, 『내겐 여전히 불편한 하나님』, 최정숙 역, IVP, 2013.

마을 사람은 아무도 오지 않았다. 교인들은 그 시리즈에 만족하는 듯했지만 그 적절성을 얼마나 많은 사람이 이해했는지는 확실치 않다. 그 공동체를 위해서는 변증(apologetic)보다는 묵시(apocalyptic)가 더 흥미로워 보였다.

두 번째로 변증학은 너무 지적이라서 거부감을 갖게 만든다는 생각이 들었다. 변증가가 되는 것은 빠른 순발력과 좋은 기억력뿐 아니라 논리에 있어서도 정교한 기술이 요구되는 것 같았다. 내게 가장 도움을 주었던 변증가는 사고의 순발력에 있어서 탁월한 능력을 가졌으며, 완벽한 기억력과 방대한 지식을 가졌고, 순간적으로 논리적 결함을 찾아낼 수 있는 능력을 가지고 있었다. 그들은 이 모든 것을 스팍(Spock, 영화 "스타트랙"에 나오는 과학 반장-역주)처럼 거의 아무런 감정의 요동 없이 평정을 유지한 채 해냈다. 목사로서 부활의 증명에 대해 설교하거나 기독교 신앙을 변호하는 작은 모임을 인도할 때마다 나는 내가 아닌 다른 사람으로 몸에 맞지 않는 옷을 입고 있는 것 같았다. 나의 가장 큰 두려움은 누군가가 내가 준비한 것 너머의 질문을 하면 어떡하나 하는 것이었고 내가 퀴즈쇼인 "제오파디"(Jeopardy)의 참가자처럼 보이면 어떡하나 하는 것이었다. 변증학은 내게 가슴이 아닌 머리에서 말하도록 요구하는 것처럼 보였다.

20대 때 일종의 변증법이 나의 신앙을 형성하는 데 기여하기는 했지만 상황이 바뀌면서 똑같은 접근이 어떻게 더 이상 적절할 수 있을지 의문이었다. 노트르담대학에서 박사학위 과정을 밟던 때 나의 학문적 관심은 역사적, 비평적 학문이 제기한 문제들에 국한되어 있었다(내가 변증의 실제성과 적합성을 이해하기 전까지는).

아들 콜튼이 20세가 되자 그의 신앙이 최대의 위기를 맞았다. 처음에는 다 괜찮았다. 대학 입학은 인생의 전환점이 되었고, 그가 그렇게 행복해 보인 적은 없었다. 하지만 두 번째 학기를 시작하면서 콜튼은 무너졌다. 마치 길을 잃은 것 같았고 무엇을 원하는지 자신도 알지 못했다. 학교는 더 이상 흥미로운 곳이 아니었다. 결국 학교를 그만두고, 똑똑하지만 꿈이 없는 무신론자 친구와 어울리기 시작했다. 콜튼은 회의와 좌절의 수렁으로 점점 빠져 들었다. 변증학 책을 읽으면 도움이 되지 않을까 하는 희망으로 나는 그에게 변증학 책을 소개했고 이 책은 우리 사이에 상당히 의미 있는 토론 거리를 제공해 주었다. 모든 의심을 버리지는 않았지만 다시 그의 믿음이 자라기 시작했다.

이 책들, 그리고 우리가 함께했던 대화를 통해서 하나님은 콜튼 안에 무엇인가를 다시 점화시키셨다. 그는 다른 대학으로 편입을 가서 성경학을 전공했다. 그는 마치 스펀지처럼 학교가 제공하는 모든 것을 다 빨아들였다. 성경, 신학, 철학 그리고 물론 변증학까지. 그의 신앙은 호기심을 일깨웠고 그의 진실한 의심은 더욱 깊은 믿음으로 그를 인도했다. 하나님의 은혜 가운데 이러한 경험은 내게도 자극이 되어서 변증학의 과거와 현재와 미래에 관한 나의 상상력에도 불씨를 제공했다.

대학에서 성경과 신학 분과 학장이 된 후, 나는 요즘 세상에서 변증학의 적실성에 대한 또 다른 경험을 하게 되었다. 이전 교회의 교인 한 사람으로부터 이메일을 받았는데 그녀와 남편은 교회에서 모범이 되는 부모로서 다른 사람을 섬기는 일, 자녀 홈스쿨링, 기독교 공동체에서의 역동적인 삶에 깊이 관여했다. 그들은 젊은 회중에게 힘과 안정감을 주는 가족이었기 때문에 그녀의 이메일 내용은 내게 충격이었다. 그녀의 남편이 불가지론자가 된 것이다. 그는 다른 세계관을 옹호하고 기독교의 기반을 의도적으로 무너뜨리려는 책들[특히 바트 어만(Bart Ehrman)[7)]을 읽으면서 그런 결론에 이르렀다. 그는 회의가 생긴 자신의 입장을 자녀에게 들려주고 싶었고 그가 발견한 진리를 자녀에게

---

7) 대중적인 차원에서의 바트 어만에 대한 답변으로는 다음을 보라. Andreas Kosterberger, Darrell Bock, and Josh Chatraw, *Trith Matters: Confident Faith in a Confusing World* (Nashville: B&H, 2010); 대럴 보크, 안드레아스 쾨스텐버거, 조시 채트로, 『세상에서 나의 믿음이 흔들릴 때』, 윤종석 역, 디모데, 2016. 또한 Andreas J. Kosterberger, Darrell Bock, and Josh Chatraw, *Truth in a Culture of Doubt: Engaging Skeptical Challenges to the Bible* (Nashville: B&H, 2014)을 보라.

가르치려 했다. 그녀는 내게 도움을 청했다. 유능하고 지적인 사람이었지만 그녀는 이 상황에 압도되어 무엇을 해야 할지 몰랐다. 그녀의 말이다.

> 솔직히 말하면 저는 지금 차분하게 마음을 진정시키고 그가 아이와 나누는 대화나 그것이 그들의 미래에 어떤 영향을 끼칠지에 대해 염려하지 않으려고 애를 쓰고 있습니다. 그렇다고 제가 무지하거나 그 문제들에 반박하기를 피하는 것은 아닙니다. 하지만 억지로라도 제가 그 물에 발을 담그려는 순간 제가 맞닥뜨리는 것은 나와 입장이 다른 많은 학자이고 서로를 공격하는 논쟁이어서, 그들은 답을 가지고 있고 나는 무식하거나 맹목적이라는 생각이 듭니다.

이것이 우리가 사는 세상의 스냅사진이다. 그녀의 말은 과거에 학계로 떠넘긴 많은 문제가 이제는 종종 회의론자에 의해 대중에게 소개되고 있다고 상기시킨다. 이제 더는 학자들만 변증가가 될 수 없다. 학계에 종사하든 아니든 현재와 미래의 기독교 지도자는 잘 준비되어야 하고 다른 사람을 그렇게 가르칠 수 있어야 한다. 어쩌면 결국 변증학이 핵심인 셈이다.

문화에서의 도전

우리가 사는 세상은 길거리와 학문의 전당만이 아니라 교회의 설교단에도 변화를 가져다 주고 있다. 철학자인 제임스 스미스(James K. A. Smith)는 우리 시대에 신앙의 '깨어지기 쉬움'(fragility)을 이렇게 묘사한다.

> 우리는 신들과 우상들이 저물어 가는 황혼에 살고 있다. 하지만 그들의 유령은 물러나기를 거부해서 가끔씩은 신념에 유혹당하는 자신의 모습에 스스로

깜짝깜짝 놀란다. … 반면에 세속적인 시대에 신앙이 견뎌 낸다 해도 믿는다는 것은 쉬운 일이 아니다. 신앙은 불안정하며, 신앙고백은 끊임없이 도전받을 수 있다는 불가피한 생각에 사로잡혀 있다. 우리는 의심 대신에 믿는 것이 아니라 의심하면서 믿고 있다. 우리는 이제 모두 도마이다.[8]

스미스는 우리가 살고 있는 서구 세계를 잘 묘사했다. 오늘을 사는 그리스도인은 단지 순결을 위해 정욕과 싸우고, 만족을 위해 욕심과 싸우고, 겸손을 위해 교만과 싸우고 있을 뿐만 아니라 믿음을 위해 의심과도 싸워야 한다. 우리는 마가복음 9장에 나오는 사람처럼 "내가 믿나이다 나의 믿음 없음을 도와 주소서"(24절)라고 소리쳐야 한다. 오늘날 우리의 전투는 과거의 전투와 다르다.

사실 그리스도인은 의심이란 삶의 일부라고 오랫동안 이해해 왔다. 5백 년 전 장 칼뱅(John Calvin)은 그리스도인이 의심과 믿음 사이에 영구적인 갈등을 가질 수 있다고 했다.[9] 이 위대한 개신교 종교 개혁가도 신앙의 깨어지기 쉬움을 인식했지만, 현재 우리와는 상당히 다른 상황에서 그는 살고 있었다.

스미스가 지적한 대로 서구에서의 상황은 칼뱅 이후로 엄청난 변화가 있었다. 당시에 의심은 믿음이라는 사회적 구조 안에서 존재하고 있었고 기독교의 전반적인 구조는 개인 신앙의 신실함만큼이나 의문의 여지가 없었다. 과거에 의심이 "내가 진정한 신자인가?"라는 질문으로 요약되었다면, 오늘날은 "기독교는 과연 사실인가?"라는 질문으로 요약된다.

---

8) James K.A. Smith, *How (Not) to Be Secular: Reading Charles Taylor* (Grand Rapids: Eerdmans, 2014), 3-4. 스미스는 본서의 중요한 자료이기도 한(특히 11-12장) 찰스 테일러(Charles Taylor)의 대작인 *A Secular Age*(Cambridge, MA: harvard University Press, 2007)에 대한 주석을 제공한다. 테일러는 어떻게 서구 문명의 대부분 신을 믿지 않는 것이 타당해 보이지 않았는지 강조한다. 오늘날 서구의 환경은 다르다. 많은 곳에서(특히 지적인 곳에서) 기본적인 문화적 전제는 신을 믿는 것이 타당해 보이지 않도록 만들거나 아니면 적어도 그저 많은 선택 중 하나의 가능성 정도로 보도록 만든다.

9) John T. McNeill, ed., *Calvin: Institutes of the Christian Religion*, vol.1,III,ii,17 (Philadelphia: Westminster, 1960), 562.

철학자와 신학자만 이런 문화적 변동을 느끼는 것이 아니다. 다른 학문 분야에서도 비슷한 현상이 관찰된다. 사회학자인 제임스 헌터(James Hunter)는 현재의 사회적 상태는 과거에 불가피했던 신에 대한 신앙을 이제는 없어도 되는 것으로 만들어 버렸다고 했다. "신의 존재와 세상에서 그가 능동적인 활동을 한다는 전제는 더 이상 수용이 어렵다. 왜냐하면 사회적, 경제적, 정치적 그리고 미학적 삶의 가장 중요한 상징이 더 이상 그를 가리키지 않기 때문이다. 신은 더 이상 과거처럼 당연시되지 않을 뿐 아니라 사람들 대부분에게 전혀 당연하지 않다. 아주 달라진 것이다."[10]

받아들이고 싶지 않겠지만 신앙은 곳곳에서 도전을 받고 있다. 다른 선택의 여지가 없다. 신자이든 비신자이든 오늘날 사람들 대부분은 절대적인 신앙과 절대적인 의심 사이에서 살고 있다. 이런 상황을 이해할 때 변증학을 깊이 숙고해 보고 실천하는 것은 대단히 중요한 일임을 깨닫게 된다. 변증학은 그 어느 때보다 필수적이다.

변증학을 위한 비전

다음 장들에서는 우리의 상황에서 기독교를 위해 호소하는 성경적, 역사적, 철학적, 신학적 그리고 실제적 비전으로서 우리가 '십자가 중심 변증'이라고 부르는 것을 소개할 것이다. 변증학의 철학과 방법론에 관해서는, 그리고 복음 전도나 실제적 변증에 관해서는 많은 유익한 책이 이미 저술되었지만(우리가 이들에게 많은 빚을 졌다.) 본서는 다른 접근을 시도한다. 학교와 교회에서 수

---

10) James Davidson Hunter, *To Change the World: The Irony, Tragedy, and Possibility of Christianity in the Late Modern World* (New York: Oxford University Press, 2010), 203; 제임스 데이비슨 헌터, 『기독교는 어떻게 세상을 변화시키는가』, 배덕만 역, 새물결플러스, 2014.

년 간의 사역을 통해 우리는 오늘날 효과적인 변증이 다양한 학문을 통합하는 탄탄한 비전에 의해 형성될 필요가 있다고 보았기 때문이다.

이 책의 나머지 부분에서 우리는 변증학의 집을 지을 것이다. 집을 지을 때는 기초를 놓고 그다음에 벽을 세우고 지붕을 얹고 내부 장식을 한다. 1장과 2장에서는 변증을 위한 성경적 기초를 놓고 3-4장에서는 초대 교회 이후 진행된 변증학의 역사적 발전을 대략적으로 다루며 기초를 완성할 것이다.

5-9장에서는 변증학이란 집의 벽과 외부 구조를 제공하는데 최근의 방법(5장)과 변증학을 위한 신학적 비전(6-9장)을 다룬다. 10-13장은 집의 내부 장식으로 들어가서 십자가 중심 변증학이 실제로 어떻게 작용하는지 살펴볼 것이다. 여기서는 사람들이 즉각적으로 보게 되는 것을 언급한다(페인트, 살림살이, 가구 등). 10~11장은 오늘날 문화에서 받는 특별한 도전을 다루면서 변증적 대화를 위한 '안에서 밖으로'(inside-out) 접근 방법을 시도한다. 12장에서는 기독교에 반대하는 비평과 공격을 다룬다. 마지막으로 13장에서는 어떻게 기독교를 변증할지에 대한 가이드와 함께 끝맺음을 할 것이다.

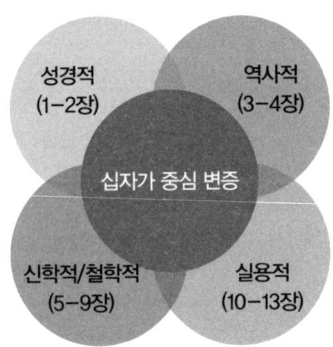

초대 교회의 복음 전도를 연구하면서 마이클 그린(Michael Green)은 당시 교회 지도자가 사람들의 마음과 생각을 얻기 위해서 실제적인 전도와 함께 많은 공부를 했다고 말한다.[11] 그는 현대 교회도 초대 교회의 이 지도자를 본받을 것을 제안한다. 왜냐하면 오늘날 교회에서 가장 필요한 것 중 하나는 "상아탑에서 나와 복음을 전하는 신학적으로 유능한 사람들"이기 때문이다.[12] 우리는 앞으로 계속 이어질 내용이 변증학을 위한 이 비전(사고하는 삶으로의 헌신과 예수 그리스도와 복음을 향한 신실한 충성이 결합된)을 신실하게 보여 줄 수 있기를 기도한다.

---

11) Michael Green, *Evangelism in the Early Church*, rev.ed.(Grand Rapids:Eerdmans, 2004), 18; 마이클 그린, 『초대교회의 복음전도』, 홍병룡 역, 복있는사람, 2010을 보라. 목사를 위한 권면으로는 Josh Chatraw, "The Pastor Theologian as Apologist," in *Becoming a Pastor Theologian*, ed. Todd Wilson and Gerald Heistand (Downers Grove, IL: IVP Academic, 2016), 173-83을 보라.

12) Green, *Evangelism in the Early Church*, 19; 그린, 『초대교회의 복음전도』.

1부

십자가 중심 변증을 위한 기초

1장

성경이 말하는 변증 1

예수님의 십자가에 진심이라면 그 메시지가 십자가 중심이듯이 그리스도인의 설득은 그 방법에 있어서도 십자가 중심이어야 한다.

_오스 기니스, 『풀's 톡: 모든 그리스도인을 위한 설득의 예술』(Fool's Talk) 중에서

변증을 지지하는 대표적인 성경 구절이 있다면 베드로전서 3장 15절일 것이라고 서론에서 살펴보았다. 반면에 변증에 반대하는 대표적인 성경 구절이 있다면 고린도전서 2장 1-5절일 것이다.

"형제들아 내가 너희에게 나아가 하나님의 증거를 전할 때에 말과 지혜의 아름다운 것으로 아니하였나니 내가 너희 중에서 예수 그리스도와 그의 십자가에 못 박히신 것 외에는 아무 것도 알지 아니하기로 작정하였음이라 내가 너희 가운데 거할 때에 약하고 두려워하고 심히 떨었노라 내 말과 내 전도함이 설득력 있는 지혜의 말로 하지 아니하고 다만 성령의 나타나심과 능력으로 하여 너희 믿음이 사람의 지혜에 있지 아니하고 다만 하나님의 능력에 있게 하려 하였노라."

일부 비판가는 이 말씀을 가리켜 바울이 아테네에서의 실수를 인정하고 이제는 오직 십자가만 설교하겠다는 다짐을 의미한다고 이해했다. "변증!" 이

비판가들은 비웃는다. "바울은 모든 변증은 말이 되지 않고 오직 복음만을 전하겠다고 맹세했다." 하지만 문맥 안에서 읽는다면 이 본문이 변증을 반대한다기보다는 실제로 변증이 어떻게 행해져야 하는가에 대한 중요한 적용을 보여 주는 것을 분명히 알 수 있다.

사도행전에 나타난 바울의 사역은 일종의 모델로 여겨지는데 여기서 비신자를 설득하고 논증하는 많은 경우는 예외라고 볼 만한 근거는 없다. 바울은 자신의 목회뿐 아니라 다른 사람을 위한 가르침에서도 다양한 형태의 설득에 가치를 두었다. 고린도후서에서 바울은 이렇게 말한다. "우리는 주의 두려우심을 알므로 사람들을 권면하거니와"(고후 5:11; 한글 성경에서 '권면'으로 번역된 단어는 영어 성경에서 '설득'으로 번역된다.–역주) 바울이 피하려는 것은 설득이 아니라 일종의 조종하려는 설득(manipulative persuasion)이다.

고린도전서 2장에서 바울은 당시에 잘 알려진 궤변론(sophism)을 염두에 두고 있다. 궤변론자는 그들의 언변과 웅변적 관행에 근거해서 생업을 유지하던 수사학자였다. 지중해 지역에서 웅변술의 영향력이 얼마나 우상적이었는가를 현대인이 이해하기는 어렵다. "수사학적 기술에 엄청난 가치를 부여했기 때문에 궤변론자의 기준에 미치지 못하거나 그 기준을 따르지 않기로 한 연설가는 심각하게 열등한 자로 취급되었다."[1]

바울은 바로 이 맥락에서 '유창함과 사람의 지혜'에 대해 말했던 것이다. 그는 복음의 메시지가 연설가의 수사학적 능력에 의해서 판단되기를 허락하지 않았다. 궤변론자의 영향력 밖에 있던 루스드라에서는 바울이 매우 설득력 있게 말을 해서 헬라 전령의 신이라고 하는 헤르메스로 추앙을 받아 곤란을 겪기도 했다(행 14:12). 신약학자인 D. A. 카슨(Carson)은 이렇게 기록한다. "바울이 피한 것은 복음을 혼잡하게 하면서 갈채를 받는 인위적인 소통이었

---

1) D. A. Carson, *The Cross and Christian Ministry: Leadership Lessions from 1Corinthians* (Grand Rapids: Baker, 1993), 34.

다. … 바울의 말은 사람들이 '얼마나 위대한 구주인가!'라고 말하게 하는 대신 '얼마나 위대한 설교자인가(혹은 변증가인가)!'라고 말하게 하는 모든 방법을 경계하라는 것이다."[2]

우리는 고린도 교회에 보낸 편지에서 중요한 교훈을 하나 배운다. 바울은 설득에 있어서 상당히 유연했다는 것이다(예를 들어 고전 9:19-23). 하지만 그의 유연함에 한계가 없었던 것은 아니다. 그는 복음의 메시지를 위험하게 만들 수 있는 모든 것들에 대해 철저하게 대응했다.

이는 '유창함'과 '인간의 지혜'를 사용하는 것에 대한 바울의 반대를 잘 설명해 준다. 하지만 앞서 언급한 비판가가 제기한 문제는 단지 바울이 어떻게 말하는가뿐 아니라 바울이 무엇을 말하는가와도 관련이 있다. 바울은 그리스도인이 전해야 하는 복음에도 철저하게 제한을 두고 있다. "내가 너희 중에서 예수 그리스도와 그가 십자가에 못 박히신 것 외에는 아무 것도 알지 아니하기로 작정하였음이라"(고전 2:2). 하지만 상식적으로 생각할 때 바울이 그리스도의 죽음에 관한 것을 제외한 모든 메시지를 금하는 것이 아님을 알 수 있다. 고린도 교회에 보내는 바로 이 편지에서 그는 성적 문란, 결혼, 독신, 예배, 영적 은사, 방언, 성찬 등 다양한 주제를 다루고 있기 때문이다.

바울은 십자가만 의미 있다고 말하지 않았다. 모든 것은 십자가의 렌즈를 통해서 볼 때에만 의미 있다고 말한 것이다. 고린도전서의 이 구절은 변증을 부정한다기보다는 변증의 합당한 기초를 제공하여 초점을 잃지 않도록 한다. 이 구절은 변증의 목표가 단지 어느 신이든 믿어도 된다는 듯이 지성적인 존중이나 신론에 대한 변호가 아님을 보여 준다.

변증의 목표는 십자가여야 한다. 변증은 역사적 증거, 논리, 열정, 이야기, 경험, 상상력을 사용하는 일이 중요하다고 주장하지만, 그것이 가장 중요한

---

2) Carson, *The Cross and Christian Ministry*, 35.

것이 되어서는 안 된다(참조. 고전 15:3). 변증은 가장 중요한 것인 십자가로 사람을 이끌도록 사용되어야 한다.

겸손과 고난의 상징인 십자가는 우리가 변증하는 방법을 제공한다. 바울은 고린도에 있는 교회에 "내가 너희 가운데 거할 때에 약하고 두려워하고 심히 떨었노라"(고전 2:3)고 상기시킨다. 승리주의자적 선언이나 강한 성격으로 약함을 감추려하기보다 바울은 겸손의 자연스러운 결과인 솔직함으로 말한다. 이 부분에 대해서는 나중에 좀 더 발전시켜 다루겠지만 여기서는 일단 바울이 자신의 약함을 감추어야 할 것으로 여기기보다는 오히려 하나님의 능력을 자랑할 기회로 삼았다는 것을 보는 것만으로도 충분하다.

우리의 믿음이 사람의 지혜가 아닌 하나님의 능력을 의존하게 하려면, 오직 성령님의 능력을 보여 줄 때 효과적일 거라고 우리는 주장한다(고전 2:4-5). 변증이 성령님의 능력이 아닌 시스템이나 수사학적 스타일, 혹은 카리스마적인 특징에 의존할 때 그릇된 길을 가게 되는 것은 불가피하다. 새로운 제자의 믿음이 하나님 자신의 복음이 아닌 다른 것에 집착할 때 위험이 발생한다. 이것이 고린도전서 2장 1-5절에서 비롯된 함의와 십자가에 대한 바울의 강조가 이 책의 중심이 되는 이유이다.

이 책 전반에 걸쳐 십자가는 바울이 그랬던 것처럼 복음의 동의어로 사용될 것이다(고전 1:16-27; 엡 2:16; 빌 3:18을 보라). 바울은 전략적으로 이 단어를 선택한 듯한데, 예수님의 생애나 부활을 제외시킨다거나 그것이 죽음보다 덜 중요함을 암시하기 위해서가 아니라 복음의 스캔들을 강조하기 위해서, 즉 하나님의 지혜가 어떻게 인간의 지혜를 초월하는가를 강조하기 위해서였다. 마찬가지로 『십자가 중심 변증학』이라는 책의 제목에서 우리는 복음의 다른 면을 제외시키는 것이 아니라 복음이라는 단어 대신에 십자가를 사용했던 바울을 본받는 것이다.

> **변증학과 삼위일체**
>
> 대단히 중요하게도 고린도전서 2장 1-5절은 삼위 각 하나님이 아주 중요한 역할을 감당하는 삼위일체를 보여 준다. 성경적 변증은 그저 신에 관한 것이 아니라 구약과 신약성경에 계시된 하나님에 관한 것이다. 삼위일체에 대한 강조는 변증이라는 일에 삼위 하나님이 어떻게 깊이 관여하시는가를 보여 준다. 성부 하나님은 창조에서 자신을 계시하시고 예수님은 자신의 정체성에 관해 논증하시고 성령님은 진리를 증언하신다.

단순히 성경으로부터 변증에 관한 광석을 캐기보다, 온전한 성경적 틀에 관해 생각하는 것이 중요하기 때문에 우리는 다음 두 장에서 성경의 스토리라인을 통해 드러난 중요한 점을 강조할 것이다. 성경은 점진적으로 계시되었지만, 우리는 처음부터 끝까지 성경 전체의 이야기를 다 소유하고 있다. 따라서 우리는 성경을 독립된 사건들로만 이해하는 것이 아니라, 성경이 말하고자 하는 전체적인 구조를 이해할 수 있다. 우리는 그 이야기의 목적을 안다. 이 방대한 서사의 중심에, 그 핵심적인 목적에 십자가에 달리신 하나님, 영광스럽게 죽음에서 부활하신 하나님이 계시다. 예수 그리스도께서는 인간의 육신을 입고 오신 하나님이시다. 십자가에 달리시고 죽으시고 장사되셨다가 다시 살아나셔서 승천하신 하나님이시다!

이어지는 두 장에서는 어떻게 변증을 해야 하는지 성경이 말하도록 성경 본문에 대한 연역적 접근을 다룰 것이다. 이 장들을 읽으면서 우리는 설득을 위한 고유의 상황적 접근이 성경 안에 있음을 발견할 것이다. 우리는 이 접근들을 15개의 범주로 정리했다. 만일 성경의 이야기가 연극이라면 이 범주는 성경이 어떻게 변증을 하는지 보여 주는 변증적 연기(apologetic performances)라고 부를 수도 있겠다.[3] 십자가의 렌즈를 끼고 성경의 세계에 사는 것이 변

---

3) 우리는 이 은유를 다음 책에서 빌려 왔다. Kevin J. Vanhoozer, *The Drama of Doctrine: A Canonical Linguistic Approach to Christian Theology* (Louisville: Westminster John Knox, 2005), 363-

증을 위한 강력한 기초가 된다는 확신이 있기 때문에 다른 변증학 개론 서적들보다 많은 양을 성경적 배경에 할애할 것이다.

1. 창조, 일반 계시와 섭리적 돌봄

창조와 일반 계시

시편 19편 1-6절을 보면 하늘이 하나님을 위한 변증가 역할을 한다! 하늘은 한마디 말도 하지 않지만 모든 피조물을 대변해서 창조주의 장엄함을 선언한다. 매일 밤, 매일 낮 지속적으로 하늘은 하나님이 존재하시며 그분은 영화로우시다고 계시한다. 이를 가리켜 신학자들은 일반(혹은 자연) 계시라고 부른다.

4-6절에서 시편 기자는 시적으로 낮을 해의 삶으로 묘사한다. 이 시인은 해가 떠오르는 기쁨, 장엄한 과정 그리고 온 땅에 머무는 해의 따스함을 관찰하면서 너무도 분명한 유일하시고 참되신 하나님의 계시로 인해 가슴이 경이와 감탄으로 차오른다. 하지만 아직은 이르다. 하늘과 해가 이스라엘의 예배자에게는 하나님의 존재를 증명하는 것이 될지라도 모든 사람을 위한 증명이 되지는 않는다. 고대 근동 지방의 다른 종교는 똑같은 자연 계시를 대하면서도 해가 유일하시고 참되신 하나님을 가리킨다고 보기보다는 해가 신의 현현, 즉 많은 신 중에 하나라고 보았다.

태양신을 숭배하는 이집트의 찬송곡도 시편 19편과 비슷한 형상을 사용해서 시적으로 묘사한다.

444: 케빈 밴후저, 『교리의 드라마』, 윤석인 역, 부흥과개혁사, 2017.

실패 없이 날마다 완벽하게 다시 떠오르는
레(Re; 고대 이집트의 태양신-역주)를 송축할지어다
정금도 당신의 영광에 비할 수 없으니
당신이 하늘을 가로지를 때 모든 얼굴이 당신을 보며
짧은 하루 동안 당신은 달려가나이다[4]

메소포타미아 사람들도 그들의 태양신인 샤마쉬(Shamash)를 가리켜 시편 19편과 비슷한 노래를 불렀다. "당신은 정기적으로 하늘을 가르며 행하고 날마다 광활한 온 땅을 운행하나이다."[5]

다른 세 부류의 사람이 같은 태양을 보았지만 그들은 보는 것을 다르게 해석했다. 두 부류의 사람은 신으로 보았고 다른 부류는 유일하시고 참되신 하나님의 창조로 보았다. 이는 당황스러운 질문을 가능케 한다. 성경이 주장하는 대로 창조가 하나님의 영광을 선포하고 있다면 왜 모든 사람이 이를 고백하며 그분의 이름을 찬양하지 않을까? 왜 어떤 사람은 전혀 다른 것을 경배할까? 창조 자체가 변증가가 아니란 말인가?

바울은 로마서 1장 18-25절에서 이 질문들에 대해 답변한다. 바울은 하나님은 그분의 영원한 능력과 신성을 창조 안에 드러내시지만 인간이 그들에게 주어진 하나님에 관한 지식을 억누르고 있다고 설명한다. 창조는 하나님을 계시하지만 사람은 바로 자기 앞에 있는 진리를 부인하는 것이다.

일반 계시에 관한 바울의 확증은 시편 19편과 일관된다. 창조를 통해 하나님에 관해 알 수 있는 것이 인간에게 자명하게 나타난다. 하나님의 신성과 영

---

[4] John H. Walton, ed., *Zondervan Illustrated Bible Backgrounds Commentary: The Minor Prophets, Jobs, Psalms, Proverbs, Ecclesiastes Song of Songs* (Grand Gapids: Zondervan, 2009), 5:335에서 인용함.

[5] Walton, *Zondervan Illustrated Bible Backgrounds Commentary*, 5:336에서 인용함.

원한 능력은 하나님이 만드시고 유지하시는 것을 통해 분명하게 그리고 반복적으로 계시된다. 그러므로 문제는 본질적으로 하나님의 계시에 있는 것이 아니라 이집트와 메소포타미아의 경우처럼 계시를 억누르고 왜곡시켜 창조주 대신에 피조물을 섬기는 사람에게 있다.

요약하자면, 창조를 통해 하나님에 관한 참된 지식이 우리에게 주어졌다. 자연은 하나님을 계시한다. 하늘은 그분의 영광을 선포한다. 창조가 곧 변증가이다. 문제는 인류가 이 계시를 억누르고 있다는 것이다. 인간이 진리를 부인한 채 자연 계시를 왜곡하고 피조된 것을 경배한다. 변증적 대화를 위해 자연 계시를 강조할 수 있고, 강조해야 하지만 동시에 인간의 죄성이라는 상황을 인식해야 하는 것이다.

일반 계시와 변증

우리는 이번 단원에서 해석가에 따라 자연이 다르게 읽힐 수 있음을 보았다. 이는 단지 고대에만 그랬던 것이 아니라 최근의 역사에서도 그랬다. 예를 들어 계몽주의 시기 등장한 창조에 관한 다양한 해석을 보면 알 수 있다(4장을 보라). 우리는 참된 하나님에 관한 믿음을 증명하거나 강요한다기보다는 알리스터 맥그래스가 기록한 대로 자연은 기독교 계시의 렌즈로 읽을 때 "매력적인 상상과 이성적 설득"이 된다. 우리는 다른 사람들에게 기독교의 "미적인 능력과 이성적 상상력을 누리도록" 자신의 틀이 아닌 기독교적 상상력과 이야기라는 렌즈를 통해 자연을 바라보라고 요청할 수 있다.[6]

물론 잘만 사용하면 기독교를 위한 폭넓은 논증을 위해 유용하게 사용될 수 있는 일반적 유신론(general theism)에 대한 논증의 긴 역사가 있기는 하다. 그러나 시편 19편과 로마서 1장은 이스라엘의 하나님(일반적인 신이 아니라)을 구체적으로 언급하고 있다. 해석적 틀이 자연을 보는 관점에 결정적인 역할을 한다는 사실을 잊지 말아야 한다.

---

6) Alister E. McGrath, *Re-Imaging Nature: The Promise of a Christian Natural Theology* (West Sussex, UK:Wiley Blackwell, 2017), 131.

섭리적 돌봄

하나님은 세상과 그 안에 사는 사람들을 돌보심을 통해서도 그 존재를 계시하신다. 하나님은 세상을 창조하신 후에 버려 두고 떠나신 것이 아니라 지속적으로 먹이시고 돌보신다. 사도행전 14장 14-18절은 세상을 돌보시는 하나님에 관한 전형적인 논증을 담고 있다(참조. 행 17:24-31).

"두 사도 바나바와 바울이 듣고 옷을 찢고 무리 가운데 뛰어 들어가서 소리 질러 이르되 여러분이여 어찌하여 이러한 일을 하느냐 우리도 여러분과 같은 성정을 가진 사람이라 여러분에게 복음을 전하는 것은 이런 헛된 일을 버리고 천지와 바다와 그 가운데 만물을 지으시고 살아 계신 하나님께로 돌아오게 함이라 하나님이 지나간 세대에는 모든 민족으로 자기들의 길들을 가게 방임하셨으나 그러나 자기를 증언하지 아니하신 것이 아니니 곧 여러분에게 하늘로부터 비를 내리시며 결실기를 주시는 선한 일을 하사 음식과 기쁨으로 여러분의 마음에 만족하게 하셨느니라 하고 이렇게 말하여 겨우 무리를 말려 자기들에게 제사를 못하게 하니라."

루스드라에서 기적을 행한 후에 사람들이 그들을 신으로 여기고 제사를 하려고 하자 바나바와 바울은 엄청 당황한다. 이를 제지하면서 바울과 바나바는 창조하신 모든 것을 섭리 가운데 돌보시는 하나님의 창조적 행위에 관해 설명한다. 비, 결실기, 풍성한 음식, 기쁨으로 가득 찬 마음. 이 모두는 참되시고 자비로우신 창조주 하나님의 존재를 증거한다고 말이다. 즉 과거와 현재의 하나님의 풍성하고 넉넉한 돌보심은 그분의 존재를 증거한다.

성경에 나타난 하나님의 창조적 돌보심과 관련된 변증의 예가 하나 더 있다. 하나님이 그분의 백성인 이스라엘을 구하시는 일이다. 가령 이사야 41장에서 하나님은 그 백성의 원수를 물리치시고 그들의 계획을 허망한 것으로 만들겠다고 약속하신다. 하지만 하나님은 그분의 백성을 향해서는 부드러운 돌보심을 보여 주셔서 그들의 오른손을 붙들고 "두려워하지 말라 내가 너를 도우리라"(13절)고 확신을 주신다.

하나님이 그의 백성의 필요를 채워 주심에는 변증적 목적이 있다. 하나님은 "무리가 보고 여호와의 손이 지으신 바요 이스라엘의 거룩한 이가 이것을 창조하신 바인 줄 알며 함께 헤아리며 깨달으[라고]"(사 41:20) 이스라엘을 돌보신다. 오늘날 신자가 하나님의 사랑과 그분이 창조하신 대로 그들을 돌보시고 보호하시는 은혜를 증언하기란 낯선 일이 아니다. 많은 사람은 하나님이 위기를 지나가게 하신 일을 나누기도 하는데 이런 간증은 하나님이 실재하시며 우리를 위한 분이라는 그리스도인의 소망을 견고케 한다.

그럼에도 동시에 과거와 현재의 많은 사람은 하나님이 그들을 구해 주지 않으신다고 애통해하기도 한다. 예레미야는 그의 도시가 멸망하는 것을 비통해하며 울었고 바울은 그의 믿음을 위한 언어적, 육체적 공격을 견뎌야 했다.

오늘날도 수천의 그리스도인이 고통을 당하고 있다. 자동차 사고로 죽고, 재난에 모든 것을 잃어버리고 질병으로 고통을 겪는다.[7]

그럼에도 성경은 주저함 없이 당당하게 하나님이 그의 백성을 구하시는 것이 그분의 사랑을 변증한다고 주장한다. 우리는 하나님이 그의 백성을 돌보시기 때문에 그분의 실재하심을 알 수 있다. 그러나 때때로 그분은 백성을 보호하지도, 고치지도, 돌보지도, 구원하지도 않으신다. 때로는 그들의 안정, 평안, 희망과 꿈을 십자가에 못 박아 다 잃어버리게도 하신다.

그렇다고 그의 백성을 위한 하나님의 돌보심을 변증적으로 사용할 수 없다고 말할 수 있을까? 전혀 그렇지 않다. 우리는 그 한계를 이해할 필요가 있다. 성경은 그렇게 단순하지 않으니 말이다.

---

7) 다른 두 예로 하박국과 히브리서 11장을 보라.

이생에서는 몇 가지 보장된 것이 있다. 때로는 우리가 이해하는 것보다 더 큰 목적을 위해 고난을 당하기도 한다. 하나님은 그의 백성을 영원히 그리고 온전히 구원하셔서 평화와 풍요의 세계로 인도하시겠지만 그것은 미래에 놓인 일이다. 그때까지 현재 우리의 삶에서는 하나님의 섭리적 돌보심의 일시적인 행위가 그분이 누구시며 다가올 세상이 어떤 세상인지를 어렴풋이 보여 줄 뿐이다. 하나님의 최종적인 구원이 우리의 현재의 현실을 뚫고 침투해 들어올 수 있다는 사실이 놀라울 뿐이다. 하나님이 우리를 돌보실 때 우리의 영원한 집은 현재가 되어 우리에게 다가오며 우리는 그분의 실재와 사랑을 확신하게 된다. 따라서 만일 바르게 이해할 수 있다면 그의 백성을 위한 하나님의 돌보심은 변증적이다.

2. 논쟁(Polemic)

구약성경 시대에는 신이 존재하는가 존재하지 않는가가 아니라 어느 신이 참인가가 우선적인 질문이었다. 그런 이유 때문에 구약성경의 선지자들은 종종 거짓된 신들과의 논쟁을 벌여야 했고 구약성경 대부분은 근동 지방의 신들과 대적하는 참되신 하나님에 대한 변론을 목적으로 기록되었다.[8] 구약성경을 균형 있게 바라보려면 선지자들이 당시 문화에 대항할 뿐 아니라 문화와 함께, 그리고 문화를 위해 말했음을 기억해야 한다.

---

8) 그 예로는 출 3:19-20; 5:1; 6:1; 7:4-5, 8-13, 17; 10:2; 12:12; 왕상 18:22-39; 사 19:1을 들 수 있다. 또한 다음을 보라. John D. Currid, *Against the Gods: The Polemical Theology of the Old Testament* (Wheaton, IL: Crossway, 2013); 존 D. 커리드, 『고대 근동 신들과의 논쟁』, 이옥용 역, 새물결플러스, 2017.

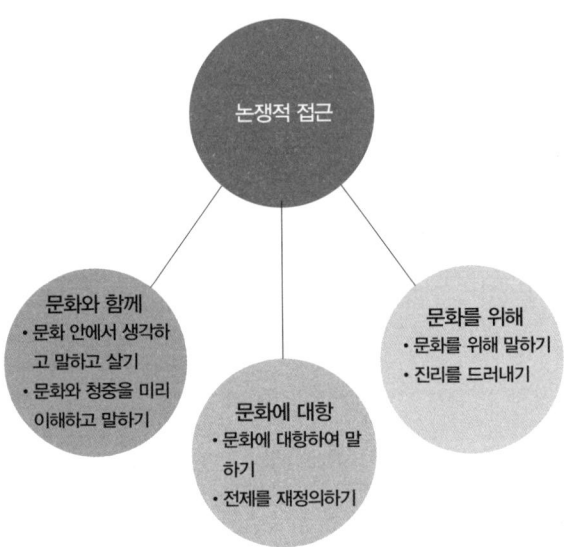

문화와 함께

우선, 선지자들은 그들의 문화와 함께 말했다. 다시 말해 그들은 고대 근동이라는 상황적인 문맥 안에서 생각하고 말하고 살고 상상했다. 그것이 그들이 숨을 쉰 공기였기 때문이다. 구약성경 학자인 존 월턴(John Walton)이 기록한 대로 성경 본문의 고대 이스라엘 저자들은 그들의 문화를 대변하고 있었다.[9] 선지자들은 그들 문화의 일부분이었고 그들의 문화는 그들의 일부분이었다.

문화에 대항

두 번째로 구약성경의 선지자들은 그들의 문화에 대항해서 종종 논쟁의 형태로 도전했다.[10] 『고대 근동 신들과의 논쟁』(Against the Gods)라는 책에서 존

---

9) John H. Walton, ed., *Zondervan Illustrated Bible Backgrounds Commentary: Genesis, Exodus, Leviticus, Numbers, Deuteronomy* (Grand Rapids: Zondervan, 2009), 1:ix.
10) 월턴이 구약성경의 문서가 어떻게 당시의 문화적, 문학적 환경과 소통하고 있는지 다양한 방법을 소개하는

커리드(John Currid)는 논쟁을 사용함에 있어서 구약의 저자들은 그들 주변에 있는 이방 문화의 신념과 삶의 방식과 분명하게 대조를 이루도록(특히 당시 고대 근동 지방에 성행했던 많은 거짓 신들에 대한 예배와 유일하시고 참되신 하나님에 대한 예배를 대조하는) 그들 문화에 익숙한 면('사고의 형태와 이야기들', '표현과 모티프')을 취해 전혀 새로운 의미를 부여했다고 한다.[11] 그렇게 함으로써 구약성경의 저자가 사용한 논쟁은 무엇보다 유일신론에 대한 헌신과 다신론에 대한 강력한 비난으로 특정된다.[12] 이스라엘 백성이 공유하는 사고의 세계에서 말했다는 점에서 그들은 문화와 함께 말했지만 동시에 유일하시고 참되신 하나님의 존재를 붙들기 위해 그들의 문화에 반대해서 말했다.

문화를 위해

세 번째로 구약성경은 당시의 다양한 문화와 백성을 위해 기록되었다. 창세기 1-11장은 우주적인 관점을 취한다. 하나님은 모든 사람의 선을 위해 세상을 창조하셨다. 마찬가지로 창세기 12장에서 하나님은 이스라엘의 조상으로 아브라함을 부르셔서 모든 백성의 복이 되게 하신다. 구약성경의 선지자들은 애굽, 가나안, 바벨론의 거짓 신들에 대항하여 이스라엘의 하나님을 변호하는데, 이는 단지 하나님이 이 백성을 대적하시기 때문이 아니라 궁극적으로는 열국을 위한 하나님이셨기 때문이다. 하나님이 이스라엘로 구원 계획의 중심에 있도록 택하신 것은 그들을 통해 열국을 복 주시기 위해서였다.

구약성경의 변증적 방법은 성경의 창조 이야기를 정리한 다음 장의 표가 보여 주는 대로 문화와 함께하며 또한 문화에 반대하고 있다.

스펙트럼을 보라(*Zondervan Illustrated Bible Backgrounds Commentary*, 1:x-xii).
11) Currid, *Against Gods*, 25; 거리드, 『고대 근동 신들과의 논쟁』.
12) Currid, *Against Gods*; 커리드, 『고대 근동 신들과의 논쟁』.

성경의 창조 이야기와 바벨론 창조 이야기의 대조[13]

창세기 이야기	에누마 엘리쉬(Enuma Elish)
하나님은 궁극적 권능의 원인으로 창조를 초월하신 분으로 보여진다.	마술적 주문이 궁극적 권능의 원인으로 신들도 자연에 예속된다(III.101; IV.1-26, 91).[14]
창조가 잘 정리되어 있어서 자연의 영역을 체계적으로 포함한다.	식물, 동물 혹은 빛의 창조를 다루지 않는다. 이들의 존재는 전제되어 있을 뿐이다. 달과 별은 창조되었지만 태양은 아니다(v.2-22).
목적: 하나님을 창조의 주님으로 찬양하고 그렇게 인정함으로써 하나님의 궁극성과 권위에 영광을 돌린다.	목적: 신들 중 가장 탁월한 신으로 '마르두크'(Marduk)를 찬양하는 송영. 창조는 부수적인(혹은 우발적인) 일이다(VI.100ff).
우리가 아는 것들이 존재하기 이전에 시작되었다(1:1). 하나님이 창조하시고 이름을 주셨다(1:5, 8, 10).	하늘과 땅에 이름이 주어지기 전에 시작되었다. 그들이 존재하기 전의 상태를 상상할 수 없다(I.1-2).
태고의 깊음에서 시작한다. 히브리어 '테홈'(tehom)(1:2).	테훔과 어원이 같은 '깊음'[민물(Apusu)과 바닷물(Tiamat)]에서 시작한다(1.3-4).
'날'이라고 하는 단원으로 나눠지는 시간적 연속성이 창조에 주어졌다(1:5, 8, 13).	'날'이라는 시간적 구조가 없다.
말씀으로 창조되었다(1:3, 6, 9, 11, 20).	이미 존재하던 물질로 창조되었다(IV.137-140; VI.33).
물들이 궁창 위와 아래를 나누었다(1:6-8).	'티아마트'(Tiamat, 모든 신들의 존재의 기원이 된 바다의 의인화—역주)의 시체가 둘로 나뉘어 물 위와 물 아래를 만들었다(IV.137-140).
인간은 피조물을 다스리도록 창조되었다(1:28).	인간은 신들을 섬겨서 신들이 힘들게 일하지 않아도 되도록 창조되었다(VI.8, 34).
인간은 흙으로부터 창조되었다(2:7).	인간은 칼로 죽임을 당한 영웅 '킹구'(Kingu)의 피로 창조되었다(VI.33).

우선 성경 저자들은 문화와 함께 사고한다. 만일 창세기의 첫 장들이 오늘날 주도하는 자연주의적 혹은 경험주의적인 과학적 세계관을 반영하기를 기대한다면 실망할 것이다.[15] 고대 근동 지방의 문화는 세상이 어떻게 움직이

---

13) John H. Walton, *Chronological and Background Charts of the Old Testament* (Grand Rapids: Zondervan, 1994), 80.
14) 에누마 엘리쉬의 각주들은 점토판 번호와 행을 가리킨다.
15) Walton, *Zondervan Illustrated Bible Backgrounds Commentary*, 1:9을 보라.

는지 관심이 있었지만 그 답을 오늘날 우리와는 다른 곳에서, 즉 초자연적인 영역에서 찾았다.[16] 그들은 초자연적인 활동에 근거해서 어떻게 우주가 작동하는지를 통해 우주의 존재를 설명했다. 예상할 수 있듯이 성경도 당시의 개념으로 다루고 있다.

두 번째로 성경의 창조 이야기는 당대에 압도적이던 우주론 이야기와는 다른 창조의 입장을 변호함으로써 주변 문화에 대항해서 말한다. 성경 이야기를 구별하는 여러 다른 점을 볼 수 있는데 (1) 하나님은 여럿이 아니라 한 분이시며 (2) 하나님은 우주적 전쟁이 아닌 말로써 아무런 노력 없이 세상을 창조하셨고 (3) 하나님은 창조 전에, 창조 너머에 존재하셔서 창조하신 후 이름을 주심으로 이름도 없이 선재하던 물질과 대조를 이루시며 (4) 사람은 세상을 다스리도록 하나님의 형상으로 창조된 것이지 신들의 일을 줄여 주기 위해 창조된 것이 아니다. 성경과 주변의 고대 근동 지방 창조 이야기 사이에 비슷한 점들도 있지만 차이점이 더 뚜렷이 드러난다. 성경의 창조 이야기는 어떻게 세상이 움직이고 어떻게 존재하게 되었는지 관해 더 탁월한 설명을 제공하고 있으며, 이를 통해서 유일하신 참되신 하나님의 존재와 그 하나님에 의해서 창조된 인류의 존엄성을 변호한다.

세 번째로 성경은 세상을 질서 있게 만드시고 보시기에 좋았다고 하신 능력 있고 자비로우신 하나님을 계시함으로써 문화를 위해 말한다. 이 하나님이 모든 사람을 그분의 형상대로 만드셨고 사람에게 고귀한 목적을 부여하셨다. 창세기의 더 광범위한 이야기를 한번 상기시켜 보라. 창세기 1-11장은 우주적 관점을 취하고, 창세기 12장은 아브라함과 그의 자손들에게로 초점이 옮겨가지만 그때에도 하나님은 모든 열방을 복 주시기 위해서 이스라엘을 창조하셨다. 하나님은 세상을 위하신다.

---

16) Walton, *Zondervan Illustrated Bible Backgrounds Commentary*, 1:9.

요한복음은 신적 '로고스'(*logos*), 곧 말씀이신 예수님을 묘사하면서 비슷한 접근을 취한다. "태초에 말씀[로고스]이 계시니라 이 말씀[로고스]이 하나님과 함께 계셨으니 이 말씀[로고스]은 곧 하나님이시니라"(요 1:1). 왜 요한은 단순하게 예수님을 하나님의 아들이라 하지 않고 당시 문화적인 개념이 담긴 로고스라는 용어를 사용했을까? 요한은 헬라 세계관 안에서 이해되는 방식으로 소통하려고 했던 것이다. 그들에게 익숙한 개념인 로고스를 사용함으로써 청중의 문화 안에서 그는 말을 시작했고, 하나님의 말씀이라는 구약의 개념으로 로고스를 재정의함으로써 문화에 대항했으며, 마지막으로 그분을 세상을 위해 자기 목숨을 주신 분으로 소개함으로써 문화를 위해 말했다.

신약과 구약 모두에서 거짓 신을 대적하는 참된 창조주요 구원자에 대한 합당한 문화적 변호로서 논쟁이 사용되었다. 다른 신들의 열등함이나 참되신 하나님에 대한 사람들의 적절치 못한 이해를 드러내면서 이 논쟁은 성경이 말하는 하나님의 우월성과 실재성을 보여 주고 그분의 선하심과 능력을 신뢰하여 그분의 목적에 합당하게 살아가도록 사람을 설득한다.[17]

3. 기적과 능력들

구약의 기적과 능력들

구약성경에서 하나님이 행하신 능력은 다른 신들에 대한 대적이나 살아계신 하나님의 실재를 논증하는 역할을 한다. 예를 들어 출애굽기에서 하나님은 모세의 지팡이를 뱀으로 만드시고 특정한 애굽 신들에 대적해서 재앙을 주도하심으로써 거짓 신들에게 능력을 보여 주신다.

---

17) 10장에서는 성경이 문화와 소통하는 방법에서 영감을 얻은 '안에서 밖으로'(inside-out)라 부르는 접근 방식을 소개할 것이다.

구약에는 이렇게 능력을 행하신 하나님에 대한 기록이 많이 있지만 아마도 가장 잘 알려진 사건은 엘리야가 바알의 선지자들에게 도전장을 던진 열왕기상 18장에서 찾아볼 수 있다. 엘리야는 도전장을 던진다. 제단에 올린 희생 제물 아래에 있는 나무에 불을 붙이는 신을 참 신으로 인정하자는 도전장이다. 바알의 선지자 450명은 큰 소리로 부르짖고 광신적으로 예언을 하고 제단 주변을 춤을 추며 돌다가 마침내 칼과 창으로 자기 몸을 상하게 하지만 그들은 그들의 신을 깨울 수 없었다. 그들이 다 마치자 엘리야는 희생 제물에 여덟 동이의 물을 붓고 "이 백성에게 주 여호와는 하나님이신 것과 그들의 마음을 되돌이키심을 알게"(37절) 하시도록 불을 내려 달라고 하나님께 기도한다. 그러자 하늘에서 불이 떨어져 모든 것을(제물, 나무, 돌, 흙 그리고 물) 다 태운다. 백성은 이 기적을 보았을 때 납작 엎드려 울기 시작한다. "여호와 그는 하나님이시로다 여호와 그는 하나님이시로다"(39절). 능력을 행하심으로 하나님은 자기 자신의 변증가가 되셨다.

> **구약의 변증적 방법으로서 풍자와 조롱**
>
> 구약의 선지자들은 종종 거짓 신앙의 어리석음을 비웃는다. 선지자들의 논쟁은 거짓 신앙 구조의 결과를 지적하거나(예. 애 2:4) 거짓된 소망과 신앙의 비논리성과 어리석음을 놀리며 조롱한다. 예를 들면 하박국 2장 18-19절에서 선지자는 인간이 우상을 만들었다는 사실에 대한 강조로 그들의 어리석음을 조롱하고 있다. 오스 기니스가 지적하는 대로 이런 풍자와 아이러니의 사용은 특히 회의주의적인 고집불통을 대면할 때 신중하게 사용해 볼 만한 기술이다.[18] 하지만 신중함과 지혜가 필요하다(믿음의 문제로 다른 사람을 대면하는 법을 배우기 시작한 사람에게는 이 방법을 추천하지 않는다.). 7장에서 보겠지만 풍자를 수사학적인 도구로 사용하기 전에 우리는 십자가의 지혜와 신약에서 예수님과 바울이 보인 본보기를 진지하게 생각해야 한다.

---

18) Os Guinness, *Fool's Talk: Recovering the Art of Christian Persuasion* (Downers Grove, IL: InterVarsity, 2015), 116-19; 오스 기니스, 『풀's 톡: 모든 그리스도인을 위한 설득의 예술』, 윤종석 역, 복있는사람, 2016.

예수님의 기적들

마찬가지로 예수님도 하나님 나라에 관한 메시지를 확증하고 자신의 정체성과 모든 백성을 위한 하나님의 사랑을 보여 주기 위해 기적을 행하셨다. 예수님이 많은 기적을 행하신 일에 관해 요한은 "만일 낱낱이 기록된다면 이 세상이라도 이 기록된 책을 두기에 부족할 줄 아노라"(요 21:25)라고 했다. 요한은 이 기적들의 변증적 가치에 관해 분명하게 언급한다. "오직 이것을 기록함은 너희로 예수께서 하나님이 아들 예수 그리스도이심을 믿게 하려 함이요 또 너희로 믿고 그 이름을 힘입어 생명을 얻게 하려 함이니라"(20:31).

초대 교회의 기적들

하나님의 일하심을 확증하기 위해 사도행전에서도 사도들에 의해 행해지는 기적이 계속된다. 오순절 날 성령님은 제자들로 하여금 다른 언어를 말할 수 있도록 하셨다. 베드로는 이 기적을 요엘 2장의 예언과 예수님이 사역 중에 보여 주신 표적과 연결한다. 지켜보던 일부 사람이 사도들이 술에 취해서 흥얼거리는 것으로 믿었다는 사실은 하나님이 분명한 변증적 증거를 주셔도 잘못 해석하는 사람이 있다는 것을 보여 준다. 하나님의 일을 이해하기 위해서는 종종 보충적인 계시가 필요하다.

고린도전서 12장에서 바울은 능력 행함(10, 28절), 신유(9, 28절), 방언(10, 28절)을 하나님의 실재에 대한 실제적인 증거들로 본다. 어떤 이는 성령님이 허락하신 이 능력을 표적의 은사라고 부르는데 이는 그것이 복음의 사실성을 가리킨다고 믿기 때문이다. 우리는 이를 변증적 은사라고 부를 수도 있을 것이다. 히브리서의 저자는 표적, 이적, 기적 그리로 영적인 은사가 주께서 선포하신 구원의 메시지를 증언하고 있다고 주장한다(히 2:3-4).

성경 전체를 통해 기적들과 하나님이 행하신 능력들은 강력한 변증으로 소개되었다. 그럼에도 불구하고 이를 목격한 많은 사람은 여전히 믿지 않았다.

성경에 기록된 기적들은 강력한 변증적 영향을 줄 수 있음에도 여전히 한계가 있어서, 어떤 이는 기적이 아닌 다른 변증적 방법을 통해 설득되고 어떤 이는 기적을 아예 믿지 않을 수도 있다.

4. 역사적인 확증, 목격자의 증언 그리고 증거

복음서를 시작하면서 누가는 예수 그리스도의 생애를 목격한 사람들의 증언을 접할 수 있었다고 주장한다. 그는 이것을 정리해서 기록하기 전에 증인들이 그에게 말한 것을 신중하게 살펴보았다고 했다.[19] 이 말은 그가 기록한 것에 독자가 확신을 가지도록 철저하게 연구해서 그의 복음서를 기록했다는 뜻이다. 누가가 직접 한 말이다.

"우리 중에 이루어진 사실에 대하여 처음부터 **목격자**와 말씀의 일꾼 된 자들이 전하여 준 그대로 내력을 저술하려고 붓을 든 사람이 많은지라 그 모든 일을 **근원부터 자세히 미루어 살핀** 나도 데오빌로 각하에게 차례대로 써 보내는 것이 좋은 줄 알았노니 이는 각하가 알고 있는 바를 더 **확실하게** 하려 함이로다."[20]

사도행전 1장에서 베드로는 120명의 신자들 앞에 서서 유다를 대신할 제자를 세우라고 강력하게 촉구하는데 가장 우선된 자격 조건은 "요한의 세례

---

19) 혹은 "철저하게 이해했다." Richard Bauckham, *Jesus and the Eyewitnesses: The Gospels as Eyewitness Testimony*, 2nd ed.(Grand Rapids: Eerdmans, 2017),123; 리처드 보컴, 『예수와 그 목격자들』, 박규태 역, 새물결플러스, 2015.
20) 눅 1:1-4; 강조는 저자 추가.

로부터 우리 가운데서 올려져 가신 날까지 주 예수께서 우리 가운데 출입하실 때에 항상 우리와 함께 다니던 사람 중에 하나"(21-22절)여야 했다. 초대 교회에 예수님의 생애의 일부 사건이 아닌 세례부터 마지막까지 그분의 모든 이야기를 아는 증인들이 있었다는 사실이 중요하다.[21] 예수님은 승천하신 후 다시 나타나지 않으셨지만, 그렇다고 이 증인들의 이야기가 충분한 지식도 없는 그저 열정만 있는 사람들의 이야기는 아니었다. 오히려 그 반대로 많은 증인이 복음서와 신약의 서신들이 기록될 때 여전히 생존해 있었기 때문에 복음서 전통의 살아 있는 보증이 되었다.

고린도전서 15장에서 바울은 예수님이 부활하신 후에 "게바에게 보이시고 후에 열두 제자에게와 그 후에 오백여 형제에게 일시에 보이셨나니 그 중에 지금까지 대다수는 살아 있고 어떤 사람은 잠들었으며 그 후에 야고보에게 보이셨으며 그 후에 모든 사도에게와 맨 나중에 만삭되지 못하여 난 자 같은 내게도 보이셨느니라"(5-8절)라고 했다. 여기서 바울이 "예수님의 부활에 대한 증거는 차고 넘친다. 한번 확인해 보라. 증인들에게 물어보라. 그들은 아직 살아있다!"라고 말하는 것 같지 않은가! 만일 이 주장이 틀렸다면 바울의 신뢰성은 쉽게 무너졌을 것이다.

요한은 사도들이 예수님을 눈으로 목격했고 손으로 만졌다고 했다. "태초부터 있는 생명의 말씀에 관하여는 우리가 들은 바요 눈으로 본 바요 자세히 보고 우리의 손으로 만진 바라"(요일 1:1). "태초부터"라는 말이 예수님의 선재성을 암시하는 듯 들릴 수도 있지만, 그보다 요한은 사도들이 사역의 첫날부터 증인이었다고 강조하면서 예수님의 사역의 처음 시작을 가리키고 있다.[22]

---

21) 요 15:26-27; 행 10:36-42; 그리고 다음을 보라. Bauckham, *Jesus and the Eyewitnesses*, 114-16; 보컴, 『예수와 그 목격자들』.
22) Raymond E. Brown, *The Epistles of John*, The Anchor Bible (New York: Doublesay, 1982), 154-58; 레이몬드 E. 브라운, 『앵커바이블: 요한서신』, 홍인규, 홍승민 역, CLC(기독교문서선교회), 2017.

그들은 가끔 어쩌다 한번씩 예수님을 만났던 사람들이 아니라 그분의 생애와 부활까지 사역 전반을 함께했던 사람들이었다(요 20:24-29). 사도들은 그들과 함께했던 예수님의 육체적 삶을 증명할 수 있었고, 그래서 요한이 주장하는 생명을 주는 메시지는 역사적 실재였다.

5. 성취된 예언

신약의 저자와 설교자가 즐겨 사용하던 변증적 방법은 성취된 예언을 사용하는 것이었다. 어떤 경우에는 그리스도에 의해 성취된 구약의 예언들이 믿지 않는 유대인을 설득하는 데 사용되었고, 또 다른 경우에는 이미 믿는 사람들의 믿음이 뿌리내리도록 하는 데 사용되었다.

일반적으로 예수님은 모든 구약성경의 소망을 성취하신다. 사역을 시작하면서 예수님은 자신을 구약과 율법과 선지자의 완성이라고 말씀하셨고 율법과 선지자를 폐하러 오신 것이 아니라 이루러 오셨다고 하셨다(마 5:17). 부활 후에 예수님은 낙심해 있던 두 제자에게 어떻게 구약이 자신에 관해 증언하고 있는지 말씀해 주셨다(눅 24:27). 승천하시기 바로 전에 그분은 그의 사도들을 위한 복음 메시지를 구약성경에 근거를 두도록 하셨다(눅 24:44-49). 예수님은 구약의 이야기와 상충되기보다 오히려 그 의도하던 목적을 성취하셨다. 그분은 또한 메시아가 베들레헴에서 탄생하실 것이라든지 가난한 자와 마음이 상한 자에게 설교하실 것이라는 말씀과 같은 많은 구체적인 예언들을 성취하셨다.

신약성경의 처음 독자들은 구약성경의 진정성을 믿었던 경건한 유대인이었다. 당시 구약의 많은 교사는 구약성경을 상세히 연구하고 해석하고 해석에 반론을 제기하는 데 많은 시간을 보냈다. 따라서 율법의 의미와 적절성에 관한 지속적인 대화가 있었기 때문에 1세기 신자들은 예수 그리스도에 대한 그들의 믿음이 구약성경의 소망, 표본 그리고 예언의 연속임을 보여 주려고 했다.

> **성취된 예언이 오늘날에도 변증적인가?**
> 신약성경 저자들은 종종 구약성경을 아주 풍성하고 의미 있게 사용했다. 성경학자들은 신약성경의 저자가 구약성경을 읽는 데 얼마나 철저했는지 강조하기도 한다. 다시 말해 우리의 현재 상황에서는 구약성경에 대한 사도들의 그리스도적 접근을 이해하지 않고는 성취된 예언을 변증적인 방법으로 사용할 수 없다는 의미이다. 만일 그렇지 않다면 신약성경과 구약성경을 함께 읽는 불신자가 그것들을 비교하며 신약의 저자가 구약성경에서 예수님을 억지스럽게 찾고 있다고 주장할 때 당황할 것이다.
> 성취된 예언들은 변증적으로 사용될 수 있지만 신중함, 지혜 그리고 통찰력 있게 사용해야 한다. 성취된 각 예언은 고유의 의미로 해석되어야 하며, 동시에 구약에 대한 신약이 암시는 그 자체로 해석되어야 한다. 사도들은 1세기 사람들에게 더 설득력이 있는 방법으로 구약성경을 해석했다. 그렇다면 오늘날 우리가 성취된 예언에 관심이 있는 친구를 돕고자 할 때에는 신약성경이 구약성경을 사용한 다양한 방법들에 대한 좀 더 나은 이해를 발전시키려는 지혜가 필요하다.[23]

6. 본이 되는 성품과 사랑을 지닌 선한 시민으로서의 그리스도인

예수님을 따르는 자들의 삶 자체에 변증적 영향력이 있어야 한다. 우리가 사는 방식이 살아 계신 하나님의 실재에 대한 증거이기 때문이다.

---

23) 이 주제에 관한 중요한 연구로는 G. K. Beale and D. A. Carson, eds., *Commentary on the New Testament Use of the Old Testament* (Grand Rapids: Baker Academic, 2007)을 보라.

소금과 빛

산상수훈에서 예수님은 심령이 가난한 자, 애통하는 자, 온유한 자, 의에 주리고 목마른 자, 핍박을 받는 자가 복이 있다고 선언하시며(마 5:1-12) 예상 밖의 하나님 나라의 기준을 말씀하셨다. 역설적이게도 화평을 찾고 긍휼을 베풀며 자기중심적이지 않고 핍박을 받는 사람이 복 있는 사람이다.

하나님의 백성의 겸손하고 십자가를 따르는 삶이 천국을 이 땅에 가져오는 변증이 된다. 예수님은 우리를 이 땅의 소금이요 세상의 빛이라고 부르셨다(13-14절). 이 땅의 소금으로서 우리는 도덕적인 부패로부터 세상을 보존하고 선한 영향력을 끼치는 역할을 한다. 세상의 빛으로서 우리는 많은 사람이 우리를 하나님의 자녀로 인식하고 우리의 아버지께 영광을 돌릴 수 있도록 선행을 한다(16절).[24] 삶을 통해서 우리는 세상에 가치를 부여하고 하늘에 계신 아버지에 대한 증거를 제공한다.

이를 통해 모두가 알게 되리라

'다락방 설교'로 잘 알려진 가르침에서 예수님은 십자가의 죽음과 부활과 승천 후의 삶을 위해 제자를 준비시키신다.

유월절 전 식사를 하시면서 예수님은 겉옷을 벗고 수건으로 허리를 두르신 다음 제자들의 발을 씻기셨다. "내가 주와 또는 선생이 되어 너희 발을 씻었으니 너희도 서로 발을 씻어 주는 것이 옳으니라"(요 13:14-15). 이 말씀의 말미에 유다의 배신과 베드로의 부인에 대해 예언하신 후 예수님은 강력하게 변증적으로 새 계명에 관해 말씀하셨다. "서로 사랑하라 내가 너희를 사랑한 것 같이 너희도 서로 사랑하라 너희가 서로 사랑하면 이로써 모든 사람이 너

---

[24] 산상수훈에 관해 도움이 되는 두 저서로는 D. A. Carson, *The Sermon on the Mount: An Evangelical Exposition of Matthew 5-7* (Grand Rapids: Baker, 1982)과 Jonathan T. Pennington, *The Sermon on the Mount and Human Flourishing: A Theological Commentary* (Grand Rapids: Baker, 2017)가 있다.

희가 내 제자인 줄 알리라"(34-35절).[25] 사랑, 즉 자기를 부인하고 십자가를 지는 사랑은 예수님과 그분의 선교의 실재를 증거한다. 이와 같은 사랑은 하나가 되게 하고(요 17:23) 아버지가 아들을 보내심을 보여 준다.

다르게 말하자면 그리스도인이 다른 사람을 위해 희생하고 화평 가운데 살 때 그들은 성령 충만한 사랑의 공동체를 세우기 위한 선교를 통해서 아버지가 아들을 세상에 보내신 신학적 진리를 참으로 만든다. 교회의 사랑은 세상에 삼위 하나님이 진실하게 들리도록 한다.

선한 시민들

기독교는 변화를 추구하는 신앙이지 군사적이거나 혁명적인 운동이 아니다. 그래서 신약의 저자들은 전투적인 충동을 경계했다.[26] 누가는 그의 복음서와 사도행전에서 이러한 관점의 예를 제공하는데, 몇 가지 요소를 강조하면서 예수님과 그의 제자들이 로마 정부에 대해 가졌던 입장을 암시했다.

- 첫째, 초대 그리스도인은 로마에 정치적 위협이 되지 않았다. 빌라도는 처음에는 예수님을 놓아 주려고 했다(눅 23:16). 사도행전을 보면 로마의 권력자들은 새롭게 시작한 이 신앙이 로마에게서 아무런 반응도 요구하지 않는다고 주장했다(행 18:12-15; 23:23-30).[27]
- 둘째, 로마 정부의 손이 깨끗했던 것은 아니었다. 결국 예수님이 십자가에 못 박히도록 명령을 내린 것은 로마인이었고 복음을 전했다고 바울을 감옥에 가둔 것도 로마인이었다.[28]

---

25) 요일 4:7-12, 19-21을 또한 보라.
26) 롬 13:1-7; 딤전 2:2-6을 보라.
27) Darrell L. Bock, *A Theology of Luke and Acts: Biblical Theology of the New Testament* (Grand Rapids: Zondervan, 2012), 340-41을 보라.
28) Bock, *Theology of Luke and Acts*, 340-21을 보라. 또한 *A History of Apologetics* (San Francisco:

- 셋째, 누가복음과 사도행전에서 기독교 신앙이 로마의 통치에 위험을 줄 만한 유일한 요소는 사람들의 변화였다. 신자들은 그들 주변 문화에 속한 사람들과는 완연하게 다른 삶을 살았다.[29]

초대 교회는 그리스도께서 몇 년 안에 오시지 않으리라는 사실을 직시하기 시작했고 그러면서 현 세상에서 이 세상의 정권과 어떤 관계를 가지고 살아가야 하는지 배울 필요를 느꼈다. 아주 역동적으로 문화적 영향을 미쳤던 기독교가 로마 정부와 같은 세상의 권력과 접촉(그리고 마찰)하는 일은 불가피했다. 그리스도인은 교회와 국가가 평화롭게 공존하는 법을 배울 필요를 느꼈을 뿐 아니라, 믿음에도 불구하고가 아니라 바로 그 믿음 때문에 어떻게 선한 시민이 되어야 하는지를 배울 필요도 느꼈다.[30]

시민 됨에 대한 신약성경의 접근은 초대 교회가 2세기와 3세기로 들어서면서 더욱 성숙해졌다. 생존을 위해서라도 때때로 그리스도인은 그들이 존재하는 정치 구조에 위협이 아니라 문화에 긍정적인 영향이 됨을 보여 주어야 했다. 선한 시민이 되는 것은 언제 어디서나 좋은 변증적 증언이 된다.

휴식을 위한 멈춤

너무 많은 자료를 다루어서 어쩌면 마치 소화전에서 물을 들이킨 느낌일지도 모르겠다. 하지만 걱정하지 말라. 다음 장에서 성경적 변증이란 물을 더

Ignatius), 20-21에 나오는 에이버리 덜레스(Avery Dulles)의 분석을 보라.
29) 눅 1:50-53; 행 4:32-37을 보라. 교회는 가난한 사람과 힘없는 사람을 돌보았다. 반면에 로마 제국은 부자와 엘리트를 높여 주었다(Bock, *Theology of Luke and Acts*, 331-32, 341을 보라).
30) Dulles, *History of Apologetics*, 21을 보라.

마시기 전에 잠깐 쉬어가자. 하지만 우선 기억하라. 변증적 방법을 예수님의 생애, 죽음, 부활 그리고 승천의 결정적인 사건과 무관하게 이해해서는 안 된다. 예수님도 당시 종교 지도자가 예수님과 상관없이 성경을 연구하고 있다고 책망하신 적이 있다. "너희가 성경에서 영생을 얻는 줄 생각하고 성경을 연구하거니와 이 성경이 곧 내게 대하여 증언하는 것이니라"(요 5:39). 변증학을 공부하면서 예수님을 놓치는 일이 없기를 바란다.

Apologetics at the Cross

2장

성경이 말하는 변증 2

고차원적 사고는 선재적 범주에 쉽게 들어맞지 않는다.

_ 매릴린 로빈슨, 『주어진 것들』(The Givenness of Things) 중 "은혜"에서

변증에 대한 결정적인 성경적 접근?

내가(조슈아) 학생이었을 때 한 기독교 지도자가 이성 교제에 관한 성경적 접근이라면서 했던 말을 기억한다. 대부분이 통찰력 있는 성경적 원리였지만 생각해 보면 지나친 것들도 많았다. 사실 성경은 이성 교제에 관한 어떤 모델도 제공하지 않는다. 그러니 마치 로마서 17장에서 바울이 교제를 위한 규범을 제시하고 있다고 보아서는 안 된다. 만일 성경으로부터 배우자를 찾기 위한 한 모델을 직접 찾아보려고 한다면 특히 서구 사람의 눈에는 아주 희한한 결과에 도달하게 될 것이다. 이미 약정된 결혼? 자는 동안에 다른 사람의 발 아래에 눕는다? 우물가에 가서 기다린다? 성경은 분명히 배우자를 찾기 위한 순차적인 방법을 제시하지 않는다. 하지만 성경은 관계와 결혼을 위한 가이드로 우리의 현재 문화에도 적용할 수 있는 원리를 제공한다.

마찬가지로 우리는 성경에서 결정적인 변증적 접근 방법을 기대하지 말아야 한다. 여러 다양한 접근이 기독교를 전하는 유용한 통찰과 실천을 제공하고 있지만, 변증을 하는 데 있어서 어떤 한 가지 방법을 고집스럽게 주장하지는 않는다. 성경은 좋은 의미에서 조금 정돈이 안 되어 있다. 다시 말해 다른 상황을 수용하는 다양한 상황에서 기록되었다는 점에서 정돈이 안 되어 있다는 뜻이다. 다시 말하면 하나님은 다양한 상황에서 다양한 설득력이 있는 변증적 접근을 하도록 저자들에게 영감을 주셨다.

그렇다면 과연 성경이 보편적으로 상황을 초월하는 단계별 변증적 체계를 제공할까? 아니다. 하지만 현재 우리의 문화적 위치에서 적용할 수 있는 도구와 원리를 제공함으로써 변증에 관해 성경적으로 사고하게 한다. 본 장에서는 지난 장에서 다룬 6개의 범주에 더해 9개의 성경적 변증적 범주를 소개할 것이다.

7. 개인적, 교회적 그리고 성령의 증언

성경에 나온 세 가지 독특한, 그러나 서로 연관되어 있는 변증적 대리인은 개인, 교회 그리고 성령님이다. 개인 내면의 증언은 하나님의 실재를 증거하고, 하나님의 백성은 하나님이 존재하신다는 증거를 제공하며, 성령님은 살아 계신 하나님의 임재를 위한 설득자로서의 역할을 하신다.

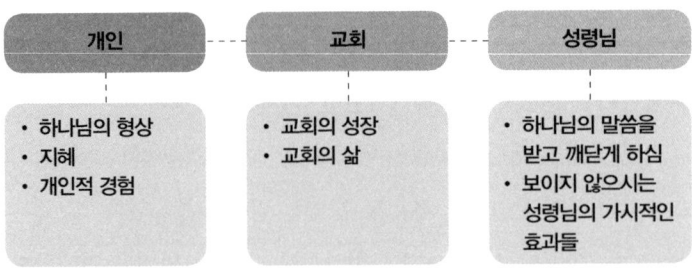

하나님의 형상, 지혜, 개인적 경험

첫 번째로, 하나님의 실재에 대한 개인 내면의 증언이 있다.

하나님의 형상. 창조 이야기를 보면 인간은 하나님의 형상으로 만들어졌다(창 1:26). 근동 지방 문화에서 무언가의 형상은 그것이 대변하는 것의 '본질'을 내포한다고 믿었기에 '형상'이라는 단어는 대단히 중요하다. 더욱이 바로 이 본질은 그 형상이 만들어진 목적을 수행하게 했다.[1] 따라서 하나님의 형상을 가진 자로서 우리는 우리 안에 하나님의 본질을 가지고 있는데 창세기 1장 26-28절에 따르면, 이 본질은 땅을 정복하는 기능을 수행하게 했다. 그렇다면 하나님의 형상으로 만들어졌다는 말의 광의적인 의미는 인간이 하나님의 피조물에 대한 청지기 역할을 감당하고 경우에 따라서는 그분의 다스리심을 확장시키도록 그분을 대변할 의무가 있다는 뜻이다.[2] 인간은 하나님의 형상으로 창조되었기 때문에 영광스러운 목적을 가지고 있다. 하나님이 그분의 형상을 따라 인간을 만드셨다는 이 개념은 인간이 신들을 위한 종속적 도구로 신들의 기분을 맞추도록 창조되었다는 근동 지방의 우주론과 정면으로 대립한다.

마찬가지로 오늘날도 하나님의 형상으로 지음을 받았다는 이 영광스러운 비전은 인간에게 인생을 위한 궁극적인 목적이 없다고 말하거나 형식적인 목적을 만들어 내는 현대의 세계관이 제시하는 비전과도 대조된다. 이 현대의 세계관은 우리가 목적을 가지고 존재한다는, 우리 안에 있는 본능적인 감각과 마찰을 일으킨다. 성경적 사고에서 이 직관은 하나님의 형상으로서 창조된 존재에게 남겨진 효과이다.

---

1) John H. Walton, ed. *Zondervan Illustrated Bible Backgrounds Commentary: Genesis, Exodus, Leviticus, Numbers, Deuteronomy* (Grand Rapids: Zondervan, 2009). 1:20을 보라

2) J. Richard Middleton, *The Liberating Image: The Imago Dei in Genesis 1* (Grand Rapids: Brazos, 2005), 60; 리차드 미들톤, 『해방의 형상: 창세기 1장의 이마고 데이』, 성기문 역, SFC 출판부, 2010.

지혜. 성경에는 지혜서라고 부르는 폭넓은 장르가 있다. 이 장르는 하나님을 중심에 두고 살아갈 때 인생이 어떻게 최선이 되는지를 보여 주는 변증적 역할을 한다.[3] 지혜 문학으로 잘 알려진 것이 전도서인데 거기에서 저자는 "하나님 없이 이 세상에 의미 있는 것이 과연 있는가?"라는 탐구를 요하는 질문을 던진다.

놀랍게도 저자의 탐구는 우선적으로 지혜와 지식이 무의미하다는 결론에 이르도록 한다. 그리고 나서 그는 쾌락을 탐구하고 그것도 "헛되도다!"라는 결론에 이른다. 그는 지혜와 어리석음을 비교하면서 탐구를 하다가 그 둘 모두 "헛되다!"라는 결론에 도달한다. 그의 질문은 계속된다. 그렇다면 일이 궁극적인 목적이 될 수 있을까? "헛되다!" 발전은 어떤가? "헛되다!" 부가 만족을 줄 수 있을까? "헛되다!" 마지막으로 내린 결론은 하나님 없이는 인생이 아무런 의미도 없다는 것이다. 하나님을 두려워하고 그분의 계명을 지킬 때 우리의 인생은 온전해진다. 지혜, 지식, 즐거움, 성취, 발전, 부는 모두 하나같이 하나님이 중심에 있을 때 의미가 있고 완전해진다.

여기서 우리는 좀 더 분명히 밝힐 것이 있다. 하나님을 그들의 삶의 중심에 놓은 지혜로운 사람들도 질병, 고통, 상실, 고난을 경험한다. 때로는 지옥과 같은 일이 발생하고 그들의 삶은 완전히 무너지기도 한다. 그리고 성경의 지혜서는(욥기, 잠언, 전도서, 아가서) 이 문제를 아주 잘 인식하고 있다. 욥의 끔찍한 시련과 이에 대한 그의 반응은 인생이 무너져 내릴 때 훨씬 더 심오하게 새로운 통찰력으로 하나님을 보게 된다고 보여 준다.

지혜서는 결혼, 고난, 아름다움, 의미, 일과 같은 인간 경험의 전반에서 기독교적 틀이 제공하는 설명이 얼마나 강력한가를 강조한다. 기독교 세계관은 우리의 삶에 만족과 조화를 가져다주는 총체적인 접근을 제시한다. 지혜서는

---

3) 궁극적으로는 성경의 이야기가 발전되어 가면서 예수 그리스도께서 하나님의 지혜를 상징하고 그분의 십자가는 지혜로운 삶의 모습을 형성한다.

독자들로 하여금 그것이 인간의 상태에 대해 가장 일리 있는 설명을 하고 어떤 좋은 결과를 가져다주는지 보기 위해서 성경적인 분별력을 시도해 보라고 초청한다.

개인적 경험. 성경을 보면 사람은 종종 자신이 하나님과 가졌던 실존적 대면을 증언하기도 한다.

욥은 하나님을 대면한 후에 하나님에 관해 새로운 인식을 가지게 되었다고 증언했다. "내가 주께 대하여 귀로 듣기만 하였사오나 이제는 눈으로 주를 뵈옵나이다 그러므로 내가 스스로 거두어들이고 티끌과 재 가운데에서 회개하나이다"(욥 42:5-6).

이사야 선지자는 그가 "본즉 주께서 높이 들린 보좌에 앉으셨는데" 그때에 말하기를 "화로다 나여 망하게 되었도다 나는 입술이 부정한 사람이요 나는 입술이 부정한 백성 중에 거하면서 만군의 여호와이신 하나님을 뵈었음이로다"(사 6:1, 5)라고 했다.

바울의 생애도 주 예수 그리스도를 만난 후에 완전히 변했다(행 9:1-9). 사도행전에서 그는 삶을 변화시킨 부활하신 메시아와의 만남을 두 번에 걸쳐 간증했다(22:3-16; 26:9-18).

우물가에서 예수님과 대화를 나눈 후에 사마리아 여인은 마을로 돌아가 예수님을 만난 이야기를 모든 사람에게 전했다. 많은 사마리아 사람이 그녀의 간증을 믿고 예수님을 만나러 나왔고 마침내 그녀의 간증을 통해서 예수님을 구주로 받아들이게 되었다(요 4:39-42).

성경에는 이와 같이 하나님을 만난 많은 사람들이 기록되어 있다. 그들에 관한 이야기를 모두 기록하자면 여러 권의 책을 써야 할 것이다. 오늘날도 하나님은 사람을 그분께 인도하기 위해서 개인적인 경험을 변증적으로 사용하신다.

교회

두 번째로 하나님의 백성이 하나님의 존재에 대한 증거를 제시한다.

지난 단원에서 언급했던 변증적 대리인 셋은 모두 교회의 범주 안에 들어갈 수 있다. 차이가 있다면 전 단원에서는 신자의 개인적인 경험을 집중적으로 다루었고 이번 단원에서는 공동체 안에서 연결된 개인의 집합인 교회에 초점을 맞춘다.

교회의 성장. 사도행전은 교회의 성장이(예루살렘에서 있었던 적은 수의 유대인 모임에서 로마로까지 이어진 유대인과 이방인이 함께 번성한 공동체로서) 이스라엘 하나님의 섭리적인 역사라고 보여 준다. 사도행전 1장 8절에서 예수님은 부활하시고 40일 후 승천하시기 직전에 교회가 그분의 제자들의 증언을 통해 자라게 되리라고 예언하셨다. 예수님의 예언에 따라 사도행전의 나머지 부분은 교회의 놀라운 성장을 기록한다. "주께서 구원 받는 사람을 날마다 더하게 하시니라"(2:47). 현대 교회를 관찰할 때 우리는 어느 한 시점에서의 교회 혹은 보편적 교회의 성장이 하나님의 역사에 대한 절대적인 증명이 되지 못한다는 사실을 잘 안다. 교회는 잘못된 원인으로도 성장할 수 있다. 하나님의 주권적인 역사를 보여 주는 것은 사실 역사를 통한 교회의 성장, 즉 부활하신 그리스도의 능력과 하나님의 성령의 능력을 가리키는 수백 년에 걸쳐 일어나는 성장이다.

교회의 삶. 교회가 공동체적 증인으로서 함께 생활하는 것은 하나님의 실재에 대한 변증이 된다. 예를 들면 믿음의 역사와 사랑의 수고, 그리고 주 예수 그리스도에 대한 소망의 인내를 통해 데살로니가 교회는 복음의 생명력을 증거했다(살전 1:3). 하나님에 대한 그들의 믿음을 곳곳에서 알게 되었다. 마찬가지로 현대 교회의 교인들이 서로 사랑하고 섬기고 용서하고 돌보고, 서로를 위해 기도할 때 우리 주변의 비기독교 공동체는 부활하신 그리스도를 선명히 볼 것이다.

변증가이신 성령님

세 번째로, 성령님은 살아 계신 하나님의 임재를 위한 설득자가 되신다.

하나님의 말씀을 받고 깨닫게 하심. 성령님은 복음을 받아들이고 이해하도록 우리를 돕는 일에 적극적인 역할을 하시는데 그렇게 하심으로써 친히 변증가가 되신다.

성령님은 지혜(고전 2:6-16)와 복음의 소망(엡 1:15-21)을 이해할 수 있도록 우리에게 영적 분별력을 주신다.[4] 이는 물론 성령님의 도우심 없이는 복음이나 다른 신학적 개념의 기본적인 명제를 이해할 수 없다는 뜻이 아니다. 다만 우리의 영적인 자각을 어둡게 하는 복음의 진리에 대한 기본적인 거부감이 우리 모두에게 있다는 의미이다. 진리에 대한 우리의 반발은 영적으로 눈먼 자가 되게 하지만 성령님은 복음의 신뢰성을 영적으로 분별하게 하셔서 우리의 열정을 일깨우신다.

데살로니가전서 1장 4-5절에서 우리는 말씀과 성령님의 관계를 보게 된다. 데살로니가 교회는 바울의 말을 한 개인의 입장이 아닌 하나님의 말씀으로 받았는데, 이는 성령님이 그들 안에서 역사하셨기 때문이다(2:13).[5] "우리 복음이 너희에게 말로만 이른 것이 아니라 또한 능력과 성령과 큰 확신으로 된 것임이라"(1:5). 데살로니가 교인은 복음 메시지를 이해할 수 있는 지적인 능력이 있었지만 성령님의 능력으로 그것을 이해하고 영적으로 분별해서 말씀을 받을 수 있는 마음이 열렸다. 복음의 아름다움, 선함 그리고 진리를 보내시는 분은 성령님이시다.

성령님은 또한 우리 삶에 임하신 하나님의 임재를 증거하시며 그분의 자녀로서 우리의 정체성을 증거하신다. 성령님은 우리가 하나님의 자녀로 입양되

---

4) Graham A Cole, *He Who Gives Life: The Doctrine of the Holy Spirit*, Foundations of Evangelical Theology (Wheaton, IL: Crossway, 2007), 265.

5) Cole, *He Who Gives Life*, 264을 보라.

었음을 증거하는 변증가이신데, 이 현실은 자녀가 아버지에게 하듯[6] 하나님을 "아빠 아버지"라고 부르며 기도할 수 있다는 사실로 확인된다(롬 8:15).

보이지 않으시는 성령님의 가시적인 효과들. 한 종교 지도자와의 대화 중에 예수님은 성령님의 역사에 대한 예화를 말씀하신 적이 있다. "바람이 임의로 불매 네가 그 소리는 들어도 어디서 와서 어디로 가는지 알지 못하나니 성령으로 난 사람도 다 그러하니라"(요 3:8).

주님이 하신 말씀의 핵심은 바람이 어디로부터 오는지 볼 수도 알 수도 없지만(이는 현대 기상학 이전임을 잊지 말라.) 여전히 그 효과를 듣고 볼 수 있다는 것이다. 보이지 않으시는 성령님의 경우도 그분이 신자를 통해서 그리고 신자 안에서 역사하심으로써 가시적이 된다. 마찬가지로 위에 언급된 개인적인, 그리고 교회적인 간증은 보이지 않으시는 하나님을 가시적으로 나타내는 것이 되며 그분의 실재에 대한 변증이 된다.

바울은 그리스도인이 성령으로 충만할 것을 권한다(엡 5:18). 성령으로 충만해질 때 나타나는 당연한 결과는 "시와 찬송과 신령한 노래들로 서로 화답하며 너희의 마음으로 주께 노래하며 찬송하며 범사에 우리 주 예수 그리스도의 이름으로 항상 아버지 하나님께 감사"(엡 5:19-20)하는 예배로 나타난다. 바울은 또한 그리스도인에게 성령님을 따라 행하라고 권하고(갈 5:16), 성령으로 살라고 하면서(25절) 그렇게 하면 "사랑과 희락과 화평과 오래 참음과 자비와 양선과 충성과 온유와 절제"(22-23절)의 열매를 맺을 것이라고 말한다.

예배와 덕을 세우는 행위는 보이지 않으시는 성령님을 가시적으로 보여 준다. 이렇게 가시적인 현상이 나타날 때 그리스도인의 개인적이고 공적인 삶은 살아 계신 하나님의 실재를 증거함으로써 성령님이 강력한 변증가이심을 드러내고 변증적인 역할을 하게 된다.

---

[6] Cole, *He Who Gives Life*, 270.

8. 잘못된 신앙을 약화시키고 기반을 무너뜨리기 위한 의도로 질문을 던짐

성경을 보면 하나님은 거짓된 신앙의 기반을 약화시키고 도전하기 위해 아주 날카로운 질문을 던지는 공격적인 방법도 사용하신다. 몇 가지 예를 보자.

- 욥기에서 하나님은 욥의 제한된 지식을 하나님의 무한한 지식 및 창조 세계를 다스리시는 주권적인 능력과 비교하는 수사학적 질문을 던지심으로써 욥에게 도전하신다(욥 38-41장). "너는 대장부처럼 허리를 묶고 내가 네게 묻는 것을 대답할지니라"(38:3).
- 예수님의 권세에 관해 이의가 제기되었을 때, 예수님은 대답하셨다. "요한의 세례가 어디서부터 왔느냐 하늘로부터냐 사람으로부터냐"(마 21:25).
- 가이사에게 세금을 내는 것에 관한 질문을 받으셨을 때 예수님은 대답하셨다. "이 형상과 이 글이 누구의 것이냐"(마 22:20).
- 마태복음 22장 41-46절에서 예수님은 바리새인들에게 메시아의 본질에 관한 질문을 던지셨다.

  "너희는 그리스도에 대하여 어떻게 생각하느냐? 누구의 자손이냐?"
  "다윗이 성령에 감동되어 어찌 그리스도를 주라 칭하며 말하느냐?"
  "다윗이 그리스도를 주라 칭하였은즉 어찌 그의 자손이 되겠느냐?"

모두 거짓된 신앙의 기반을 흔들기 위한 질문이다. 질문은 예리하게 잘못된 전제를 전복시키고 그릇된 교조(dogma)를 직접적으로 공격할 수 있다. 질문 자체가 변증적으로 무엇을 증명하지는 않지만 거짓된 신앙에 안주하는 회의주의자를 멈추게 하고 다시 생각하게 할 수는 있다. 지적인 질문은 회의주의자의 전제에서 보이는 틈을 지적할 수 있고 그들의 관점을 재고하게 해서 기독교에 관해 다시 생각해 볼 공간을 만들어 준다. 질문은 대화의 대상인 사람을 끌어들이기 때문에 강력하다.[7] 질문은 사람들로 하여금 자신에 대해 다시 생각하게 만든다. 질문은 그냥 우리가 하고 싶은 말을 하는 것이 아니라 그들의 말을 듣고 그들의 생각에 반응하게 한다. 이는 훨씬 더 풍성하고 깊은 사고와 공감을 교환하게 해서 설득을 위한 관계적 상황을 가능하게 한다.

9. 이의에 대한 답변

믿음에 대한 이의는 때로는 즉각적이고 실제적이지만, 어느 때는 예기된 (anticipated) 것이기도 하다. 성경에 나오는 거의 모든 변증은 일종의 한 범주 안에 속한다고 볼 수 있는데 예기된 이의들에 대한 성경의 반응은 기본적으로 설명과 재구성, 두 가지이다.

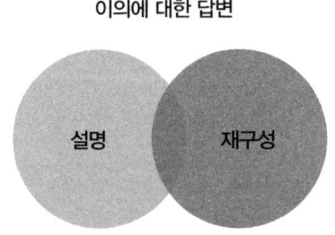

이의에 대한 답변

설명

성경을 보면 자주 본문의 저자나 이야기의 주인공이 설명을 통해서 이의에 대한 예상과 반응을 보여 준다. 그 예는 얼마든지 찾아볼 수 있지만 가장 유

---

7) Os Guinness, *Fool's Talk: Recovering the Art of Christian Puesuasion* (Downers Grove, IL;InterVarsity, 2015), 161-64; 오스 기니스, 『풀's 톡: 모든 그리스도인을 위한 설득의 예술』, 윤종석 역, 복있는사람, 2016.

명한 방법 중 하나는 성경이 예수 그리스도를 믿는 믿음에 대한 이의를 예상하고 비유로, 도전적인 질문으로, 유머로, 논리적 설명으로, 구약의 완성으로, 그리고 깨우침을 주는 이야기로 반응하는 것이다.

이의에 대한 설명

이의	설명
십자가에 달린 모든 사람이 저주를 받았다면 어떻게 메시아가 십자가에 달릴 수 있는가?	율법의 저주로부터 우리를 구속하기 위해서 예수님이 우리를 위한 저주가 되셨다(갈 3:13-14).
예수님이 귀신 들린 것은 아닌가? 귀신의 왕으로서 귀신을 쫓아내는 것이 아닌가?	예수님은 비유로 대답하면서 물으신다. "사탄이 어찌 사탄을 쫓아낼 수 있느냐 또 만일 나라가 스스로 분쟁하면 그 나라가 설 수 없고"(막 3:23-24).
예수님의 탄생은 불륜에 의한 것 아닌가?	아니다. 동정녀 탄생은 구약성경의 성취이다(마 1:18-25; 눅 1:26-38).
왜 예수님은 제자들에게 금식하라고 명하지 않았는가?	예수님의 제자들은 그들이 주님과 함께 있을 동안에는 금식하지 않았다. 하지만 주님이 떠나시면 금식할 것이다. "혼인 집 손님들이 신랑과 함께 있을 때에 금식할 수 있느냐?"(막 2:19).
왜 예수님은 안식일을 지키지 않았는가?	예수님은 다윗왕과 그의 동료가 진설병의 떡을 먹은 것이 합법적인가 물으시면서 인자이신 예수님이 곧 안식일의 주인이라고 하셨다(막 2:23-26; 또한 3:1-6을 보라).
왜 예수님은 바리새인들의 정결 규례를 지키지 않았는가?	사람이 만든 규례를 지키고 어기는 것이 사람을 정결하게 만들거나 부정하게 만들지 않는다. 안에서 나오는 악들이 그들을 부정하게 만든다(막 7:1-23).
왜 예수님은 죄인과 교제했는가?	예수님은 "건강한 자에게는 의사가 쓸 데 없고 병든 자에게라야 쓸 데 있느니라 나는 의인을 부르러 온 것이 아니요 죄인을 부르러 왔노라"라고 하셨다(막 2:17).
예수님의 권세는 어디서 비롯되는가?	병을 고치는 능력은 죄를 사하는 능력을 증명하는데, 그러한 능력은 그분이 하나님의 아들임을 증명한다(막 2:1-12).

예수님의 제자들이 예수님의 시신을 훔치고는 부활했다고 주장한 것은 아닌가?	대제사장과 장로들이 그렇게 주장하도록 군사들에게 뇌물을 주었다(마 27:62-66; 28:2-4, 11-15).
만일 예수님이 메시아라면 왜 유대인은 그렇게 받아들이지 않았는가?[8]	1. 인간의 악한 마음 때문에(마 13:14; 막 4:13; 눅 8:10; 요 12:40; 행 28:26-27; 롬 11:1-10, 25). 2. 사탄이 사람들이 보지 못하도록 강력하게 역사하기 때문에(고후 4:4).

위에 언급한 1세기에 제기된 많은 질문이 오늘날 제기되는 질문은 아니다. 현대 변증을 위해 상황화와 지혜가 필요한 이유가 여기에 있다.

재구성

성경은 종종 인식도를 다시 그리거나, 이야기를 다시 쓰기도 하고, 지각적인 모델을 재구성하기도 한다. 하박국서에서 하박국 선지자의 불평에 대한 하나님의 반응을 생각해 보라. 그 선지자는 유다 왕국이 엄청난 불의 가운데 무너져가는 것에 대해 하나님께 분노한다. "내가 부르짖어도 주께서 듣지 아니하시니 어느 때까지리이까"(1:2). 하나님은 많은 말로 대답하신다, "누가 너희에게 말할지라도 너희가 믿지 아니하리라 보라 내가 사납고 성급한 백성 곧 … 갈대아 사람을 일으켰나니 … [유다 백성을] 점령할 것이라"(5-11절).

하박국 선지자는 놀라고 혼란스러웠다. 그는 하나님의 "눈이 정결하시므로 악을 차마 보지 못하시며 패역을 차마 보지 못하시거늘"(13절)이라고 말한 후에 예리하게 다시 묻는다. 만일 하나님이 정결하시다면 어떻게 바벨론을 들어 당신의 백성을 벌하실 수 있는가? "어찌하여 거짓된 자들을 방관하시며 악인이 자기보다 의로운 사람을 삼키는데도 잠잠하시나이까?"(13절).

---

8) Brian K.Morley, *Mapping Apologetics: Comparing Contemporary Approaches* (Downers Grove, IL; InterVarsity, 2015), 36-37을 보라.

하박국의 질문에 직접적으로 대답하는 대신에 하나님은 그에게 미래의 심판에 관한 계시를 주시고 그 일이 반드시 일어날 것이라는 표시로 돌판에 기록하라고 하신다. 그러고 나서 하나님은 난폭하고 불의하고 불법적인 자들에게 임한 다섯 가지 진노의 심판을 선언하신다. 마침내 하나님은 공의와 평화를 주실 것이고 그분의 영광은 온 땅을 덮을 것이다. "이는 물이 바다를 덮음 같이 여호와의 영광을 인정하는 것이 세상에 가득함이니라"(2:14). 하나님의 진노는 잠잠하라는 명령으로 마무리된다. "오직 여호와는 그 성전에 계시니 온 땅은 그 앞에서 잠잠할지니라"(20절).

하나님은 하박국의 이의에 대답하신다. 하지만 직접 답변을 하시기보다 다가올 심판 때에 어떻게 모든 것이 제자리로 돌아오게 될지 보여 주시며 하박국의 이야기를 재구성하신다. 때때로 하나님은 이의를 직접 대면하시기보다는 백성에게 자신의 모습을 보여 주시거나 미래의 계획을 보여 주심으로써 그들이 현재를 보는 방법을 재구성하게 하신다. 왜곡된 인식도와 잘못된 지각 모델, 하나님을 도저히 이해할 수 없는 합당하지 못한 해석적 이야기가 있다. 경우에 따라서 하나님은 그러한 잘못된 지도, 모델, 이야기 안에서 스스로를 변호하시기보다 그것을 해체하시기도 한다. 그리고 현실에 상응하는 참된 지도, 합당한 모델, 정확한 이야기를 만드셔서 합당한 관점에서 인생을 보게 하신다.

10. 고난을 위한 이유들

애통함: 하나님께 불평을 토로함

성경은 결코 세상에 고난이 있다는 사실을 부끄러워하며 숨기지 않는다. 오히려 악과 고난으로 인한 적나라한 감정 표현들로 가득 차 있다. 성경에는 이러한 감정들로 가득 찬 '애통'이라는 장르, 곧 애가서가 있다(히브리어로 '어떻게!'라는 뜻이다.). 따라서 고난의 문제를 다룸에 있어서 성경이 가장 자주 사용하는 변증적 방법 중 하나는 정직하게 슬픔과 불평을 가지고 하나님을 대면하도록 청하는 것이다. 성경적 애통을 보면 성경은 혼란 가운데 어지럽혀진 상태에 언어적, 음율적, 문학적 형태를 제공한다.

왜 고난을 당하는가?

성경은 고난에 대한 변증을 제공할까? 성경은 고난에 대한 이유를 제공할까? 그렇다. 고난에 관계된 모든 질문들에 구체적으로 답을 제공하지는 않지만 다음과 같이 다른 방식으로 성경은 이 문제를 언급한다.

- 인류는 죄로 인하여 고난을 빚는다. 아담과 하와는 하나님의 명령에 불순종하기를 택했고 그 결과 죄가 세상에 들어왔으며 고난이 따라왔다(창 3장).
- 이스라엘은 신명기적 언약에 불순종했기 때문에 고난을 당한다.
- 하나님의 자녀는 때로는 더 나은 하나님의 선을 이루기 위해서 무시와 학대를 받는 고난을 당하기도 한다(창 50:20).
- 고난은 하나님을 향해, 그리고 기록된 계시를 향해 신실하고 새로운 관점을 가지게 만들기도 한다(욥기와 시 119:67, 71을 보라).
- 그리스도께서도 핍박을 받으셨으며, 예수님의 제자들은 그분을 따르기에 핍박을 받는다(마 5:10-12).
- 초대 그리스도인은 인간 지도자들의 질투와 미움 때문에 핍박을 받았다(행 13:45; 14:2, 19; 17:5, 13; 21:27).[9]
- 그리스도인은 그리스도를 더 잘 알기 위해서 고난을 받기도 한다(빌 3:10).

---

9) Morley, *Mapping Apologetics*, 36을 보라.

- 그리스도인은 미래에 그분의 영광에 동참하기 위해 현재에서 예수 그리스도의 고난에 동참하기도 한다(롬 8:17).
- 하나님의 자녀는 하나님이 그분의 자녀를 사랑으로 징계하시기 때문에 고난을 받기도 한다(잠 3:11-12; 히 12:5-6).
- 그리스도인은 영적으로 성숙해지기 위해서(약 1:2-4), 의와 화평에 자라기 위해서(히 12:5-11), 예수 그리스도의 형상을 닮기 위해서(롬 8:28-30) 고난을 당한다.
- 그리스도인은 그들의 믿음이 참되다는 것을 증명하기 위해서 고난을 당한다(벧전 1:6-7).

하나님이 고난을 당하신다

성경에 나오는 하나님은 완전하게 인간이 되셔서 우리가 당하는 모든 면에서(육체적인 고통, 사회적 거부, 오해, 미움, 폭력, 죽음) 똑같이 상처를 받으신다. 그분은 그 모든 것을 견디신다. 그분은 이 모든 고난을 우리와 함께 받으셨기 때문에 우리의 슬픔과 고통을 함께 느끼신다. 더욱 놀랍게도 예수님의 십자가상에서의 죽음과 부활은 모든 악, 고통 그리고 비참함을 이기고 실망이 기쁨으로, 상함이 영원한 치유로, 악이 선으로 바뀌리라는 약속을 제공하는 길이 되었다. 그리스도께서 당하신 고통으로 죽음은 죽고 생명은 영원히 살게 되었다. 고난을 향한 하나님의 가장 중요한 성경적 변증은 그분 자신의 십자가에서의 괴로움에 근거한다.

고난은 하나님의 존재를 가리킨다

이상하게 들릴지 모르지만 성경을 보면 고난과 악의 실재는 하나님의 존재에 대한 논증이 된다. 이미 다룬 것처럼 하나님이 그분의 형상대로 인간을 만드시고 우주를 선하게 만드셨다는 것이 옳고 그름에 대한 인간의 원시적인 감각의 근거이다. 우리는 직관적으로 인간의 고난, 고통 그리고 악이 잘못되었다는 것을 알고 이 세상은 원래 의도된 모습에서 벗어났다고 인식한다. 때로는 원래의 모습에 대한 비전이 우리가 고난을 당할 때 하나님을 부르짖게 하고, 선을 동경하게 하며, 구약성경이 샬롬(평화, 온전함, 건전함)이라고 부르는 것을 좇게 한다. 성경은 우리가 고난을 싫어하는 이유가 선한 것, 조화로운 것 그리고 치유에 대한 하나님의 열망에 근거한다고 주장한다. 하나님은 우리 안에 의로운 것, 선한 것이 있다는 감각을 심어 놓으셨다. 따라서 애통함은 고난 당하는 자가 단지 악으로 인해 하나님을 향한 원망을 드러내는 것이 아니라, 그가 모든 선의 궁극적인 근원으로 믿는(때로는 희미하게, 때로는 강력하게) 하나님과의 소통을 의미한다. 이런 의미에서 성경은 역설적이게도 고난과 악이 하나님의 존재를 위한 논증이 된다고 보여 준다.[10]

11. 논리와 이성

이성적으로 들리는 것

성경은 전반에 걸쳐 신학적 입장이 합리적임을 보여 주기 위한 논리를 사용한다. 성경은 진공 상태에서 순수한 이성주의를 소개하는 것은 아니지만 성경의 저자들과 주인공들이 그들에게 주어진 상황 안에서 하는 이성적 활동을 묘사한다. 일반적으로 성경은 말하는 사람과 글 쓰는 사람이 그들의 메시지를 받는 사람에게 이치에 맞게 들리도록 이성적인 논증을 사용할 것을 요구한다.

---

10) Gregory E. Ganssle의 "Evil as Evidence for Christianity," in *God and Evil: The Case for God in a World Filled with Pain*, ed. Chad Meister and James K. Dew Jr. (Downer Grove, IL: InterVarsity, 2013), 214-23에 나오는 좀 더 철학적인 논증을 참고하라.

1장과 2장의 앞부분에서 이미 이 논리를 살펴본 바 있는데, 성경 전반에 걸쳐 성경의 저자들과 주인공들은 특정한 신학적 신념을 사람들에게 설득시키기 위해 논리를 사용한다. 다시 말하지만, 성경이 하나님의 존재를 체계적으로 증명하기 위해 순수한 이성적 사고나 양상 논리학(modal logic, 표준적인 논리학을 통해 필연성을 표현하려는 논리 체계 – 역주)을 사용하지는 않더라도 특정한 독자가 하나님이 누구시며 그분이 어떻게 일하시는지에 관한 어떤 결론에 도달하도록 이성을 사용하는 것은 분명하다. 예를 들면 성경은 어떤 위대한 존재가 세상을 창조했음을 증명하기 위한 시도를 하지 않는다. 성경이 기록된 상황에서는 필요가 없었기 때문이다. 고대 근동 지방의 사람들은 세상이 신이나 신들에 의해 창조되었다고 이미 믿었다. 대신에 성경은 어느 특정한 신이 특별한 목적을 가지고 세상을 창조했다고 주장한다.

이성의 한계

다음의 세 가지 이유 때문에 우리는 이성의 한계에 관한 균형 있는 관점을 유지해야 한다. 첫째로, 합리성을 논할 때마다 우리는 '누구의' 합리성인지를 물어야 한다. 많은 사람이 익숙해져 있는 이성에 대한 서구의 개념은(계몽주의 시대 합리주의에 엄청난 영향을 받은) 시, 이야기, 비유, 지혜 등을 통해 이성적으로 사고했던 전근대적인 고대 근동 지방 문화의 것과는 많이 다르다. 둘째로, 하나님은 인간의 이해 훨씬 너머에 계시다는 사실을 인식해야 한다. 우리는 하나님을 알 수 있지만 온전히 알 수는 없다. 우리의 인식 능력을 뛰어넘어 계신 그분이 누구신지에 관한 신비는 항상 존재할 것이다. 그분은 결국 하나님이시다! 셋째로, 사람은 사고하는 것 이상이다. 인간은 이성적으로 활동하고 생각하는 존재일 뿐만 아니라 열망하고 신앙하는 존재이기도 하다. 성경은 이를 인식하기 때문에 논리가 존재하기는 하지만 특정한 틀과 인간을 진인적으로 생각하게 하는 공유된 전제들 안에서 논리를 사용한다.

12. 묵시적 변증

성경에서 묵시 문학은 고난 당하는 믿음의 공동체가 그들의 고통에 무관심해 보이는 하나님과의 힘겨운 현실을 이해하는 데 도움을 준다. 열세에 놓여 위협을 느끼고 가장자리로 몰린 사람은 하나님이 어떻게 세상을 바로잡으실지 알아야 한다. 묵시 문학은 왜 이방이 그렇게 강력한 힘을 가지고 흥하는지, 신실한 자를 핍박하는 자들 앞에 무엇이 놓여 있는지 설명하는 변증학적 가치를 지니는데, 이를 다니엘서와 요한계시록에서 찾아볼 수 있다.[11] 우리는 변증학적 가치를 지닌 이 책들에서 특별히 세 가지 면에 주목하려 한다.[12]

묵시 신앙(Apocalypticism)의 변증적 요소

대적하는 세력들(하나님과 사탄).[13] 요한계시록과 다니엘서는 인간이 보는 대로의 지상의 현실에서 커튼을 걷어 올려 하나님과 사탄, 천사와 악마, 선과 악 사이에 지속되는 우주적 전투를 계시한다. 바로 그 순간에 경험과 역사의 영역을 넘어 악한 자의 능력 아래 있는 악의 영역과 영원한 하나님 나라의 영역이 보인다. 이러한 이원화는 미가엘 천사가 아마도 가브리엘로 보이는 하늘의 메신저를 돕고(단 8:16; 9:21), 아마도 페르시아 왕국을 위해 싸우는 마귀의 세력일 페르시아 왕으로부터 저항을 물리치는 다니엘서에서 볼 수 있다 (10:12-14; 또한 계 12:7-9을 보라).

---

11) 유대인들의 묵시 문학에 대한 더 많은 정보를 위해서는 다음을 보라. John Collins, *The Apocalyptic Imagination: An Introduction to Jewish Apocalyptic Literature*, 2nd ed. (Grand Rapids: Eerdmans, 1998); 존 J. 콜린스, 『묵시문학적 상상력』, 박요한 영식 역, 가톨릭출판사, 2006.

12) 본질적으로 묵시적이라고 볼 수 있는 또 다른 성경 본문들로는 사 24-27; 56-66; 겔 38-39; 욜 3-4; 슥 9-14; 마 24; 막 13; 눅 21:15-38; 살전 4:13-18; 살후 2장이 있다.

13) 묵시의 이 세 가지 특징에 관해서는 다음을 보라. Robert H. Mounce, *The Book of Revelation*, rev. ed. (Grand Rapids: Eerdmans, 1998), 3-4; 로버트 마운스, 『NICNT 요한계시록』, 장규성 역, 부흥과개혁사, 2019.

다니엘서와 요한계시록은 우리의 자연적인 감각으로는 이해할 수 없는 것을 계시한다. 그들은 입체적으로 왜 가장자리로 몰린 사람이 고난을 당하고 핍박을 당하는지를 설명한다. 그것은 우리가 선과 악의 우주적 전쟁 한가운데에 있기 때문이다. 사탄과 그의 악령들은 실재하고 그들의 공격은 무자비하다. 변증으로서 묵시 문학은 믿음 때문에 고난을 당하는 사람들에게 그들의 고난 뒤에는 악한 영적 세력이 있음을 확인시켜 준다.

하지만 묵시 신앙의 이 변증적인 면은 그 자체로는 충분하지 않다. 하나님을 위해 고난 받는 자는 그들의 하나님이 결코 약한 분이 아니며 궁극적으로 승리하시는 분임을 알아야 한다.

주권(역사를 위한 하나님의 계획과 궁극적인 승리). 현 세상이 악한 자에 의해서 고통을 당하고 있지만 하나님은 언제나 이미 예정된 계획에 따라 마지막까지(악에 대한 선의 궁극적인 승리) 역사를 주관하신다. 사탄이 실재하지만 하나님이 다스리신다. 하나님이 역사의 시대를 결정하시고 악에 대한 승리로 이끄신다. 핍박과 고난을 당하는 신자는 헛되이 인내하는 것이 아니다. 왜냐하면 하나님은 그들의 미래를 위한 영광스러운 계획을 가지고 계시기 때문이다.

요한계시록 5장에서 요한은 운명의 두루마리를 열 수 있는 사람이 하늘과 땅에 아무도 없어서 슬피 운다. 즉 보좌 가운데 일찍이 죽임을 당한 것 같은 어린양을 볼 때까지(참조. 계 5:6). 예수 그리스도만이 역사를 다스리시고 그 마지막을 결정하기에 합당하신 분이다. 이는 물론 모든 역사에서의 최후의 승리를 포함한다. 마지막에는 모든 것이 새로워질 것이다. 하나님은 "다시는 사망이 없고 애통하는 것이나 곡하는 것이나 아픈 것이 다시 있지 아니하리니"(21:4)라고 약속하신 대로 그의 백성의 눈물을 씻기실 것이다.

이러한 변증은 소외되고 핍박받은 기독교 공동체의 고난에는 목적이 있다고 말해 준다. 그들의 고통은 이유가 없는 것이 아니라, 마침내 악이 무너지고 메시아가 승리하며 하나님의 왕국이 승리할 것에 대한 계시의 일부이다.

예수 그리스도께서는 그의 백성의 고난을 다스리시며 그들의 승리를 보장하실 것이다.

마지막 일들(악에 대한 하나님의 최후의 심판과 평화롭고 의로운 왕국의 건설). 마지막 때에 미래가 현실 속으로 들어올 것이며 하나님은 죄를 심판하실 것이고 평화와 의를 이루실 것이다. 드디어 끝이 왔다. 다니엘 12장은 전무후무한 고난의 시간이 지나 어떤 이는 수치와 영원한 경멸로 부활하게 될 것이고 어떤 이는 영원한 생명으로 부활하게 될 것이라고 말한다. 생명책에 그 이름이 기록된 하나님의 백성은 구원을 받을 것이다. "지혜 있는 자는 궁창의 빛과 같이 빛날 것이요 많은 사람을 옳은 데로 돌아오게 한 자는 별과 같이 영원토록 빛나리라"(3절; 또한 계 20-21장을 보라).

묵시 문학은 고난 당하는 공동체에 마치 하나님이 아무것도 하시지 않고 악이 흥하는 것처럼 보이는 현실을 이해하는 틀을 제공한다. 그것은 하나님이 모든 악을 종식시키고 평화와 정의를 영원히 세우시며 참고 견디는 자에게 영원한 상급을 주실 것을 설명함으로써 변증이 된다.

묵시적 혹은 과학적 소설이나 영화가 변증적 가치를 지닌다고 말하는 것이 이상하게 들릴지 모르지만 실제로 묵시는 주전 300년부터 주후 200년 사이에 포로로 잡혀 갔던 유대 공동체가 고난을 이해하는 가장 중요한 수단 중 하나였다. 성경 외의 유대 묵시 문학은 고대 예언자가 환상 중에 그들이 현재 경험하는 것의 의미와 앞으로 일어날 일을 미리 보기 위해 여행을 떠나는 모습을 묘사한다. 실제로 본 환상에 관한 성경적 이야기인 다니엘서가 이런 문서를 위한 촉진제가 되었을 가능성이 있다. 요한이 묵시를 기록했을 당시 이 장르는 훨씬 더 일반적이었다. 따라서 성경적 묵시는 (1) 현실을 설명하는 문화적으로 적합한 방법과 (2) 고난 당하는 공동체가 그들의 현재 어려움을 이해하게 하기 위한 하나님으로부터의 진정한 비전을 조합한다.

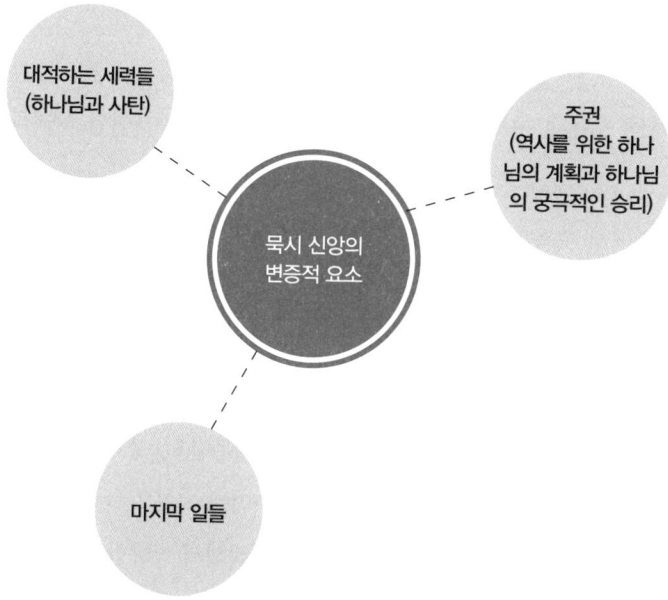

　제임스 스미스는 묵시 문학이 오늘날도 여전히 유효한 장르라고 주장한다. 요한계시록이 하나님의 어린양이 보좌 가운데 앉으셨다는 대안적 현실을 계시함으로써 폭압적인 통치 제국의 진정한 약함을 드러내듯이 오늘날 묵시적 사고도 지배적인 문화 세력의 왜곡된 메시지를 폭로할 수 있다. "우리에게 필요한 것은 … 일종의 현대적 묵시록, 즉 우리 스스로가 왜곡된 틀로 만든 사회적, 문화적 환경을 구성하는 현대 제도의 종교적(그리고 우상 숭배적) 성격을 꿰뚫어보고 드러내는 언어와 장르이다."[14] 현대의 묵시적 변증은 성경적이고 대안적인 현실을 제시함으로써 오늘날 지배적인 문화 담론의 왜곡에 대응할 수 있을 것이다.

---

14) James K. A. Smith, *You are What You Love: The Spiritual Power of Habit* (Grand Rapids: Brazos, 2016), 40; 제임스 K. A. 스미스, 『습관이 영성이다』, 박세혁 역, 비아토르, 2018.

13. 이방 자료들로부터의 논증들

사도 바울은 아테네 철학자들 앞에서 한 연설에서 이방 시인인 아라투스(Aratus, 약 주전 315-240년)를 인용해 우리는 "하나님의 소생"(행 17:29)이라고 했다.[15] 이 인용에서 도출된 바울의 논증은 다음과 같다. "아테네 사람들 중 어떤 사람들이 말하기를 우리는 신의 소생이라 합니다. 이와 같이 우리는 하나님의 소생이 되었으니 하나님을 금이나 은이나 돌에다 새긴 것과 같이 여겨서는 안 됩니다. 하나님이 우리를 지으신 것이지 우리가 하나님을 만든 것이 아닙니다. 그분은 우리에게 생명과 호흡을 주시는 분이요, 우리가 고안하여 만들어 내지 않았습니다. 하나님은 창조주시며 우리는 그분의 형상대로 지음을 받았습니다." 이때 바울은 그가 말하려는 바를 위해서 이방인의 말을 인용한다. 하지만 그는 "그 인용을 상황화시켜서 새로운 관점에서 말함으로써 비판한다."[16]

아이러니하게도 바울은 원래 제우스를 가리키는 헬라 인용을 사용해서 헬라 철학자의 우상 숭배를 비판한 것이다. 바울은 그들의 시인을 인용하고 성경적인 진리에서 그 인용을 재조명하여 그것으로 그들의 이방 신앙을 비판함으로써 당시 청중이 이해할 수 있도록 능숙하게 논증한다. 이는 성경이 세속적인 문화 담론 안에서 이성적인 활동을 하는 것을 금하지 않는다고 보여 준다. 왜냐하면 그와 같은 담론이 고개를 돌려 아주 효과적인 변증적 도구로 사용될 수 있기 때문이다.

---

15) 아라투스에 대한 언급에 관하여는 다음을 보라. Darrell L.Bock, *Acts, baker Exegetical Commentary on the New Testament* (Grand Rapids: Baker Academics, 2007), 568; Ben Witherington III, *The Acts of the Apostles: A Socio-Rhetorical Commentary* (Grand Rapids: Eerdmans, 1998); 대럴 L. 벅, 『BECNT 사도행전』, 전용우 역, 부흥과개혁사, 2018.

16) Bock, *Acts*, 568; 벅, 『BECNT 사도행전』.

14. 예수님의 독특한 권위

예수님의 가르침은 그 내용과 방식에 있어 스스로 증언하고 입증하는 권위를 지니기에 변증적 가치를 가진다. 성경을 보면 예수님이 가르치실 때마다 사람들은 즉각적으로, 전통에 의존했던 당시 교사들과는 달리 그분의 교훈(말씀)이 권위가 있다고 인식했다.[17] 예를 들어 산상수훈 말미에 보면 "그 가르치시는 것이 권위 있는 자와 같고 그들의 서기관과 같지 아니함일러라"(마 7:29)라고 언급하며 사람들이 예수님의 가르침에 놀랐다고 묘사한다. 예수님의 가르침에는 본유의 권위가 뚜렷하게 나타났다. 불행히도 사람들은 예수님이 말씀하시는 그 권위에 놀라기는 했지만 그 가르침에 승복하지는 않았다.[18] 인간의 마음은 진리를 알면서도 억누를 수 있는 놀라운 능력을 가지고 있다.

예수님의 권위 있는 가르침은 제자들을 통해 계속된다. 마태복음 끝에서 예수님은 모든 민족을 제자로 삼아 세례를 주고 그분의 가르침을 모두 지키게 하도록 자신의 임재와 권위로 제자들을 파송하신다(28:19-20).[19] 오늘날도 예수님의 가르침은 가장 완고한 회의주의자도 믿음으로 이끌 수 있다.

15. 이야기

성경은 이야기로 된 이야기다. 성경은 많은 작은 이야기로 구성된 큰 이야기로 작은 삽화들을 통해 큰 그림을 그린다. 우선 작은 이야기를 살펴보자.

---

17) Donald A. Hagner, *Matthew 1-13*, Word Biblical Commentary (Dallas, TX: Word, 1993), 33a:193; 도날드 헤그너, 『WBC 성경주석. 33. 마태복음(상)』, 채천석 역, 솔로몬, 1999.
18) Michael L. Wilkins, Matthew, *NIV Application Commentary* (Grand Rapids: Zondervan, 2004), 328-29; 마이클 윌킨스, 『(NIV) 적용주석 : 마태복음』, 채천석 역, 솔로몬, 2009.
19) 마태복음에 나온 권위에 관한 다른 구절로는 8:7-9; 9:6-8; 10:1; 21:23-27이 있다.

작은 이야기들

이 일이 어떻게 이루어지는지 우리는 이미 많은 예를 살펴보았는데, 앞서 "논쟁"이라는 제목의 단원에서 고대 근동 지방의 창조 이야기를 보며 성경이 어떻게 창조에 관한 이야기를 더 탁월하고 참되게 설명하는지 확인했다. 창조에 관한 성경의 이야기는 선하고 비옥하고 생산적인 창조를 계시함으로써 더욱 의미 있고 아름답다. 이 창조 이야기는 인간에게 보다 고귀한 기능을 부여한다. 즉 하나님의 형상대로 지음 받은 인간으로서 땅을 다스리고 생육하고 번성하는 것이다. 하나님이 창조하시고 만드시고 이름을 주시고 다스리셨듯이 인간도 생명을 부여하는 일을 행하는 거룩한 사명을 받았다.

전도서 기자는 사람이 인생(즐거움, 지식, 일)의 목적을 하나님을 경외하고 그분의 계명을 지키는 데에서만 찾을 수 있다고 말하면서(12:13) 더욱 의미 있는 이야기를 소개한다. 이 이야기를 따라 사는 사람은 보다 심오한 즐거움, 참된 지식, 의미 있는 일을 찾게 된다.

요한복음 1장 1절에서 요한이 예수님을 '로고스'(말씀)라고 소개하며 당시 헬라 세계관으로 그분을 이해할 수 있도록 메시지를 전했던 것을 기억해 보라. 요한은 그의 독자가 이미 이해하고 있던 로고스로 시작해서 구약성경에서 말하는 말씀의 개념으로 이를 정의하여 그들의 이해에 반대한다. 그가 그렇게 한 이유는 예수님을 세상을 구원하기 위해 자신의 생명을 내주신 하나님의 로고스로 소개하기 위해서였다. 요한은 주변의 헬라 문화보다 더 나은 이야기를 전해 준 것이다. 마지막으로 위에서 살펴본 대로 요한은 그의 계시록에서 고난 당하는 공동체에게 잔인한 세력이 지금은 이기는 것 같지만 하나님이 궁극적으로 악을 물리치셔서 소외된 사람을 세우시고 영원한 정의를 확립하신다고 강력하게 설명한다.

이 변증적 방법론은 성경에 넘쳐난다. 성경 곳곳에서 예를 찾아볼 수 있는데 가장 분명한 변증적 이야기의 예는 복음서와 사도행전에 나온다. 나름의 방법대로 각 복음서는 예수 그리스도를 믿는 믿음을 위한 길을 변호하고 분명하게 소개한다. 사도행전도 질서 있게 잘 연구되었지만 결국 부활하신 그리스도에 대한 신앙과 성령의 역사, 그리고 교회의 성장에 관한 이야기이다. 짧고 긴 이야기들이 엮여서 하나의 커다란 성경적 내러티브를 만들어 내는데 이제 그 큰 이야기로 가보자.

큰 이야기

성경이 연출하는 거대 담론에는 네 개의 장이 있다. 창조, 타락, 구원, 새 창조.[20] 성경은 변증적으로 이 거대 담론이 그 어떤 문화적 담론보다 훌륭하다고 주장한다. 사실 이것은 더 나은 이야기가 아니라 최고의 이야기이다. 이 이야기는 그 어떤 이야기보다 참되다. 그 이야기는 모든 사람을 위한 깊은 사랑 때문에 스스로 인간이 되신 하나님에 관한 십자가 중심의 이야기이다. 이 하나님은 인류의 죄를 위해 십자가에서 죽기까지 겸손하게 자신을 낮추셨다. 이와 같은 이야기는 어디에도 없다. 이것은 유일한 참 이야기이다. 이어지는 장들에서 우리는 성경의 이 큰 이야기가 어떻게 선하고 아름다운 삶으로 인도하는지 보여 줄 것이다.

오늘날 우리는 구속과 새 창조 사이에 살고 있다. 그렇다! 우리도 이 이야기의 일부이다. 따라서 회의론자에게 성경의 거대 담론이 참되게 들리도록 우리는 이 이야기를 살아내야 한다. 그래서 결국 우리의 삶이 변증이 되게 해야 한다.

---

20) 케빈 밴후저가 다음 책에서 거대 담론을 5개로 구분한 내용을 참고하라. Kevin Vanhoozer's five-act division of the grand narrative in *The Drama of Doctrine: A Canonical Linguistic Approach to Christian Theology* (Louisville: Westminster John Knox, 2005), 2-3; 『교리의 드라마』, 윤석인 역, 부흥과개혁사, 2017.

결론: 상황적이고 십자가 중심적인

이번 장과 지난 장에서 살펴본 15개의 접근은 성경의 변증적 세계뿐 아니라 성경의 다양성을 보여 주기도 한다. 성경적 변증의 많은 부분이 역사적 상황, 대화의 본질, 그리고 동참하고 있는 청중에 의존한다. 따라서 많은 구체적인 통찰을 살펴보았지만, 그중 성경적 개관을 통해 전체를 아우르는 하나의 적용을 꼽는다면, 그것은 변증에 있어서의 상황적 접근이라고 할 수 있다.

더 나아가서 성경이 절정의 사건 곧 그리스도의 삶과 죽음 그리고 부활의 사건을 향해 점진적으로 움직이고 있음을 인식하는 것이 무엇보다 중요하다. 변증은 인간 역사의 가장 중요한 사건의 관점에서 그리고 그 가장 중요한 사건을 얼마나 분명하게 보여 주는가에 의해서 측정되어야 한다. 성경에 뿌리를 두고 있고 십자가 아래에서 만들어진, 그래서 예수 그리스도의 복음 안에서 하나님의 능력을 가리키는 이 변증을 발전시켜 나가는 일에 지속적으로 여러분을 초청한다. 이 장을 마감하고 이제 교회의 역사에 나타난 중요한 변증적 전환점으로 시선을 돌려보자.

Apologetics at the Cross

3장

위대한 전통 안에서의 변증 1

기독교 관례의 전통을 연구하고 사색하는 일은 과거로의 불가능한 회귀가 아니라, 구속사의 한 시점에 있는 현재의 신학을 볼 수 있는 기회이다.

_ 존 웹스터, 『근원주의』(*Ressourcement*) 중 "근원 신학과 개신교주의"에서

우리 앞에 걸어간 건축가들

우리는 1장과 2장에서 성경적인 기초로 변증학이란 집을 짓기 시작했다. 이번 장과 다음 장에서는 변증학이 초대 교회 이후로 어떻게 발전해 왔는지 개관을 살피며 기초를 완성할 것이다. 2천 년에 걸친 변증학 역사를 겨우 2개 장으로 효과적으로 다루어야 하기 때문에 중요한 인물들, 운동들 그리고 변증적 접근들의 요점을 정리하려고 한다.

이번 장을 시작하면서 좋은 소식이 하나 있는데 집을 처음부터 짓지 않아도 된다는 사실이다. 이미 많은 벽돌이 올라갔다. 마치 현대 건축가가 모든 것을 새롭게 시도하기보다 이미 전해 오는 기술을 사용하듯이 최선의 변증가는 전승되어 내려온 변증적 자료를 사용할 것이다. 많은 변증학 개론이 변증학 역사에 그리 큰 관심을 보이지 않지만 이 학문의 발전사를 파노라마로 볼 수 있다면 훨씬 더 효과적인 변증가를 만들어 내리라 확신한다. 틀림없이 맞다. 우리의 변증적 접근은 현재의 상황에 맞아야 하고 창조적이고 혁신적이어야 한다. 하지만 그러한 혁신은 성경과, 믿음의 선조들이 세운 기초 위에서 이루어져야 한다. 우리는 언제나 교회가 전승한 변증적 기초를 사용해야 하며 그런 의미에서 이제 변증학이란 집의 기초를 세우는 일의 마무리 작업을 시작하려고 한다.[1]

초대 교회

교부들의 시대라고 학자들이 일컫는 초대 교회의 공식적인 기간을 정하기란 쉽지 않다. 당시에는 교회의 생존 자체가 위협을 받았으며 그리스도께 기쁨으로 돌아온 회심한 사람들이 심각한 도전을 직면해야 했다. 특히 이단과 종교적 유대인들, 헬라인들로부터 말이다. 그와 같은 도전에서 교회를 보호하고 교회의 생존을 책임져야 했던 초대 교부들은 세상에서 교회를 위한 자리를 개척해 나갔다.

이단들의 도전

더 나은 길을 찾으려고 했지만 결국 성공하지 못하고 끝이 다른 길을 가게 된 것이 이단이다. 교회 역사를 통해 볼 때 이단은 "보통 지나친 단순화로 인해 핵심적인 교리를 타협함으로써 하나님이 누구신가를 놓친 부류"이다.[2] 거의 모든 경우에 이단의 창시자들은 처음부터 이단이 되려고 한 것이 아니라

---

1) 본 장과 4장은 특히 다음 두 자료의 도움을 많이 받았다. Avery Cardinal Dulles, *A History of Apologetics* (San Francisco: Ignatius, 2005); William Edgar and K Scott Oliphant, eds, *Christian Apologetics Past and Present: A Primary Source Reader*, vols.1-2 (Wheaton, IL: Crossway, 2009, 2011).

2) Justin S. Holcomb, *Know The Heretics* (Grand Rapids: Zondervan, 2014), 11; 저스틴 홀콤, 『이단을 알면 교회사가 보인다』, 이심주 역, 부흥과개혁사, 2015.

기독교 신앙을 좀 더 효율적으로 공유하기 위해서 특정한 문화의 지배적인 사고방식에 맞추려다가 이단이 되었다.[3] 아이러니하게도 변증적 동기에서 시작한 것이 길을 잃어버려 정통적 변증을 필요로 하게 된 것이다.

다음은 초대 교회에 성행했던 가장 위협적인 이단적 가르침이다.

영지주의(Gnosticism). 은밀하고 내적인 지식을 가진 자가 '아이온'(Aeon)이라고 부르는 열등한 신들을 차례로 통과하여 신께 다가갈 수 있다. 예수님은 하나님이 아니라 그저 아이온일 뿐이다.

마르키온주의(Marcionism). 그들은 다음과 같이 가르친다.

- 성경에는 선한 부분도 있고 나쁜 부분도 있다.
- 영은 선하지만 물질은 나쁘다.
- 예수님은 선하고 사랑스럽고 평화스럽지만 구약의 창조주 하나님은 나쁘고 인색하고 화가 나 있다.
- 복음은 선하지만 율법은 나쁘다.
- 그리스도인은 선하지만 유대인은 나쁘다.
- 예수님은 실제 인간이 아니라 오직 신일 뿐이다.

영지주의와 마르키온주의는 구약성경에 나오는 하나님의 행동과 규범을 예수님의 성품이나 가르침과 비교할 때 너무 잔인하다고 생각한 사람들의 관심을 끌려고 했다.

마니교(Manicheism). 기독교와 다른 종교를 통합해서 하나의 거대한 세계 종교를 만들려고 한다. 예수는 실제로 출생한 것도 아니고 고난을 당한 것도 아니고 죽음에서 부활한 것도 아니다. 그의 고난은 그저 상징적인 것이다. 이

---

3) Alister McGrath, *Heresy: A History of Defending The Truth* (New York: Harper Collins, 2009), 176; 알리스터 맥그래스, 『그들은 어떻게 이단이 되었는가』, 홍병룡 역, 포이에마, 2011.

주장이 고난을 선과 악의 갈등으로 설명했기 때문에 마니교를 받아들인 사람들도 있었다. 하나님은 선하셔서 악한 세력을 제지하신다는 것이다.

아리우스주의(Arianism). 그리스도가 존재하지 않았던 때가 있었다. 예수님은 세상이 창조되기 전에 성부 하나님에 의해 창조되었다. 그는 하나님을 닮았지만 성부 하나님과 동일 본질은 아니다. 아리우스주의는 예수님이 어떻게 동시에 하나님이며 인간일 수 있는가에 관한 문제로 갈등하는 사람들에게 단순한 해결안을 제공하려고 했다.

교회는 이러한 이단들에 대해 어떻게 대처했을까?

비밀은 없다. 2세기 갈리아 지방에 있는 리옹의 감독이었던 이레나이우스(Irenaeus, 약 140-198년)는 『이단에 반대하여』(*Against the Heresies*)를 썼는데 거기에서 그는 믿음의 규범이 사도들에 의해 공공연하게 교회로 전승되었기 때문에 진리의 지식에는 비밀이 없다고 주장했다. 믿음의 규범은 창조로부터 그리스도의 지상에서의 사역, 죽음과 부활까지, 그리고 교회의 성장과 복음의 전파까지, 그리스도께서 다시 오심으로 모든 것의 종말이 임할 때까지 하나님의 계획 전부를 분명하게 드러내고 있다. 예배나 세례 때에 말하는 믿음의 기본적인 요소들에 관한 공적 고백이 바로 그것이다. 따라서 진리는 감추어진 것이 아니라 공적인 지식이며 누구나 이 진리를 알 수 있다.

창조주는 선하시며 … 공의로우시다. 최초의 라틴 교부였던 테르툴리아누스(Tertullian, 약 160/70-220년)는 이단에 대한 직접적인 반응으로 『마르키온에 반대하여』(*Against Marcion*)를 썼다. 이레나이우스와 마찬가지로 테르툴리아누스도 핵심을 말하기 위해 성경과 믿음의 규범을 사용했으며, 구약성경과 신약성경 모두 완전히 선하신 동시에 완전히 공의로우셔서 죄를 심판하셔야 하는 유일하시고 참되신 창조주 하나님을 증거한다고 보여 주었다. 테르툴리아누스는 또한 예수 그리스도께서 실제로 육체를 입고 고난을 당하시지 않고는 구원이 불가능하다고 설명했다.

예수님의 고난은 실제적이며 필연적이다. 기독교 역사에 가장 위대한 신학자 중 한 명인 아우구스티누스(Augustine, 354-430년)는 기독교로 개종하기 전에 마니교에 10년 동안 빠져 있었다. 그는 자신이 쓴 이단에 대한 반박문에 "마니교도 파우스투스에 반대하여"(Againt Faustus the Manichean)라고 이름 붙였는데 거기에서 그는 그리스도께서 육신을 입으신 일은 실제이며, 도마에게 그분을 만져 보고 손을 옆구리에 넣어 보라고 하심으로써 이를 증명하셨다고 주장했다. 테르툴리아누스와 마찬가지로 아우구스티누스는 그리스도께서는 우리의 고난을 위해 육체적으로 고난을 받으셔야 했다고 주장하며, 이레나이우스와 마찬가지로 구약성경도 하나님이 쓰셨고 그리스도의 오심을 예언하고 있기 때문에 유효하다고 주장한다.

예수님은 구주이시기에 하나님이시다. 적이 많았던 알렉산드리아의 감독 아타나시우스(Athanasius, 약 296-373년)는 결정적이고 설득력 있는 세 가지 논증을 가지고 예수님이 완전한 하나님이 아니라는 이단의 가르침과 싸웠다.

1. 오직 하나님만 인간을 구원하실 수 있다. 예수님은 인간을 구원하신다. 따라서 예수님은 하나님이시다.
2. 하나님 자신이 인간의 육체를 입고 인류의 죄를 위해 죽는 것만이 하나님이 당신의 공의와 자비를 만족시킬 수 있는 유일한 방법이다. 따라서 예수님은 하나님이시며 동시에 구주셔야 한다.
3. 교회의 예식에서 예수님은 하나님으로서 예배의 대상이시다. 단순한 피조물을 예배하는 것은 참람한 일이다. 따라서 예배를 통해 교회는 예수님이 하나님이심을 고백한다.

이미 언급된 이단은 오늘날도 다른 형태로 여전히 남아 있다(영지주의 복음서에서 비롯된 이야기를 선회하는 『다빈치 코드』를 보라). 초대 교회 교부들의 충분한 대응은 당시에도 성공적으로 이단을 물리칠 수 있었지만 오늘날에도 현대적인 형태로 나타나는 이단과 싸우는 데 여전히 유효하다.

유대교의 종교적 도전들

열성적인 유대인이 초대 교회 그리스도인에게 물었을 법한 질문을 연상해 보자. "왜 그리스도인은 모세의 율법을 지키지 않는가?" "왜 그리스도인은 예수가 구약의 메시아라고 믿는가?" "왜 그리스도인은 예수를 하나님으로 예배하는가?"

많은 변증가가 이 질문을 다루었지만 아마 가장 주목해야 할 사람은 회심한 이방 철학자로서 개인의 경험에 의해서 이런 질문들에 답을 제시했던 순교자 유스티누스(Justin Martyr, 약 100-165년)일 것이다. 기독교로 개종하기 전에 그는 당대의 다양한 철학을 심도 있게 연구하고 있었다. 어느 날 해변을 거닐다가 히브리의 선지자들을 읽어 보라고 권하는 한 노인을 만났다. 구약의 선지서들과 복음서를 읽은 후에 유스티누스는 기독교로 개종을 했다. 개종한 날을 회상하면서 그는 이렇게 기록했다. "나는 선지자들을 사랑하게 되었고 그리스도를 사랑했던 사람들을 사랑하게 되었다. 그들의 모든 말을 살펴보면서 이 철학만이 참되며 유용하다는 것을 발견했다."[4]

마침내 그는 로마로 가서 기독교 학교를 설립하게 된다. 그가 『유대인 트리포와의 대화』(Dialogue with Trypho the Jew)를 기록한 것이 이때 즈음이다. 트리포와 나눈 대화를 이야기하면서 유스티누스는 기독교에 대한 유대인의 반론들에 답변을 시도한다. 존중하는 어투로 그는 (1) 구약의 예언들은 예수께서 하나님이시며 메시아이심을 주장하고 (2) 새 언약이 옛 언약을 대신하기 때

---

4) James D. Smith III, "Worship in the Early Church: A Gallery of Wordsmiths of Worship," *Chritian History Institute* (1993), https://christianhistoryinstitute.org/magazine/article/worship-gallery-of-wordsmiths에서 인용함.

문에 그리스도인은 구약을 해석함에 더 나은 위치에 있으며 (3) 기독교 교회가 새 이스라엘이라고 주장한다. 이 대화는 트리포의 회심으로 끝나지 않고 유스티누스가 트리포와 그의 동료들에게 한 작별의 말로 끝난다.

> 이 대화 끝에 그들은 나의 비운과 여행이 안전하기를 기원하며 떠났다. 나는 기도하는 마음으로 그들에게 말했다. "제가 무엇보다 간절히 원하는 것은 모든 사람에게 지성이 주어졌으니 당신들도 우리와 같은 입장이 되어 예수님을 하나님의 그리스도로 믿게 되는 것입니다."[5]

우리도 변증적 대화를 할 때 분명함과 사랑으로 마무리해야 할 것이다.

헬라와 로마의 도전들

초대 교회는 헬라 문화로부터 두 종류의 도전을 받았는데 하나는 정치적, 문화적 도전이고 다른 하나는 철학적 도전이다.

정치적, 문화적 도전들

헬라인이 초대 교회 그리스도인에게 했던 비난은 대단히 치명적이고 교부 시대에 존재했던 가장 압박이 심한 변증적인 문제였다. 이 비난들의 대부분은 기독교의 관례와 교리에 대한 오해에서 비롯되었다. 만일 다음과 같은 주장이 나온다면 여러분은 어떤 심정이겠는가?

- 기독교는 비도적적이다.
- 기독교는 근친상간을 한다.

---

5) Justin Martyr, *Dialogue with Trypho the Jew* 142, https://www.earlychristianwritings.com/text/justinmartyr-dialoguetrypho.html

- 기독교는 식인 풍습을 시행한다.
- 기독교는 영아 살인 풍습을 시행한다.
- 기독교는 시민적인 의무와 국가의 안전을 소홀히 여긴다.
- 기독교는 생긴 지 얼마 되지 않았다.

위에 열거된 것들에 여러분도 놀랄 것이다. 식인? 영아 살해? 무신론? 오늘날 기독교 신앙은 이런 공격을 받지 않는다. 하지만 어쩌면 이런 종류의 비난은 우리가 생각하는 것보다 훨씬 더 우리에게 친숙할지도 모른다. 기독교에 대한 오해로 기독교의 도덕관은 우리가 사는 현대의 관습과 맞지 않는다고 믿는 사람이 많다. 초대 교회는 위에 언급된 도전들에 대해 기독교 신앙의 가르침이 더 나은 사회를 만드는 데 도움이 된다는 것을 보여 주며 기독교 신앙의 정당성을 입증하려고 했다. 우리도 비슷한 도진을 빋고 있는데 이제 우리가 그 일을 해야 할 차례이다.

기독교 신앙에 제기된 로마 제국의 이의들에 대한 가장 강력한 기독교의 대응 중 몇 가지 예를 살펴보자.

- **기독교의 하나님은 우월하시며 그리스도인은 덕을 추구한다.** 『그리스도인을 위한 아리스티데스의 변론』(Apology of Aristides on Behalf of Christians)은 아마도 신약성경 이후에 최초로 기록된 공식적인 변론서일 것이다. 저자인 아리스티데스는 아마도 아테네 사람으로 기독교로 개종한 철학자였던 것 같다. 그의 변론서에서 그는 기독교의 하나님은 이방 신들보다 우월하다고 주장한다. 기독교의 하나님은 세상의 창조주이시고 부족함 없이 도덕적으로 완전하신 분이다. 반면에 이방 신들은 비도덕적이며 그들의 숭배자들에 의해 만들어졌을 뿐만 아니라 종종 자연의 일부로 간주되기도 한다. 그는 또한 그리스도인은 덕을 추구하는 사람이라고 주장하면서 그들은 겸손하

고 다른 사람을 배려하며 가난한 자를 불쌍히 여기고 원수를 사랑하고 성적으로 순결을 유지한다고 했다.

- **다신론은 기독교 신앙을 위한 자리를 허락해야 한다.** 『기독교를 위한 대사』(Embassy for the Christians)에서 아테네의 아테나고라스(Athenagoras)는 마르쿠스 아우렐리우스 로마 황제와 그의 아들 코모두스에게 기독교를 무신론이라고 공격하는 것에 대한 답변을 유창하게 제시한다. 아테나고라스는 제국 안의 다신론과 종교적인 관행은 기독교가 준수하려는 것을 허락해 주어야 한다고 주장한다. 더 나아가서 다른 종교의 신들을 부인하는 것은 그리스도인만이 아니며, 다신을 예배하는 이방인들도 모든 신을 다 인정하지는 않고 어떤 신들의 존재는 부인한다고 강조했다.
- **기독교의 뿌리는 오래되었다.** 2세기 그 어떤 변증가보다 기독교가 오래된 것이라는 논증을 잘 발전시킨 사람은 시리아 안디옥의 감독이었던 테오필로스(Theophilus, 183-185년경에 사망)다. 『오토리쿠스에게』(To Autolycus)에서 그는 기독교가 전혀 새로운 종교가 아니라 아주 오래된 것으로 구약성경의 오래된 문서들에 그 뿌리를 견고하게 두고 있음을 보여 주었다.
- **기독교는 제국에 유익하다.** 테르툴리아누스는 『변론』(Apology)에서 로마는 그들이 정복한 적군들의 많은 거짓 신들을 예배하지 않았을 때 가장 많은 업적을 이루었고 발전했다고 주장한다. 유일하고 참되신 하나님을 예배하는 것은 제국을 무시하는 일이 아니다. 오히려 그리스도인의 기도와 선행은 로마 제국과 황제에게 유익이 될 것이다.

로마 제국 때와 마찬가지로 오늘날 기독교는 위기를 맞이하고 있다. 정치적으로나 문화적으로 기독교 신앙에 대한 오해로 인해 엄청난 적대감이 있다. 이와 같은 잘못된 도전들 가운데서 우리는 어떻게 하면 초대 교회처럼 기독교의 가치와 생존력을 정당화할 수 있을까?

철학적 도전들

아래 열거된 내용은 교부 시대에 헬라의 반대로 인해 직면했던 대표적인 철학적 도전이다.

- 예수는 불륜의 수치를 피하기 위해 동정녀 탄생 이야기를 지어냈다.
- 성경에 나오는 어떤 사건은 역사적 사실을 입증할 수 없다.
- 예수의 제자들이 그의 부활의 이야기를 지어냈다.
- 예수와 그의 제자들이 행한 기적은 신빙성이 없다.
- 하나님에 관해 모세의 율법이 묘사하는 것은 비도덕적이고 유치하다.
- 하나님은 다른 모든 사람이 아니라 유대인만 사랑한다.
- 헬라 철학자들은 특별 계시 없이도 진리를 발견했다.
- 그리스도인은 맹목적인 신앙에 근거해서 이성을 거부한다.
- 인류의 번영을 위해서는 이방 종교가 필요하다.

왠지 익숙하지 않은가? 오늘날도 이와 비슷한 이의를 듣는다.

초대 교회가 이러한 이의에 어떻게 대응했는지 살펴보면 현재의 저항에 어떻게 대응해야 할지 통찰을 얻을 수 있다. 다음 단락에서 초대 그리스도인이 기독교 신앙을 위해 호소한 일반적인 방법과 이의에 대응하는 직접적인 방법(단지 무슨 말을 했는지뿐 아니라 어떻게 말했는지에 있어서도)을 살펴보자.

은유. 이집트 알렉산드리아의 교리 학교 교사였던 알렉산드리아의 클레멘스(Clement of Alexandria, 약 150-215년)는 헬라 철학에 대해 긍정적인 입장을 취하며 기독교의 주장이 당대 미학적 안정성과 사고 형태에 근거했음을 보여주려고 했다. 예를 들어 그는 기독교의 하나님이 인간의 영과 우주 안에서 어떻게 역사하시는지 설명하기 위해 창조적이고 미적인 은유를 사용한다. 헬라 문화가 음악을 소중히 여기는 것에 맞추어서 그는 그리스도를 우주에 화음을

가져오고 영혼을 다스리고 상한 마음에 치유를 가져다주는 음악인으로 소개했다.[6]

해설. 클레멘스는 구약과 신약성경은 특히 예수 그리스도 안에서 우리 가운데 나타난 하나님의 초월적인 능력을 증거함에 있어서 하나님을 존귀케 하는 입장을 취하고 있다고 설명한다. 그는 하나님에 관한 이 성경적인 입장을 헬라의 우상 숭배와 신들에 관한 신화적인 이야기와 대조한다.[7] 따라서 클레멘스는 성경이 실제로 하나님에 관해 어떻게 말하는가를 분명히 함으로써 기독교의 하나님에 대한 이의와 맞선다.

축점논박(point by point refutation). 철저하게 헌신된 그리스도인으로서 지적으로 엄청난 영향력이 있었던 오리게네스(Origen, 약 185-254년)는 『콘트라 켈수스』(*Contra Celsus*)에서 『참된 교리』(*True Doctrine*)라는 반기독교적 문서에 대응한다. 켈수스라는 아주 열정적인 헬라주의 지지자가 쓴 이 문서는 기독교가 사회 질서를 무너뜨리고 있다는 전제로 기독교를 공격한다. 오리게네스는 켈수스가 말하는 논증들에 하나씩 차근차근 반박한다. 몇 가지 예를 보자.

- 예수님의 높은 도덕적 성품을 볼 때 불륜이라고 비난받는 수치를 피하기 위해서 거짓말을 했을 가능성은 거의 없다.
- 트로이 전쟁과 같은 헬라 역사에는 특정한 사건들의 실제성이 증명되기를 기대하지 않으면서 특정 성경의 사건에 대해서는 역사적 신빙성을 요구하는 것은 공정하지 않다.
- 하나님에 관한 모세의 묘사는 종종 하나님의 모습을 의인화한 것이며, 무작정 문자적으로 취해서는 안 된다.[8]

---

6) Dulles, *History of Apologetics*, 39-40을 보라.
7) Dulles, *History of Apologetics*, 40을 보라.
8) Dulles, *History of Apologetics*, 43-47을 보라.

통합적 논증(cumulative case). 통합적 논증이란 기독교 신앙을 위해 여러 다양한 증거를 통합적으로 접근하는 것이다. 이러한 변증적 접근을 사용하는 많은 중요한 저서가 있지만 하나만 언급하자면 유세비우스(Eusebius, 약 260-339년)가 쓴 『복음서 증명』(The Proof of the Gospel)이 있다. 교회사의 아버지라 불리는 초대 교회 역사가인 유세비우스는 창세기에 나오는 믿음의 조상들의 신앙과 연결점을 찾아가며 기독교가 오래된 것임을 발전시켰다. 또한 그보다 앞선 많은 변증가처럼 복음서의 사건들이 어떻게 구약성경의 예언들에 대한 성취인지 보여 줌으로써 기독교를 입증하려고 했다. 유세비우스는 신약성경에서 기독교를 지지하는 몇 가지 논증을 소개한다. (1) 예수 그리스도의 가장 고상한 도덕성, (2) 헬라 철학에 대한 복음서의 우월성, (3) 예수님의 기적들, (4) 기적의 증인으로서 사도들의 신빙성(특히 예수님의 기적적인 부활에 관해).

초대 교회 설교의 대가라고 불리던 콘스탄티노플의 감독 요한네스 크리소스토무스(John Chrysostom, 약 347-407년)는 통합적 논증에 기적을 포함시키지 않은 것이 흥미로운데 그 이유는 그의 주변에 있던 이교도들이 기적 자체를 믿지 않았기 때문이다.[9] 따라서 통합적 논증은 변증가의 문화적 상황에 따라 다양했다.

풍자. 유세비우스는 에이버리 덜레스가 잘 요약한 대로 풍자를 사용해서 사도들이 한 증언의 역사적 진실성을 논증했다. "유세비우스는 풍자적으로 혹 사도들이 이런 효과를 노리고 간계를 꾸몄다고 가정해야 한다고 했다. '우리에게도 유익이 없고, 속는 사람에게도 유익이 없고, 그리스도 자신에게도 유익이 없는 거짓을 꾸며내 보라. … 모든 것을 다 포기하고 단지 속고 속이기 위해 사는 것보다 더 좋은 방법이 있겠는가?'"[10]

---

9) Edgar and Oliphant, *Christian Apologetics Past and Present*, 1:191을 보라.
10) Dulles, *History of Apologetics*, 65.

다시 말해 유세비유스는 사도들이 결국 어쩔 수 없이 망하게 될 환상적인 주장을 만들어 냈다는 것이 말이 되지 않는다고 지적하기 위해서 풍자를 사용한 것이다.

마찬가지로 『하나님의 도성』(The City of God)에서 아우구스티누스도 기적의 실재를 부인하는 사람들의 주장을 반박하기 위해 풍자를 사용하여 이렇게 기록했다. "그럼에도 불구하고 그리스도의 부활과 승천에 대한 믿음을 보증하기 위해 사도들이 행한 기적들을 믿지 않는다면, 우리에게는 단 하나의 압도적인 기적만이 있다. 곧, 온 세상이 아무 기적 없이도 그것을 믿게 되었다는 사실이다!"[11]

실제로 아우구스티누스는 묻는다. "어느 기적이 더 위대한가? 사람을 고치며 오병이어의 능력을 행하는 것인가, 아니면 아무런 증거가 없는데도 수천의 사람이 무언가를 믿게 되는 것인가?"

대화. 마르쿠스 미누시우스 펠릭스(Marcus Minucius Felix, 3세기 초)는 아마도 아프리카에서 온 로마 사람으로 기독교로 개종한 후 최초의 라틴 변증가 중 한 사람이 되었다. 그의 저서인 『옥타비우스』(Octavius)는 이교도인 케실리우스(Caecilius), 기독교인인 옥타비우스, 그리고 이교도 재판관인 저자 자신이 가상으로 나누는 대화를 다루고 있다. 미누시우스가 이 대화 중에 성경 구절을 단 한 번도 인용하지 않는 이유는 그의 청중을 염두에 두고 있기 때문이다. 미누시우스는 성경에 대해 전혀 생소해서 기독교로 초청하려면 기초가 필요했던 상위층 로마인을 위해 『옥타비우스』를 저술했다.[12]

역설. 테르툴리아누스에게 역설은 인간의 이성이 종종 측량할 수 없는 하나님의 신비 앞에 무릎을 꿇어야 함을 보여 주기 위한 강력한 예이다. 이러한

---

11) Augustine of Hippo, *City of God*, trans. Henry Betterson (London: Penguin, 2003), 685 86; 아우구스티누스, 『하나님의 도성(신국론)』.

12) Dulles, *History of Apologetics*, 47-48을 보라.

이유 때문에 그는 십자가 죽음의 어리석음이 기독교 신앙의 진실성을 보여 준다고 생각했다. "하나님의 아들이 십자가에서 죽었다. 사람은 이를 부끄럽게 여겨야 하지만 나는 부끄럽지 않다. 하나님의 아들이 죽었다. '결국 사람들로 하여금 믿도록 하기 위해서. 그 어리석음을 통해'."[13]

욕망. 아우구스티누스의 변증의 핵심은 행복을 추구하는 본능적인 인간의 욕망에 호소하는 것이다. 아우구스티누스에 의하면 행복을 구하려는 모든 사람의 피할 수 없는 욕구는 오직 하나님에 의해서만 채워질 수 있다. 바로 이것을 염두에 두고 그는 『고백록』(Confessions)에서 하나님께 이 유명한 기도를 드린다. "주님은 우리를 당신을 위해 만드셨으니 우리의 심령은 주님 안에서 안식을 찾을 때까지 쉼이 없나이다."[14]

믿음과 이성. 아우구스티누스의 변증적 접근은 종종 주관적이고 심리적이지만[15] 하나님의 존재를 증명하고 신앙의 길을 분명히 하기 위해서 이성적인 논증을 사용하기도 한다. 실제로 아우구스티누스는 이성이 대단히 중요하다고 주장한다. "모든 피조물보다 우월하도록 하나님이 우리 안에 두신 이 기능을 하나님이 미워하신다고 말하는 것을 그분은 금하신다. 따라서 우리는 믿음을 위해 이성을 추구하거나 사용해서는 안 된다고 믿지 말아야 한다. 우리에게 이성이 없다면 우리는 결코 믿음에 이를 수 없기 때문이다."[16]

동시에 아우구스티누스는 우리가 믿음을 가지기 전까지는 바로 알 수 없다고 주장하면서 이사야 7장 9절을 언급하기도 한다.[17] 그는 『요한복음 강론』

---

13) Tertullian, *On the Flesh of Christ* 5(강조는 저자 추가), https://www.newadvent.org/fathers/0315.htm
14) Augustine, *Confessions of Saint Augustine*, trans. Frank Sheed (London: Sheed and Word, 1944), 1; 아우구스티누스, 『고백록』.
15) Dulles, *History of Apologetics*, 75.
16) Augustine of Hippo, *Letters*, vol.II, trans. Sister Wilfred Parsons (Washington, DC: Catholic University Press, 1953), 302.
17) 사 7:9에 대한 70인역의 초기 라틴어 번역은 "믿기 전에는 깨닫지 못하리라."이다.

(*Tractates on the Gospel of John*)에서 이렇게 기록한다. "만일 우리가 먼저 알고 그다음에 믿기를 원한다면 우리는 알 수도 없고 믿을 수도 없을 것이다."[18] 다시 말해 믿음은 우리가 이성을 정확하게 사용하는 틀을 제공한다.[19]

기독론적 일관성. "왜 복음서는 하나가 아니라 네 개인가?"라는 질문에 크리소스토무스는 이렇게 대답했다. (1) 사복음서 모두에서 볼 수 있는 본질적인 내용의 일치는 그들의 증언이 진실함을 보여 주고 (2) 세부적인 내용에서 일치하지 않는 점은 그것을 기록하는 데 어떤 의도된 속임수가 없었음을 보여 준다. 복음서는 세부적인 내용이나 관점에는 차이가 있지만 예수님의 생애와 교리에 관한 주요 부분에는 절대적인 일치를 보인다.

크리소스토무스가 사복음서 안에 있는 기본적인 일관성을 발견한 것처럼 이전 사람들인 테르툴리아누스이나 이레나이우스와 같은 사람들도 신약과 구약을 관통하는 그리스도적 일관성을 발견했다. 이미 저적한 대로 초대 교회의 그리스도인은 이 기본적인 기독론적 내용을 그들의 신앙의 원칙(rule of faith)으로 보았다. 성경 전체의 내용을 하나로 묶는 이 신앙의 원칙 때문에 유능한 변증가들은 모순되다는 비난들에 대항해서 신앙을 변호할 수 있었다.

로고스. 헬라 철학에서 로고스는 우주를 주관하는 이성 또는 우주 안에 있는 지성과 합리성의 원리로 간주되었다. 초기 교부들은 헬라 철학의 로고스가 기독교, 특히 요한복음 1장 1절의 말씀(로고스)과 어떻게 관련되는지 서로 다른 입장을 취했다. 일부 교부 변증가는 로고스의 헬라 유산을 조롱하며 이에 대한 헬라의 개념과 성경의 개념에는 아무런 연관이 없다고 보았다. 테르툴리아누스는 이런 부정적인 입장을 다음과 같이 훌륭하게 대변한다.

---

18) Erich Przywara, ed., *An Augustine Synthesis* (Eugine, OR: Wipf and Stock, 2014), 58에서 인용.
19) 레슬리 뉴비긴(Lesslie Newbigin)과 같은 후기 변증가들은 이해에 선행하는 믿음에 관한 아우구스티누스의 생각은 우선적으로 자연신학에 근거한 이성이 아니라 믿음의 규범과 교회의 가르침에 근거한 이성이라고 강조하고 이해한다(4장을 보라).

"예루살렘이 아테네와 무슨 관련이 있는가? 교회가 아카데미와 무슨 관련이 있으며 그리스도인이 이단과 무슨 관련이 있는가? 우리의 원리는, 단순한 마음으로 주님을 찾아야 한다고 가르쳤던 솔로몬의 행각에서 나온다. 나는 스토아 철학, 플라톤, 변증법적 기독교에 아무런 관심도 없다. 예수 그리스도 이후에 우리는 아무런 사변도 필요 없게 되었으며 복음 이후에 아무런 연구도 필요 없게 되었다.[20]

신적 로고스를 기독교 계시와 연결하여 로고스를 기독교의 개념이라 주장하려고 한 사람들도 있었다. 철학자들이 기독교 계시를 어떻게 받아들이게 되었는가에 관해서는 기본적으로 세 가지 입장이 있다. (1) 모세가 더 이전 사람이므로 헬라 철학자들이 모세로부터 지식을 얻었다. (2) 하나님이 헬라 철학자들 중에 선지자를 세우셨다. (3) 이교도 철학자들이 신적 로고스(말씀)에 의해서 영감을 받았다.[21] 유스티누스는 이 세 번째 입장의 대표적인 예이다. 그는 소크라테스도 부분적으로 그리스도를 알았다고 주장했는데 왜냐하면 예수님은 모든 사람 안에 있는 말씀(로고스)이시기 때문이다.[22]

따라서 테르툴리아누스는 헬라 철학과 그들의 로고스가 기독교와 아무런 상관이 없다고 주장한 반면에 유스티누스는 신적 로고스에 영감을 받은 헬라 철학자들은 본인도 의식하지 못한 사이에 어떤 의미에서 그리스도인이었을 것이라고 제안했다.[23] 대부분의 교회 변증가는 이 두 극단적인 입장 사이 어딘가에 속해 있었다.

---

20) Tertullian, *Prescriptions Against Heretics*, in Early Latin Theology, vol.5 of *Library of Christian Classics*, ed. S. L. Greenslade (Philadelphia: Westminster, 1956), 7.
21) Dulles, *History of Apologetics*.
22) Justin Martyr, *Second Apology* 10, www.newadvent.org/fathers/0127.ht을 보라.
23) Justin Martyr, *First Apology* 46, 55, https://www.newadvent.org/fathers/0126.htm을 보라.

미래로의 회귀

현재 우리의 상황과 초대 교회의 세계는 상당히 중요한 연관성이 있다. 특히 그리스도인이 그들이 살았던 문화와 얼마나 분리되어 있었는지가 그렇다. 기독교 기원의 전문가인 래리 허타도(Larry Hurtado)는 이를 잘 요약했다.

"첫 3세기 동안 초대 기독교는 당시 다양한 종교적 선택 가운데서도 아주 다르고 독특한 종교적 운동이었다. 이것은 단지 나의 개인적인 역사적 판단이 아니라 당시 사람들의 판단이었다. 사실 로마 시대에 살던 많은 사람의 눈에 기독교는 아주 별났다. 심지어 당시 기독교 신앙과 관례, 성경을 비교적 정확하게 알았던 사람들조차도 때때로 매우 부정적인 반응을 보였다."[24]

초대 교회의 그리스도인은 우리와 마찬가지로 다원주의 사회를 살았다. 그들의 윤리는 우리의 경우처럼 이웃에게 아주 이상하게 보였다. 그들은 오늘날 많은 그리스도인이 그렇듯 자신이 외부인으로 느껴졌다. 그들의 종교적 신념은 우리와 마찬가지로 주류가 아니었다. 그들은 신앙 때문에 국가로부터 정치적인 압력을 경험했다. 요즘도 일부 신자가 경험하듯 말이다.

중세 시대

중세 시대(476-1500년)의 그리스도인은 교부 시대와 마찬가지의 도전을 직면했을 뿐 아니라 이전에 경험한 적 없던 새로운 도전들도 직면해야 했다. 특

---

24) Larry W. Hurtado, *Destroyer of the gods: Early Christian Distinctiveness in the Roman World* (Waco, TX: Baylor University Press, 2016), 183; 래리 허타도, 『처음으로 기독교인이라 불렸던 사람들』, 이주만 역, 이와우, 2017.

히 기독교 신학과 변증학이 직면한 과제 중 하나는 기독교의 확장과 득세에 따라 기존의 광범위한 사상을 통합하고, 걸러내며, 체계화하여 하나로 종합하는 일이었다.

이단으로부터의 도전

네스토리우스파(Nestorian)와 에우티케스파(Eutychian)가 교부 시대 후반기에 시작되어서 451년 칼케돈 공회에서 이단으로 정죄되었지만 그들과의 전쟁은 중세까지 계속되었다.[25]

네스토리우스파. 콘스탄티노플의 교부였던 네스토리우스(Nestorius, 약 386-451년)는 예수님이 성육신 때 단지 두 본성뿐만 아니라 두 인격을 유지하셨다고 주장했다. 그래서 네스토리우스는 인간 예수와 신 예수를 분리시켰는데, 인간 예수께서는 고난을 당했지만 신 예수께서는 그렇지 않았다고 강력히 주장했다.[26]

에우티케스파. 콘스탄디노플의 노인 수도사였던 에우티케스(Eutyches)의 이름을 땄지만 실제로 그는 명목상의 대표일 뿐이다. 에우티케스파는 그리스도께서 단지 한 본성만 가지셨다고 주장했다.[27] 마치 노란색과 파란색이 합쳐지면 초록색이 되는 것처럼 그리스도의 신성과 인성이 합쳐져 제3의 본성이 만들어졌다는 것이다. 따라서 성육신에서 예수님은 단지 한 본성을 지닌 한 인격(person)이시다.[28]

---

25) Dulles, *Hostory of Apologetics*, 93, 95, 117, 126, 138을 보라.
26) Holcomb, *Know the Heretics*, 136; 홀콤, 『이단을 알면 교회사가 보인다』.
27) Holcomb, *Know the Heretics*, 123; 홀콤, 『이단을 알면 교회사가 보인다』.
28) Holcomb, *Know the Heretics*, 121-25; 홀콤, 『이단을 알면 교회사가 보인다』.

유대인과 모슬렘의 도전

이 시기에 그리스도인은 유대인을 개종시켜야 할 책임을 더 강하게 느끼기 시작했다. 동시에 그들은 모슬렘에 대적해 무기를 들라고 종용받기도 했다. 610년에 시작된 이슬람이 빠르게 세력을 확장해 가면서 기독교 변증가들은 모슬렘의 기본적인 교리와 씨름하는 데 많은 에너지를 썼다. 따라서 서쪽으로는 개종하지 않은 유대인에게 다가가야 하는 선교적 도전이 있었고 동쪽으로는 이슬람의 문화적 전투적 종교적 위협이 있었다.[29]

통합의 도전(Synthesis Challenge). 중세 시대 때 기독교 신학자와 변증가들은 "믿음과 이성은 어떤 관계인가?", "신학과 철학 사이의 연결점은 무엇인가?"와 같은 혼합과 통합의 질문들에 지속적으로 답을 제시했다.

대응들

기독교 신학자와 변증가들이 중세 시대에 직면했던 위협과 기회에 대응한 중요한 몇 가지 방법은 다음과 같다. 오늘날 여과 없이 이 방법을 모두 사용하라고 권하지는 않지만 잘 분별한다면 당시 교회가 사용했던 방법을 통해 많은 것을 배울 수 있을 것이다.

언어를 사용하고 용어를 정의하라. 테오도리쿠스 대왕의 통치 때에 고문관으로 있다가 반역죄로 몰려 옥에 갇히고 결국 처형을 당한 보에티우스(Boethius, 약 480-524년)는 대담하게 혼합의 문제에 도전했다. 보에티우스는 철학과 신학의 차이를 방법론의 차이라고 보면서 철학은 이성을 통해서만 진리를 발견하고 신학은 교회에 주신 계시를 통해 진리를 발견하는 것이라고 제안했다. 보에티우스는 철학은 신학이 진리를 설명하는 데 도움을 줄 수 있기 때문에 이 둘은 통합될 수 있다고 보았다.

---

29) Dulles, *History of Apologetics*, 91, 98, 105-6, 122-27을 보라.

『에우티케스와 네스토리우스에 대한 반론』(*A Treatise againts Eutychus and Nestorius*)에서 보에티우스는 예수 그리스도의 인격에 대한 이단적인 입장들로부터 기독교 신앙을 변호한다. 그리스도에 관한 교회의 이해가 처한 위기는 단지 예배의 본질에 관한 것이 아니라 구원 자체에 관한 것이었다. 보에티우스는 변론을 통해 오늘날 정통적으로 사용하는 예수 그리스도의 인격을 말하기 위한 용어를 만드는 데 기여했다. 그는 종종 성경에 기록된 용어를 직접 사용하기보다는 성경적인 개념을 설명하기 위해서 철학적인 용어를 성경적이고 전통적인 교리의 입장에서 정의하여 사용했다.[30] 예를 들어 '삼위일체'는 성경에 나타나지 않는 용어지만 성경적인 개념이다.[31] 이와 같이 보에티우스는 아이러니하게도 성경적이고 신학적인 진리의 순수함을 지키기 위해서 그의 대적이 사용하고 있는 철학적인 용어를 사용했다.

정죄하고 변호하라. 어떤 기독교 변증가는 이슬람에 대해 아주 직접적으로 핵심적인 대응을 하기도 했는데, 시리아의 수도사였고 사제였던 다마스쿠스의 요한(John Damascene, 약 675-749년)이 이러한 접근을 시도했다. 그는 『한 그리스도인과 사라센(모슬렘)의 대화와 이단에 관하여』(*On Heresies and Dialogue between a Christian and a Saracen*)[32]에서 이슬람 종교의 신앙과 관례 문제를 지적하면서 기독교 신앙에 대한 이슬람의 비판에 대응한다. 다음은 그가 이슬람을 비판한 가장 핵심적인 부분이다. (1) 이슬람은 예수님이 완전한 하나님이셨음을 부인하므로 따라서 아리우스주의 이단이다. (2) 모하메드가 호도되었다. (3) 코란은 허황된 꿈이다. (4) 이슬람은 일부다처제와 결혼을 권장한다. (5) 여성을 향한 문란한 감성을 자극한다.[33]

---

30) Dulles, *History of Apologetics*, 319.
31) Edgar and Oliphant, *Chritian Apologetics Past and Present*, 1:316-17을 보라.
32) 사라센은 원래 로마 제국과 시리아 접경에 있던 유목 부족에 속한 사람을 가리켰다. 후기 중세 시대에는 아랍을 의미했고 중세 후기 십자군 전쟁 때는 기독교 작가들에 의해서 모슬렘에 대한 통칭으로 사용되었다.
33) Dulles, *History of Apologetics*, 92-93.

우리가 오늘날 이러한 논증을 사용하기 원한다면 민감함과 증거를 가지고 신중히 사용해야 한다.

우화의 사용. 다마스쿠스의 요한의 제자였던 테오도르 아부 쿠라(Theodore Abu Qurah, 약 740-820년)는 "유대교 이슬람교, 기독교를 포함해 많은 종교 중 어느 것이 참인지 어떻게 판단하는가?"와 같은 질문에 우화를 사용해 답변한다. 에이버리 덜레스는 아부 쿠라의 우화를 다음과 같이 요약한다.

"그는 이야기한다. 한 왕에게 그를 한 번도 본 적이 없는 아들이 있었다. 어느 날 이 아들은 외국에서 병이 들어 아버지에게 의학적인 조언을 물었다. 아들은 여러 개의 메시지를 받았다. 하나는 아버지에게서 왔고, 다른 것은 아버지의 원수에게서 왔다. 아들은 의사의 조언에 힘입어 각 편지를 세 가지 관점으로, 즉 작성자가 누구인지, 병에 대한 이해도, 제안된 처방의 합리성 등을 면밀히 검토했다. 그리고 이 모든 조건에 가장 잘 부합되는 처방을 채택했다. 아부 쿠라는 이 우화를 종교를 선택하는 일에 적용하면서 기독교가 하나님에 관해서 가장 설득력 있는 아이디어를 제공하며, 실제적으로 인간에게 왜 종교가 필요한지 완전한 이해를 제시하고, 무엇이 가장 적절한 치유인지를 보여 준다고 한다.[34]

따라서 이 우화를 오늘날 변증학에 적용해 보자. "다른 종교들도 많은데 왜 기독교를 믿어야 하는가?"라는 질문에 우리는 기독교가 인간의 치유와 번영에 가장 훌륭한 해답을 주고, 기독교의 신은 다른 어떤 종교의 신들보다 인간의 상태와 필요를 가장 인격적으로 이해하고 있다고 주장하며 답변할 수 있을 것이다.

---

34) Dulles, *History of Apologetics*, 94-95.

기독교 신앙의 합리성을 보여 주라. 아우구스티누스의 "우선 믿고 그다음에 이해하라."라는 원리를 따라 캔터베리의 대주교였던 안셀무스(Anselm, 1033-1109년)는 믿음과 이성의 관계를 다음과 같이 기록했다. "나는 이해하기 위해 믿는 것이 아니라, 믿기 때문에 이해하려고 한다."[35]

안셀무스에게 참된 믿음은 이성적이었으므로 신앙의 논리가 가능했다. 이 신앙의 논리로 들어가고 이해하기 위해서는, 기독교의 진리를 전제로 삼은 뒤 이성을 사용해 성경과 교리가 가르치는 바를 더욱 깊이 확인하고 탐구해야 했다.[36] 이런 방식으로 안셀무스는 기독교 신앙의 내적 일관성과 합리성을 주장했다.

흥미롭게도 안셀무스는 먼저 믿고 그다음에 이성적으로 이해할 수 있는 이 기독교 신앙이 불신자에게도 논리적으로 설명될 수 있다고 주장했다. 더 나아가서 성경이나 교회의 권위, 혹은 조명하는 은혜의 능력이나 기도 없이도 신앙은 합리적이고 믿을 만한 가치가 있음을 보여 줄 수 있다고 보았다.[37] 안셀무스는 기독교 신앙은 논리적으로 일관성이 있고 합리적으로 설명이 가능하기 때문에 계시의 권위를 부인하는 어리석은 자들도 그 합리성에 동의할 수밖에 없을 것이라고 확신했다.[38]

가장 위대한 분은 반드시 존재해야만 한다는 사실을 증명하라. 안셀무스가 직접 그렇게 말한 적은 한 번도 없었지만, 그는 변증학에 있어서 가장 오래 지속된 공헌인 존재적 논증으로 유명하다. 완전한 존재의 실존을 위한 안셀무스의 기본적인 논증은 다음과 같다.

---

35) Brian Davies and G.R. Evans, eds., *Anselm of Cantebury: Major Works* (New York: Oxford University Press, 1998), 87.
36) Dulles, *History of Apologetics*, 99.
37) Dulles, *History of Apologetics*, 100-101을 보라.
38) Dulles, *History of Apologetics*, 103을 보라.

- 정의상 하나님은 생각할 수 있는 가장 위대한 분을 가리킨다.
- 마음속에만 존재하는 것보다 실제로 존재하는 것이 더 위대하다.
- 따라서 하나님은 실제로 존재해야 한다. 만일 그가 존재하지 않는다면 그는 가장 위대한 존재가 아닐 것이다.

이 논증은 많은 비판을 받았지만 수 세기에 걸쳐서 그리고 오늘날까지도 여전히 많은 신학자가 사용하는 가장 잘 알려진 논증이기도 하다. 철학자이자 변증가인 앨빈 플랜팅가(Alvin Plantinga)는 이 논증에 대한 반론을 가장 광범위하게 다루면서 이를 설득력 있게 옹호하는 이 시대 지지자 중에 한 사람이다.[39]

믿음에 이르기 위한 길을 이성적으로 생각하라. 프랑스의 탁월한 신학자요 철학가요 윤리주의자요 논리주의자였던 피에르 아벨라르(Peter Abelard, 1079-1142년)는 불신자가 신앙을 받아들이도록 하는 데 있어서 이성의 가치를 강조했다. 사람은 기독교가 제시하는 증거들을 분석하여 기본적인 믿음에 도달할 수 있고 그러면 하나님의 은혜로 만들어지는 초자연적 믿음을 위한 길을 예비할 수 있다. 아벨라르는 증거와 이성이 없는 충동적인 신앙을 강력히 거부하면서 『철학자와 유대인과 그리스도인의 대화』(A Dialogue between a Philosopher, a Jew, a Christian)라는 책에서 상당히 길게 신앙을 위한 이성적인 근거를 논했다.[40]

가장 유명하고 영향력 있던 중세 신학자요 변증가인 토마스 아퀴나스(Thomas Aquinas, 1225-1274년)는 그의 변론을 성경적 권위에서 시작하지 않았다. 오히려 그의 선교적 목표 때문에, 그리고 그의 대적들 중 일부가 성경

---

39) Alvin Plantinga, *God, Freedom, and Evil*, rev.ed. (Grand Rapids: Eerdmans, 1989), 85-112; 앨빈 플랜팅가, 『신 · 자유 · 악』, 김완종, 우호용 역, SFC, 2015.
40) Dulles, *History of Apologetics*, 107-8을 보라.

의 권위를 인정하지 않았기 때문에 이성과 자연 계시로부터 시작했다. 아퀴나스의 위대한 변증적 역작이라고 할 수 있는 『대이교도 대전』(Summa Contra Gentiles)의 첫 세 권에서 그는 특별 계시의 도움 없이도 경험적으로, 그리고 이성적으로 신학적 진리(예를 들면 하나님의 존재나 일부 하나님의 속성들)를 증명할 수 있다고 주장한다.

제4권에서 아퀴나스의 방법이 바뀐다. 이성적으로나 경험적으로 발견할 수 없는 일부 신학적인 진리를(예를 들어 삼위일체 교리, 예수님의 성육신, 종말론적 지식과 같은) 증명하기 위해 성경을 사용한다. 그와 같은 신학적인 진리는 비이성적이거나 비논리적인 것은 아니지만 이성만으로는 알 수 없어서 그것들을 발견하기 위해서는 성경에 나타난 특별 계시가 필요하다.

아퀴나스는 단지 성경의 권위를 주장하며 다른 사람이 무조건 받아들여야 한다고 주장함으로써 자연 계시와 특별 계시의 간극을 없애려고 하지 않는다. 오히려 그는 성경의 권위로의 접근을 경험적으로 사고하려고 한다. 이제 그의 사고의 논리를 살펴보자.

1. 교회가 존재한다는 기적은 성경의 기적과 성취된 예언의 신빙성을 증명한다(아우구스티누스의 기적을 위한 논증을 생각해 보라).
2. 기적에 대한 성경적인 표적과 성취된 예언들은 성경 자체가 곧 하나님께로부터 온 계시임을 신뢰하게 만든다.
3. 하나님으로부터 온 계시로서 성경은 절대적인 권위가 있다.
4. 그러므로 성경에서 가르치는 모든 교리는 경험적으로나 이성적으로 증명하기 어렵더라도 믿음으로 받아들일 수 있다.[41]

---

41) William Lane Craig, *Reasonable Faith: Christian Truth and Apologetics*, 3rd ed. (Wheaton, IL: Crossway, 2008), 32-33; W. L. 크레그, 『오늘의 기독교 변증학: 기독교 진리에 대한 변증』, 정남수 역, 그리스도대학교출판국, 2006.

따라서 삼위일체나 성육신 같은 개념은 증명될 수 없지만 성경의 권위는 증명될 수 있다. 결과적으로 그런 교리는 성경에 내포되어 있기 때문에 믿음으로 받아들일 수 있다. 그러므로 아퀴나스에게 있어 믿음이란 이성에 의해 증명될 수 없는 교리들에 대한 본질적인 지적 동의이다.[42]

앞으로 살펴보게 될 '확률의 논증'과는 반대로 아퀴나스는 하나님의 존재가 확실하게 증명될 수 있다고 믿었다. "아퀴나스는 우리 그리스도인이 절대적인 확신으로 증명할 수 있는 논증만을 사용해야 한다고 주장했다. 만일 그저 확률의 논증을 사용한다면 논증의 불충분성이 비그리스도인의 불신만 확인시켜 줄 뿐이라고 말이다."[43]

하나님의 존재를 보여 주기 위한 아퀴나스의 다섯 가지 방법

아퀴나스에 의하면 하나님의 존재를 증명하는 다섯 가지 확실한 방법이 있다.

1. 운동/변화는 움직이는 동자(mover)에 의해 발생한다. 무한히 거슬러 올라가는 것은 불가능하므로, 부동의 동자(제1운동자)가 필요한데 하나님이 바로 그 부동의 동자(Unmoved Mover)이시다.
2. 존재하지 않는 것은 존재를 만들 수 없다. 인과적 존재들의 무한 후퇴는 불가능하므로, 반드시 제1원인이 존재해야 한다. 하나님이 바로 그 제1원인이시다.
3. 이 세상의 존재들은 우연적으로 보이지만 필연적인 존재이다. 따라서 이 세상에는 필연적인 존재가 존재해야 하는데, 하나님이 바로 그 필연적 존재이시다.
4. 제한된 존재는 무한한 존재에 의존한다. 하나님이 바로 그 무한한 존재이시다.
5. 자연의 설계는 설계자가 있어야 한다. 하나님이 바로 그 궁극적인 설계자이시다.

동의하지 않는 자를 존중하라. 많은 은사를 가진 아주 흥미롭고 탁월한 사람이었던 레이몬드 룰(Raymond Lull, 약 1232-1316년)은 『이방인과 세 명의 현인에 관한 책』(Book of the Gentile and the Three Wise Men)에서 이방인 철학자와 유

---

42) Craig, *Reasonable Faith*, 33; 크레그, 『오늘의 기독교 변증학』.
43) Craig, *Reasonable Faith*, 32; 크레그, 『오늘의 기독교 변증학』.

대인과 그리스도인 그리고 사라센(모슬렘)의 존중받아야 할 인간성을 인정한다. 책의 마지막에 이방인은 헌신적으로 그의 창조주를 경배하고, 유대인과 그리스도인, 모슬렘은 유익한 대화를 계속 이어가며 서로를 존중하고 섬기기로 다짐한다. 룰은 그의 상대를 무시하기 위해 빈약한 인신공격을 사용하지 않는다. 오늘날과 같이 소셜 미디어가 주도하는 사회에서도 "너는 어리석다. 우리는 다 안다. 너의 주장은 결코 사실일 수 없다."는 식의 논증은 논리적 오류로 여겨진다. 기독교의 온유함, 친절함 그리고 애정이 복음의 진실성을 의심하는 사람을 설득하는 데 훨씬 더 효율적이다.

다방면(Eclectic) 접근을 사용하라. 도미니칸 수도사이며 설교가인 자롤라모 사보나롤라(Girolamo Savonarola)는 『십자가의 승리』(*The Triumph of the Cross*)에서 미술, 경험, 이성 그리고 논증을 사용하는데, 모든 것이 십자가에 초점을 맞추도록 하는 다방면 접근법을 보여 준다. 이 책은 네 권으로 이루어졌는데, 제1권에서는 상처를 입고 부활하신 그리스도께서 십자가와 신구약 성경을 가지고 동정녀 마리아와 사도와 순교자와 구약의 교부와 선지자들, 교회의 박사들, 그리고 많은 사람들에 의해 호위되어 마차에 앉아 계신 모습으로 묘사된다. 모든 민족의 남녀들, 부자와 가난한 자, 젊은이와 노인의 인파가 예수님 뒤에서 행진한다. 모든 사람을 하나로 연합하는 그리스도의 능력에 관한 이 감동적인 그림은 르네상스 시대 피렌체에 있던 위대한 벽화를 떠올리게 하는, 시각적 묘사를 아주 효과적으로 사용한 예다.[44] 제2권에서는 기독교 신앙에 대한 증명으로서 믿음으로 예수 그리스도와 연결된 사람들에게서 나오는 덕, 평화, 기쁨과 함께 그리스도의 선함과 지혜를 제시한다. 제3권에서는 기독교 신앙의 도덕적 가르침과 교리가 이성과 조화를 이루고 있음을 보여 준다. 그리고 제4권에서는 다른 종교들 특히 이교, 유대교, 기독교 이단

---

44) Dulles, *History of Apologetics*, 141을 보라.

그리고 이슬람(그는 유대교와 기독교 이단을 하나로 보았다.)의 오류를 지적하며 기독교의 진리를 변호한다.[45] 사보나롤라의 미술, 경험, 이성을 조합한 다방면 접근은 마치 미켈란젤로, 테레사 수녀, 토마스 아퀴나스가 기독교의 하나님을 위해 하나의 위대한 논증을 만들고자 협력한 것처럼 보이는, 기독교 신앙을 위한 강력한 통합적 논증을 만들어 낸다.

종교개혁을 향하여

중세 시대에 기독교는 거의 유럽 전역에서 당연시되었다. 일반 대중에게 기독교가 압도적이었기 때문에 변증은 주로 유대인과 모슬렘의 도전에 집중되었고, 네스토리우스파와 에우티케스파 이단의 잔재에 대항하는 변증적 노력만 있었을 뿐이다. 우리가 아는 세속화된 사회가 아직 서구 세계를 지배하지 않았다. 하지만 다음 장에서 보겠지만 종교개혁의 도래는 훨씬 더 복잡한 때에 임했다. 서구 세계의 교회는 가톨릭과 개신교 진영 둘로 나뉘었고 교회 교리에 대한 논쟁이 수 세기 동안 교회의 변증적 시도를 주도하게 되었다. 교회가 구원, 권위에 관한 문제들로 언쟁하며 안으로 치우치는 동안, 세상은 다양한 철학적, 과학적, 도덕적 도전을 기독교 신앙에 던지기 시작했다. 즉 계몽주의와 근대주의를 향하고 있었다. 애석하게도 종교개혁 당시의 주요 인물들은 변증학의 주요 과제를 거의 다루지 않았다.[46] 더욱 중요한 점은 교회가 분열되고 내부에 집중할수록 교회 밖의 회의주의가 점점 더 주류가 되어 갔다는 것이다.

---

45) Dulles, *History of Apologetics*, 142; Edgar and Oliphint, *Christian Apologetics Past and Present*, 1:439를 보라.
46) Dulles, *History of Apologetics*, 145.

4장

위대한 전통 안에서의 변증 2

과거의 교리적 유산은 그래서 선물이면서 과제이기도 하고, 유산이면서 책임이기도 하다. 기독교 신앙 안에서 우리의 선조들이 우리에게 물려준 것은 사용되어야 한다. 그로 인해 우리는 우리 자신의 상황 내에서 그것과 씨름할 수 있게 된다. 그 후에 아직 자신의 날이 밝지 않은 사람들에게 그것을 전달해야 한다.

_ 알리스터 맥그래스, 『교리의 기원』(The Genesis of Doctrine) 중에서

십자가를 중심에 두기

이제 교회 역사 속 변증의 발전에 관한 개관을 마친다. 하지만 두 가지 관찰이 필요한데 첫 번째로, 시간과 장소가 바뀔 때마다 효과적인 변증은 새로운 도전을 직면했다는 사실이다. 변증가들이 살았던 각 시대는 변증에 관해 새롭게 생각할 것을 요구했다. 따라서 어느 시대든지 변증가는 유연하고 창의적인 동시에 실제적이어야 한다. 좀 더 구체적으로 말하자면, 어느 시대든지 새로운 상황을 직면할 때 그들은 다음과 같이 대응했다.

- 옛 접근 방식을 직접적으로 적용했다.
- 옛 접근 방식을 약간 변형시켰다.
- 새로운 접근 방식을 창조했다.
- 옛 접근 방식을 조합했다.
- 옛 접근 방식과 새 접근 방식을 조합했다.

두 번째로 변증적 방법의 수명은 그것이 얼마나 십자가에 뿌리를 내렸는가에 달려 있음을 볼 것이다. 교회 역사 속에는 복음을 당대의 전제에 너무 맞추려고 하다가 가장 본질적인 핵심을 놓친 변증가와 신학자들이 늘 있어 왔다. 복음 메시지를 가능한 한 접근이 용이하게 하는 것과 주어진 문화의 사고방식으로 복음을 변질시키는 것은 다르다. 너무 멀리 가면 변증은 교회의 정신, 기독교의 핵심을 타협하게 될 수 있음을 주의하라. 이런 이유 때문에 변증가는 특정한 시간과 장소를 지배하는 감성에 다가가기 위해 십자가를 희생하지 않도록 정신을 차리고 깨어 있어야 한다.

개신교 종교개혁

가톨릭의 수도사였던 마르틴 루터(Martin Luther, 1483-1546)는 자신이 영적으로 부족하다는 것과 도덕적으로 실패했다는 생각으로 오랜 시간 괴로워했다. 하지만 성경 연구와 치열한 영적 경험을 통해서 성령님은 믿음으로 의롭다 함을 받는다는 교리를 그의 괴로운 마음에 조명해 주셨다. 그리고 마침내 그는 죄와 죄책의 짐으로부터 해방되는 것을 느꼈다. 그를 의롭게 하는 것은 그리스도 안에 있는 믿음임을 아는 것이 그의 영혼을 치유하고 새롭게 태어나게 하고 그를 위해 낙원의 문이 활짝 열린 것 같은 느낌을 경험하게 했다. 루터는 구원이 은혜에 의하여 믿음으로 말미암아 임한다는 것을 깨닫고 그의 마음에 하나님이 주신 쉼을 얻었으며, 이것이 그로 하여금 개혁을 시작하게 했다. 그렇게 우리가 개신교 종교개혁이라고 아는 것이 가능해졌다.

그때까지 교회는 형편없이 악한 상태에 있었다. 부패, 탐욕, 비도덕성이 걷잡을 수 없이 퍼져 갔고 성직자와 평신도 사이에 넓은 간극이 존재했다. 성직자는 교회로부터 많은 사례를 받았지만 예배를 인도할 때 말고는 사람들과 함께하려 하지 않았으며, 그마저도 성직자들은 거의 교육을 받지 못해서 어떻게 예배를 인도해야 할지도 몰랐다. 교회에 개혁이 필요했다. 하지만 치열하게 종교개혁을 하는 동안 변증은 안으로만 향했고 교회 안에만 존재했다. 다시 말해 종교개혁의 사상적 지도자들은 교회가 변증을 아주 먼 미래의 일로 생각하게 하는 데 결정적인 영향을 주었다.

철학과 이성은 십자가에 항복해야 한다

마르틴 루터는 아리스토텔레스 철학의 가치와("그의 영혼을 위험에 빠뜨리지 않고 아리스토텔레스를 이용해 철학을 하고자 하는 사람은 먼저 철저하게 그리스도 안에서 어리석은 자가 되어야 한다.")[1] 이성을 통해 믿음에 이르고자 하는 일에 도전했다. 본질적으로 루터는 십자가의 겸손함이 없는 이성은 이성이 아니며, 이성은 믿음의 틀 안에서만 참되게 작동할 수 있다고 주장했다. 따라서 믿음 안에 내적이고 논리적인 일관성이 있지만 믿음을 떠난 철학과 이성은 십자가의 어리석음에 항복해야 한다.

이성은 한 사람의 복음에 대한 믿음을 준비시키는 도구가 될 수 있다

루터의 종교개혁 동료이자 조직적인 사람이었던 필립 멜란히톤(Philipp Melanchthon, 1497-1560)은 믿음과 이성에 관한 루터의 의견에 전적으로 동의했다(그가 동의하지 않을 때까지는). 처음에 반철학적인 기차에 루터와 함께 전심으로 올라탔던 멜란히톤은 나중에는 이성이 복음을 받아들일 수 있도록 준비시킬 수 있음을 깨닫고 거기서 하차했다. 그는 특별하고 성경적인 계시의 도움 없이도 이성은 하나님의 존재, 그분의 일부 속성들(자리, 영원성, 선함, 지혜 진실함), 세상을 창조하심, 창조 세계를 보전하심, 마지막에 임할 심판 등을 포

---

1) Martin Luther, *Heidelberg Disputation (1518)* 31, www.chachpenny.org/heidel.html.

함한 많은 진리를 깨달을 수 있음을 발견했다. 이처럼 자연과 이성만으로도 증명될 수 있는 진리는 한 사람으로 하여금 복음에 대한 믿음을 가지도록 준비시킬 수 있었다.

성령님은 성경의 진실성에 대한 내적 증거를 주신다

프랑스의 개혁가요, 교사, 목사 그리고 신학자였던 장 칼뱅(1509-1564)은 이성이 모든 인간으로 하여금 하나님에 관해 일정 부분 알게 한다고 확신했다. 단지 피조된 세계를 묵상하는 것만으로도 누구든지 하나님의 존재와 하나님의 많은 속성을 분별할 수 있다. 그럼에도 칼뱅은 이 지식이 인간의 타락으로 심각한 손상을 입은 것을 알았다. 사람은 본성적으로 우상 숭배자다. 우리는 너무 자주 하나님에 관해 아는 것을 왜곡시켜서 하나님에 관한 뒤틀어진 거짓된 형상을 만든다.

이러한 인간의 한계가 바로 하나님이 개인적으로 스스로를 계시하신 이유, 그리고 특별한 계시, 무엇보다 성경을 통해 그분의 진리를 인간에게 계시하셔야 했던 이유이다. 따라서 인류가 타락했지만 여전히 그들에게는 소망이 있다. 단지 모든 인간 안에 성경의 진실성에 대한 내적 증언이 있어서만이 아니라, 성경의 신빙성에 대한 이성적인 논증을 발견하고 이해하는 일이 가능하기 때문이다. 하지만 칼뱅은 성령님의 내적 증거 없이 이러한 논증만으로는 한 사람을 설득시킬 수 없다고 주장했다. 바꾸어 말해 성령님의 내적 증거가 있는 사람은 이성적인 논증이 필요하지 않다. 이 주제에 대한 칼뱅의 생각은 여전히 오늘날 변증에 지대한 영향을 주고 있다.[2]

---

2) 장 칼뱅에 대한 좀 더 통찰력 있는 서론을 위해서는 Randall C. Zachman, *John Calvin as Teacher, Pastor, and Theologian: The Shape of His Writings and Thought* (Grand Rapids: Baker Academic, 2006)을 보라.

가톨릭의 대응 개혁(Counter-Reformation)

가톨릭교회는 교회 안에 있는 부패와 개신교 종교개혁가들의 활동을 무시한 채 태만하게 앉아 있지만은 않았다. 가톨릭도 나름의 개혁을 주도했을 뿐만 아니라 개신교 종교개혁가의 도전들에 대한 논쟁적이고 변증적인 대응을 체계화시켰다. 이탈리아 예수회에 속한 로베르토 벨라르미노(Robert Bellamine, 1542-1621)는 개신교 종교개혁가에 대한 가장 강력한 대응을 준비했는데, 그가 쓴『이 시대 이단들에 대한 반론들』(*Disputation concerning the Controversies of the Christian Faith against the Heretics of This Age*)은 기독교 신앙의 논란들과 관련해 워낙에 대중적이어서 처음 출간되고 150년 후까지 백 개의 개정판이 나올 정도였다.

이 기간에 가톨릭은 단지 내면의 문제나 개신교 종교개혁가에게만 집중하지 않았다. 교회 밖에 있는 사람을 향한 영향력 있는 변증적 연구도 계속했다. 그 예로는 스페인 인본주의자인 후안 루이스 비베스(Juan Luis Vives, 1493-1540)가 쓴『기독교 신앙의 진리에 관하여』(*On the Truth of the Christian Faith*)가 있다. 비베스가 그렇게 창조적인 사상가는 아니었지만[그는 아우구스티누스, 아퀴나스, 그리고 이탈리아의 도미니칸 수도사였던 리콜다 다 몬테 디 크로체(Ricolus de Monte Croce)에 많이 의존했다] 그의 변증을 아주 효율적으로 잘 정리했다. 제1권은 하나님과 인간의 영혼에 집중한다. 제2권은 기독교 신앙의 계시된 신비를(예수님의 성육신, 생애, 죽음과 부활) 소개하고 제3권은 중점적으로 구약에 나타난 메시아적 예언을 중심으로 그리스도인과 유대인의 대화를 소개한다. 제4권에서는 모하메드와 코란에 관한 모슬렘과 그리스도인의 대화를 다루고 제5권에서는 다른 모든 신앙들 위에 기독교의 우월성을 강조한다.[3]

---

3) Avery Cardinal Dulles, *A History of Apologetics* (San Francisco: Ignatius, 2005), 153을 보라.

17세기와 18세기

종교개혁의 발뒤꿈치를 붙든 17세기와 18세기는 변증적 과도기였다. 계몽주의는 변증가들에게 전혀 다른 종류의 문제를 던졌다. 이성주의와 경험주의를 혼합하려고 했던 계몽운동의 핵심적인 인물 임마누엘 칸트(Immanuel Kant, 1724-1804)는 계몽을 "인간이 자초한 미성숙에서 벗어난 일"이라고 정의하면서 미성숙이란 "다른 사람의 지도 없이 스스로 이해할 수 있는 능력의 부재"라고 설명했다. 만일 그 원인이 이해가 아닌, 다른 사람의 지도 없이 이를 사용하려는 용기와 결단이 부족해서라면 이 미성숙은 자초된 것이다. 계몽운동의 모토는 따라서 자신의 이해를 사용함에 있어서 "지혜롭기를 주저하지 말라"(*Sapere Aude*)였다.[4]

계몽운동은 인간 본성의 선함과 과학을 통한 인간 진보의 가치를 높이 평가했다. 다음의 목록은 가장 주목해 볼 만한 계몽운동의 주역과 그들의 생각에 대한 요약이다.

- 르네 데카르트(Rene Descartes, 1596-1650): 인간은 자신의 이성적인 사고와 개인적인 자유의 인도만으로도 발전할 수 있다.
- 바뤼흐 스피노자(Benedict de Spinoza, 1632-1677): 기적은 범할 수 없는 자연의 법칙을 범하고 이성과 역행하기 때문에 불가능하다. 모세는 성경의 처음 다섯 권을 기록하지 않았다.
- 존 로크(John Locke, 1632-1704): 외적인 권위나 다수의 압력, 또는 본유의 관념이 아닌 개인의 경험적 탐구와 이성적 성찰이야말로 참된 지식의 궁극적인 원천이다.

---

4) Immanuel Kant, *An Answer to the Question: "What is Enlightenment?"* (London: Penguin, 2013), 1. 강조는 원본에 있음.

- **프랑수아 마리 아루에 드 볼테르**(François Marie Arouet de Voltaire, 1694-1778): 신은 존재하지만 교회와 성경은 독재적인 미신과 불의, 비도덕으로 가득 차 있다.
- **데이비드 흄**(David Hume, 1711-1776): 기적은 경험적으로 입증할 수 없다. 따라서 어떤 증언도 기적을 확립하는 데 충분하지 않다.
- **임마누엘 칸트**(1724-1804): 우리는 실재가 아닌 우리에게 보이는 대로만 사물을 알 수 있다.

계몽주의를 이해하려면 우선 다음의 용어를 이해하는 일이 필요하다. 경험주의, 이성주의, 개인주의. 경험주의는 초자연적이고 기적적인 사건들에 대한 주장이 아닌 오감에 의해 발견되는 자료를 가지고 진리를 찾아야 한다고 주장한다. 이성주의는 신적 계시가 아닌 인간의 논리 안에서만 진리를 추구한다. 개인주의는 교회와 같은 외부 기관이 아닌 자신의 생각과 느낌이 궁극적인 권위가 되어야 한다고 주장한다.

> **삼위일체는 어디에 있는가?**
> 이 시기의 교훈 중 하나는 일부 변증가가 당시의 개념으로는 논리적으로 보이지 않는다는 이유로 삼위일체 교리에 거의 아무런 관심도 가지지 않는 자연신학적 입장에서의 변증을 발전시키려 했던 경향이다. 삼위일체 교리를 어떻게 변호해야 하는가에 관해서는 12장을 보라.

17세기부터 20세기 중반까지 근대성이 문화적 환경을 지배했다. 계몽주의 사고가 이 시기의 기초가 되었다. 알리스터 맥그래스는 근대성이 "모든 사람과 모든 시대에 공통적이며 세상의 깊은 구조에 접근할 수 있는 인간의 보편적 이성"을 매우 강조했기 때문에, 이성적 논증이 설득의 궁극적 도구가 되었다고 설명한다. 변증가들은 논증을 잘 세워 "기독교 신앙을 합리적으로 변호하는 것이 무엇보다 중요하다."고 즉각적으로 깨달았다.[5] 기독교 사상가들은 계몽주의와 근대성에 대한 반응으로 다음과 같은 변증적 접근을 만들었다.

파스칼: 마음의 논리

블레즈 파스칼(Blaise Pascal, 1623-1662)은 탁월한 프랑스 수학자요, 과학자요, 철학자로서 많은 놀라운 발견과 함께 컴퓨터의 전신이라고 할 수 있는 파스칼 계산기(pascaline)를 발명했다.[6] 파스칼은 앞서 경험한 회심, 하나님의 개입으로 그 자신의 생명을 보호받고 조카딸 마르그리트가 기적적인 치유를 받은 이후, 1654년 11월 23일, 그 경험의 강렬한 열정을 두 문장으로 표현했다. "기쁨, 기쁨, 기쁨의 눈물." 그리고 "불."[7] 이는 마음에 있는 사랑이 그의 변증적 접근에 있어서 왜 중요한지를 잘 보여 준다.

파스칼의 시대는 이신론, 회의론, 무관심으로 오염되어 있었기에 그의 변증적 접근은 이런 요소를 염두에 두고 보아야 가장 잘 이해가 된다. 염두에 두어야 할 또 다른 요소가 있다면 아우구스티누스가 그의 사고에 끼친 지대한 영향이다. 파스칼은 그의 위대한 변증적 프로젝트인 "기독교를 위한 변론"(Apology for the Christian Religion)을 완성할 수 없었다. 그래서 오늘날 우리는 『팡세』(Pensées; 생각들)라고 알려진 그의 사상적 단편들만 가지고 있을 뿐이다. 다음에 나오는 내용이 파스칼의 변증적 방법론의 핵심이다.

마음의 이유들. 유신론을 위한 논증으로 철학적인 증명이나 자연에 호소하

---

5) Alister E. McGrath, *Mere Apologetics: How to Help Seekers and Skeptics Find Faith* (Grand Rapids: Baker, 2012), 27; 알리스터 맥그래스, 『기독교 변증: 구도자들과 회의자들이 진리를 찾도록 어떻게 도울 것인가』, 전의우 역, 국제제자훈련원, 2014..

6) Willian Edgar and K. Scott Oliphant, eds., *Christian Apologetics Past and Present: A Primary Scouce Reader* (Wheaton, IL: Crossway, 2011), 2:174를 보라.

7) Edgar and Oliphant, *Christian Apologetics Past and Present*, 2:174.

기보다 파스칼은 기독교 하나님을 향한 경험적, 역사적, 본능적 입증들에 호소한다. 다시 말해 파스칼의 방법론은 순전히 합리적인 논증을 목표로 하기보다는 마음의 본능적인 이유를 목표로 한다. "마음은 이성이 알지 못하는 본능적인 이유가 있다. 우리는 헤아릴 수 없이 많은 방법을 통해 이를 알 수 있다."[8] 그러나 파스칼의 접근을 이성과 증거에 반대하여 믿음을 강조하는 것으로 오해하지 않기를 바란다. 그는 기독교를 위한 열두 개의 증명들을 열거한다.

십자가의 미련한 논리. 파스칼은 예수 그리스도를 떠나서는 자신에 관해, 존재의 의미에 관해, 심지어 하나님에 관해서도 이해할 수 없다고 주장했다.[9] 고린도전서 1장을 언급하면서 그는 기적적인 표적과 지혜가 믿음을 위해 사람을 준비시킬 수 있지만 결국 십자가의 미련한 것(미련한 논리)에 복종해야 한다고 덧붙였다.

내기(wager). 아마도 파스칼의 변증적 방법에 있어서 가장 유명한 것은 그가 불신자에게 "기독교가 참인지 아닌지 분명하게 확신할 수 없다. 당신은 둘 중 하나에 내기를 걸어야 한다. 곧 만일 기독교가 참인데 당신이 그리스도를 거부한다면 영원한 정죄를 받게 될 것이다. 반면에 기독교가 참이 아니라면 당신은 그리스도의 가르침을 따라 선하고 도덕적인 삶을 살게 되었으니 아무런 해도 입을 것이 없다. 그렇다면 그리스도가 참이라고 전제하며 사는 것이 가장 지혜로운 일이 아닌가!"라고 말한 것이다.[10]

하나님만이 채울 수 있는 공허(The God-shaped vacuum). '하나님만이 채울 수 있는 공허'라는 말을 파스칼이 했다고 알려져 있지만 그는 이 말을 한 적

---

[8] Blaise Pascal, *Pensées* (London: Penguin, 1966), 154; 블레즈 파스칼, 『팡세』.
[9] Pascal, *Pensées*, 148; 파스칼, 『팡세』; Peter Kreeft, *Christianity for Modern Pagans: Pascal's Pensées Edited, Outlined and Explained* (San Francisco: Ignatius, 1993), 313을 보라.
[10] Pascal, *Pensées*, 149-53; 파스칼, 『팡세』; Kreeft, *Christianity for Modern Pagans*, 291-95.

이 없다. 하지만 앞서 언급한 아우구스티누스의 유명한 표현, "안식 없는 마음"(restless heart)을 떠올리게 하는 이 말은 기독교 신앙에 대한 그의 가장 설득력 있는 논증을 정확하게 요약한 말임은 틀림없다. 오직 하나님만이 채우실 수 있는 공허가 인간의 마음에 있다.

그로티우스: 신약을 변호함

휴고 그로티우스(Hugo Grotius, 1583-1645)가 대중적이고 읽기 쉽게 쓴 『기독교 종교의 진리에 관하여』(On the Truth of Christian Religion)는 대단히 성공적이어서 오랫동안 영향을 미치며 많은 언어들로 번역되었다. 그로티우스는 존경하는 마음으로 변증에 기여한 선조들의 저서를 기반으로 여섯 권의 책을 저술했기 때문에 대부분 본인의 독창적인 생각이 아니었다. 그의 저서의 특이한 점은 제3권에 나타나는데 그는 신약이 전통이 주장하는 저자들에 의해 실제로 기록되었음을 확립하기 위해 비평적인 방법을 사용한다. 그로티우스는 이 저자들의 신빙성을 보여 주면서 그들의 문서에서 일관성이 없어 보이는 소소한 부분들이 실제로는 그것이 만들어 낸 이야기가 아님을 보여 준다고 주장한다.

버틀러: 확률의 변증학

종종 성공회 철학자[11]라고 불리는 조셉 버틀러(Joseph Butler, 1692-1752)는 하나님의 존재를 증명하기 위해서가 아니라 당대의 이신론자를 대적하기 위해 『종교의 유비』(The Analogy of Religion)를 썼다. 당시 영국의 이신론자는 하나님이 세상을 창조하신 것과 하나님이 적극적으로 세상을 주관하시는 것을 부인하지 않았지만, 하나님을 알기 위해 특별 계시가 필요하다는 사실은 부

---

11) Edgar and Pliphant, *Christian Apologetics Past and Present*, 2:195를 보라.

인했다. 이들 이신론자에 의하면 하나님에 대해 한 사람이 알아야 하는 모든 것은 자연과 이성을 통해 알 수 있는데 이에 대한 대응은 버틀러가 사용하는 세 가지 단어(유비, 확률, 통합)로 요약될 수 있다.

유비. 유비적 방법에 따라 버틀러는 자연 계시에서 시작해 특별 계시의 존재로 합리적인 사고를 전개한다. 즉 자연적 영역에서 관찰 가능한 경험은 초자연적인 영역에서의 진리에 대한 유비라는 것이다. 예를 들어 유년기와 청소년기는 사람을 성숙시켜 장년기를 위한 준비 기간이 되듯이, 지상에서 보내는 날은 사람을 성숙시켜 다음 생을 위한 준비 기간이 된다는 것이다.[12]

확률. 버틀러는 물질적인 영역에 대한 우리의 지식이 부분적이며 따라서 확률적이기 때문에, 초자연의 영역에 대한 우리의 지식도 마찬가지라는 사실에 그리 충격받을 필요가 없다고 주장한다. 따라서 기독교가 참인지 확실하지 않더라도 가장 그럴듯하다고 말할 수 있다. 버틀러의 확률 논증은 아퀴나스의 확실한 증명보다는 덜 절대적으로 보인다(그들은 전혀 다른 시기에 살았음을 기억하라.). 하지만 버틀러에 따르면 기독교가 참일 가능성은 대단히 높다. 그냥 농담으로 하는 말이지만 파스칼의 내기 논증과 버틀러의 확률 논증을 합한다면 도박사는 기독교가 참이라는 쪽에 걸 것이다.

통합. 버틀러는 기독교 계시가 참인지 보여 주기 위해 여러 다양한 증거를 능숙하게 통합한다. 에이버리 딜레스는 버틀러의 논증이 그가 제시하는 증거들의 합을 통해서 오는 것이 아니라, 각 증거가 서로 소통하고 서로를 강화하여 모든 부분의 합보다 더 큰 전체를 제시함으로써 나타난다고 설명한다.[13] 버틀러 자신이 관찰하는 대로 "확률적으로 높은 증명은 그저 더해져서 늘어나는 것이 아니라 곱해져서 늘어난다."[14]

---

12) Edgar and Oliphant, *Christian Apologetics Past and Present*, 2:196을 보라.
13) Dulles, *History of Apologetics*, 183–86.
14) Joseph Butler, *Analogy of Religion, Natural and Revealed, to the Constution and Course of*

페일리: 시계공 비유

영국의 신학자이자 철학자인 윌리엄 페일리(William Parley, 1743-1805)는 아주 잘 알려진 두 개의 변증학 저서를 썼다. 『기독교의 증거들에 관한 입장』(*A View of the Evidences of Christianity*)과 『자연 신학』(*Natural Theology*)이다. 첫 번째 책은 20세기까지 케임브리지대학 지원자들의 필독서였는데 찰스 다윈(Charles Darwin)은 그 안에 있는 "긴 논증의 과정에 매력을 느끼고 확신을 얻었다.[15]

이 저서에서 페일리의 가장 강력한 논증은 다음의 두 질문을 통해 집약될 수 있다. (1) 사도들이 덕을 가르치기 위해서 왜 거짓말을 퍼트렸겠는가? (2) 역사의 전 과정에서 사도들처럼 그들의 증언의 진실성을 위해 기꺼이 고난을 받으며 시련을 견딘 이들이 또 어디에 있는가(거짓을 위해 그럴 수 있겠는가?). 페일리는 예수님의 기적과 부활을 목격한 사람들이 거짓을 위해 그렇게 많은 고난을 겪고, 거짓에 기반한 정직성을 가르친다는 것은 말이 되지 않는다고 주장했다.

『자연 신학』은 페일리의 유명한 목적론적 논증인 '시계공 비유'를 포함하고 있다. 시계의 복잡한 부품과 설계가 설계자를 전제하듯이 이 세상의 복잡 다양성도 설계자를 전제한다. 페일리는 시계공 변증을 반대했던 데이비드 흄의 논증에 반박하면서 이렇게 주장한다. "결국 인정하고 싶지 않은 철학의 모든 책략과 갈등 끝에 안식을 가져다주는 것은 신이다. 설계의 흔적은 그냥 지나치기에는 너무 강력하다. 설계는 설계자가 있어야 하며 그 설계자는 한 인격적 존재여야 하고 그 존재가 바로 하나님이시다."[16]

Nature, ed. G. R. Crooks(New York: Harper, 1860), 300.

15) Frances Darwin, ed. *Autobiography of Charles Darwin: From the Life and Letters of Charles Darwin* (n.p.,n.d.), 24. Edgar and Oliphant, *Christian Apologetics Past and Present*, 2:240에서 인용됨.

16) William Parley, *Natural Theology; Or, Evidences of the Existence and Attributes of the Deith*,

> **왜 페일리의 논증이 그렇게 잘 통했을까?**
>
> 페일리의 논증은 적어도 부분적으로라도 그의 문화적 상황과 당대의 편견에 잘 맞았다. 하지만 오늘날 우리 시대의 전제는 이 논증에 도전장을 내밀고 있다. 이제는 많은 이에게 별로 설득력 있게 들리지 않을 것이다. 우리의 현재 상황에서는 많은 사람이 자연 그 너머에 있는 무언가를 가리키는 방식으로 자연적 세계에 접근하지 않는다.[17]

라이프니츠: 가능한 최선의 세상

독일 철학자이자 수학자였던 고트프리트 빌헬름 라이프니츠(Gottfried Wilhelm Leibniz, 1646-1716)는 변증을 발전시키는 데 큰 공을 세웠는데, 오늘날 '신정론'(theodicy, 악의 문제에 대한 변증)이라 불리는 이론으로 잘 알려져 있다. 그의 신정론에는 세 가지 중요한 요소가 있다.

첫 번째로 그는 하나님이 인간의 자유의지를 침해하지 않은 채 모든 것을 예정하신다고 말한다. 하나님은 자유롭고 강요되지 않은 행동을 미리 정하신다. 두 번째로 하나님은 어떤 세계든지 만드실 수 있었지만, 완전한 분이시기에 가장 최선의 세계를 만드셨다. 이 세상에 있는 악들조차 더 큰 선에 기여한다.[18] 세 번째로 죄와 고난은 인간의 유한성에서 볼 때 불가피한 결과이다. 인간은 필연적으로 하나님이 아니기에 한계를 가지고 있으며, 이 한계로부터 악한 결과가 나온다.

Collected from the Appearances of Nature (New York: Sheldon, Blakeman, 1857), 246.

17) 이에 관해서는 10장의 "내재적 틀"에 관한 토론을 보라. 또한 Alister E. MaGrath, *Re-Imagining Nature: The Promise of a Christian Natural Theology* (West Essex, UK: Wiley Blackwell, 2017), 30을 보라.

18) 볼테르는 『캉디드』(*Candide*)에서 "가장 최선의 세계"라는 견해를 통렬하게 비판한다.

19세기

19세기로 넘어가면서 계몽주의와 근대성이 변증에 남긴 지속적인 영향을 주목해야 한다. 한편으로 19세기 변증적 혁신과 개혁은 계몽주의 논리 자체에 대한 반작용이었다. 다른 한편으로 19세기 기독교 변증은 근대성의 논리 안에서 근대성에 반응하는 것이었다. 어떤 변증적 방법은 계시와 신앙에서 시작했고 또 어떤 것은 계시와 신앙을 확립하기 위해 이성에서 시작했다.

슐라이어마허와 키르케고르: 실존적 변증

기독교를 개정하다. 기독교 역사에서 무언가 급진적으로 새로운 것을 시도해서 성공하는 일은 극히 드물다. 하지만 현대 자유주의의 아버지라고 할 수 있는 프레드리히 슐라이어마허(Friedrich Schleiermacher, 1768-1843)는 이전에 누구도 시도하지 않은 변증을 획기적으로 시도했다. 기독교가 그의 지성인 동료에게 받아들여지도록 그는 "기적, 계시, 영감, 예언, 하나님, 불멸성" 등 전통적인 기독교 용어의 의미를 근본적으로 개정했다.[19] 가장 중요한 것은, 인간의 신앙을 낳고 기독교의 진정한 본질을 이루는 것은 예수님의 죽음이란 역사적 사실이 아니라, 성령님의 역사를 통해 그리스도의 대속의 능력을 개인이 경험하는 것이라고 주장했다는 사실이다. 더 나아가 예수 그리스도께서는 하나님에 대한 우리 의식의 본이 되신다고 말했다. 만일 우리가 사랑에 마음을 열기만 하면 하나님을 더 높은 경지에서 경험하게 될 것이다.

무한을 느끼고 맛보기. 슐라이어마허는 그의 변증학에서 전통적인 이성적 증명이나 기본적인 경험적 증거를 선호하지 않았다. 그래서 하나님의 존재를 증명하려고 하기보다는 초월을 위한 보편적인 인간의 열망을 건드렸다. 슐라

---

19) Dulles, *History of Apologetics*, 210-11; Edgar and Oliphant, *A History of Apologetics Past and Present*, 2:268을 보라.

이어마허는 종교란 우선적으로 사람이 알고 행하는 것보다 느끼고 직감하는 것과 관련이 있다고 주장했다. 종교는 깊고 내면적인 의존의 느낌이다. 세상 어떤 종교보다 기독교는 인간의 자유에 대한 영성과 기여도 때문에 사람으로 하여금 신적인 감각을 가지게 할 가장 큰 가능성을 지녔다. 더욱이, 참된 종교는 '교회'라는 공동체적 틀 안에서 가장 번창한다. 세상에 있는 어느 종교가 어떤 의미에서든 유용하다면 그것은 사회생활 안에서 발견될 때이다. 왜냐하면 인간은 사회적 존재이기 때문이다. 따라서 슐라이어마허는 고차원적인 하나님을 의식하고 경험하는 길로서, 하나님에 대한 보편적인 인간의 열망부터 기독교 교회의 유용성까지 논리를 전개한다.

에이버리 덜레스는 슐라이어마허의 변증에 관해 언급하기를, "그는 내적인 감정과 성향에 근거해서 종교를 내면으로부터 재구성하면서 전통적 정통주의를 향한 변증적인 칼을 겨눈다."라고 했다.[20] 그렇게 함으로써 그는 정도를 넘어서 이번 장 서론에서 언급한 함정에 빠지고 말았다. 즉 그럴듯하게 들리도록 하기 위해 기독교의 본질을 변질시킨 것이다. 슐라이어마허는 극단적인 상황화로 십자가에 대한 정통의 메시지를 변질시키는 본을 보여 준다.

믿음의 도약. 육체적으로 약했고 정신적으로 침울했던 덴마크의 철학자 쇠렌 키르케고르(Søren Kierkegaard, 1813-1855)는 무엇보다 다음 두 개념에 대항했다. (1) 어느 국가에 속해 있다는 이유만으로 누구나 그리스도인으로 간주했던 '기독교 제국주의'(Christendom). (2) 모든 역사와 실재를 절대적 사고(Absolute Mind)에 대한 점진적 계시라고 본, 당시 대중적 철학이었던 헤겔주의(Hegelianism).[21] 이 두 개념에 대항해서 키르케고르는 개인의 선택, 특히 자아 실현을 위해 누구나 선택해야 하는 '믿음의 도약'(leap of faith)을 강조했다.

---

20) Dulles, *History of Apologetics*, 211.
21) 절대적 이상주의 혹은 헤겔주의는 독일의 철학자인 게오르크 빌헬름 프리드리히 헤겔(Georg Wilhelm Friedrich Hegel, 1770-1831)에 의해 발전되었다.

키르케고르에 따르면 진리는 주관적이며 스스로 참된 제자가 되어 그렇게 살고자 할 때 비로소 객관적이 된다. 우리의 존재는 교리들에 동의하거나 교회에 출석함으로써가 아니라 진리를 살아내기를 택했을 때 비로소 실재가 된다. 성육신, 고난, 그리스도의 부활에 관한 정통적 고백은 중요하다. 하지만 개인의 삶에서 이것이 참이 되기 위해서는 그렇게 살아내야 한다. 따라서 어떤 사람의 입에서는 진리가 비진리가 될 수 있다. 이런 의미에서 개인의 경험은, 추상적이고 우주적인 기준보다 더 실제적이다.

어리석음을 믿는 것. 키르케고르는 하나님의 존재에 대한 증명에 관해 말하기를 거부했다. 만일 같은 방 친구가 당신을 마주하고 소파에 앉아 샌드위치를 먹고 있다면 그의 존재를 왜 증명하려고 하겠는가? 키르케고르는 빈정대듯이 말하기를 "현존하는 사람의 존재를 증명하려는 시도는 가장 수치를 모르는 모욕이다. 왜냐하면 이는 그를 조롱하는 것이기 때문이다."[22]라고 했다. 하나님의 존재를 증명하려는 시도는 그분의 존재에 대한 모독이다. 비슷한 맥락에서 키르케고르는 믿음에 이르기 위한 논리적 추론의 사용도 거부했다. 그는 기독교 신앙의 핵심인 성육신은 십자가의 어리석은 것이기 때문에 이에 대한 믿음은 이성으로 다가갈 수 없다고 주장했다. 창조주와 피조물이, 무한과 유한이, 영원과 현세가, 필연과 우연이 한 존재 안에 연합된다는 것은 이해할 수 있는 개념이 전혀 아니다.[23] 하지만 키르케고르에게 있어서 기독교의 어리석은 것이야말로 인간의 필요를 진정으로 충족시키는 요소이다. 각 개인이 반드시 택해야 하는 기적적인 믿음의 도약은 역설적이게도 그들의 존재에 대한 실제에 더욱 가까이 다가가게 한다.

---

22) Soren Kierkegaard, *Concluding Unscientific Postscript*, trans. David Swenson (Princeton, NJ: Princeton University Press, 1941), 485; 쇠렌 키르케고르, 『주체적으로 되는 것』, 임규정, 송은재 역, 지식을만드는지식, 2012.

23) Dulles, *History pf Apologetics*, 219.

샤토브리앙: 미의 변증

신비, 도덕, 비도덕, 예술, 음악, 형이상학, 교육, 구제. 이것은 모두 교회가 세상에 준 선물이다. 이 모두는 한 단어로 축약될 수 있는데 곧 '미'(beauty)이다. 프랑수아 르네 드 샤토브리앙(François-René de Chateaubriand, 1768-1848)은 『기독교의 천재성: 혹은 기독교 신앙의 미』(The Genius of Christianity or Beauties of Christian Religion)에서 기독교가 그 결과적인 효과로 인해, 다시 말해 문명에 제공한 선물들로 인해 참되다고 주장했다. 그가 직접 한 말을 빌리자면 그의 방법은 "기독교 신앙이 하나님께로부터 왔기 때문에 탁월함을 증명하려는 것이 아니라, 그 탁월함 때문에 하나님께로부터 왔음을 증명한다."[24] 19세기에 조아키노 벤투라(Gioachino Ventura, 1792-1861)는 그가 변증을 다시 부활시킨 것에 찬사를 보내면서 감동적으로 선언했다. "신앙과 덕에 대한 가장 효과적인 변증은 그것을 단지 믿게 만드는 것이 아니라 사랑하게 만드는 것이다."[25] 샤토브리앙은 기독교가 만드는 미를 보여 줌으로써 하나님이 세상에 선물로 주신 기독교가 문명에 미치는 가치를 다른 이들이 느낄 수 있도록 드러내기를 바랐다.

뉴먼: 확률 수렴의 변증

가톨릭교회의 추기경이었던 존 헨리 뉴먼(John Henry Newman, 1801-1890)은 철학적, 역사적 논증을 통해 우리가 지닌 종교적 신념의 진리를 절대적으로 증명할 수는 없지만, 이러한 논증에서 비롯된 확률 수렴(Converging Probability)이 어느 정도 합당한 확신을 가지게 한다고 논리적으로 설명했다. 곧 다양한 사실이 같은 결론을 말한다면 합리적으로 무시할 수 없는 실제적

---

24) Francçois-René Chateaubriand, *The Genius of Christianity*, trans. Charles E. White (Baltimore: Murphy, 1856), 48.
25) Dulles, *History of Apologetics*, 242에서 인용됨.

인 확실성에 도달한다는 것이다.[26] (따라서 뉴먼에게서 우리는 버틀러의 확률 논증의 메아리를 듣는다.). 뉴먼은 일부 역사적 현실들에 근거해 인식적인 논증을 제공한다. 이스라엘의 일신론(monotheism)은 당대 성행하던 우상 숭배라는 현실에서는 독특한 것이었다. 이스라엘은 일신론 안에서 오실 메시아에 대한 소망을 지속적이고 꾸준하게 발전시켰다. 기독교는 이스라엘의 메시아 소망에 대한 성취이며 부분적인 수정이다. 기독교 신앙이 힘이 아닌 존엄성과 고난을 통해 온 땅에 퍼지게 되리라는 예수님의 예언은 사실로 증명되었다.[27] 이 독특한 역사적 현실들의 수렴은 기독교가 참일 확률을 대단히 높여 준다.

카이퍼와 오어: 세계관적 변증

네덜란드의 칼뱅주의자였고 정치가였던 아브라함 카이퍼(Abraham Kuyper, 1837-1920)는 교회를 위한 가치를 숙고하면서 변증을 업신여겼다. "모더니즘과의 갈등에서 변증은 단 한 걸음도 앞으로 나아가게 하지 못했다."[28] 그럼에도 아이러니하게 카이퍼 자신은 교회를 진일보시킨 변증적 방법을 발전시켰다. 비록 그가 가진 변증에 대한 편협한 정의 때문에 자신은 그렇게 부르지 않겠지만 말이다. 카이퍼는 당대의 많은 사람처럼 신성의 존재를 위한 논증이나 전통적인 증명을 제시하려는 변증적인 논쟁에 관여하지 않았다. 대신에 그는 기독교가 단지 몇 가지 신조에 관한 것이 아니라, 세상을 해석하는 전체적인 체계에 관한 것이라고 설명하면서 기독교에 대한 세계관적 접근을 구축했다. 그에 따르면 기독교는 세상을 가장 참되게 보는 유일한 방법이다.

---

26) John Warwick Montgomery, "A Short History of Apologetics," in *Christian Apologetics: An Anthology of Primary Sources*, ed. Khaldoun A. Swiss and Chad Meister (Grand Rapids: Zondervan, 2012), 25을 보라.
27) Dulles, *History of Apologetics*, 248-49.
28) Abraham Kuyper, "Calvinism a Life-System," in *Lectures in Calvinism: Six Lectures from the Stone Foundation Lectures Delivered at Princeton University* (Grand Rapids: Eerdmans, 2009), 5; 아브라함 카이퍼, 『칼빈주의 강연』, 김기찬 역, CH북스, 2017.

카이퍼와 동시대를 살았던 제임스 오어(James Orr, 1844-1913)는 의도적으로 변증에 있어 세계관적 접근 방식을 발전시켰다. 오어는 사고와 삶의 총체적 체계로서 기독교가 하나의 세계관으로 이해될 때 대적의 공격을 가장 효과적으로 방어할 수 있다고 주장했다. 한 개인의 세계관(세상을 해석하는 틀)은 증거를 보고 읽는 방식을 만들기 때문에 변증을 위한 시작점이 되어야 한다. 오어는 세계관의 중심에 그리스도의 성육신이 있다고 믿었다. 따라서 그에게 변증은 단순한 신론의 논증이 아니라 일관성 있고 의미 있고 모든 것을 종합하는 세계관에 관한 것이며, 그리스도를 시작과 중앙에 두는 것이었다.

20세기

이제 20세기 변증가들이 어떻게 지난 4천 년 동안의 성경과 교회 역사에 다가갔는지 살펴보자. 아마도 지금까지 다룬 여러 방법 중에서 당신에게 맞는 방법을 찾았겠지만, 20세기에는 정말 다양한 방법론이 있기 때문에(합리적, 전제주의적, 결합적, 문학적, 미적, 계시적) 앞에서 다룬 것보다 더 적합한 방식을 찾을 수도 있다. 어떤 사람은 여전히 변증이 아무런 가치가 없거나 미미한 가치만 있다고 주장할 수도 있다. 하지만 이미 카이퍼의 경우에서 본 것처럼 변증을 부인하는 사람도 '변'으로 시작하는 그 단어는 회피할지언정 일종의 변증적 형태를 시행하고 있음은 부인하기 어렵다.

워필드: 합리적 증명

프린스턴신학교 교수인 벤저민 워필드(Benjamin B. Warfield, 1851-1921)는 성경의 영감과 권위에 대해 점점 거세지는 공격에 대응하여 증거와 논증의 변증을 사용해 무오성을 변호했다. 카이퍼는 합리적인 증명 없이도 성령님이

성경의 영감과 권위를 믿을 수 있게 하신다고 강하게 믿었는데, 워필드는 논리적인 논증과 분명한 증거가 불신자에게 성경의 무오성을 증명할 수 있다고 주장했다. 따라서 그는 일반적으로 카이퍼의 업적에 호의적이었지만, 거듭나지 않은 사람이 변증의 유용성과 증거와 합리적인 논증에 의해 믿도록 설득될 수 있는지 그 능력에 관해서는 카이퍼와 치열한 논쟁을 벌였다. 워필드는 변증학을 신학교 과목에 최우선으로 둔 반면에 카이퍼는 강하게 반대했다.[29]

반틸: 전제주의적 변증학

웨스트민스터신학교 교수였던 코넬리우스 반틸(Cornelius Van Til, 1895-1987)은 개혁신학에 대한 그의 이해와 일치하는 변증적 접근을 추구했다.[30] 그는 워필드 밑에서 공부했지만 아브라함 카이퍼에게 지대한 영향을 받았다 (특히 타락한 인간이 이성적으로 바르게 사고할 수 없으며 기독교를 세계관으로 이해해야 한다는 것에 있어서). 반틸은 기독교만이 지식과 이성적 사고의 근본이 되는 세계관을 제공할 수 있다고 주장하는 전제주의 변증학(때로는 초월적 변증학이라고도 부르는)을 발전시켰다. 타락한 사람의 이성은 바르게 기능할 수 없기에 기독교는 하나님을 떠난 자율적인 사고로 증명되거나 수용될 수 없다. 그보다는 먼저 받아들여지고 전제되어야 한다. 기독교가 일단 전제되면 신자는 절대적 확신을 가지고 기독교가 참이라고 알게 된다. 반틸은 진리란 모든 것이 연결된 모든 것의 결합 혹은 전체라고 주장했다.[31] 따라서 전체를 받아들이지 않고는 기독교의 어느 한 부분도 이해할 수 없다.

---

29) Dulles, *History of Apologetics*, 321.
30) Cornelius Van Til, *Christian Apologetics*, ed. William Edgar (Phillipsburg, NJ: P&R, 2003); 코넬리우스 반틸, 『기독교 변증학』, 이희숙 역, 한글, 1999; Cornelius Van Til, *The Defense of Faith*, ed. K Scott Oliphant (Phillipsburg, NJ: P&R, 2008); 코넬리우스 반틸, 『변증학』, 신국원 역, 개혁주의신학사, 2012.
31) Brian Morley, *Mapping Apologetics: Comparing Contemporary Approaches* (Downers Grove, IL: InterVarsity, 2015), 66을 보라.

반틸의 전제주의 변증학은 전통적인 기독교 유신론에 대한 긍정적 논증을 사용하는 대부분의 변증적 접근과는 다르다. 반틸의 접근법은, 기독교 유신론 외의 모든 세계관은 이성적으로 일관성이 없기 때문에 비그리스도인은 자신의 세계관 안에서 일관되게 살아갈 수 없다고 설득하려고 시도한다. 예를 들어 반틸은 지식과 이성적인 사고는 기독교 유신론에 뿌리를 두고 있기 때문에 불신자가 지식과 이성을 사용하여 기독교에 반대하는 것은 위선이고 어리석은 일이라고 지적할 것이다. 그는 전통적인 긍정적 논증을 통해 기독교 세계관의 우월성을 증명하려는 시도를 하지 않았다. 왜냐하면 그것은 쓸데없는 시도라고 생각했기 때문이다. 이미 설명한 대로 불신자는 기독교 세계관 안에서 사고하지 않는 한 기독교 세계관을 이해할 수 없다. 기독교 전체를 받아들였을 때에만 어떻게 그들의 삶의 모든 부분과 실재가 딱 맞는지 이해하기 시작할 수 있다.

카넬과 쉐퍼: 결합주의

결합주의(Combinationalism)는 기독교가 논리적이며 사실적이고 실용적이라고 주장하는 변증적 입장으로, 기독교가 현실과 일치한다는 것을 증명하기 위해 몇 가지 시험을 결합했기 때문에 붙여진 이름이다.[32] 반틸의 학생이었고 나중에 풀러신학대학원의 학장이 된 에드워드 존 카넬(Edward John Carnell, 1919-1967)은 결합주의를 사용한 대표적인 변증가다. 아우구스티누스와 마찬가지로 그는 인간이 하나님의 형상으로 지음 받았기 때문에 지식과 이성적 사고의 능력을 가졌다고 믿었다. 카넬은 사람이 먼저 회개하고 기독교 세계관을 믿어야 한다고 주장하는 대신에, 기독교 유신론을 먼저 가정으로 받아들인 후에 세 가지 질문을 통해 이를 확인할 수 있다고 주장했다.

---

32) Morley, *Mapping Apologetics*, 147-84을 보라.

(1) 이 가정은 자체모순인가? (2) 가정이 사실들에 잘 들어맞는가? (3) 위선 없이 그대로 살아낼 수 있는가?[33] 카넬은 기독교가 절대적으로 확실하다고 증명될 거라 믿지 않았지만, 매우 높은 개연성이 있다고는 입증될 거라 확신했다. "이성적인 사람은 아무 어려움 없는 입장을 선택하기보다 가장 적은 어려움이 따르는 입장을 선택한다."[34] 카넬의 변증적 방법론은 상황을 잘 인식하여 개인이 느끼는 필요에서 시작해 그 시대적인 맥락을 염두에 두었다는 점에서 주목할 만하다. 카넬에게 있어서 변증은 앎에 대한 3가지 길을 포함한다.

- **경험**: 경험이란 관계적이며 진리를 아는 것과 관련된 즉각적인 지식이다.
- **이성적인 추론**: 무언가가 현실과 일치하고 모순되지 않을 때 우리는 그것이 진실하다고 알 수 있다. 참된 지식은 충분한 증거 위에 세워진다.
- **행함**: 지식은 도덕적이고 영적이며 의지적이다. 그래서 실천되어야 한다. 앎은 의지를 포함하기 때문에 단순한 지적 지식으로는 충분하지 않다. 따라서 행함으로 우리는 진실로 알게 된다.

아내 이디스(Edith)와 함께 라브리(L'Abri)를 창설한 프란시스 쉐퍼(Francis Schaeffer, 1912-1984)는 카넬과 마찬가지로 반틸의 학생이었고 결합주의자이다. 학자라기보다는 실천가에 가까웠던 쉐퍼는(상당히 높은 수준에서 신앙을 이성적으로 변호했지만) 그리스도인이 서로 사랑하고 문화와 소통하는 것이 얼마나 중요한지 강조했다. 카넬과 마찬가지로 쉐퍼의 기본적인 변증적 방법은 '전제

---

33) Morley, *Mapping Apologetics*, 156을 보라.
34) Edward J. Carnell, *Introduction to Christian Apologetics: A Philosophic Defense of the Trinitarian-Theistic Faith* (Grand Rapids: Eerdmans, 1948), 111; 에드워드 존 카아넬, 『기독교변증학원론』, 김해연 역, 성지출판사. 1998.

주의 아류'(presuppositional-lite)라고 부를 수 있다. 적극적 측면에서 그는 기독교 세계관을 실천 가능한 가정이라고 주장한 후 그것이 현실에 맞는지 입증하려고 했다. 소극적인 측면에서는 비기독교 세계관이 이 기준에 부합하지 않는다고 보여 주었다. 비기독교 세계관을 전제하면 세계관 자체가 상충되는 지점에서 언제나 긴장을 만들어 내고, 사실적 지지가 부족하며, 살아내기에 적합하지 않다고 증명했다. 바로 이 긴장의 지점에서 쉐퍼는 비기독교적 전제들에 대해 자신의 변증학적 논쟁을 활용했다.

체스터턴, 루이스 그리고 세이어즈: 문학적 변증

20세기 영국에서는 예술적 열기를 심오한 통찰력과 결합하여 기독교를 위한 독창적이고 지속적인 논증을 제시한 변증가들이 나타났다. 20세기 가장 영향력 있는 문학적 변증가 세 사람은 G. K. 체스터턴(G. K. Cheterton), C. S. 루이스(C. S. Lewis), 도로시 세이어즈(Dorothy L. Sayers)이다.

20세기 초반에 가장 영향력 있는 변증가요, 수백 권의 저자요, 탁월한 대중 토론가였던 G. K. 체스터턴(1874-1936)은 특이하게도 기독교를 반대했던 사람들 때문에 그리스도인이 되었다. 체스터턴은 기독교를 공격하는 사람들의 논증이 별로 설득력이 없고 모순이 있다고 생각했는데, 에이버리 덜레스가 설명한 대로 그에게는 그들이 마치 기독교가 "너무 염세적인 동시에 너무 낙관적이고, 너무 소심한 동시에 너무 공격적이고, 너무 유별난 동시에 다른 종교와 다를 게 하나도 없고, 너무 평화적인 동시에 너무 적대적이고, 너무 청교도적인 동시에 너무 타락했다."라고 주장하는 것 같았다.[35] 체스터턴에게는 이 모순이 상당히 자극적이었으며 그래서 문제는 기독교가 아니라 비판자들에게 있다는 결론을 내렸다. 사실 그는 그런 모순된 비판이 기독교 신앙

---

35) Dulles, *History of Apologetics*, 293.

이 특별하다는 것을 보여 준다고 추론했다! 그의 기독교 신앙으로의 이 아이러니한 여정은(무신론자와 회의주의자들 때문에 더욱 확신을 가지게 된) 결코 헛되지 않았다. 그는 유머, 풍자, 유창함으로 수놓은 역설적인 문학적 불꽃으로 당대의 문화를 비판했다. 『정통』(Orthodoxy)과 『토마스 아퀴나스』(St. Thomas Aquinas)에서 볼 수 있는 그의 재치 있고 날카로운 몇 마디를 소개한다.

- "몇몇 새로운 신학자는 실제로 매우 분명하게 증명될 수 있는 기독교 신앙의 작은 한 부분인 원죄를 가지고 논쟁을 한다."[36)]
- "[블래치포드 씨는] 용서할 죄가 없다고 말함으로써 죄 용서를 더 쉽게 만드는 희한한 생각을 가지고 있다."[37)]
- "생각하면 할수록 기독교가 규칙과 질서를 만들었지만, 그 질서의 주된 목적은 선한 것에게 자유를 주려는 것이었음을 더욱 발견하게 된다."[38)]
- "진리에 가장 근접했을 때 거짓은 가장 거짓다워진다."[39)]

체스터턴의 영향을 과대평가하기란 어려운 일이다. 특히 그의 저서의 심오한 영향력은 C. S. 루이스(1898-1963)[40)]를 통해 느낄 수 있다. 케임브리지에서 중세와 르네상스 문학 학과장이었던 루이스는 무신론자로서 유신론자가 되었다가 그리스도인이 되었다. 무신론에서 유신론으로 회심하기 전에도 루이스는 "체스터턴이 다른 모든 현대 학자를 모아 놓은 것보다도 일리가 있

---

36) G. K. Chesterton, *Orthodoxy* (1908: repr., New York: Image, 2001), 9; G. K. 체스터턴, 『정통』.
37) Chesterton, *Orthodoxy*, 26; 체스터턴, 『정통』.
38) Chesterton, *Orthodoxy*, 97; 체스터턴, 『정통』.
39) G. K. Chesterton, *St. Thomas Aquinas*, in *The Collected Works of G. K. Chesterton* (San Francisco: Ignatius, 1986), 2:473.
40) 다른 여러 사람 중 루이스는 조지 맥도널드(George MacDonald)와 톨킨(J. R. R. Tolkien)의 영향도 받았다. 다음을 보라. C. S. Lewis, *Surpresed by Joy* (New York: Harcourt, Brace and World, 1955), 213, 216; C. S. 루이스, 『예기치 못한 기쁨』, 강유나 역, 홍성사, 2003.

다."고 생각했고[41] 나중에 그의 회심에는 체스터턴의 기여가 있다고 고백했다. "나는 체스터턴의 『영원한 사람』(Everlasting Man)을 읽으면서 처음으로 역사에 대한 기독교의 윤곽이 가장 일리 있는 형태임을 보았다."[42]

그때까지도 루이스는 아직 완전히 기독교로 개종하지는 않았다. 하지만 나중에 그는 유신론에서 기독교로의 개종을 이렇게 묘사했다. "어떻게는 모르겠지만 언제 최종적인 결단을 했는지는 아주 잘 안다. 어느 화창한 날 아침에 나는 윕스네이드로 가고 있었다. 떠날 때는 예수 그리스도께서 하나님의 아들이심을 믿지 않았다. 그러나 동물원에 도착했을 때는 믿고 있었다."[43] 기독교로 개종한 후 루이스는 그를 유명하게 만든 책을 저술하기 시작했다. 거기서 그는 인간의 열망, 상상력 그리고 이성에 호소하며 고전적인 기독교를 변호한다. 그의 문학 작품의 여러 다양한 장르는 그의 변증적 접근이 얼마나 폭넓은지 잘 보여 준다(우화, 풍자, 꿈-비전, 신화적 공상 소설들, 자서전, 교훈집).[44]

루이스의 논리적이고 설득력 있는 답변은 『순전한 기독교』(Mere Christianity)에 나오는 유명한 인용에 잘 나타난다. "단순히 인간일 뿐인 사람이 예수님이 하신 것 같은 말씀을 했다면, 그는 위대한 도덕적 교사가 될 수 없었을 것이다. 그는 미친 사람이거나('나는 삶은 달걀이다'라고 말하는 수준의) 아니면 악마여야 할 것이다. 당신은 그가 누구인지 선택해야 한다."[45]

상상력과 인간의 감정을 향한 루이스의 호소는 예수 그리스도를 왕과 같은 사자로 묘사하는 『사자와 마녀와 옷장』(The Lion, the Witch, and the Wardrobe)에서 잘 느낄 수 있다.

---

41) Lewis, *Surprised by Joy*, 213; 루이스, 『예기치 못한 기쁨』.
42) Lewis, *Surprised by Joy*, 223; 루이스, 『예기치 못한 기쁨』.
43) Lewis, *Surprised by Joy*, 237; 루이스, 『예기치 못한 기쁨』.
44) Dulles, *History of Apologetics*, 318-19.
45) C. S. Lewis, *Mere Christianity* (New York: Macmillan, 1952), 56; C. S. 루이스, 『순전한 기독교』, 장경철, 이종태 역, 홍성사, 2018.

"아슬란이 사람이냐고요!" 비버 부인은 단호하게 말했다. "분명 아닙니다. 아슬란은 사자입니다. 사자, 위대한 사자!" 수잔이 말했다. "오, 나는 그가 사람인 줄 알았습니다. 안전한가요? 사자를 만나는 건 상당히 겁나는 일인데…."
"안전하냐고요?" 비버 부인이 말했다. "누가 안전하다고 했습니까? 당연히 그는 안전하지 않지요. 하지만 그는 선합니다. 제가 말씀드립니다. 그는 왕이십니다."[46]

위의 인용에서 왜 루이스가 그토록 오랫동안 심오한 영향력을 미쳤는지 알 수 있을 것이다. 교사요 변증가로서 그는 이전에는 상상할 수 없었던 방법으로 창문을 연다.

> **루이스와 그의 변증적 장르들**
> 에이버리 덜레스는 루이스의 변증을 담고 있는 다양한 장르를 소개한다.
> **우화**: 『순례자의 귀향』(The Pilgrim's Regress: An Allegorical Apology for Christianuty, Reason, and Romanticism)
> **꿈-비전**: 『천국과 지옥의 이혼』(The Great Divorce)
> **신화적 공상 소설**: 『페렐란드라』(Perelandra), 『그 가공할 힘』(That Hideous Strength)
> **자서전**: 『예기치 못한 기쁨』(Surprised by Joy)
> **교훈집**: 『고통의 문제』(The Problem of Pain), 『기독교를 위한 논쟁』(The Case for Christianity), 『기적』(Miracles)[47]

루이스와 알고 지냈던 도로시 세이어즈(1883-1957)는 광범위한 기독교 변증학과 신학적 저술에 관심을 쏟기 전에 단테의 『신곡』(The Divine Comedy)을 번역했고, 인기 탐정 피터 윔지 경(Lord Peter Wimsey)이 주인공으로 나오는 범죄 소설을 썼다. 그녀의 범죄 소설에는 변증적 가치가 없을 거라고 전제하

---

46) C. S. Lewis, *The Lion, the Witch and the Wardrobe* (1950: rep., New York: Harper Collins, 1978), 79-80; C. S. 루이스, 『사자와 마녀와 옷장』, 햇살과나무꾼 역, 시공주니어, 2005.
47) Dulles, *History of Apologetics*, 318.

지 말라. 피터 윔지 경의 모험을 통해 그녀는 인류의 슬픔, 기쁨, 선행의 가치, 그리고 혼란의 세계에서 악을 이기는 선의 능력을 무시한 결과가 무엇인지 보여 주고 있기 때문이다.[48] 세이어즈의 『도그마는 드라마다』(Letters to a Diminished Church)에서 인용한 다음의 글은 그녀의 변증적 목소리가 얼마나 강력하고 설득력 있는지 보여 준다.

> 그리스도를 못 박은 사람들에 대해 정당하게 말하자면 그들은 결코 그리스도를 따분하다고 고발하지 않았다. 오히려 그들은 그분이 너무 역동적이어서 위험하다고 생각했다. 그러나 후대 사람들이 그분의 충격적인 인격을 감추고 따분한 분위기를 덮어 씌웠다. 우리는 아주 효율적으로 유다의 사자의 발톱을 뽑아버리고 그분을 '온유하고 유순한' 존재로 밝힌 후에 나약한 성직자와 경건한 노부인을 위한 애완동물로 권하고 있다.[49]

바르트: '아니오'의 변증?

"아니오!"(Nein!)는 하나님에 관한 자연적인 지식은 신적 계시 없이도 변증적 가치를 가진다고 한 에밀 브루너(Emil Brunner)의 결론에 칼 바르트(Karl Barth, 1886-1968)가 한 답변이었다. 취리히의 조직신학 교수였던 에밀 브루너는 『자연과 은혜』(Nature and Grace)를 출판해서 바르트를 분노하게 했는데, 이 책에서 브루너는 바르트가 여섯 가지 잘못된 결론을 내렸다고 비판했다.[50] 바르트는 "아니오! 에밀 브루너를 향한 답변"(No! An Answer to Emil Brunner)이

---

48) J. E. McDermond, "Sayers, Dorothy L.," in *New Dictionary of Christian Apologetics*, ed. W. C. Campbell-Jack and Gavin McGrath (Downers Grove, IL: Intervarsity, 2014), 636을 보라.

49) Dorothy L. Sayers, *Letters to a Diminished Church: Passionate Arguments for the Relevance of Christian Doctrine* (Nashville: W. Publishing, 2004), 4; 도로시 세이어즈, 『도그마는 드라마다 : 문학적 상상력과 교리의 재발견』, 홍병룡 역, IVP, 2017.

50) Emil Brunner and Karl Barth, *Natural Theology* (Eugine, OR: Wipf & Stock, 2002), 19-35; 에밀 브루너, 칼 바르트, 『자연신학』, 김동건 역, 대한기독교서회, 2021.

라는 논문으로 답변하면서 우리는 자연 신학이란 쓸모없는 교량과 목발을 통해서가 아니라, 성령님과 성경을 통해 우리에게 임하는 특별 계시로서의 하나님의 말씀의 독특함을 수호하도록 돕는 것으로 사람을 사랑한다고 주장했다.[51] 인간에게는 창조를 통해 참 하나님과 하나님의 법을 볼 수 있는 능력이 없고 하나님과 인간 사이에는 자연적인 접촉점이 없다.[52] 게다가 전통적인 변증적 논증을 통해서 하나님의 실재에 도달하도록 이성적으로 추론할 수도 없다. 따라서 변증학은 독립된 학문으로 존재해서는 안 된다. 오히려 최선의 변증학은 좋은 교리 체계이다.[53] 즉 교회의 공적 신앙고백이 그 자체로서 변증이 된다.

바르트는 하나님이 예수 그리스도를 통해 우리의 믿음에 의해서 자신을 계시하셔야 한다고 주장했다. 그러나 일단 하나님이 우리에게 계시된다면 그 계시된 지식 안에서 그분에 관해 이성적으로 사고할 능력을 가지게 된다. 믿음을 통해 하나님의 말씀과 계시적으로 대면할 때 우리는 스스로에게 그분의 존재를 증명할 정신적인 능력과 틀을 가지게 된다는 것이다. 바꾸어 말해 "인간의 이성 자체로 하나님의 존재를 증명할 수 있다는 가정은 우상 숭배로 이어진다."[54]

그렇다면 바르트가 왜 중요한가? 바르트는 20세기 가장 영향력 있는 신학자 중 한 명임에 틀림없다. 변증에 대한 그의 부정적인 태도는 많은 사람이 변증 자체를 포기하게 만들었다. 심지어 어떤 사람은 그가 20세기 중반에 변증의 정당성을 위기에 몰아넣었다고까지 말한다.[55] 하지만 나중에 바르트는

---

51) Brunner and Barth, *Natural Theology*, 125; 브루너, 바르트, 『자연신학』.
52) Brunner and Barth, *Natural Theology*, 80-90; 브루너, 바르트, 『자연신학』.
53) 교리 체계(Dogmatics)는 개인의 의견이 아닌 교회의 공적 신앙고백이다.
54) Barth, Matthew Levering, *Proofs of God: Classical Arguments from Tertullian Barth* (Grand Rapids: Baker Academics, 2016), 199에서 인용됨.
55) Dulles, *History of Apologetics*, 365.

변증에 대한 그의 입장을 아주 조금 누그러뜨린 것 같다. 에이버리 덜레스에 의하면 『교회 교의학』(Church Dogmatics)의 끝부분에서 바르트는 "보완적이고 보조적이고 암시된 변증"을 그리스도인이 사용해도 된다고 동의한다.[56]

발타사르: 미적 변증학

바르트에게 영향을 받은 한스 우르스 폰 발타사르(Hans Urs von Balthasar, 1905-1988)는[57] 믿음이란 느껴지고 상상되어야 한다고 믿었기 때문에 미적 변증학(Aesthetic Apologetics)을 계발했다.[58] 발타사르의 변증학은 하나님의 선하심, 아름다움, 진리로 이해된 하나님의 영광을 성경적으로 세우는 데 중점을 둔다.[59] 발타사르는 하나님의 사랑의 아름다움은 십자가에서 자신을 비우신 그리스도의 죽음에서 가장 중요하게 계시되며 하나님의 사랑의 메신저로서 교회는 교회의 회원이 하나님의 사랑에 근거해 모든 것을 행하고 말하고 생각함으로써[60] 신뢰할 만한 변증이 된다고 믿었다. 따라서 십자가에서 나타나고 교회의 삶을 통해 전달되고 인식되는 하나님의 아름다움이 가장 효과적인 변증이다.[61]

뉴비긴: 그리스도와 문화

선교사요, 교수요, 목사였던 레슬리 뉴비긴(Lesslie Newbigin, 1909-1998)은 20세기, 후기 기독교, 다원주의 사회를 위한 변증적 접근을 계발했다. 뉴비

---

56) Dulles, *History of Apologetics*, 307에서 인용됨.
57) 발타사르는 『바르트의 신학』(*The Theology of Karl Barth*)이란 제목으로 바르트의 신학에 관한 책을 썼는데, 바르트는 이 책을 자신의 저서에 대한 최고의 요약이라고 칭찬했다.
58) Edgar and Oliphant, *Christian Apologetics Past and Present*, 2:492를 보라.
59) Anthony C. Theselton, *The Thieselton Companion to Christian Theology* (Grand Rapids: Eerdmans, 2015), 116.
60) Dulles, *History of Apologetics*, 337을 보라.
61) Thieselton, *Thieselton Companion to Christian Theology*, 110-11을 보라.

긴은 서구 문화의 합리성과 타협하지 않았다. 오히려 그는 타락한 인간에게는 계시가 본질적으로 비이성적으로 보이기 때문에 변증학이 단순히 이성적 논증에만 근거할 수 없다고 주장했다. 뉴비긴은 그의 변증을 발전시키면서, 아리스토텔레스의 논리에 기반한 아퀴나스의 기독교 신앙 증명 이전으로 거슬러 올라가 "나는 알기 위해 믿는다."고 주장했던 아우구스티누스의 초기 접근 방식을 채택했다. 뉴비긴은 그의 변증적 접근에서, 바르게 추론하기 위해서는 믿음에서 시작해야 한다는 아우구스티누스의 원리를 실천하려 했으며, 단순한 이성이 아닌 신적 계시를 기초로 삼아 이를 발전시키려고 했다. 뉴비긴은 직접 죄를 지은 적이 없음에도 하나님의 아들이 고난을 받고 죽임 당하신 십자가는 어떤 경우에도 이성적이지 않다고 결론을 내렸다. 누구도 비이성적인 것을 합당하게 추론할 수 없기에 계시와 믿음이 참된 이해에 선행해야 한다. [62]

뉴비긴의 접근은 실제로 어떻게 작동할까? 뉴비긴 자신이 이런 기술을 말한 적은 없지만, 폴 웨스턴(Paul Weston)은 뉴비긴의 변증적 이론을 적용하도록 돕는 상호 연관된 세 가지 관점을 뉴비긴의 글을 통해 제시한다.

1. 성경 이야기의 절정으로 복음을 설교하라. 예수 그리스도의 성육신, 죽음, 부활 메시지는 그 자체로 변증적이다.
2. 기독교만이 증명될 수 없는 '믿음의 헌신'을 요구하는 것은 아님을 입증하라. 궁극적으로 모든 진리는 믿음으로 받아들여져야 한다.
3. 기독교는 다른 어떤 진리가 주장하는 것보다 실천 가능하며 그렇게 살아내는 과정에서 스스로를 증명한다는 것을 보여 주라. 복음의 신빙성은 신실한 그리스도인의 삶의 과정을 통해 스스로 입증된다. [63]

---

62) Paul Weston, "Newbigin, Lesslie," in *New Dictionary of Christian Apologetics*, 485을 보라.
63) Weston, "Newbigin, Lesslie," 485-86.

결론

지금까지 변증학의 간단한 역사를 살펴보았다. 이제 변증학이란 집의 기초를 거의 다 놓은 셈이다. 20세기 말까지 다루었는데, 오늘날 변증학에 대해 아직 다루지 않은 것을 눈치챘을지 모르겠다. 윌리엄 레인 크레이그, 게리 하버마스, 존 프레임, 앨빈 플랜팅가, N. T. 라이트, 티모시 켈러 등과 같은 변증가가 있음에도 바르트, 발타사르, 뉴비긴만 다루는지 의아할 수도 있다. 현대 변증가와 그들의 방법론을 언급하지 않은 이유는 따로 다루려는 의도에서다. 변증학이란 집의 기초를 놓은 후 이제 벽을 만들고 외부 장식을 하는 일로 옮겨 가면서 그렇게 하는 게 더 맞는 것 같다.

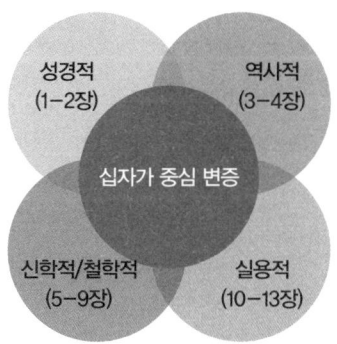

2부

십자가 중심 변증을 위한
신학적 비전

5장

최근의 적합한 방법들

만일 우리가 하나님의 피조물로서 진정한 인격체라면 각 개인은 서로 다를 것이며 따라서 각 개인은 통계나 기계가 아닌 개인으로서 다루어져야만 한다. … 모든 사람의 필요를 만족시키는 공식이란 없기 때문에 기계적인 공식의 적용만으로 진정으로 누군가의 필요를 채울 수 있을지 의문이다. 그것은 하나님의 자비에 부합되지 않는 행위이다.

_ 프란시스 쉐퍼, 『거기 계시는 하나님』(The God Who is There) 중 "변증학의 문제"에서

변증적 지도를 그리는 다양한 접근들

당신의 고향을 방문하는 친구가 지도를 그려 달라 한다고 상상해 보라. 마찬가지로 그리스도인은 사람들을 우리의 '고향'인 기독교 신앙의 길로 안내하는 지도를 그릴 기회를 가지고 있다. 다양한 변증적 접근은 지도를 그리는 서로 다른 방법을 제공한다. 곧 변증적 지도 제작 기법이라 부를 수 있는 다양한 방법들이다. 이 장을 변증적 지도 제작을 위한 준비 정도로 생각하라. 지금까지 우리는 현대 변증에 관한 논의를 미루었는데, 먼저 합당한 기초를 놓기 위해서였다. 그 기초는 다음과 같이 요약할 수 있다.

1-2장은 성경이 어느 한 가지 특정한 변증적 방법을 제시하지 않는다고 보여 주었다. 성경은 변증적 방법을 발전시키는 일종의 핸드북을 제공하는 대신 여러 다른 변증적인 접근을 하며 상황화된 논증을 사용하고 다양한 수준에서 설득한다. 3-4장은 변증의 역사가 어떻게 긍정적인 예와 부정적인 예를 제공하는지 보여 주었다. 긍정적으로 교회는 당대의 필요에 적합한 다

양한 변증적 설득을 하기 위해 성경적 개념을 발전시킨 풍성한 역사를 가지고 있다. 부정적으로 역사는 변증에 있어 성경 외의 틀을 제공하는 것과 성경보다 적시성에 더 무게를 두려는 열망의 위험을 우리에게 경고한다.

변증학의 역사에서 배우는 경고와 성경에서 발견되는 변증적 설득의 다양성은 경쟁 관계에 있는 진영이 날카롭게 양극화되어 성경 외의 개념적인 틀로 인해 지나치게 완고해지지 말라고 경고한다. 최근에 나타나는 낙관적인 양상은 많은 변증가가 다른 접근들의 강점과 자신의 변증적 전통이 지닌 약점을 인정하며 대치되는 듯한 전략들을 들으려 한다는 점이다.[1]

본 장은 네 가지 변증적 접근을 요약하고 그들의 가능한 강점과 약점을 설명할 것이다. 본 장의 내용을 도표로 나타낸 옆 그림에서 모든 변증가가 4등면 중 하나에 딱 들어맞지 않는다는 점을 염두에 두라.[2] 실제로 어떤 변증가는 4등면의 여러 다른 영역에 약간씩 자기 입장의 여지를 남겨 두기도 한다. 예를 들어 어떤 입장은 다른 영역에 가까우면서도 여전히 자기 영역에 남아 있을 것이고, 어떤 입장은 두 영역의 경계에 걸칠 것이다. 다른 접근법의 유효성을 어느 정도 인식하는 '완곡한' 입장은 각 접근 방식이 서로에게서 아주 멀리 떨어져 있지는 않다고 상기시킨다. 수직 기준선은 각 입장이 특별 계시를 떠난 이성의 유용성에 대해 얼마나 낙관적인지 좌우로 나눈다. 4등면 아래에 있는 두 개의 원('개혁주의 인식론'과 '통합적 접근')은 방법론적 설명에서 그 역할의 중요성을 보여 준다. 그러나 이 두 원은 위의 도표가 보여 주는 네 가지 접근과는 구별되는데, 그 이유는 본 장의 후반부에서 다룰 것이다.

---

1) 데이비드 클라크(David Clark)는 다음 책에서 다양한 방법들이 각각 강점과 주목해야 할 약점을 가지고 있다고 지적한다. *Dialogical Apologetics: A Person-Centered Approach to Christian Defense* (Grand Rapids: Baker, 1993), 103.
2) 이 장에서 제시된 변증학적 분류는 변증적 진영을 요약하려는 다른 시도들과 마찬가지로, 포괄적일 수는 없다. 변증적 접근을 분리하는 다른 방법들에 관한 예들로는 Brian Morley, *Mapping Apologetics: Comparing Contemporary Approaches* (Downers Grove, IL: InterVarsity, 2015)와 Steven B. Crown, ed. *Five Views of Apologetics* (Grand Rapids: Zondervan, 2000)을 보라.

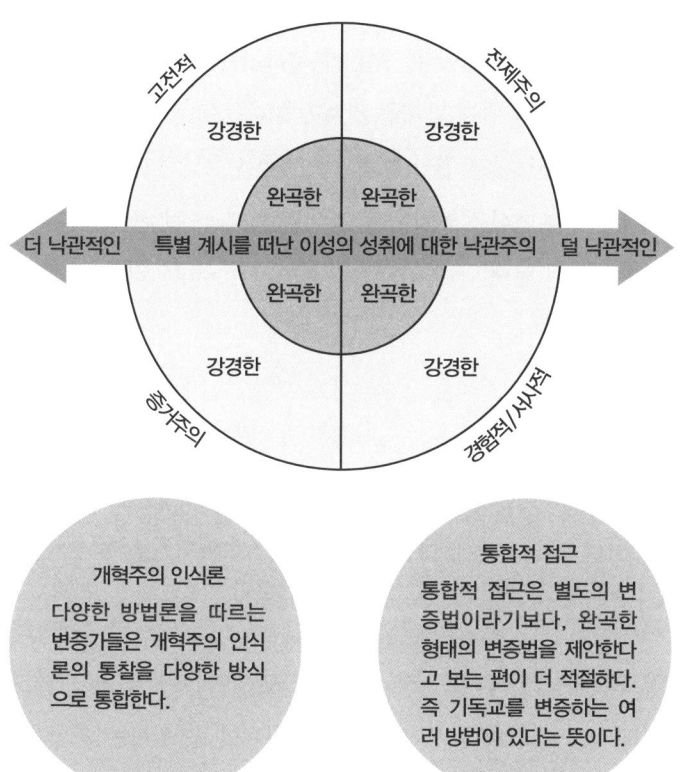

'증거에 근거한 변증'의 영역에는 도표 왼쪽에 있는 두 개의 접근법, 고전적 변증과 증거주의 변증이 포함된다. 그들의 유사점 때문에 이 둘을 나란히 다루었다.

고전적 변증(혹은 두 단계 변증)

고전적 변증은 종종 두 단계 접근이라고 하는 방법을 사용한다. 일반적으로 먼저는 유신론에 관해 논증하고, 그다음에 유신론의 가장 합리적인 형태인 기독교에 관해 논증한다. 이 접근법의 저변에 있는 논리는 사람은 특정한 한 신, 즉 기독교의 하나님이 존재한다는 사실을 받아들이기에 앞서 신성의 존재를 받아들이는 첫 번째 단계를 거쳐야 한다는 것이다. 만일 누군가가 자연주의란 틀을 전제로 초자연이 존재할 가능성을 용납하지 않는다면, 그들은 기독교가 주장하는 핵심을 놓치게 될 것이다. 따라서 첫 번째 단계를 거칠 때 (한 신을 위한 논증) 두 번째 단계(기독교의 하나님을 위한 논증)를 위한 여지가 만들어진다.

> **자연주의**
> 변증적 토론에 있어서 자연주의(혹은 좀 더 구체적으로 존재론적 자연주의)는 일반적으로 모든 것은 자연적인 속성과 원인들에 의해서 발전된다는 입장이다. 방법론적 자연주의가 자연 세계만 존재한다고 주장하는 것은 아니지만, 그럼에도 초자연적인 것은 관찰과 증명이 불가능하다는 이유로 제외시킨다.

도표의 오른쪽 영역에 있는 접근법과 비교할 때, 고전적 변증가들은 특별 계시를 떠나서도 인간의 이성이 무언가를 성취할 수 있다는 확신을 가지는 경향이 있다. 그들은 이성과 증거를 유신론과 기독교의 역사적 주장을 확립하기 위해 사용할 수 있다고 주장한다. 외부의 도움 없이도 이성은 하나님의 실존, 예수님의 십자가 죽음, 심지어 예수님의 부활 같은 것들이 높은 가능성으로 실재할 수 있다고 보여 줄 수 있다. 하지만 그들 대부분이 회심을 위해서는 특별 계시가 필요하다고 주장할 것이다.

고전적 변증에 잠재된 강점들

첫째로, 고전적 변증은 설득을 위해 증거와 논리를 사용함에 있어서 성경의 인준을 강조한다. 고전적 변증가는 그리스도인이 그들이 가진 소망의 이유를 묻는 사람들에게 대답할 것을 준비해야 한다는 성경의 명령을 회피하지

도 않고, 설득을 위해 논리와 증거를 사용한 성경의 다양한 경우를 거부하지도 않는다.[3)]

둘째로 고전적 변증가는 기독교를 위한 진지한 과학적, 철학적, 역사적 증거의 발전에 기여해 왔다. 다시 말해 고전적 변증가는 그리스도인이 그런 종류의 논증을 사용할 수 있다고 말만 한 것이 아니라, 그리스도인은 그것을 사용하고 발전시켜야 한다고 강력하게 주장했다. 이런 이유 때문에 고전적 변증가는 기독교를 위한 가장 의욕적인 논증을 만들어 내기도 했다. 또한 이러한 논증을 발전시키기 위해 사용한 두 단계 접근법에서, 고전적 변증가는 변증학에서 다양한 학문(특히 과학, 철학, 역사)을 통합해서 사용하는 것의 중요성을 바르게 강조하고 보여 주었다. 그 유사점들 때문에 고전적 변증의 약점은 아래의 증거주의 변증에 관해 설명할 때 함께 다룰 것이다.

증거주의 변증(혹은 한 단계 접근)

한 단계 접근이라고도 알려진 증거주의 변증은 특별 계시의 도움 없는 인간의 이성을 높이 평가함에 있어서 고전적 입장과 유사하다. 하지만 고전적 변증가와는 달리 증거주의자는 기독교를 논증하기 위해 두 단계 중 첫 단계(일반 유신론을 위한 논증)가 필요하지 않다고 믿는다. 대신에 증거주의자는 한 가지, 혹은 다음의 조합을 통한 역사적 경우에 초점을 맞추어 그들의 변증을 시작한다. 성경에 대한 일반적인 신뢰성, 예수님의 정체성, 혹은 예수님의 부활이 그것이다. 증거주의자는 이 접근이 사람을 곧장 핵심(예수님의 생애, 십자가 죽음, 부활)으로 끌고 가기 때문에 더 간단하다고 주장한다. 간단하게 말하면 증

---

3) 예를 들면, 시 19:1; 눅 1:1-4; 요 20:30-31; 행 1:1-3; 26:26; 롬 1:19-20; 고전 15:6을 보라.

거주의 변증가는 유신론을 위한 전통적인 증명들을 설명할 필요가 없다고 믿는다. 왜냐하면 역사적 증거만으로도 유신론을 부인하는 사람을 충분히 설득시킬 수 있기 때문이다.

증거주의 변증에 잠재된 강점들

첫째로 증거주의 변증은 복음의 역사적인 요소들(예수님, 그분의 죽음과 부활)을 위한 증거로 곧장 우리를 인도한다. 이 방법은 복음의 핵심을 강조하거나 증거를 다룸에 있어서 성경이 하는 시도와 일치한다(예. 고전 15:1-8). 일부 증거주의자가 지적하는 대로 고전적 변증에서의 첫 번째 단계는 종종 과학과 철학의 복잡한 문제에 대한 긴 토론에 갇혀 버릴 수 있다. 반면에 증거주의 변증은 곧장 핵심으로, 곧 예수님께로 들어갈 수 있다.

둘째로 증거주의 변증은 기독교를 위한 적극적인 역사적 논증을 발전시켰다. 기독교에는 독특한 역사적 특징이 있다. 다른 종교의 신들과 달리 기독교의 하나님은 그분의 계시를 전하도록 그저 메신저를 인류의 역사에 보내지 않으셨다. 오히려 그 자신이 계시로서 인간 역사 안으로 들어오셨다! 따라서 기독교 주장의 핵심은 다른 종교와 비교해 볼 때 독특한 역사성을 가진다. 증거주의 변증의 최대 장점은 단지 회의주의자의 질문에 답하는 데 그치는 것이 아니라 성경과 예수님의 생애, 죽음, 부활의 역사적 신빙성을 보여 주기 위해 가장 최근의 역사적 학문과 고고학에도 귀를 기울인다는 것이다.

증거에 근거한 변증(고전적 변증과 증거주의 변증)에 잠재된 약점들

각 변증적 전통의 약점을 지적하기 전에, 모든 사람이 이러한 비판의 대상이 되는 것은 아니라고 밝힌다. '잠재된'이라는 단어를 주목하라. 하지만 각 특정한 변증적 전통 안에는 적어도 일부에게는 위험해 보이는, 공통적으로 제기되는 우려가 있다. 대체로 이런 우려는 스스로를 다른 변증적 접근의 통찰력이나 비판으로부터 고립시킨 사람에게서 가장 잘 보인다. 각 변증적 전통에 대한 가장 일반적인 비판을 요약한 후에, 우리는 해당 전통 안에서 다른 학파의 통찰을 수용하여 그들의 변증적 접근 방식을 완곡한 형태로 발전시킨 대표적인 인물을 소개할 것이다.

이번 단원에서는 그 유사성 때문에 고전적 변증과 증거주의 변증의 잠재된 약점을 "증거에 근거한 접근"이라는 제목으로 함께 다루고 있음에 주목하라.

증거에 근거한 접근의 첫 번째 위험은 그들이 인간을 단지 사고하는 존재로 보고 뇌에 호소하는 설득에만 집중할 수 있다는 것이다. 이 현상은 그들의 방법론을 공식적으로 표현하는 과정에서 나타날 수 있지만 그보다는 실제로 적용하는 과정에서 나타날 가능성이 높다.

즉 증거주의 변증은 자칫 사람을 사고의 이성에 의해서 작동하는 인식적 기계 정도로 취급할 수 있다.[4] 그래서 주로 비그리스도인에게 바른 정보를 주입하고 틀린 정보를 도출해서 그들이 기독교의 전제에 동의하게 만드는 것이 될 위험이 있다. 대부분 이론적으로는 이렇게 거칠게 표현하지는 않겠지만 실천에 있어서는 여전히 실제적인 위험이 된다. 증거에 근거한 전통에 속한 사람은 믿고 열망하는 존재로서의 사람을 간과해 사실로부터 논리적 추론만 하는 함정에 쉽게 빠질 수 있다. 인간의 헌신에는 다양하고 중복된 영역이 있어서 우리가 믿기로 결심할 때는 다만 논리적 추론의 과정만 있는 것이 아니라 감정과 열망도 있다.[5] 사람은 그저 뇌가 아니다.

더 나아가서 기독교 신앙은 단순히 하나님에 관한 사실을 인정하는 정도가 아니다. 그리스도의 부르심은 정신적인 능력이나 진리에 이르는 길을 찾

---

[4] James K. Smith, *Desiring the Kingdom: Worship, Worldview, and Cultural Formation* (Grand Rapids: Baker, 2009), 42; 제임스 스미스, 『하나님 나라를 욕망하라』, 박세혁 역, IVP, 2016.

[5] Kelly James Clark, "A Reformed Epistemologist's Response," in *Five Views on Apologetics*, 85을 보라.

는 학문적 열심만으로 되지 않는다. 오히려 기독교는 사실에 대한 단순한 지적 동의를 넘어 믿음으로 결단함, 은혜를 받음, 예수님께 순종함, 신비를 인정함, 하나님의 사랑에 동참함과 같은 많은 다양한 영역을 내포한다.

우리는 허수아비 인간을 만들어서는 안 된다. 많은 증거에 근거한 변증가는 앞 문단에 나타난 기독교에 대한 설명에 동의할 것이다. 그들은 사실에 대한 정신적인 동의가 기독교에 필요한 요소이기는 하지만 기독교 전체를 설명할 수 없음을 인정할 것이다. 하지만 이성에 대한 그들의 강조 때문에 실천에 있어서 증거에 근거한 변증가들은 무의식 중에라도 기독교를 사랑하는 남편이 잃어버린 신부를 애타게 부르는 것보다 수학 문제에 답을 하는 것처럼 보이게 할 위험이 여전히 남아 있다. 고전적 전통과 증거주의 전통에 속한 신중한 변증가는 이 위험을 잘 인지하고 있어서 인간 됨과 기독교 신앙에 관해 총체적인 입장을 취할 것이다.

두 번째로, 증거에 근거한 접근은 인간이 처한 상황에 대한 존중이 부족할 수 있다. 때때로 증거에 근거한 변증가는 모든 사람이 인지하는 상식과 이성을 사용해서 이치를 설명하고 있다고 생각할 것이다. "진리는 너무 분명한데 왜 모든 사람이 그것을 보지 못할까?" 문제는 현대 다원주의와 지식에 대한 사회학의 발전으로 인해 탁월한 지성을 갖춘 많은 사람이 그리스도인이 보는 너무도 분명한 진리를 보지 못한다는 사실이 확실해졌다는 것이다. 교리의 발전에 관한 중요한 저서에서 알리스터 맥그래스는 만일 변증학이 **"보편적으로 유효한 이상과 사고의 전통적 입장에 근거해서** 기독교 신앙의 '합리성'과 또는 '타당성'을 정당화하려는 시도"로 이해된다면, 변증학이라는 학문은 심각한 곤경에 빠진 것이라고 이 점을 강조했다.[6]

---

6) Alister McGrath, *The Genesis of Doctrine: A Study in the Foundation of Doctrinal Criticism* (Cambridge, MA: Blackwell, 1990), 199; 알리스터 맥그래스, 『알리스터 맥그래스의 교리의 기원』, 류성민 역, 생명의말씀사, 2021, 강조는 저자 추가.

맥그래스는 자기모순이 될 수밖에 없는 상대주의를 말하는 것이 아니다. 또한 신자와 기독교 공동체 밖에 있는 사람들 사이에는 접촉점이 없다고 말하는 것도 아니다. 합리성을 놓고 논쟁하는 입장들 사이에는 서로 동의하는 부분들도 상당히 많다. 맥그래스가 하려는 말은 우리가 기본적인 논리나 수학과 같이 의문의 여지가 없는 보편적 진리의 영역에 도달할 수 있다 하더라도, 세상을 이해하기 위해 우리가 사용하는 합리성에 대한 다른 모든 틀은 사회적, 역사적 맥락에서 형성된다는 것이다.[7]

한편으로 기본적 논리라고 부르는 것과(예를 들면 수학이나 비모순률과 같은 보편적이고 널리 사용되는) 다른 한편으로 역사에서 특정한 문화나 집단이 주장한 합리성 및 자명한 진리의 넓은 틀 사이에는 실제로 중요한 구분이 있다.[8] 예를 들면 모든 인간은 존엄과 존경을 받기에 합당하다는 것이 많은 서구인에게는 자명해 보인다. 틀림없이 기독교는 이를 가르쳤고 그것이 일반 상식으로 여겨질 만큼 서구 문화에 지대한 영향을 끼쳤다. 하지만 인간의 존엄과 가치에 대한 신념은 역사 안에서 모든 문화가 수용했던 보편적 기준과는 거리가 멀다.[9] 따라서 스코틀랜드 철학자인 알래스데어 매킨타이어(Alasdair MacIntyre)는 정의와 실제적인 합리성에 관한 광범위한 주장을 할 때는 그것이 너무도 분명해 보일지라도 우리는 "누구의 정의, 누구의 합리성을 말하는가?"를 물

---

7) McGrath, *Genesis of Doctrine*, 199; 맥그래스, 『교리의 기원』.
8) McGrath, *Genesis of Doctrine*, 90; 맥그래스, 『교리의 기원』; Charles Tayler, "Reason, Faith, and Meaning," in *Faith, Rationality and the Passions*, ed. Sarah Coakley (Malden, MA: Wiley-Blackwell, 2012), 13–27을 보라.
9) Nicholas Wolterstorff, *Justice: Right and Wrongs* (Princeton, NJ: Princeton University Press, 2008), 311–61; Charles Taylor, *Sources of Self-Making of the Modern Identity* (Cambridge, MA: Harvard University Press, 1989), 515–18; 찰스 테일러, 『자아의 원천들』, 권기돈, 하주영 역, 새물결출판사, 2015. 세속적인 관점에서 존 그레이(John Gray)는 폐기된 기독교 소망이 서구 도덕성의 근거가 되었다고 주장한다. "우리는 도덕적 가치가 다른 모든 가치 있는 것보다 우선한다는 믿음을 다양한 원천에서 물려받았지만, 주로 기독교로부터 물려받았다." *Straw Dogs: Thoughts on Humans and Other Animals* (London: Granta, 2002), 3,88; 존 그레이, 『하찮은 인간, 호모 라피엔스』, 김승진 역, 이후, 2010.

어야 한다고 강조했다.[10] 그리스도인으로서 우리는 참된 합리성이 하나님과 그분의 복음 안에 뿌리를 내리고 있다고 확신한다. 하지만 다른 사람은 합리성에 대한 다른 틀을 전제하고 있음을 인식해야 할 것이다.

만일 증거에 근거한 변증적 접근을 선호하거나 고전적 변증 혹은 증거주의 변증 안에서 활동하고 있다면, "이건 너무도 분명하다."라고 여겨지는 사고방식을 피하거나 조심해야 한다. 증거에 대한 당신의 해석이 당신에게는 너무도 분명해 보일지라도 기독교의 틀을 전제하지 않은 사람들, 혹은 적어도 많은 부분에서 동의하는 사람들에게도 비상식적으로 보일 수 있다. 현대 세계의 다원주의는 다양한 증거와 논리의 중요성에 서로 다른 비중을 두는 다양한 틀을 인정한다. 그래서 증거와 논리를 사용해 사람이 가진 더 광범위한 해석적 틀에 창조적으로 도전하기를 원치 않는 사람에게는 큰 실망을 안겨 줄 것이다.[11]

세 번째로 어떤 논증이 좋은 논증인지는 궁극적으로 성경이 평가해야 한다. 견고한 변증적 논증을 위한 규칙을 결정할 때 어떤 사람은 성경을 옆으로 제쳐 두고 인간의 자율적인 이성을 선호하는 경향이 있다. 이에 대한 비판은 "참과 거짓을 위한 궁극적인 기준은 누가 결정할까? 대치되는 두 개의 이성

---

10) Alsdair McIntyre, *Whose Justice? Which Rationality?* (Notre Dame, IN: University pf Notre Dame Press, 1988), 399. 매킨타이어는 보편적인 기본 논리의 법칙(비모순률과 같은)을 부인하는 것이 아니다(McGrath, *Genesis of Doctrine*, 90; 맥그래스, 『교리의 기원』을 또한 보라). 매킨타이어나 맥그래스는 논리를 부인하는 맹목적인 신앙이나 신봉주의를 주장하는 것이 아님을 이해해야 한다. 매킨타이어가 묻고 싶은 것은 *Whose Justice? Which Rationality?*의 마지막 줄에서 지적한 것처럼 특정한 전통 안에서의 어떤 진리에 대한 주장이 가장 설득력을 가지는가이다. "서로 대치된 전통들의 진리에 대한 주장은 상충된 각자의 전통이 의존하는 자료들의 적합성과 설득력의 입증에 달려 있다"(403). McGrath, *Mere Apologetics: How to Help Seekers and Skeptics Find Faith* (Grand Rapids: Baker, 2012); 맥그래스, 『기독교 변증』, 전의우 역, 국제제자훈련원, 2014. 이것이 변증학의 영역에서는 어떻게 발전되어야 하는가에 관한 그의 입장을 위해서는 다음을 보라. Lesslie Nebigin의 "Reason, Revelation, and Experience" in *The Gospel in a Pluralistic Society* (Grand Rapids: Eerdmans, 1989), 52-65; 레슬리 뉴비긴, 『다원주의 사회에서의 복음』, 홍병룡 역, IVP, 2007; Alasdair McIntyre, *After Virtue*, 3rd ed. (Notre Dame, IN: University of Notre Dame Press, 2007), xii-xiv; 알래스데어 매킨타이어, 『덕의 상실』, 이진우 역, 문예출판사, 2021.
11) 틀의 불가피성 및 현대인의 정체성과의 관계에 관해서는 다음을 보라. Taylor, *Sources of the Self*, 19-21, 26-32, 105-7; 테일러, 『자아의 원천들』.

적 시스템 사이에서 누가 재판관이 될 수 있을까? 우리의 증명과 증거를 지지하기 위해서 끝없이 증명과 증거를 제공하는 순환을 반복해야 할까?"라는 적절한 질문을 던진다.

증거에 근거한 방법이 강조하는 대로 기독교 변증가는 이성을 사용하는 것에 더해서 좋은 논쟁을 위한 최종적인 권위가 하나님의 말씀에 있다고 인정해야 한다. 이는 물론 그리스도인이 불신자와의 접촉점이 없다거나 성경의 논리와 도덕성이 언제나 외부인에게 이상하게 보일 것이라는 의미가 아니다. 하지만 경우에 따라서는 성경의 논리와 윤리가 우리 주변 세상에서 이상하게 보일 때도 있다.

예를 들어 많은 사람이 완전하고 죄 없는 존재가 십자가에서 고난을 당하고 죽는 것은 선하지도 않고 합리적이지도 않다고 말할 것이다. 인간으로서 고난을 당하는 신적 존재가 많은 사람에게는 어리석게 보일 것이다. 그래서 충격을 받은 어떤 비판자는 이것은 마치 "신의 아동 학대와 같다."고 지적하기도 했다. 사도 바울은 이런 반응에 놀라서는 안 된다고 주장한다. "우리는 십자가에 못 박힌 그리스도를 전하니 유대인에게는 거리끼는 것이요 이방인에게는 미련한 것이로되"(고전 1:23). 그리스도인으로서 우리는 변화하는 문화적 틀을 기준으로 결정하기보다는 하나님의 말씀을 좋은 논증을 정의하는 기준으로 삼아야 한다(고전 1:25을 보라).

또 다른 예를 살펴보자. 증거에 근거한 변증가는 "예수님은 실제로 누구신가?"라든지 "예수님은 실제로 부활하셨는가?"라는 질문들에 대한 중립적인 중재자로 '당시의 역사적 방법들'에 호소할 것이다. 하지만 그와 같은 변증가는 한 가지 중요한 질문을 놓치는 것이다. "이러한 역사적 방법이란 무엇이며 그것을 누가 규정하는가?" 역사적 방법은 기독교의 틀에 대치되는 기준들을 전제할 수 있다. 더 나가서 어떤 방법도 그것을 사용하는 사람과 독립적으로 이루어지지 않는다. 예를 들면 21세기 서구 역사가들이 예수님에 대한 다른 모습을 만들어 낸 것도 그 때문이다.[12] 따라서 '역사의 규칙'을 언급할 때는 현재의 역사적 방법론이나 혹은 역사학자가 진리를 결정하는 중립적인 기능을 한다는 의미가 아님을 인지하는 것이 중요하다. 또한 역사적 사건은 그 자체로서 저절로 해석되지 않는다. 역사적 사건이 궁극적으로 무엇을 의미하는지 알려면 특별 계시가 필요하다.

하지만 균형을 유지할 필요가 있다. 기독교 변증은 경우에 따라 당시의 역사적 방법론을 위한 규칙을 사용하는 소위 '약한 이성적 추론'(thin reasoning)를 합당하게, 그리고 생산적으로 사용할 수 있다. 우리는 악한 자라도 자식에게 좋은 것을 줄 줄 안다고 전제하신(마 7:11; 눅 11:13) 예수님의 말씀처럼 좋은 것이 무엇인지 아는 것이 곧 양극화를 의미하는 것은 아님을 인식해야 한다. 이미 언급한 대로 하나님의 말씀을 최종적인 권위로 말하지 않고도 인간의 본능이나 좋은 것과 합리적인 것에 대해 공유된 이해에 호소할 수 있다. 성경 자체의 상황화하는 특징은 그 상황에 따른 논증을 수용할 수 있다고 보여 준

---

12) 역사적 예수에 대한 다양한 탐구의 결과는 하나의 역사적 예수가 아닌 너무 많아서 여기에 다 언급할 수조차 없는 역사적 예수에 대한 대치되는 다양한 모습을 제시했다. 평생을 역사적 예수의 연구에 대한 글을 쓰는 데 주력한 데일 엘리슨(Dale C. Allison Jr.)이 전통적으로 지속된 역사적 예수에 관한 연구에 질문을 던진 학자들 중에 부상하고 있다는 사실이 한 예이다. 그는 "상호보완적이 아니라 상호대치적인" 예수님의 모습에 대한 다양성을 살펴본 후에 이 탐구는 예수님에 관한 최소한의 그리고 가장 기본적인 동의만을 얻어 냈을 뿐이라고 지적한다. 그는 계속해서 어떻게 과거에 비평적 학자들 사이에서 기본적인 사실로 받아들여졌던 학문적 입장이 이제는 선호도를 잃어가고 호도하던 과거의 유물 취급을 받는지 그 예를 제공한다. 그리고 덧붙여 말하기를 "이것이 내가 '확실한 비평적 결과'라는 말에 알레르기 반응을 보이는 한 가지 이유이다."라고 했다[*The Historical Christ and the Theological Jesus* (Grand Rapids: Eerdmans, 2009), 10-11; 데일 C. 앨리슨, 『역사적 그리스도와 신학적 예수』, 김선용 역, 비아, 2022]. 비슷한 정서로는 다음이 있다. Scot McKnight, "The Jesus We'll Never Know," *Christianity Today* 54, no.4 (April 2010): 26; Luke Timothy Johnson, *The Real Jesus: The Misguided Quest for the Historical Jesus and the Truth of the Traditional Gospels* (New York: Harper Collins, 1996); 루크 티모디 존슨, 『누가 예수를 부인하는가』, 손혜숙 역, 기독교문서선교회, 2003. 조너선 페닝턴(Jonathan T. Pennington)도 리처드 보컴, 마르쿠스 보크뮐(Marcus Bockmuehl), 리처드 헤이스(Richard Hays), 프랜시스 왓슨(Franscis Watson)을 "그들이 사용했던 역사적 예수에 대한 연구에 의문을 제기한" 국제적으로 명망 있는 학자들로 언급한다[*Reading the Gospel Wisely: A Narrative and Theological Introduction*(Grand Rapids: Baker Academic, 2012), 93; 조나단 T. 페닝톤, 『복음서 읽기』, 유호영 역, CLC, 2015]. 여기서 우리가 하려는 말은 역사적 연구가 중요하지 않다는 것이 아니다. 그보다는 학자들 자신도 역사적 방법론에 강력하게 동의하지 않으며, 아무 비판 없이 이런 방법론을 사실을 결정하는 중립적 중재의 일종으로 보는 것은 현재 일어나는 학자들 간의 대화에도 공정하지 않다고 지적하는 것이다.

다. 그럼에도 불구하고 역사를 포함한 모든 학문적 방법론을 마치 하늘에서 완전한 형태로 뚝 떨어진 것처럼 무비판적으로 진리의 중립적 중재자로 받아들여서는 안 된다는 점을 이해하는 것이 중요하다. 때로는 '강한 이성적 추론'(thick reasoning)를 사용해서 세속적인 방법론에 의해 만들어진 전제들 이면에 있는 것을 제거해야 한다.

> **약한 이성적 추론과 강한 이성적 추론**
> **약한 이성적 추론**: 주어진 사람이나 공동체의 상식적인 전제와 전제된 합리성 안에서 설득하기.
> **강한 이성적 추론**: 주어진 사람이나 공동체의 상식적인 전제와 넓은 이성적 틀을 넘어 설득하기.

완곡한 고전적 변증과 강경한 고전적 변증

자신을 강경한 고전적 변증가라고 주장하는 일부 변증가는 유신론을 위한 논리적 변증은 성경의 신빙성이나 부활에 관한 역사적 논증에 선행해야 한다고 주장한다. 그들의 입장에서 보면 비그리스도인은 먼저 유신론을 받아들이지 않으면 성경의 초자연적인 사건을 위한 증거를 아예 염두에 두지 않을 것이다.

하지만 윌리엄 레인 크레이그(William Lane Craig)와 같은 잘 알려진 일부 고전적 변증가는 다른 접근 방식에도 열려 있는 것처럼 보이는데, 그들을 완곡한 고전적 변증가라 부를 수 있을 것이다. 크레이그는 하나님의 존재를 지지하는 칼람 우주론적 논증(Kalam Cosmological Argument)을 사용하는 학자로 잘 알려져 있다[칼람은 중세 시대 이슬람의 스콜라주의자로 모든 존재하는 것에는 그 원인(cause)이 있다고 주장했다. - 역주] 거기로부터 그는 예수님의 육체적 부활은 역사적 증거에 관한 최고의 설명을 제공한다고 주장한다. 이렇게 함으로써 그는 표준적인 고전적 모델에 확실하게 속했지만, 동시에 다른 여러 다양한 종류의 논증이 필요하다고 강조하기도 했다.

물론 기독교가 진리임을 보여 주는 일은 단순히 위의 두 논증보다 훨씬 많은 것을 요구한다. 그것들은 호신용 갑옷의 두 개의 연결고리일 뿐이며 긍정적인 논증은 반대되는 제기에 대한 방어 논증이 함께 수반되어야 한다. **그렇다면 변증의 임무는 믿음의 공동체가 취한 종합적인 프로젝트로 보는 것이 가장 합당하다.**[13]

> **완곡한 고전적 변증의 본보기로서 윌리엄 레인 크레이그의 발췌글**
>
> "칼람 우주론적 논증에 생소한 사람을 위해서 간단히 요약하자면 이 논증은 단순한 삼단논법이다.
>
> 1. 존재하기 시작한 모든 것은 원인이 있다.
> 2. 우주는 존재하기 시작했다.
> 3. 따라서 우주에는 원인이 있다.
>
> "아주 중요한 두 번째 명제는 과거의 무한성을 반박하는 철학적 논증과 우주의 시작을 뒷받침하는 과학적 증거들에 의해 지지를 받는다. 결론에 도달하면 우리는 이 우주의 원인이 어떤 속성을 가져야 하는지에 관한 개념적 분석을 하게 될 것이다. 그렇게 되면 거기에는 원인이 없고 시작도 없고 변화도 없고 시간도 공간도 없고 비물질적이며 전능하고 인격적인 우주의 창조주가 존재한다는 결론을 내리게 된다."[14]

---

13) William Lane Craig, "Classical Apologetics," in *Five Views on Apologetics*, ed. Steven B. Cowen (Grand Rapids: Zondervan, 2000), 53, 강조는 저자 추가.
14) William Lane Craig, "Objections So Bad I Couldn't Have Made Them Up(or, the World's 10 Worst Objections to the Kalam Cosmological Argument)," in *Come Let us Reason: New Essays in Christian Apologetics*, ed. Paul Copan and William Lane Craig (Nashville: B&H, 2012), 53.

크레이그는 또한 고전적 변증의 두 번째 단계로 가기 전에 역사적 증거를 사용하는 유익에 관해 언급했다. 예를 들면, "기적에 근거한 논증이 유신론을 위한 총체적 사례의 부분이 될 수 있음에 확실하게 동의한다."고 말한다.[15] 또 다른 곳에서 부활을 위한 증거를 다루면서 그는 역사가는 "하나님이 역사 안에서 행하신다는 증거로부터 합당하게 추론할 수 있다."고 기록한다.[16] 따라서 두 단계 고전적 논증에서 첫 번째 논증은 이상적이지만 절대적으로 필요한 것은 아니라는 입장이다.[17]

크레이그는 두 단계 고전적 방법을 선호하는 대표적인 변증가의 사례로, 각 단계에서 허용되는 논증의 유형에 엄격한 경계를 두지 않으며 유연성을 보여 준다.

완곡한 증거주의 변증과 강경한 증거주의 변증

가장 이상적인 형태에서 강경한 증거주의 변증은 예수님과 부활, 그리고 성경에 대한 역사적인 증거만을 포함시킨다. 그러므로 기독교에 대한 역사적 논증을 준비하기 위해 유신론적 세계관을 설명하고자 철학이나 과학에 호소하는 일은 없을 것이다. 다른 종류의 논증에 관해 별다른 관심을 보이지 않는 신약 학자들이 있기는 하지만, 강경한 증거주의 변증은 공식적으로 채택되는 경우가 드물다. 그보다 대부분의 증거주의 변증가는 완고한 증거주의자로서 유신론을 위한 전통적인 논증이 유익할 수 있지만 필요한 것은 아니라고 말할 것이다. 다시 말하면 대부분의 증거주의자는 역사적 논증은 고전적 변증

---

15) William Lane Craig, "A Classical Apologist's Response," in *Five Views on Apologetics*, 122.
16) William Lane Craig, *Assessing the New Testament Evidence for the Historicity of the Resurrection of Jesus* (Lewiston, NY: Mellen, 1989), 419.
17) 이는 증거주의 변증가인 게리 하버마스(Gary R. Habermas)가 주장하는 것으로 그는 크레이그가 역사적 증거를 유신론을 위한 표시 중 하나로 허락하고 있으므로 "두 단계 접근에서 첫 번째 접근이 도움이 되기는 하지만 의무적인 것은 아니라고 했다"("An Evidentialist's Response" in *Five Views on Apologetics*, 60).

의 첫 번째 단계를 거치지 않고도 유신론과 기독교를 가능하게 하는 충분한 역량이 있다고 믿는다. 게리 하버마스는 "하나님의 실존에 대한 전형적인 논증이 (증거주의자에 의해) 자주 사용되었지만 고전적 변증가와는 달리 꼭 필요해서 사용하는 것은 아니다. 더욱이 증거주의자는 종종 증거에 대한 그들의 주장을 유신론적 논증에서 시작하기도 한다."[18] 따라서 완곡한 형태의 증거주의는 고전적인 변증의 두 단계 방법을 결코 사용하지 않으려는 "독자적인 변증학적 방법론"이라기보다 "개인적으로 선호하는 논증 방식"에 가깝다.[19]

> **완곡한 증거주의 변증의 본보기로서 게리 하버마스의 발췌**
>
> "우리는 '최소한의 사실 접근'(minimal facts approach)을 사용해 예수님의 부활에 대한 증거를 제시했는데, 이는 역사적으로 매우 강력하게 입증되어 비기독교 학자들조차도 사실로 받아들이는 정보만을 고려한다.
>
> 최소한의 사실 접근을 사용해서 우리는 까다로운 기준에 부합하는 네 가지 사실과 모든 학자는 아니지만 영향력 있는 대부분의 학자가 받아들이는 한 가지 사실을 생각해 보았다. 우리가 가진 사실을 돌아보자. 예수님의 죽음 직후(사실1), 제자들은 그분이 죽음에서 살아나신 것을 보았다고 믿었다(사실2). 그들은 개인이나 몇몇 그룹에 그분이 나타나셨다고 주장했다. 예수님을 거짓 선지자라고 믿었던 사람들 중에 두 사람이 그분의 부활을 믿게 되었는데, 교회를 핍박하던 바울과(사실3), 회의적이었던 예수님의 동생 야고보였다(사실4). 이 둘은 그 결과로 그리스도인이 되었다. 따라서 친구들의 증언만 있는 것이 아니라 기독교의 원수와 회의주의자의 증언도 있었다. 마지막으로 빈 무덤이 있다(사실5).
>
> 이 사실은 위의 모든 사실을 잘 뒷받침하는 죽음으로부터 예수님의 부활을 강력하게 가리킨다."[20]

---

18) Habermas, "An Evidentialist's Response," in *Five Views on Apologetics*, 60–61 n.13.
19) 크레이그의 말("A Classical Apologist's Response," in *Five Views on Apologetics*, 122).
20) Gary R. Habermas and Michael R. Licona, *The Case for the Resurrection of Jesus* (Grand Rapids: Kregel, 2004), 75–76.

전제주의 변증

본 장을 요약하는 도표의 오른쪽에 있는 전제주의자는 특별 계시를 떠나서 이성이 성취할 수 있는 것에 관해 완전히 부정하지는 않더라도, 덜 낙관적인 입장을 위한다. 그 이름이 보여 주는 대로 전제주의 변증은 이성이 진공 상태에서 일어나지 않고 그들의 전제와 가정으로 색칠된 렌즈(그들이 세상을 보는 렌즈)를 통해서 일어난다고 주장한다. 이성이 독립적으로 존재하고 기능하는 중립적인 영역은 없다. 사람이 전제 없이 세상을 보고 해석할 수 있는 객관적인 지점은 없다는 말이다. 비그리스도인은 그들이 참 하나님을 거부하기 때문에 불신과 죄의 전제를 가지고 추론을 한다.

전제주의의 아버지인 코넬리우스 반틸은 우리가 기독교의 하나님이 존재하시는지 확신할 수 있는 이유는, 그분을 전제했을 때에만 우리가 합리적이 되기 때문이라고 주장했다. 따라서 많은 전제주의자에게 확률적 논증이나 최선의 설명 논증은 마땅하지 않다. 왜냐하면 이런 논쟁은 기독교를 위한 강력한 논증을 제공하지 못하고 오히려 불신자에게 불신의 핑계를 제공하기 때문이다.

코넬리우스 반틸에 의하면 인간의 이성에 호소하는 변증가는 실제로는 인간의 죄성을 더욱 뜨겁게 자극할 뿐이다. 그는 전제주의자의 주장처럼 전통적인 변증가는 심판자이신 하나님께 불신자를 엎드리게 하기보다, 인간의 자율성을 옹호하고 불신자를 하나님의 심판자로 만들었다고 주장했다. 불신자의 문제는 지식이 아니다. 순종이 문제이다.[21] 이 입장은 일부 철저한 전제주의 수호자들이 기독교를 위한 증거주의나 전통적인 논증의 형태를 거부하는 이유를 잘 설명해 준다.

---

21) Morley, *Mapping Apologetics*, 72.

물론 이런 의문도 있다. 그리스도인은 그저 복음을 전하기만 해야지 변증을 해서는 안 되는 것인가? 그럼 변증가는 무엇을 해야 하는가?

인간의 이성이 타락했으며 거듭나지 않은 사람은 영적인 현실을 이해할 능력이 없음을 심각하게 받아들이는 전제주의자는 비그리스도인의 사고방식 자체를 무시한다. 전제주의자는 변증 과정에 있어서 성경의 권위가 그 전제의 시작점이어야 한다고 주장한다. 반틸이 기록한 대로, "기독교적 입장의 유일한 증명은 진리가 전제되지 않는다면 그 어떤 증명도 가능하지 않다는 것이다."[22] 따라서 이러한 변증적 접근의 목표는 기독교의 하나님 없이는 일관성 있게 의미, 진리, 논리를 주장할 수 없으며, 단지 기독교로부터 빌려온 자산을 사용할 뿐임을 보여 주면서 비기독교적 세계관을 약화시키는 것이다.

이 방법을 초월적 논증(transcendental argument)이라고 부른다. 불신자의 전제에 질문을 던지고 그들의 합리적 근거에 대한 정당성을 요구하여 변증가는 그들의 입장이 어리석다고 드러낸다. 불신자가 자신의 현 세계관으로는 충분한 정당성을 제공하지 못한다는 사실을 깨달을 때 기독교는 세상에 일리 있는 유일한 선택지로 증거된다.

전제주의 변증의 잠재된 강점들

전제주의 변증이 유용하게 강조하는 것은 다음과 같다.

- 성경의 중요성
- 비그리스도인은 그들의 이성적 능력에 부정적으로 영향을 끼치는 전제를 가지고 있다.
- 죄는 전인적으로 타격을 주었다.

---

22) Cornelius Van Til, "My Credo," in *Jerusalem and Athens: Critical Discussions on the Philosophy and Apologetics Van Til*, ed. E. R. Geehan (Phllipsburg, NJ: P&R, 1971), 21.

전제주의는 하나님의 말씀이 당대의 특별하고 지역적인 문화적 틀이 아닌, 그리스도인이 현실을 바라보는 기반이 되어야 하며, 무엇이 선하고 합리적이며 의미 있는지에 대한 비전을 제시해야 한다는 중요한 점을 상기시킨다. 성경은 규범을 결정하는 규범(norming norm)이 되어야 한다. 더 나가서 도덕적인 문제는 합리적인 문제와 깔끔하게 분리될 수 없다. 인간은 아무런 장애 없이 하나님을 발견할 수 있는 중립적인 존재가 아니다. 오히려 그들은 하나님의 지식을 억압함으로써 제한된 죄인이다(롬 1:18-32).

전제주의 접근의 잠재된 약점들

첫째로 대부분의 변증가는 초월적 논증만으로 기독교의 진리성을 보여 줄 수 있다고 생각하지 않는다. 이 논증만으로 기독교 하나님의 모든 속성의 존재를 증명하기란 너무 과한 생각이라고 여긴다. 세상과 우리의 인지적 능력을 바로 이해하는 렌즈를 기독교가 제공하기는 하지만, 다른 세계관들도 충분히 설명은 못 하더라도 공감할 수 있는 이야기를 제공할 수 있다. 대조적인 그들의 합리성이라는 틀 안에서 많은 사람은 기독교 교리 자체가 비합리적이라고 발견하게 될 것이기에(예를 들면 한 인격 안에 완전한 신성과 완전한 인성이 공존하는 것이나 삼위일체 교리와 같은) 비그리스도인이 비합리적이라는 주장은 결국 자신을 향한 공격이 될 수 있다. 따라서 여러 다양한 논증의 도움이 필요하다.

둘째로 전제주의자는 그들의 방법론과 논증을 효과적으로 더 많은 청중에게 향하게 할 능력이 부족하다. 종종 그들의 논증은 사용자에게 편리하도록 표현되지 않으며 구체적인 필요를 채워 주지 못한다.[23] 철학자가 논증을 할 때 합리성의 근거를 어떻게 세울 것인가도 중요하지만, 동시에 성경의 신뢰성에 문제를 제기하거나 예수님의 육체적 부활을 믿는 데 어려움이 있는 회

---

23) 존 프레임(John Frame)은 이를 인정한다. *Apologetics: A Justification of Christian Belief* (Phillipsburg, NJ: P&R, 2015), xxxii-xxxiii; 『개혁과 변증학』, 김진운 역, P&R, 2019을 보라.

의주의자나 코란의 자증성을 주장하는 모슬렘을 직면하는 것도 중요하다. 그들의 변증적 입장이 무엇이든 간에 거의 모든 성경학자와 실천가들이 긍정적이고 부정적인 다양한 논증을 사용하려고 하는 이유도 여기에 있다.

이 변증적 입장을 지지하는 사람이 소개하는 방식은 너무 편협하며 순환 논증처럼 보이게 한다. 전제주의자는 모든 이성적 활동은 권위를 전제한다고 (그것이 일종의 합리성의 권위이든, 아니면 경험주의에 그 기준을 두는 방법론의 권위이든, 아니면 그들이 주장하는 성경의 권위이든) 합당한 주장을 할 것이다. 전제주의자가 신앙을 위한 다양한 긍정적인 논증을 수용할 수 있도록 그들의 접근법을 수정하지 않는다면 (완곡한 접근이 시도하는 대로) 하나의 방법론으로서 폭넓은 지지를 받지 못할 것이다.[24] 공정하게 말하자면, 일부 전제주의자들 스스로도 전제주의 문헌의 약점 중 하나가 저자들이 기독교를 위한 다양한 유형의 구체적인 논증을 발전시키는 데 충분한 주의를 기울이지 않은 것이라고 인정했다.[25]

완곡한 전제주의 변증과 강경한 전제주의 변증

강경한 전제주의자는 초월적 논증이 증거에 근거한 논증과 철저하게 구별되어야 한다는 입장을 유지한다.[26] 하지만 존 프레임과 같은 완곡한 전제주의자는 초월적 논증을 단순히 다양한 논증 중 하나로 볼 것이 아니라 모든 변증적 논증의 목표로 보아야 한다고 주장한다. "하나님은 모든 의미의 조건이어야 하고, 우리의 인식론이 그 결론과 일치함을 보여 주는 데 관심을 가져야

---

24) 전제주의의 강경한 형태는 성경적 하나님을 위한 "절대적으로 확실한 논증"을 주장하지만 어떻게 그런지를 보여 주는 데 구체적이지 않다. 이에 대한 비판으로는 John Frame, *Cornelius Van Til: An Analysis of His Thought* (Phillipsburg, NJ: P&R, 1998), 400을 보라.
25) 존 프레임(John Frame)은 기록하기를, "하버마스가 지적하는 대로 나도 전제주의 문서들에 약점이 있음을 인정한다. … 이 영역에 있어서 [기독교를 증거하기 위해] 하버마스와 크레이그의 글을 추천할 수 있어 행복하다"("A Presuppositional Apologist's Closing Remarks," in *Five Views on Apologetics*, 358).
26) Greg Bahnsen, *Van Til's Apologetic: Reading and Analysis* (Phillipsburg, NJ: P&R, 1998), 469-529을 보라.

한다." 동시에 프레임은 하나의 단순한 삼단논법으로 결론에 이를 수 없으므로 초월적 논증은 일종의 만능 해결책이 아니라고 인정한다. 따라서 그는 초월적 논증은 "일반적으로, 아니 어쩌면 언제나 많은 부수적인 논증을 필요로 하는데 … 그중에는 전통적인 신적 증명이나 기독교적 증거들의 증명도 포함될 수 있다."고 결론 내린다.[27]

강경한 전제주의를 지지하는 사람과는 대조적으로 프레임은 "성경적 유신론의 모든 요소가 정상적인 소통에 전제된다고"[28] 기대하지 않는다. 또한 많은 핵심적인 기독교 교리를 단지 초월적 논증으로만 보일 수 있다는 생각도 부인한다.[29] 더 나아가 기독교가 절대적으로 설득력이 있다고 주장하면서도 개별적인 논증(예. 확률적 논증) 역시 확실하지 않더라도 도움이 될 수 있으며, 성경이 기독교를 지지하기 위한 증거와 논증을 요구한다고 인정한다.[30] 따라서 프레임은 하나님이 곧 모든 '이성적 사고의 전제'가 되신다는 초월적 사례의 일부로서 논증이 포함된다는 점을 분명히 하면서도, 변증가는 다른 종류의 논증을 사용할 수 있고 사용해야 한다고 주장한다.[31]

완곡한 전제주의자와 강경한 전제주의자 모두 신자가 '자율적인' 사고를 지지하거나 받아들여서는 안 된다고 강조하지만, 이 강조점을 적용하는 방식은 서로 다르다. 강경한 전제주의자는 직접 논증(예. 도덕성이 있으므로 하나님은 존재해야 한다.)은 불신자로 하여금 하나님을 떠나서도 도덕성을 알 수 있다고 생각하게 하기 때문에 간접 논증(예. 하나님이 없으면 도덕성을 가질 수 없다.)만이 가능하다고 주장한다. 존 프레임과 같은 완곡한 전제주의자는 직접 논증과 간접 논증에 차이가 있다고 보지 않는다. 프레임도 자율적 추론을 권장하는 것은 문

---

27) Frame, "A Presuppositional Apologist's Closing Remarks," 360.
28) Frame, *Cornelius Van Til: An Analysis of His Thought*, 316.
29) Frame, *Apologetics: A Justification of Christian Belief*, 56; 프레임, 『개혁파 변증학』을 보라.
30) Frame, *Apologetics: A Justification of Christian Belief*, 56; 프레임, 『개혁파 변증학』을 보라.
31) Frame, "A Presuppositional Apologist's Closing Remark," 357-58.

제라고 보지만, 직접적인 방식이 불신자의 하나님에 관한 억압된 지식에 올바르게 호소할 수도 있기에 그것을 꼭 그렇게만 여기지는 않는다. 결과적으로 이러한 완곡한 전제주의는 전통적 변증가나 증거주의 변증가가 사용하는 많은 고전적 논증을 사용하는 데 자유롭다.[32]

그렇다면 무엇이 프레임의 완곡한 전제주의와 다른 형태의 변증을 구분할까? 프레임은 표면적으로는 많은 차이가 없다고 인식한다. "전제주의적 변증을 다른 전통적인 변증과 구분하는 것이 외적으로는(논증의 형태나 확실성, 혹은 확률성에 대한 공공연한 주장) 더 이상 가능해 보이지 않는다. 아마도 전제주의는 쉽게 묘사되는 경험적 현상이 아닌, 마음의 자세나 영적인 상태에 관한 것이라고 볼 수 있다."[33]

우리 마음의 자세는 우리의 충성심이 지식을 얻는 방법, 하나님을 모든 의미와 합리성의 근원으로 제시하려는 우리 헌신의 정도, 비그리스도인의 사고가 죄성과 하나님에 관한 억압된 지식에 의해 영향을 받았다는 신념에 얼마나 영향을 줄 수 있는지 분명하게 보여 준다.[34]

경험적/서사적 변증

전제주의자와 비슷하게 경험적/서사적(experiential/narratival) 변증가들도 모든 증거와 추론은 개인의 특정한 틀에 의존한다고 강조하며 특별 계시를 떠난 인간의 이성에 대해 부정적인 경향이 있다.[35] 하지만 전제주의자는 인

---

[32] John Frame, *Apologetics to the Glory of God: An Introduction* (Phillipsburg: P&R, 1994), 85; 존 M. 후레임, 『하나님의 영광을 위한 변증학』, 전지현 역, 영음사, 1997.
[33] Frame, *Apologetics to the Glory of God*, 87; 후레임, 『하나님의 영광을 위한 변증학』.
[34] Frame, *Apologetics to the Glory of God*, 88; 후레임, 『하나님의 영광을 위한 변증학』을 보라.
[35] Myron Bradley Penner, *The End of Apologetics: Christian Witness in a Postmodern Context*

간이 합리적이 되려면 기독교적 명제를 전제해야 함을 보여 주기 위해 불신자의 합리성을 약화시키는 반면, E/N(경험적/서사적) 변증가는 불신자가 실제적인 삶과 더 잘 맞는 경험에 참여하고 이야기를 받아들이도록 초대하는 방식으로 소통한다.[36]

많은 E/N 변증가는 전통적 증명들의 유용성을 강조하지 않고 심지어 그것의 적절성에 의문을 제기하기도 한다. E/N 변증은 기독교를 위한 '증명'이 논리적인 추론이나 강력한 증거에 의존하는 것이 아니라 신앙 공동체의 삶과 변증적 메시지의 능력에 의존한다고 주장한다. 하나님을 위한 전통적인 증명은, 증명될 수 있는 명제가 아니라 살아내야 할 삶이며 이야기인 기독교의 본질을 부인하기 때문에 문제가 있다고 본다.

성육신, 그리스도의 고난과 죽음 같은 정통적인 신앙의 중요성을 유지하면서도 E/N 변증은 이 진리가 이야기의 형태로 우리에게 다가오기 때문에 진정으로 이해하기 위해서는 받아들이고 살아내야 한다고 주장한다. 인간의 이성과 논리가 복음의 선포를 이해하는 데는 도움이 되겠지만, 그것이 복음의 근거가 되지는 않는다.[37] 마이런 페너(Myron Penner)가 설명하는 대로, "현대 변증의 심각한 문제 중 하나는 기독교를 증명될 수 있고 설명될 수 있고 지각적으로 익숙해질 수 있는 객관적인 무엇(즉, 명제나 교리들의 모음)으로 여기는 것이다. 기독교는 현대 변증적 패러다임이 암시하는 대로 이해할 수 있고 지각적으로 익숙해질 수 있는 진리를 담은 교리나 신앙 체계라기보다는 진리 안에서 살도록(행하고 자라도록) 하는 길 또는 초청인데도 말이다."[38] 이 시점에서 "실제로 이 입장은 어떻게 변증적인 임무를 완수하는가?"라는 질문이 생길

(Grand Rapids: Baker, 2013), 53을 보라.
36) Francis Spufford, *Unapologetic: Why, Despite Everything, Christianity Can Still Make Surprising Emotional Sense* (San Francisco: HarperOne, 2013), 67)을 보라.
37) Penner, *End of Apologetics*, 52, 132을 보라.
38) Penner, *End of Apologetics*, 66.

것이다. 그리스도인은 기독교의 진리를 합리적인 논증을 제공함으로써가 아니라 예수님의 실재를 보여 주는 방식으로 복음을 살아내서 증명한다. 신실한 그리스도인의 삶은 복음의 진리에 대한 증명이 된다. 왜냐하면 "그것은 기독교 복음의 진리를 이해할 수 있는 조건, 그 주장들이 타당성을 갖는 존재 방식을 보여 주는 삶을 통해 복음의 주장으로만 설명될 수 있는 삶을 공개적으로 드러내기 때문이다."[39]

물론 이 말이 E/N 변증가에게 있어 기독교 신앙을 위한 이유를 제공하는 일은 불필요하다는 의미는 아니다. 하지만 그들의 변증은 우선적으로, 혹은 전적으로 내적이고 본능적인 이유들에 초점을 맞춘다. 다시 말해 복음의 이야기를 들려주고 불신자에게 그것이 맞는지 시도해 보라고 권유하는 것이다. E/N 변증가는 증명을 제공하는 대신 기독교가 그들의 깊은 인간적 본능 및 삶의 경험과 얼마나 조화를 이루는지 보라고 불신자를 초청한다.

E/N 변증의 잠재된 강점들

첫째로 E/N 변증은 인간의 욕망과 상상력의 중요성을 바르게 강조한다. E/N 접근은 건조한 이성주의를 경계하며 성경이 단순히 우리의 뇌에 호소하는 것보다 훨씬 더 위대하다는 사실을 인식한다. E/N 변증가는 또한 오늘날 문화에 속한 사람들 대부분이 단순한 논리에 의존하는 증명을 통해서는 온전한 헌신을 하지 않는다는 것을 지적한다.[40]

E/N 변증가는 이야기, 이미지, 창조력이 (1) 사랑을 인간의 우선적인 동기로 강조하는 인류학, (2) 현재의 문화적 흐름에 대한 관찰, (3) 성경이 제공하

---

[39] Penner, *End of Apologetics*, 128.
[40] 데이비드 스킬(David Skeel)은 분석적 논증이 나름대로 의미가 있음을 신중히 지적하며 이 점을 강조한다. *True Paradox: How Christianity Makes Sense of Our Complex World* (Downers Grove, IL: InterVarsity, 2014), 23을 보라.

는 본, 이 세 가지 모두에 의해서 혹은 이것들의 조합에 의해서 기독교적 설득의 중요한 요소가 된다고 강조한다. 이러한 통찰을 통해서 E/N 변증은 변증 분야에 상당히 가치 있는 기여를 한다.

둘째로 E/N 변증은 교회를 살아 있는 변증으로 세우는 일이 중요하다고 강조하며 고대 성경적 논증을 회복한다. 이미 앞선 장들에서 살펴보았듯이 초대 교회의 핵심적인 논증 중 하나는 그리스도인이 다른 누구보다 잘 살았고 잘 죽었다는 것이다. 이러한 논증은 신약성경 곳곳에서 지지를 받는다.[41]

셋째로, E/N 변증은 다양한 문화 속에서의 삶이 사람들의 경험에 어떤 영향을 미치는지 이해하는 데 관심을 둔다. 특정한 문화의 틀을 이해함으로써 E/N 변증가는 잠재적으로 기독교 신앙을 설명하고 복음의 이야기가 그 문화의 가장 깊은 곳에 있는 열망에 호소하고 변화시키는 데 잠재적으로 더 나은 위치에 있다.

E/N 변증의 잠재적인 약점들

첫째로 E/N 변증은 진리의 명제와 인식적인 호소를 지나치게 축소하는 경향이 있다. 일부 변증가는 이성적인 접근이 현대 변증을 주도하는 것을 보면서 극단적인 반대 방향으로 추를 움직인다. 인간이 단순히 사고하는 존재는 아니지만 사고는 존재의 중요한 일부분이다. 마찬가지로 기독교가 단순히 명제들로 된 것은 아니지만 그러한 명제들은 성경에서 비롯된 것이다. 그리스도인으로서 우리는 성경적 명제를 고백해야 하고["예수님은 주님이시다"(롬 10:9)] 다른 사람들도 그렇게 하도록 청해야 한다. 간단하게 말하면 E/N 변증가는 그의 극단에서 환원주의에 빠짐으로써 다른 환원주의에 반응하지 않도록 주의를 기울여야 할 것이다.

---

41) 예를 들면 서론에서 벧 3:15에 대한 설명을 상기시켜 보라.

둘째로 E/N 변증은 역사적인 증거와 선형적 사고를 과소평가할 수 있다. 역사적 증거는 기독교를 절대적으로 증명하거나 다른 사람들로 하여금 받아들이게 할 만큼 그렇게 결정적이지 않다. 동시에 기독교의 핵심적인 메시지의 일부는 하나님이 나사렛 예수라는 인간으로서 시간과 공간에 들어오셔서 인간의 역사 안에 역사하셨다는 사실이다. 신약성경은 역사적인 자료가 중요하다고 분명하게 전제한다.

E/N 접근을 선호하는 것과 기독교를 지지하거나 반대하는 역사적, 논리적 논증과의 교류를 전적으로 부인하는 것은 또 다른 이야기이다. 증거에 근거한 변증가가 다양한 배경 속에서 추론과 해석을 위한 폭넓은 틀과 문화를 이해하려고 노력하듯이, E/N 변증가도 믿음을 강요하기 위해서가 아니라 기독교를 지지하고 확증하도록 설득하기 위해, 다른 틀들이 중복될 수 있음을 인정하고 역사적, 논리적 논증을 제시할 것이다.

불가지론자이자 신약학자인 바트 어만의 저서는 기독교를 위한 역사적 논증을 무시할 때 무엇이 문제가 되는지 잘 보여 준다. 어만은 불안한 그리스도인, 과거에 교회에 다녔던 사람들, 그리고 완고한 불신자를 매료시킨 많은 베스트셀러를 썼다. 어만의 강점 중 하나는 성경의 모든 문제를 이야기와 성장담으로 풀어내면서 독자를 안내하는 능력이다. 어만은 자신도 보수적인 복음주의 그리스도인이었지만 열린 마음으로 성경을 읽기 시작하면서 성장하게 되었다고 말한다. 그는 성경이 오류와 모순으로 가득 차 있다고 말한다. 그것을 인정하기까지 엄청난 갈등이 있었지만 그는 평생 믿었던 유아적인 신화를 버리고, 냉혹한 사실을 대면하기로 했다. 성경에는 답이 없다는 것이다. 기독교는 진리가 아니다.

어만의 호소는 설득이 어떻게 작동하는지 E/N 변증가의 이야기와 잘 들어맞는다. 이에 대해 E/N 변증가는 이렇게 말할 수 있다. "역시 거대 서사가 설득력이 있지요? 또 다른 이야기, 더 나은 이야기를 해야 합니다." 실제로 일리가 있는 말이다. 하지만 어만은 단순히 이야기만 하는 것이 아니다. 어만의 반기독교적 변증이 설득력이 있는 것은 성경적, 역사적 증거들에 대한 검증을 포함하고 있기 때문이다.

효과적인 변증가는 어만의 논증을 받아들인 사람에게 실존적인 호소를 하거나 복음을 선포하며 다가가려 하지 않을 것이다. 어만과 그의 추종자는 역사적 사실들에 대한 답변을 요구하는 회의적인 질문을 던진다.

- 예수님의 정체성에 대한 요한의 고등적 입장은 예수님의 정체성에 대한 공관복음의 하등적 입장과 상충되지 않는가?
- 십자가 위에 그대로 남겨진 예수님의 육신을 야생 동물들이 먹은 것은 아닌가?
- 신약성경의 정경 27권은 초대 교회의 세력 다툼 때문에 만들어진 것이 아닌가?
- 신약성경이 위조된 것은 아닌가?

이와 같은 질문들에 대해 적절히 대답하기 위해서는 변증가가 다만 체계를 이해하고 실존적 호소를 하는 것이 아니라 이 문제와 관련된 증거를 알 필요가 있다.[42]

---

[42] 바트 어만에 대한 답변으로 우리는 독자들로 하여금 그의 이야기의 문제를 보도록 돕기 위해서 현실에 더 잘 맞으면서도 역사적인 증거를 다루는 이야기를 제공한다. Andrea J. Kosterberger, Darrell L. Bock and Josh D. Chatraw, *Truth in a Culture of Doubt: Engaging Skeptical Challenges to the Bible* (Nashville: B&H, 2014)과 좀 더 대중적인 Andreas Kostenberger, Darrell Bock, and Josh Chatraw, *Truth Matters: Confident Faith in a Confusing World* (Nashville: B&H, 2014); 안드레아스 J. 쾨스텐버거, 데럴 L. 보크, 조시 채트로, 『세상에서 나의 믿음이 흔들릴 때』, 윤종석 역, 디모데, 2016를 보라.

완곡한 E/N 변증과 강경한 E/N 변증

N. T. 라이트의 책 『톰 라이트와 함께하는 기독교 여행』(Simply Christian)은 완곡한 E/N 변증의 한 예일 것이다.[43] 영성을 위한 탐구, 정의를 위한 열망, 관계에 대한 목마름, 그리고 아름다움에 대한 즐거움(라이트가 소리의 메아리라고 묘사한)이라고 부르는 네 개의 기본적인 인간 경험은 이 변증을 관통하는 맥락이다.[44] 라이트는 이 표시판을 하나씩 취해서 기독교 신앙을 일반적인 인간의 경험과 연결시키려고 한다.

예를 들면 정의를 위한 열망의 메아리를 다루면서 라이트는 단순히 "인간이 되어 이 세상에 사는 것"은 우리에게 정의를 위한 본능적인 욕망이 있음을 의미한다고 주장한다.[45] 라이트는 "왜 우리에게 이런 감정과 욕망이 있는가?"라는 기본적인 질문을 던지기 위해 독자를 이끈다. 이어서 그는 서로 대치되는 설명을 제공하는데, 가령 정의는 그저 유아적인 꿈이라든지, 우리가 사는 냉혹한 현실은 권력에 노골적으로 노출되어 있어서 오직 죄만이 우리가 바라는 것을 줄 수 있다고 말이다.

하지만 기독교의 이야기는 다른 설명을 제공한다. 정의를 이루는 일은 여전히 인간의 목표와 꿈으로 남아 있으며, 이는 우리 내면 깊은 곳에 그렇게 살도록 청하는 목소리가 있기 때문이다. 더욱이 기독교의 이야기는 이 목소리의 근원이신 하나님이 친히 인간이 되어 이 땅에 오셔서 정의가 실현되는

---

43) 라이트의 모든 책이 이 진영에 속했다고 볼 수는 없지만 Simply Christian: Why Christianity Makes Sense (San Francisco: HarperOne, 2006); 『톰 라이트와 함께하는 기독교 여행』, 김재영 역, IVP, 2020을 E/N 변증적 접근의 한 예로 사용하려고 한다. 라이트는 대체로 자신을 변증가라고 생각하지는 않지만 우리는 그를 기독교의 대표적인 변증가로 어렵지 않게 간주할 수 있다. 하지만 본 장에 나오는 다른 완곡한 입장의 사람과는 달리 그는 변증학적 토론에 직접 개입하지는 않았다. 사실 E/N 접근은 여러 다양한 이유에서 구체적으로 자신의 방법론을 드러내지 않은 채 여러 방법론적 토론의 주변에 머무는 많은 기독교 저자에 대한 일반적인 묘사라고 볼 수 있다.

44) 라이트는 이 메아리가 포스트모던, 후기 기독교, 후기 세속 사회가 던지는 피할 수 없는 질문(현대 문화의 지경을 넘어 알 수 없는 것을 바라보게 하는 희귀한 표시판) 중 일부라고 덧붙인다. Simply Christian, xi; 『톰 라이트와 함께하는 기독교 여행』.

45) Wright, Simply Christian, 10; 라이트, 『톰 라이트와 함께하는 기독교 여행』.

데 필요한 전부를 행하셨다고 말한다.[46] 즉, 라이트는 이렇게 말하는 것이다. "모든 사람이 세상은 무언가가 잘못되었으며 그러니 무언가를 해야 한다고 느낀다. 이 본능을 가장 잘 설명하면서 우리로 하여금 합당하게 반응하게 하는 자료를 제공하는 이야기는 무엇인가? 이 세상에 관한 어떤 이야기가 가장 만족스러운 설명인가?"

정의에 대한 열망에 더해서 라이트는 다른 세 개의 메아리에도(영성을 위한 탐구, 관계에 대한 목마름, 아름다움에 대한 즐거움) 같은 접근을 시도하면서 기독교의 이야기를 인간의 경험에 대한 최고의 이야기로 권장한다.[47]

『톰 라이트와 함께하는 기독교 여행』에서 발견할 수 없는 것은 전통적인 고전적 접근이나 증거주의 접근에서 볼 수 있는 단계별 삼단논법이다.[48] 라이트는 우리가 사는 세상은 복잡하고 이야기, 예식, 아름다움, 일, 신념이 얽혀서 풍성한 질감의 현실로 만들어졌다고 믿는다. 그리스도인이 말하는 세상은 그렇게 복잡하고 풍성한 질감의 세계이기 때문에 그리스도 안에서 신자가 되고 깊이 있게 진리(인생을 신비하고 아름답고 심오하게 만드는 근원)를 배우는 일은 그저 명제를 외우는 것이 아닌, 한 사람을 점점 더 알아가는 일이다.

사람이 가진 근본적인 문제는 그들이 "무지하고 더 많은 정보가 필요하다." 는 것이 아니라, 그들은 "잃어버린 바 되었고 누군가가 와서 새 생명이 필요한 죽어가는 사람을 구출해야 한다."는 사실이다.[49] 바로 이 이유 때문에 이 책에 나오는 변증적 접근은 논리적인 명제를 사람들에게 소개하기보다는 기독교의 이야기와 인간 예수님을 소개한다. 예수님과 대속 이야기에서 그분은 사람이 발견되고 구출되고 새 생명을 얻는 것을 가능하게 하셨다(그들은 정의,

---

46) Wright *Simply Christian*, 15; 라이트, 『톰 라이트와 함께하는 기독교 여행』.
47) Wright, *Simply Christian*, 55; 라이트, 『톰 라이트와 함께하는 기독교 여행』.
48) Wright, *Simply Christian*, 48-50, 55, 57; 라이트, 『톰 라이트와 함께하는 기독교 여행』.
49) Wright, *Simply Christian*, 92; 라이트, 『톰 라이트와 함께하는 기독교 여행』.

영성, 관계, 아름다움의 장소인 새로운 세계를 발견할 것인데 단지 이를 즐길 뿐 아니라 하늘에서와 같이 땅에서도 이것이 결실을 맺도록 힘쓰게 될 것이다.).[50] 기독교 신앙은 일련의 명제들에 대한 정신적 동의나 지식의 습득이 아닌, 이런 방식으로 표현되며 신자와 더욱 공감하게 될 것이다. 왜냐하면 그들이 평생 들어온 목소리를 분명하게 보여 주기 때문이다.

이 책의 완곡한 접근은 강경한 E/N 변증이라 불리는 이상화된 비전과 다른데, 라이트는 역사적이고 증거에 근거한 논증의 중요성을 인식하기 때문이다. 『톰 라이트와 함께하는 기독교 여행』은 신약성경의 복음 이야기와 예수님의 육체적 부활의 역사성이 지닌 신빙성에 대한 논증을 간단히 제공한다. 거기서 그는 심지어 "기독교가 예수님의 잔인한 죽음 이후에 시작된 이유에 대한 최고의 설명은 바로 그분이 실제로 3일 후에 변화된 육체로 살아나셨기 때문이라고 주장한다."[51] 하지만 여기서도 라이트는 사람이 다른 입장을 채택할 수도 있음을 인정하면서, 사람의 해석적인 틀을 형성하는 전제가 증거를 해석하는 데 영향을 준다는 사실이 중요하다고 말한다.[52]

티모시 켈러

완곡한 E/N 변증과 전제주의 변증 사이에 위치한 책이 『팀 켈러의 답이 되는 기독교』(Making Sense of God: An Invitation to the Skeptical)이다. 전제주의적 입장의 흔적이 선명하게 남아 있지만[53] 동시에 이 책의 많은 부분이 완곡한 E/N 접근이라고 묘사한 것과 일치한다. 켈러는 기독교적 설명의 힘을 다른 세속주의 형태와 비교하면서 회의론자에게 세상에 관한 그들의 가정을 다시 고려해 보고 기독교가 그들의 가장 깊은 곳에 있는 열망에 얼마나 답이 되는지 보라고 초청한다. 켈러 자

---

50) Wright, *Simply Christian*, 92; 라이트, 『톰 라이트와 함께하는 기독교 여행』.
51) Wright, *Simply Christian*, 113; 라이트, 『톰 라이트와 함께하는 기독교 여행』.
52) Wright, *Simply Christian*, 114; 라이트, 『톰 라이트와 함께하는 기독교 여행』.
53) 켈러의 접근에 있어서 전통주의적 전통의 영향에 관해서는 Derek Rishmawy, "Mere Fidelity: Making Sense of God Interview with Tim Keller," Roformedish, December 13, 2016, https://derekrishmawy.com/2016/12/13/mere-fidelity-making-sense-of-god-interview-with-tim-keller를 보라.

> 신도 도표 중앙에 가깝게 자리 잡을 필요가 있음을 느꼈을 것이다. 책의 결론에서 그는 증거에 근거한 변증학자의 저서를 다루며 하나님의 존재와 예수님의 죽음과 부활의 실제에 관한 긍정적인 증거들에 관해 간단한 개설을 하기 때문이다.
> 이 책은 그의 첫 번째 변증적 책인 『팀 켈러, 하나님을 말하다』(Reason for God)의 속편으로 소개된다. 이 책은 기독교에 대한 다양한 이의를 직접적으로 다루며 기독교를 위한 긍정적인 변증적 이유를 설명하는 데 많은 부분을 할애한다. 상황화와 다른 변증적 전통으로부터 다양한 갈래를 창조적으로 끌어내기 원한 켈러는 우리가 말하는 십자가 중심 변증의 귀감이 된다.

세계적으로 잘 알려진 신약학자 N. T. 라이트가 자신의 말대로 신앙을 '권장하는' 책을 저술했을 때 놀랍게도 그는 성경의 신빙성과 부활의 역사성을 그의 변증에서 지엽적인 것으로 다루기로 결정했다. 『톰 라이트와 함께하는 기독교 여행』은 완곡한 E/N 변증의 한 예가 되는데 이는 전적으로 그렇지는 않지만 인간의 경험과 기독교 이야기가 지닌 설명 능력에 초점을 맞추기 때문이다.

> **개혁주의 인식론**
>
> 일부 변증적 분류는 개혁주의 인식론이라 부르는 변증적 접근도 포함한다. 개혁주의 인식론적 접근은 변증적 방법론에 관한 토론에서 꼭 들어야 할 상당히 중요한 소리를 내고 있지만, 사람들 대부분이 변증에 대한 접근을 생각할 때 연상하는 것과는 다른 일을 하고 있다. 이는 개혁주의 인식론적 접근의 대표적 인물이라고 할 수 있는 켈리 제임스 클라크가 "나는 기독교 신앙을 변호하기 위해 잘 준비된 전략을 가지고 있지 않다."고 한 말에서 이를 볼 수 있다.[54]

---

54) Kelly James Clark, "Reformed Epistemology Apologetics," in *Five Views on Apologetics*, 278. 개혁주의 인식론의 또 다른 선구자 중 한 사람인 니콜라스 월터스토프(Nicholas Wolterstorff)는 개혁주의 인식론에 대한 오해를 다룬다. "개혁주의 인식론 프로젝트는 기독교의 증거주의 비평에 대해 답하려는 것이다. 이 프로젝트는 종교적인 신념이 어떻게 서로 연결되어 있는지 말하려는 것도 아니고 종교적인 신념이 어떻게 삶과 연결되어 있는지 말하려는 것도 아니다. 또한 이것은 종교적인 삶의 방식이 무엇인지 설명하기 위한 것도 아니고, 종교의 본질에 관한 이론을 제공하기 위한 것도 아니며, 불신자를 돌이키기 위해 무엇을 말해야 하는지를 생각하게 하기 위한 것도 아니다. 이 프로젝트는 종교에서 논증의 역할을 논하기 위한 것도 아니며 종교에서 이성의 역할에 관해 논하기 위한 것도 아니다(종교에서 합리성 이론을 제공하기 위해). 이 프로젝트는 일종의 종교 철학 전반을 발전시키기 위한 것도 아니다"["What Reformed Epistemology Is Not," *Perspectives* 7, no.9 (November 1992), 15].

유명한 회의론자인 버트런드 러셀은, 사후에 자신이 틀렸다는 것을 알고 하나님이 왜 믿지 않았느냐고 묻는다면 뭐라고 대답하겠느냐는 질문에 단순히 "증거가 충분하지 않았습니다, 하나님."이라고 답하겠다고 했다. 같은 맥락에서 혹자는 기독교가 참인지 거짓인지 증명할 수는 없지만(사실적 논증) 기독교를 믿는 것은 비합리적임을 증명할 수 있다고(법적 논증) 주장했다. 그들은 기독교가 참이라 해도 그것을 믿는 것은 비합리적인데, 기독교를 위한 충분한 증거가 없기 때문이라고 주장한다. 바로 이 이의에 대해 개혁주의 인식론이 답하는 것이다.

개혁주의 인식론 운동의 대표 주자로 불리는 앨빈 플랜팅가는 이에 대한 답변으로 사실적 질문과 법적 질문은 연관되어 있다고 주장했다. 만일 기독교가 참이 아니라면 기독교에 대한 믿음은 비합리적이다. 하지만 만일 참이라면 모든 사람이 설득될 만한 결정적인 논증이 없다고 할지라도 기독교를 믿는 것은 전적으로 합리적이다.

플랜팅가는 일부 신념은 정당하게 기초적(properly basic)이라고 주장한다. 정당하게 기초적이라고 할 때 이는 자증적, 혹은 확고한 증거 없이도 참이라고 받아들이는 편이 합리적임을 의미한다. 예를 들면 어떤 사람은 너무 분명한 사실이나 가치에 대해 이의를 제기할 수 있다. "창문 밖에 나무가 있다."는 나의 말에 회의주의자는 나무는 환상일 수 있고 내가 아침에 약을 잘못 먹었거나 술에 너무 취했기 때문이라고 반응할 수 있다. 혹은 "직업적 성과를 위해 동료를 모함하는 일은 잘못이다."라는 나의 말에 그들은 어떤 세계관에서는 승진이 정직보다 더 칭찬받을 일이라 주장한다고 대답할 수 있다.

그럼에도 불구하고 사람들 대부분은 그저 나무를 보았으면 실제로 거기에 나무가 있다고 믿는다. 사람들 대부분은 승진을 위해서 거짓말을 하는 것이 잘못이라는 것을 그저 안다. 그와 같은 신념을 위해 논증을 만들어야 할 필요를 느끼지 않는다(적어도 처음에는). 나무의 존재에 관해 어떤 사람이 동의하지 않는다고 해도 사람들은 어쩔 수 없이 나무가 거기에 있다고 믿는다. 진실함의 중요성을 부인하는 어떤 사람이 설득력 있는 추론을 제공하고, 정직이 승진보다 더 칭찬받을 만한 일이라고 믿는 사람이 자신의 입장을 위해 부인할 수 없는 자증적인 이유를 제시하지 못한다 해도 그들은 거짓말이 잘못된 것이라고 믿는 일을 막을 수 없다.

장 칼뱅과 토마스 아퀴나스에 근거해서 플랜팅가는 위에 제시된 예들의 경우와 마찬가지로 기독교는 정당하게 기초적이라고 주장한다. 하나님은 각 사람에게 신적인 감각을 주셨다[칼뱅은 이를 '센수스 디비니타스'(sensus divinitatis)라고 부른다.]. 하지만 죄 때문에 인간은 이 하나님에 관한 감각을 억압한다. 성령님의 역사를 통해 하나님은 우리에게 이 신적 감각을 회복시켜서 정당하게 기초적인 것으로 복음을 믿도록 하신다. 따라서 개혁주의 인식론은 다양한 이성적 논증이 가치가 있다

> 고 인정하지만[55] 기독교 신앙이 합리적이라고 여기기 때문에 그리스도인은 증명할 필요가 없다고(강력한 합리적 경험적 의미에서) 바르게 주장한다.

앞으로 나아갈 길

우리는 본 장을 시작하면서 당신의 고향을 방문하기 원하는 친구에게 지도를 그려 준다고 상상해 보라고 했다. 그 친구가 당신이 사랑하는 고향을 방문한다는 것이 반가워서 "문제 없지!"라고 말하며 지도를 그리기 시작할 것이다. 여러 다양한 길이 떠오르겠지만 거기에 이르는 최선의 길을 안다고 확신할 것이다. 그 길은 당신이 항상 다니던 길이다. 재빨리 종이를 꺼내서 길 이름, 돌아야 하는 시점 등을 구체적으로 지도에 그릴 것이다. 친구가 고향에 갈 수 있는 가장 좋은 길이라는 확신으로 지도를 건넨다.

하지만 그 친구는 지도를 보면서 알 수 없는 표정을 짓더니 당황한 얼굴로 말한다. "미안한데, 이건 그렇게 도움이 되지 못하겠다." 약간 짜증이 났지만 인내심을 가지고 답한다. "이 길이 제일 좋은 길이야. 난 이 길로 수없이 다녔어." 친구는 당신이 짜증을 감추는 것을 눈치챘지만 무례하기를 원치 않아서 망설이면서 말한다. "잘 알겠어. 시간을 내서 지도를 그려 줘서 고마워. 나한테 딱 필요한 것은 아니지만 이 길이 네게 도움이 된다니 다행이다."

---

[55] "플랜팅가의 강의 노트"라는 제목이 붙은 "Appendix: Two Dozen(or so) Theistic Arguments" in *Alvin Plantinga*, ed. Geane-Peter Baker (Cambridge: Cambridge University Press, 2007), 210을 보라. 다양한 변증적 진영의 사람들이 개혁주의 인식론을 수용했다. 예를 들어 C. Stephen Evans, *Why Christian Faith Still Makes Sense: A Response to Contemporary Challenges* (Grand Rapids: Baker Academics, 2015)를 보라. 플랜팅가의 개혁주의 인식론이 어떻게 찰스 테일러의 저서에 의해서 발전될 수 있는가에 관해서는 Deane-peter Baker, *Tayloring Reformed Epistemology: Charles Taylor, Alvin Plantiinga, and the de jure Challenge to Christian Belief* (London: SCM, 2007)를 보라. 우리는 우리의 변증적 접근을 형성하는 데 중요한 역할을 한 플랜팅가와 테일러에게 빚을 졌다.

친구는 그 자리를 떠나가고 당신은 불편함을 느낀다. 무슨 뜻으로 한 말이지? 도대체 그는 어떤 생각을 하는 거야? 그 길이 최선의 길인데! 화가 나서 더 멀리 가기 전에 친구를 붙잡고 묻는다. "이 길이 내 고향에 이르는 가장 좋은 길이라고 나는 맹세할 수 있어. 그런데 이게 너에게 도움이 되지 않다니 무슨 뜻이야?"

경계 태세를 풀고 친구는 대답한다. "너는 나의 여행에 관해 아무것도 묻지 않은 채 최선의 지도를 너무 빨리 그리고 싶어 했어. 나는 네가 시작점으로 잡은 워싱턴이 아닌 리치몬드에서 여행을 떠날 거야. 나는 자동차가 아닌 자전거로 가기 때문에 고속도로를 피해야 해. 그리고 나는 길 이름보다는 표시가 될 만한 것으로 길을 더 잘 찾아."

이 이야기는 일부 변증가(변증적 방법의 강경한 입장을 선호하는)가 변증에 관한 토론에서 다른 사람을 기독교로의 여행으로 인도하면서 오직 한 길만이(그들의 길) 있다고 말할 때 발생하는 상황을 묘사한다.[56]

하지만 변증적 방법에 있어서 완곡한 입장을 취하는 변증가는 지도를 그리는 다른 방법들도 있다고 인정한다. 완곡한 입장을 지지하는 사람들 사이의 교류는 그것이 여전히 기독교를 위한 최고의 설명을 제시한다고 생각하면서도 그 목적지에 이르는 다른 길이 있다는 사실에도 (바르게) 열려 있다. 그들의 논쟁은 지도를 다르게 그릴 수도 있는가가 아니라, 무엇이 최선의 지도인가 하는 것이다. 하지만 최선의 지도를 찾는 일은 그저 외적으로 영원하고 보편적인 변증적 지도를 복사하는 데 달려 있지 않다. 그런 지도는 존재하지 않는다. 완곡한 입장의 수호자들 간의 토론은 다양한 형태의 변증적 지도를 그릴 수 있을 뿐만 아니라 반드시 그려져야 한다는 사실을 충분히 강조하지 않는다. 주어진 상황에서 최선의 변증적 지도는 누가 그 지도를 사용할 것인가에

---

56) David Clark, "Apologetics as Dialogue," in *Dialogical Apologetics: A person-Centered Approach to Christian Defense* (Grand Rapids: Baker, 1993), 100을 보라.

달려 있다. 변증적 지도는 상황적 정보가 수집되기 전까지는 그려질 수 없다. 그 사람은 어디에서 시작하는가? 지도에 관한 그의 과거 경험은 어땠는가? 어떻게 여행을 할 것인가?

> **총체적 사례의 접근**
>
> 총체적 사례의 접근은 논증을 수집하고 상호 보완해서 개별적으로 할 때보다 더 설득력 있는 사례를 만드는 것이다. 어찌 보면 변증적 방법에 있어서 완곡한 입장은 총체적 사례의 접근이라고 볼 수 있는데 이는 자신의 특수한 형태의 논증을 변호하면서도 변증적 사슬의 다른 연결에도 유익이 있음을 인정하기 때문이다.
> 이렇게 말하면 "본서의 입장은 총체적 사례의 접근인가?"라고 물을지 모르겠다. 기독교를 위한 다양한 논증을 제공하는 것이 이 책의 접근과 일치하는 것은 분명하다. 십자가 중심 변증이 가지는 독특한 특징들에 관해서는 6-9장에서 다루겠지만 다른 점이 한 가지 있다면 우리가 대화를 나누는 사람에게 얼마나 초점을 맞추어야 하는가이다. 다시 말해 서로를 지지하고 보완하는 많은 논증을 제공하기는 하지만 십자가 중심 변증은 다양한 사람이 다양한 논증을 찾고 있고 이런 논증들의 종합이 더 설득력이 있다고 강조한다. 개인적 대면에 있어서, 신약성경에서 볼 수 있는 바울과 예수님을 본으로 생각해 보자. 그들은 상호보완적인 논증을 더하는 것이 아니라 상황에 따른 반응을 끌어내기 위해서 그들이 대화를 나누는 상대에게 더 많은 관심을 보였다. 본 장의 틀을 구성하는 비유를 다시 언급하자면 우리는 사람들에게 그저 다양한 지도를 수집해서 제공하는 것이 아니라, 그들 각자에게 어떤 지도가 가장 최선인지를 찾아내는 것이다.

좀 더 확실히 말하자면 우리는 이렇게 물을 수 있다. "당신은 진리를 결정하기 위해 철저한 방법론을 가진 과학자를 위한 변증적 지도를 그리고 있는가? 아니면 서구 세계의 학문적 배경을 지닌 철학자를 위해 그리는가? 혹은 일곱 살배기 아들을 암으로 잃은 아버지를 위해서? 중동 지방에서 미국으로 이사한 경건한 모슬렘을 위해 그리는가? 자신의 사생활을 공개한 아들을 둔 엄마를 위해서? 모든 것을 가졌고 기독교가 제공하는 것보다 더 좋은 다른 삶의 방식을 가진 서구의 사업가를 위해서? 동양적 사고로 인생을 이해하는 이민 1세대 아시아인을 위해서?"

반세기 훨씬 이전에 에드워드 카넬이 변증에 관해 기록한 대로 최선의 변증적 지도는 개인에게 구체화된 것이다.

철학자들은 그들의 관심을 보편적 인간에게 집중할 때 오류를 범한다. 오직 한 명의 실제 인물이 있을 뿐이다. 길에서 고난 당할까 봐 두려움에 가득 찬 개인, 오늘은 여기에 있지만 내일은 여기에 없을 그 사람, 실제 자아와 원하는 자아 사이에서 그 마음이 쉼 없는 갈등을 겪는 그 사람. 철학자들이 인간을 가정과 시장에 있는 개인이 아닌 추상적인 인물로 말할 때, 그는 자신뿐 아니라 그의 가르침에 믿음을 가진 모두를 속이는 것이다.[57]

따라서 최선의 지도는 추상적인 인류를 위해 그려진 것이 아니라 확실한 개인을 위해 그려진 지도이다. 또한 우리는 우리 자신을 위해 변증적 지도를 그리는 것이 아니라 다른 사람을 위해 지도를 그리는데, 곧 변증이란 상대방 중심적이어야 한다는 뜻이다.[58] 이는 또한 모든 지도에는 동일한 최종 목적지가 있어야 하며(예수 그리스도의 인격과 사역) 이를 위한 다양한 지도가 그려질 수 있고, 그려져야 한다는 의미이다.

정리하면서

본서의 목표는 여러분이 다양한 형태의 지도를 그리도록 도와주고 세부적으로 그 지도를 채우도록 자료를 제공하는 것이다. 지금까지 살펴본 어느 구

---

57) Edward Carnell, *Christian Commitment: An Apologetic* (Eugine, OR: Wipf & Stock, 1957), 2.
58) 물론 그리스도인은 변증을 포함해 우리가 하는 모든 일이 하나님 중심이어야 한다.

체적인 전통에 이미 속해 있다면, 혹은 어느 한쪽으로 기울고 있다면, 십자가 중심 변증도 그 방법의 완곡한 형태로 여전히 유용할 수 있다고 주목하는 일이 중요하다.

본서의 또 다른 목표는 기독교 신앙을 위한 지도를 그리는 임무를 완수하기에 적합한 변증적 지도 제작자가 되게 하는 은혜의 수단인 하나님의 말씀과 교회로 여러분을 인도하는 것이다. 변증가는 복음을 위한 변증 공동체인 그리스도의 몸의 신실한 회원으로 살아가는 일이 중요하다. 다음 네 장은 복음 중심적인 변증을 위한 비전을 확실하게 명시하며 지금까지 놓은 기초 위에 집을 지을 것이다.

6장

말과 행동을 통해 십자가로 인도하기

> 기독교의 증인은 그저 전하는 사람이 아니라 고난 당하는 자이기도 하다. … 그리스도의 열정은 오늘날 우리가 고난 당하는 증인으로서 어떻게 진리를 선포하는 일에 전부를 걸어야 하는지 본이 된다. "그리스도께서는 진리이시다. 진리가 되는 것이 진리가 무엇인지 설명하는 유일한 방식이다." 진리의 증인이 된다는 것은 믿는 바의 옳음을 보여 주는 삶을 사는 것이다.[1]
>
> _ 케빈 밴후져, 『제일신학』(*First Theology*) 중에서

---

[1] 여기서 밴후져가 인용한 것은 쇠렌 키르케고르가 한 말로 David J. Gouwens, *Kierjegaard as a Religious Thinker* (New York: Cambridge University Press, 1996), 216에서 인용했다.

말씀을 통해 사람을 십자가로 인도하기

예수님의 생애, 죽음 그리고 부활은 구원 역사의 절정을 이루는 사건이다. 십자가는 우리가 변증에서 숙고해야 할 유일한 대상은 아니지만, 바울의 가르침을 통해 알게 되었듯이 우리는 숙고하는 모든 것을 십자가를 통해 볼 수 있어야 한다.

기독교 윤리에 관한 중요한 저서에서 올리버 오도노반(Oliver O'Donovan)은 변증에도 쉽게 적용될 만한 비슷한 말을 했다. "기독교 [변증]의 기초는 복음적 기초여야 한다. 좀 더 간단하게 말하자면 기독교 [변증]은 예수 그리스도의 복음에서부터 비롯되어야 한다. 그렇지 않다면 그것은 기독교 [변증]이라 할 수 없다."[2] 변증에서 복음은 그만큼 중요하다. 그래서 본서의 접근을 '십자가 중심 변증'이라 부르는 것이다. 여기서 '십자가'는 '복음' 전체를 가리키

---

2) Oliver O'Donovan, *Resurrection and Moral Order: An Outline for Evangelical Ethics*, 2nd ed.(Grand Rapids: Eerdmans, 1994), 11. 인용에서 대괄호로 처리한 '변증'은 원래는 '윤리'이다.

는 전략적인 약칭이다.[3]

방법론에 관한 변증가들 사이의 토론은 종종 각기 다른 접근 방식에 관한 문제로 국한된다. 이러한 토론은 이해할 만하고 필요한 일이지만, 차이점에 지나치게 주목하면 변증의 핵심적인 강조점으로 복음을 어떻게 제공해야 하는지에 관심이 멀어지고 파벌주의로 향하게 된다. 제2부의 남은 장들은 변증의 통일된 결집점으로서 복음의 네 가지 의미를 다룰 것이다. 이 접근 방식에서 복음의 중심성은 근본적인 질문을 제기한다. **복음이란 무엇인가?**

십자가 중심 변증
1. **말과 행동을 통해 십자가로 인도하기**(6장)
2. 하나님과 사람 앞에서, 십자가를 닮은 겸손(7장)
3. 복음을 위한 전인적인 호소(8장)
4. 십자가 렌즈를 통한 상황화(9장)

복음은 무엇인가?

고린도전서 15장에는 신약성경 전체가 전하는 복음 메시지를 요약한 최초의 교리적 선언 중 하나(아마도 예수님의 죽음 후 몇 년 안에 선언된 것)가 나온다. "내가 받은 것을 먼저 너희에게 전하였노니 이는 성경대로 그리스도께서 우리 죄를 위하여 죽으시고 장사 지낸 바 되셨다가 성경대로 사흘 만에 다시 살아나사"(고전 15:3-4).

---

[3] 이미 언급한 대로 복음을 위해서 십자가를 약칭으로 사용할 때 이는 예수님의 생애, 부활, 승천을 덜 중요한 것으로 여긴다는 의미가 아니다. 오히려 고전 1:16-17, 엡 2:16, 빌 3:18과 같은 본문에서 바울이 보여 준 대로 그리스도의 구원 행위의 범위를 축소시키지 않으면서 상징적으로 활용하는 것이다.

복음은 예수님이 누구신지 알려 준다

복음은 예수님의 정체성을 선포한다. 고린도전서 15장 3절에서 바울이 예수님을 "그리스도"(기름 부음을 받은 자라는 의미로 구약 시대로부터 복음의 시대에 이르기까지 표현된 유대인의 소망을 가리키며 다윗의 계보에서 나온 왕으로 이스라엘 백성을 구원하고 그들을 통해 세상을 복되게 하시는 분을 가리키는 메시아적 명칭)라고 부르는 것을 주목하라. 이 소망은 복음서에서 그리는 메시아적 왕으로서의 모습에 잘 맞는다. 신약성경 전체를 통해 예수님의 왕권은 그분의 신적인 정체성과 아버지 옆 보좌에 앉으신 모습과 연결되어 있다.

예수님은 그리스도이시며 하나님의 아들이시다.

복음은 예수님이 무엇을 하셨는지 알려 준다

복음은 예수님의 사역을 묘사한다. 고린도전서 15장 3-4절에서 바울은, 그가 받아서 고린도 교인에게 전승한 복음(한편으로는 예수님이 하신 일에 관한 것)이 무엇보다 중요하다고 강조한다. 또한 복음의 사건은 모두 성경대로 일어난 일임을 강조하며 복음이 새로운 이야기가 아니라 오래전에 시작된 이야기에 뿌리를 두고 있다고 상기시킨다. 예수님의 사역에서 절정에 이르는 은혜는 구약 전체를 통해, 여자의 후손이 사탄의 머리를 깨뜨릴 것이라는 하나님의 약속에서(창 3:15), 하나님이 아브라함을 부르시고 그와 맺으신 언약에서, 이스라엘을 애굽의 포로에서 자유롭게 하신 일, 그리고 대속이 새 창조를 여는 데(사 52-53장) 중심적인 역할을 하리라고 예고한 이사야의 환상에서(사 40-66장) 볼 수 있다.

"그리스도께서 우리 죄를 위해 죽으셨다." 이 선언은 바울이 일반적으로 죽음에 관한 언어와 용서를 연결시키는 대표적인 선언이다. 성경의 시작 부분에서(창 3장) 인간의 불순종으로 인해 하나님은 죄를 심판하셔서 인류가 그분으로부터 격리되게 하셨다. 이 사건을 다시 생각해 보면 그리스도의 죽음이 인류를 죄의 형벌로부터 구원했다. 그리스도께서는 우리의 죄를 씻으시고 우리가 다시 하나님과 연합할 수 있도록 경건치 않은 자를 위해 죽으셨다(갈 1:4; 롬 5:8; 갈 2:20; 딤전 2:6도 보라).

"장사 지낸 바 되셨다가 … 사흘 만에 다시 살아나셨다." 신조의 이 부분은 했던 이야기를 반복하면서 복음의 사건들 끝에 아무 생각 없이 붙인 게 아니다. 부활이 없이는 기독교란 존재하지 않는다. "그리스도께서 다시 살아나신 일이 없으면 너희의 믿음도 헛되고 너희가 여전히 죄 가운데 있을 것이요"(고전 15:17). "모든 사람 가운데 우리가[그리스도인이] 더욱 불쌍한 자이리라"(19절). 부활은 기독교 메시지의 핵심이다. 오직 죽음에서 부활하신 그리스도의 능력을 통해서만 죽음이 정복되며 생명이 회복될 것이기 때문이다.

예수님이 사셨고 죽으셨고 다시 살아나셨다. 성경 이야기의 절정에서 일어난 이 역사적 사실이 복음 메시지의 핵심이다.

복음은 예수님이 보장하신 것을 약속한다

바로 복음 때문에 모든 것이 새로워진다. 위에 언급된 신조를 소개한 후에 바울은 그리스도의 죽음과 부활이 무엇을 성취했는지 설명한다. 죽음의 궁극적인 패배, 그리스도 자신이 이를 입증하심, 새 창조가 될 미래에 대한 보장. 예수님은 모든 악한 세력과 심지어 죽음까지도 이기신 승리를 보장하셨기 때문에(고전 15:24-26), 믿음에 의해서 그리스도 안에 있는 모든 사람은 다시 살아날 것이다(20-23절). 예수님을 통해 하나님은 세상의 모든 잘못된 것을 바로잡으시며 새 창조로 인도하실 것이다.

그리스도를 신뢰하고 죄로부터 돌이킨 자는 장차 새로운 공동체와 새로운 세상에서 그분과 함께 살 것이다.

결론적으로 복음은 (1) 예수님이 누구신지, (2) 예수님이 무엇을 하셨는지를 선언하고, (3) 예수님이 보장하신 것을 약속한다. 죄, 하나님이 하신 일,

그리스도 안에서 발견된 소망을 묘사하는 방법은 다양하기 때문에 이 세 가지 범주는 우리가 누구에게 말하는가에 따라 다르게 포장될 수 있다(사실은 반드시 그래야 한다). 우리는 복음을 전할 때 어떤 빈틈없이 닫힌 한 가지 접근만을 강요해서는 안 된다. 신약의 저자들은 분명히 그러지 않았다. 그들은 다른 상황에서 다양한 면이 독특하게 빛을 발하도록 자유롭게 다이아몬드를 다루었다. 엄격한 공식대로 접근하기보다는 주어진 상황에 맞게 세 가지 범주를 다양하게 다룸으로써 복음 메시지를 상대에게 맞추어 전할 수 있었다.[4]

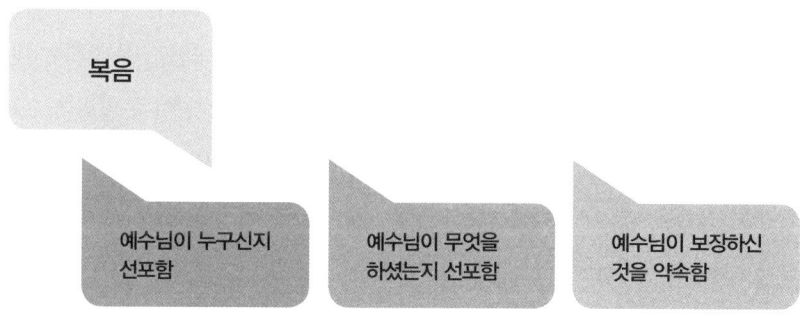

복음을 전함에 있어서의 신실함과 유연성

비그리스도인을 대면할 때 기독교에 대한 그들의 반대가 종종 복음에 대한 오해나 기독교의 다른 면들로 인한 것임을 발견하게 된다. 따라서 기독교에 대한 현대인의 반대에 대답하는 방법 중 하나는 단순히 복음이 무엇인가를 이해하도록 도와주거나, 혼란스러워하는 부분을 명쾌하게 설명하는 것이다. 애석하게도 불신자의 낙심은 종종 그리스도인이 복음 메시지에 신실하지 않거나 복음을 전하는 방식에 유연성을 보이지 않아서 더욱 악화되기도 한다.

---

4) 복음에 대한 다양한 정의에 관해서는, Trevin Wax, "Gospel Definitions," Gospel Coalition, September 2012 https://blogs.thegospelcoalition.org/trevinwax/files/2009/09/Gospel_Definitions.pdf를 보라.

신약성경 전체에서 예수님과 사도들이 복음을 선포할 때를 보면, 일관성 있게 복음의 핵심을 전하면서도 복음의 어떤 면을 드러나게 할 것인지 유연함을 보였다. 바울과 예수님은 모두 각 상황에 접근법과 강조점을 맞추었다. 이런 이유 때문에 그들은 항상 다른 식으로 말했다. 어떤 상황에서는 예수님이나 바울처럼 말했고 어떤 상황에서는 그렇지 않았다. 상황화의 예는 성경 곳곳에서 볼 수 있다. 예수님은 사회적 약자를 대할 때와 바리새인을 대할 때 다른 접근을 하셨다. 어떻게 영생을 얻을 수 있는가에 관해 예수님이 젊은 부자 관원에게 하신 말씀은 바리새인과 세리 비유에서 하신 말씀과 아주 다르다. 바울도 사도행전 17장에서 데살로니가 회당에서 유대인을 복음으로 대면했을 때와 아레오파고스의 아테네 철학자를 접근할 때가 아주 달랐다. 갈라디아 교인에게 복음이 무엇인지 상기시키며 복음과 율법의 관계에 초점을 맞추어 말했을 때의 방법과, 히브리 성경의 권위를 인정하지 않는 자들에게 우상 숭배라는 죄에 초점을 맞추어 말했을 때의 방법이 달랐다(행 14:15-17; 17:16-34). 성경의 저자들은 복음의 다양한 면을 설명할 때 문화적으로 다양한 은유를 사용했다.[5]

요점은 신약의 저자들이 변치 않는 복음의 내용을 고수해야 한다는 그 중요성을 강조하면서도(참조. 갈 1:8-9; 유 3절), 복음으로 소통해야 하는 문화적 상황을 고려하지 않은 엄격히 공식화된 접근을 택하지 않았다는 것이다. 아마도 상황화를 지지하는 가장 강력한 논증 중 하나는 복음 자체가 문화적 상황에서 발생했고 기록되었다는 사실이다. 복음은 주어진 문화의 언어와 상상을 사용한다. 따라서 복음을 신실하게 전한다는 말은, 우선은 성경 자체와 그 본래 문화적 맥락 안에서 메시지를 이해한 후, 주어진 상황에 있는 사람이 이해할 수 있는 방법으로 메시지를 적용하는 것이다.

---

5) 이러한 다양함에 대한 개관으로는 Brenda B. Colijin, *Images of Salvation in the New Testament* (Downers Grove, IL: InterVarsity, 2010)을 보라.

복음을 전하는 것과 변증의 관계

변증을 복음과 동일하게 여기는 일은 아주 심각한 실수다. 성경은 "변증은 믿는 모든 자들에게 구원을 가져다주는 하나님의 능력"이라는 식의 선언을 하지 않는다. 성경 어디에서도 바울은 "하나님이 변증을 통하여 너를 불렀나니 네가 우리 주 예수 그리스도의 영광에 참여하게 하려 하심이라"고 말하지 않았다. 예수님도 "네가 바른 변증을 가지고 있다면 이에 의해서 네가 나의 제자임을 알리라"고 말씀하시지 않았다.

대신에 바울은 로마서 1장 16절에서 강조하기를 복음이 "구원을 주시는 하나님의 능력"이라고 했고 데살로니가후서 2장 14절에서는 데살로니가 교인이 예수 그리스도의 영광에 참여하게 된 것은 복음을 통해서라고 강조했다. 요한복음 13장 35절에서 예수님은 그들이 서로 사랑하면 이로써 모든 사람이 그들이 예수님의 제자임을 알게 되리라고 가르치셨다.

그와 같은 구절에 복음 대신 변증을 넣었을 때 나오는 어리석은 진술은 그 둘이 동일하지 않다고 분명하게 보여 준다. 하지만 복음을 전하고 변증을 실천하는 것은 서로 다르다 할지라도 성경은 이 모두가 중요하다고 분명히 가르친다. 그렇다면 질문이 생길 것이다. 변증을 실천하는 것과 복음 전도의 관계는 무엇인가?

이미 언급한 대로 변증은 사람들이 복음으로 나아가는 데 걸림이 될 수 있는 장애물을 치우는 도구라 볼 수 있다. 변증은 한편으로 비그리스도인이 가질 만한 이의를 다루며 복음을 진지하게 대하도록 도울 수 있고(바울이 사도행전 17장에서 한 것처럼), 다른 한편으로는 그리스도인이 겪을 만한 의문을 다루며 복음을 지속적으로 진지하게 대하도록 격려할 수 있다(고린도전서 15장에서 바울이 보인 변증적 관심처럼).

구원에 이르는 참 하나님에 관한 바른 지식은 이성과 증거만으로는 불가능하지만 논증은 개인으로 하여금 세상의 반자연주의적 세계관(antinaturalist view)에 더 열린 마음을 갖게 할 수 있다.[6] 철학자 스티븐 에번스(Stephan Evans)가 말하는 대로 변증적 논증은 "온전하고 특별한 하나님의 계시를 대신하지는 못하나(특히 복음을 통해 역사하시는 성령님), 대신에 그와 같은 계시의 가능성을 향해 열린 마음을 갖게 할 수 있다.[7]

논증과 성령

1장과 2장에서 살펴본 대로 성경은 변증적 논증들로 가득 차 있다. 그럼에도 성경은 또한 인간의 마음과 정신에 미친 죄의 영향을 언급하며 궁극적으로 하나님이 사람으로 믿게 하신다고 되새긴다. 누군가 구원을 받으려면 하나님의 영이 그 안에서 역사해야 한다(예를 들어 요 3:5-6; 고전 2:14-16).

애석하게도 논증의 활용을 강조하다가 성령님의 역할을 소홀히 하는 대중적 오해가 있었다. 하지만 이러한 입장은 오늘날 대부분의 변증가가 실제로 말하는 것과 다르다. 변증가들이 다양한 신학적 전통을 가지고 특정한 것을 다르게 정리하고 있지만, 그럼에도 거의 모두가 회심은 궁극적으로 성령님의 역사에 의존한다는 데 동의한다. 그들은 변증학을 단순히 성령님이 그분의 사역을 성취하기 위해 사용하시는 수단으로 본다.

변증가가 불신자의 길 앞에 놓인 지적, 정서적, 경험적 장애물을 치우고 복음과 구원에 이르는 하나님에 관한 지식으로 그들을 성공적으로 인도한다 해도 결국 성령님이 역사하셔야 한다. 이 현실은 변증학에 있어서 두 개의 적용점을 보여 준다.

첫째, 변증을 성령님의 역사에 반하는 것으로 볼 필요는 없다. 우리는 항상 주님이 성령님을 통해 우리의 설득하는 노력에 결실을 주시기를 기도하면

---

6) C. Stephen Evans, *Why Christian Faith Makes Sense: A Response to Contemporary Challenges* (Grand Rapids: Baker, 2015)를 보라.
7) Evans, *Why Christian Faith Make Sense*, 27.

서 사람들이 복음을 받아들일 수 있도록 다양한 증거와 호소를 제공하고 그들을 믿음으로 초청해야 한다.[8] 곧 변증을 단순히 우리가 '결정'할 수 있는 자료들에 대해 논증을 벌이고 다시 일상으로 돌아가는 세속적 논증으로 여겨서는 안 된다는 뜻이다. 변증적 시도를 통해 우리는 사람들로 하여금 살아 계시고 전능하시며 전지하신 하나님을 알도록 강력하게 권한다. 우리는 지속되는 영적 전투 가운데 이 일을 하는 것이다. 마귀가 우리를 대적하기에 우리는 하늘의 도우심을 구해야 하고 그분의 성령이 앞서 가시도록 하나님께 기도해야 한다.

둘째, 우리의 논증은 종종 세상에서 거부되고, 우리는 누군가가 하나님께 나오도록 성령님을 의존해야 한다. 우리는 이 사실 앞에서 겸손해진다. 변증가의 주요 무기는 자기 의존이 아닌 '기도'이다. 하나님의 성령께서 불신자의 마음을 열고 의심 가운데 우리의 믿음을 지키시도록 하나님께 지속적으로 기도해야 한다. 변증가의 역할은 믿음을 만들어 내는 것이 아니라, 기독교가 일리 있게 들리도록 신실하게 기도하는 것이며, 그래서 더욱 기도한다.

행동을 통해 사람을 십자가로 인도하기

불신자가 십자가로 가는 길을 막는 장애물은 대화를 통해 제거될 수 있다. 하지만 못지않게 행동에 의해서(특히 함께 복음을 살아내는 그리스도인의 신실한 삶을 통해서) 제거될 수 있다. 현대 변증학자는 이 점을 충분히 강조하지 않음으로 오류를 범하기도 한다. 변증은 견고한 교회론이나 복음의 적용에 대한 신중한 사색으로부터 분리되어서는 안 된다. 그리스도인은 행동에 반하는 말을

---

8) C. Stephen Evans, "Evidentialist and Non-Evidentialist Accounts of Historical Religious Knowledge," *International Journal for the Philosophy of Religion* 35, no.3 (January 1994): 174.

해서는 안 된다. 변증적 호소는 인내 속에서 드러나는 증언과 개인적인 변화, 그리고 전인적인 섬김으로 하나된 증거가 함께할 때 가장 신뢰할 수 있다.

인내 속에서 드러나는 증언

복음 전파의 길을 열기 위해 교회가 합력하여 보여 준 방법 중 하나는 시험과 고난에 대해 반응하는 방식을 통해서였다. 환난을 당할 때 바울이 빌립보 교회에게 한 말을 생각해 보라.

"오직 너희는 그리스도의 복음에 합당하게 생활하라 이는 내가 너희에게 가 보나 떠나 있으나 너희가 한마음으로 서서 한 뜻으로 복음의 신앙을 위하여 협력하는 것과 무슨 일에든지 대적하는 자들 때문에 두려워하지 아니하는 이 일을 듣고자 함이라 이것이 그들에게는 멸망의 증거요 너희에게는 구원의 증거니 이는 하나님께로부터 난 것이라 그리스도를 위하여 너희에게 은혜를 주신 것은 다만 그를 믿을 뿐 아니라 또한 그를 위하여 고난도 받게 하심이라 너희에게도 그와 같은 싸움이 있으니 너희가 내 안에서 본 바요 이제도 내 안에서 듣는 바니라."[9]

바울은 그리스도를 위해 고난을 당할 때에도 합력해서 복음을 위해 힘쓰라고 교회에게 교훈한다. 하나님이 작정하신 고난 중에 빌립보 교인의 행동, 용기, 연합은 복음을 반대하는 사람들에게 메시지를 보낼 것이다. 곧 그리스도인의 삶에는 강력하고 초자연적인 무엇인가 있다는 것을 말이다. 우리는 이미 이 책의 서론에서 변증의 대표적인 본문인 베드로전서 3장 15절이 고난 당하는 공동체를 향해 기록된 편지의 문맥 가운데 있다고 살펴보았다. 베드

---

9) 빌 1:27-30.

로는 환난 가운데 이 공동체의 기쁨과 평안은 불신자를 당황하게 할 것이고 "이 사람들은 도대체 어떻게 소망을 가지고 있는가?", "그들은 시련과 고난에 대해 어떻게 저런 확신과 연합으로 대응할 수 있는가?"를 묻게 될 것이라고 제시했다.

핍박과 시련 가운데 이처럼 널리 확산된 확신과 열정은(우선은 예수님과 그 제자들에게서 볼 수 있었던) 기독교가 급속도로 성장을 보인 처음 3세기 동안의 교회의 특징이었다. 초대 교회에 관해 심도 깊은 연구를 한 옥스퍼드의 신학자인 마이클 그린은 교회가 출범한 후 몇 세기 동안 강력한 영향력이 지속되었다고 설명한다.

> 교회는 고대 세계에서 전에는 볼 수 없던 특징을 가지고 있었다. 노예와 주인, 유대인과 이방인, 부자와 가난한 자가 교제의 식탁에 함께 앉아 서로를 위한 참된 사랑을 보여 주는 이 모습은 어디에서도 볼 수 없던 모습이었다. 이 사랑이 외부 사람들에게까지 흘러넘쳤고 재앙과 전염병이 돌 때에도 그리스도인은 그들이 사는 공동체를 섬기며 빛을 발했다.[10]

예를 들어 3세기 끔찍한 전염병이 로마 제국에 돌았을 때 사람들 대부분은 병든 사람을 버리고 도망갔다. 하지만 그리스도인은 그들이 사랑하는 사람을 버려두고 떠나지 않은 것으로 유명했다. 그들은 죽음에 이를 수 있는 상황에서도 떠나지 않고 머물렀을 뿐만 아니라 가족이 다 버리고 떠난 이교도들까지 돌보아 주었다.[11]

---

10) Michael Green, *Evangelism in the Early Church*, rev.ed.(1970; repr., Grand Rapids: Eerdmans, 2004), 19; 마이클 그린, 『초대교회의 복음전도』, 홍병룡 역, 복있는사람, 2010.
11) Rodney Stark, *The Rise of Christianity: How the Obscure, Marginal Jesus Movement Became the Dominant Religious Force in the Western World in a Few Centuries* (San Francisco: HarperSan francisco, 1997); 로드니 스타크, 『기독교의 발흥』, 손현선 역, 좋은씨앗, 2016을 보라.

기독교가 성장하게 된 한 가지 이유는 그리스도인 남녀가 고난을 받아들이는 방법과 무엇이 좋은 죽음인지 알았기 때문이다. 초대 교회 교인은 그들을 박해하는 자를 미워하는 대신에 용서했다. 핍박 중에도 그들의 믿음은 강력했고 고문을 당하는 중에도 찬송을 불렀다. 최고의 그리스도인은 우리가 종종 잊어버리는 사실을 이해하고 있다. 부활 중에 그리스도의 영광은 십자가의 고난을 통해 성취되었다는 사실을 말이다.

십자가 중심 변증의 개념은 예수님의 가르침에서 시작했을 뿐만 아니라 초대 교회의 연합된 증거로까지 확대된다. 신학자 피터 레이하트(Peter Leithart)가 말한 대로 "복음의 우선적이고 중요한 변론, 바울뿐 아니라 예수님이 첫 번째로 하신 권고도 섬김과 고난에 있어 성령님에 의해 그리스도를 닮아가는 교회의 삶이었지, 논증이 아니었다."[12] 하지만 그리스도인은 단순히 강제성이나 자신의 의지력만으로 오래 참는 증인이 되지 않는다. 우리가 말씀의 인도 아래 그리스도의 몸에 있으면서 하나님을 예배하는 삶을 살 때 하나님의 성령께서 우리를 변화시켜 변증가가 되어 고난 중에도 견딜 수 있게 하신다.

개인적인 변화

"너희 속에 있는 소망에 관한 이유를 묻는 자에게는 대답할 것을 항상 준비하되"라고 그의 독자를 권면한 후에 베드로는 "온유와 존경(한글 성경은 '두려움'으로 번역-역주)으로 하고 선한 양심을 가지라"고 덧붙인다(벧전 3:15-16). 성령님에 의해 변화된 사람은 회의적인 비판자에게 답할 때 온유와 존경심을 보여야 한다.

이렇게 말하며 베드로는 우리가 믿음을 변호하도록 준비시킬 뿐 아니라 우리가 어떤 태도로 변호해야 하는지도 가르친다. 변증가의 태도와 양심은 하

---

12) Peter J. Leithart, *Against Christianity* (Moscow, ID: Canon, 2003), 99.

나님께 중요할 뿐 아니라 불신자에게도 중요하다. 베드로는 우리가 온유와 존경으로 말해야 하는 이유에 대해 "그리스도 안에 있는 너희의 선행을 욕하는 자들로 그 비방하는 일에 부끄러움을 당하게 하려 함이라"고 말했다(16절). 다시 말해 변증가는 십자가를 닮은 삶으로써 말해야 한다.

단지 온유하고 존경심을 보이는 태도뿐 아니라 개인적인 변화는 우리가 하는 말에 신빙성을 가져다준다. 신실한 그리스도인의 덕인 사랑, 소망, 믿음, 긍휼, 정의 그리고 용기는 변증적 대화에서 촉매 역할을 하며 그 자체로 변증이 될 것이다.

신학자 케빈 밴후저는 "좋은 변증가는 특정한 지적 과정에 능숙한 사람이라기보다는 바른 사람, 변증의 덕을 가진 사람, 즉 좋은 인품의 사람이다."라고 말했다.[13] 밴후저의 목표는 덕망의 중요성을 강조하는 것, 다시 말해 기독교적 지혜가 핵심적인 역할을 하는 십자가 중심 변증을 위한 비전을 재구성하는 것이다. 여기서 '기독교적 지혜'란 **십자가의 지혜를 따라 그리스도의 몸 안에서 제자도를 통해 계발되고 살아내는 지식을 가리킨다.** 밴후저의 주제는 "변증가가 변호하는 진리는 단지 하나님의 존재에 관한 것이 아니라, 특히 예수 그리스도의 십자가를 통해 역사적 표현으로 다가온 하나님의 지혜에 관한 것이다. 좀 더 일반적으로 말하자면 우리는 그리스도 안에 있는 지혜, 진리, 능력을 변호한다. 예수님, 곧 그분의 인격과 사역이야말로 하나님이 주장하시는 가장 중요한 진리이다.

오늘날 많은 대학과 변증 훈련 프로그램의 문제는 그들이 학생을 지식으로는 준비시키지만 밴후저가 강조하는 참되고 경건한 지혜로 그들을 준비시키지는 않다는 것이다. 지식은 종종 사전을 찾거나 노하우를 알려 주는 책들,

---

13) 여기에 인용된 말은 밴후저가 아직 출판하지 않은 논문에서 발췌한 것으로 나중에 *Pictures at a Theological Exhibition: Scenes of the Church's Worship, Witness and Wisdom* (Downers Grove, IL: InterVarsity, 2016)에 수록되었다.

아니면 인터넷 검색을 통해 쉽게 얻을 수 있는 사실들에 대한 의미 없는 암기로도 축적할 수 있다. 반면에 참된 지혜는 믿음의 공동체 안에 우리 삶의 뿌리를 내리고 앞서간 본보기를 따라가며 십자가적인 삶의 갈등을 매일 경험하고 하나님의 말씀으로 양육을 받고 그리스도의 몸으로 함께 떡을 뗌으로써만 얻어질 수 있다.

이러한 경건한 지혜를 살아내는 일은 변증가로 하여금 복음의 세 가지 핵심 요소인 선함, 아름다움, 진리를 변호하도록 준비시킨다.

첫 번째로 하나님의 지혜는 우리가 이론과 실전 모두를 통해 설득할 수 있도록 좋은 삶을 살아가는 법을 가르쳐준다. 두 번째로 지혜는 우리의 상상을 확장시켜서 우리 삶의 개인적인 조각들이 어떻게 성경에서 소개하는 거대한 구속적 서사에 맞추어지는지 보게 한다. 우리의 이야기가 더 큰 이야기의 일부라는 생각은 궁극적인 의미와 목적을 발견하는 과정에서 조화와 기쁨을 이루기 위해 인간의 깊은 욕망에 호소한다. 세 번째로 지혜는 우리가 변호하는 진리를 살아내게 한다. 밴후저는 단지 진리를 말하지 않고 그것을 살아내는 변증가의 가치를 이렇게 요약한다. "아이러니와 조롱의 시대에 시장 논리에 익숙한 밀레니얼은 '그래서 그들은 행복하게 살았습니다'라는 말을 구매하지 않는다. 단순히 우리의 논증을 거부하는 것이 아니라 우리의 주장에서 신빙성을 보지 못하는 것이다. 사상들(그리고 이론적인 논증들)은 싸구려다. 변화된 삶을 보여 달라."[14]

덕과 지혜의 삶은 이 문화 안에서 그리스도인을 두드러지게 만들 것이고 또 그렇게 되는 것이 마땅하다. 하지만 동시에 그리스도인의 삶은 두드러지게 드러나지 말아야 한다. 이 역설이 처음에는 당황스럽겠지만 그 의미를 깨닫는 것이 대단히 중요하다. 다음의 두 구절을 생각해 보라.

---

14) Vanhoozer, *Pictures at a Theological Exhibition*, 232-33.

바울은 데살로니가전서 4장 11-12절에서 그리스도인은 "조용히 자기 일을 하고 너희 손으로 일하기를 힘쓰라 이는 **매일의 삶에서 외인의 인정을 받기 위함이라**"고 했다(한글 성경은 '이는 외인에 대하여 단정히 행하고'라고 번역-역주). 반면 에베소서 4장 17, 19절에서는 "이제부터 너희는[그리스도인은] 이방인이 그 마음의 허망한 것으로 행함 같이 행하지 말라 … 그들이 감각 없는 자가 되어 자신을 방탕에 방임하여 모든 더러운 것을 욕심으로 행하고"라고 했다. 바울은 데살로니가전서 4장에서 외인들의 존경을 받기 위해 조용히 살라고 신자를 권했지만, 에베소서 4장에서는 그리스도인이 다른 사람과 같이(즉 불신자처럼) 살아서는 안 된다는 말로 반전한다. 바울의 이 역설을 우리는 어떻게 받아들여야 할까?

이 두 구절을 둘러싼 상황은 우리가 주변 문화와 어떻게 어울려야 하고 어떻게 달라야 하는지를 잘 설명해 준다. 우리도 주변에 있는 사람들처럼 일하고 놀고 소통해야 한다. 다른 사람과 마찬가지로 우리도 일상과 한 주간의 삶에서 물건을 사기 위해 마켓에 가고, 서류 정리를 하고, 공부하고, 납부금을 내는 반복되는 일을 한다. 다른 사람과 마찬가지로 그리스도인도 삶에서 일상적인 일을 해야 한다. 사실 그리스도인이 주변 문화의 죄악되지 않은 삶의 방식을 거부하며 사는 것은 변증적으로 불필요하고 지혜롭지 못한 일이다. 우리가 정상적인 활동에서 조용하지만 탁월하게 주님께 하듯 할 때(골 3:23) 우리의 변증과 메시지는 진지하게 받아들여질 것이다. 이런 의미에서 대부분의 그리스도인의 삶은 오히려 평범해 보일 것이다.[15]

대부분의 신실한 기독교 제자도는 그리스도의 왕국을 향한 우리의 열정을 주도하는 일상에서 나타나는 순종과 실천들에 달려 있다. 물론 이것은 또한 우리 그리스도인이 어떻게 주변의 문화와 다르게 보여야 하는지를 말해 준

---

15) Michael Horton, *Ordinary: Sustainable Faith in a Radical, Restless World* (Grand Rapids: Zondervan, 2014); 마이클 호튼, 『오디너리』, 조계광 역, 지평서원, 2015.

다. 바울이 말하는 대로 우리는 더 이상 이방인처럼 살지 말아야 한다. 여전히 죄가 남아 있기는 하지만 우리는 더 이상 완악한 마음과 어두운 생각으로 살지 않는다. 우리는 더 이상 돈, 섹스, 혹은 다른 세상적인 우상의 종이 되어 살지 않는다. 우리는 문화에 반하여 거룩한 삶을 살기 위해 싸우며 다른 사람을 위해 자신을 희생한다. 바울이 에베소서 4장 22, 24절에서 지속적으로 강조하듯이 우리는 "유혹의 욕심을 따라 썩어져 가는 구습을 따르는 옛 사람을 벗어 버리고 … 하나님을 따라 의와 진리의 거룩함으로 지으심을 받은 새 사람을" 입는다. 이런 면에서 우리의 삶은 급진적으로 보일 것이다.

조용한 탁월함과 저항적 윤리가 하나될 때 우리는 하나님을 영화롭게 하며 또 우리가 교제하는 사람들에게 상당히 강력한 인상을 남길 것이다.

전인적인 섬김

변증가는 상대방이 정신적인 도움뿐 아니라 물리적인 도움도 필요하다는 사실을 놓칠 위험이 있다. 인간은 전인적이라서 사람의 뇌는 몸에서 분리될 수 없다. 따라서 변증가의 믿지 않는 친구들이 기독교에 대해 어떻게 반응하는가는 변증가가 어떻게 정서적 그리고 물리적으로 그들을 대하는가에 크게 영향을 받는다.

예수님을 변증의 모델로 삼는 일에 조심해야 하지만(복음서는 변증을 위한 안내를 제공하려는 목적을 우선으로 기록되지 않았다.) 안내를 위해서 주님을 보지 않는 것도 잘못이다. 우리는 예수님이 사셨던 1세기의 상황은 우리의 상황과 다르다는 것을 인식하면서 항상 "예수님의 행동과 말이 어떻게 우리의 상황에 적용되어야 하는가?"를 물어야 한다. 예수님의 사역은 우리가 주변에 있는 사람들을 어떻게 대해야 하는지 분명하게 가르치는 바가 있다.

예수님은 갑자기 나타나셔서 "좋아, 내가 세상에서 제일 똑똑한 사람이니까(그분은 분명히 그랬지만) 너의 머리에 너무도 분명한 이유들을 가득 채워서 복음을 믿지 않을 수 없게 하겠어."라고 말씀하시지 않았다. 물론 주님은 권위로 말씀하셨고 탁월한 교사이시다. 고도의 교육을 받은 종교적 기득권과 맞서셨는데, 복음서는 사람들이 예수님의 능력에 감탄했고 심지어 질투까지 했다고 분명하게 알려 준다.

하지만 예수님의 가르치시는 사역은 진정한 전인적인 관심이 그 특징이다. 예수님의 가르치시는 사역은 사람들에 대한 돌봄과 분리될 수 없었다. 예수님은 사람들의 죄를 용서하실 뿐 아니라 그들의 육신을 고쳐 주셨다.[16] 아픈 자를 치료해 주시고 마비된 자를 걷게 하시고 귀신들린 자를 자유롭게 하시며 죽은 자를 살리셨다. 시각장애인에게 시력을, 청각장애인에게 청력을, 언어장애인에게 말할 수 있는 능력을, 배고픈 자에게 먹을 것을 주셨다.[17] 마태복음 8장 16-17절에서 저자는 예수님의 치유 사역을 요약한 후에 예수님의 전인적인 돌보심에 관한 그의 믿음을 이사야 53장 4절에 근거를 둔다. "이는 선지자 이사야를 통하여 하신 말씀에 우리의 연약한 것을 친히 담당하시고 병을 짊어지셨도다 함을 이루려 하심이더라"(마 8:17).

이사야 53장은 예수님의 십자가 죽음이 어떻게 인간의 죄를 사하게 되는지에 관한 예언이다. 하지만 마태는 그 말씀이 예수님의 죽음이 어떻게 영혼과 육신 전체를 고치실 것인지 가리킨다고 분명하게 제시한다. 예수님의 치유 사역은 궁극적으로 모든 아픔을 거두셔서 전인적으로 치유하실 미래가 현실로 들어온 십자가를 가리킨다.[18] 신약학자인 레온 모리스(Leon Morris)가 기록한 대로, "질병에 대한 최종적인 답은 십자가에 있다."[19] 육체적 부활은 전

---

16) 시 103:3; 마 9:1-7; 막 2:1-12.
17) 마 4:23-25; 8:28-34; 막 5:21-43; 7:31-37; 눅 9:10-17; 요 9:1-12.
18) Craig Blomberg, *Matthew*, New American Commentary (Nashville, Broadman & Holman, 1992), 22:145를 보라.
19) Leon Morris, *The Gospel according to Matthew*, Pilar New Testament Commentary (Grand Rapids: Eerdmans, 1992), 198.

인적인 그분의 사역의 일부로서 예수님을 신뢰하는 모든 자에게 약속되었고, 그리스도인은 예수님이 다시 오실 때 육체와 영혼이 온전히 치유되고 완전해지는 것을 온전히 경험할 것이다.

구원은 우리의 삶 전체와 관련이 있다. 이는 특히 누가가 예수님의 치유 사역을 묘사할 때 자주 구원(save)이라는 단어를 사용한 것을 통해 분명히 알 수 있다.[20] 1세기 헬라어 원문을 읽었던 독자는 누가가 사용하는 단어 선택의 의미를 놓치지 않았을 것이다. 예수 그리스도께서 주시는 구원은 궁극적으로 우리 몸의 건강(인간 전체)을 포함한다. 구원은 단지 죄가 용서받고 영혼이 구원받는 것뿐 아니라 영혼과 몸이 온전해지는 것을 포함한다. 누가가 묘사하는 치유 혹은 구원은 예수님이 전인적인 사람에 관심을 가지셨고 그와 같은 구원이 예수님을 믿는 모든 자에게 장차 임하리라고 우리를 격려한다.

우리가 아닌 예수님이 사람을 고치신다. 하지만 변증적 접근에서 우리는 예수님처럼 전인적인 관심을 가져야 한다. 사람들이 경험하는 상처, 고통, 배고픔을 돌보는 것은 믿음을 변호하는 아주 중요한 부분이다. 그렇게 하며 미래에 일어날 최종적인 치유의 현실을 현재로 가져오는 것이다.

이는 전인적인 변증적 호소일 뿐 아니라 오늘날 많은 사람이 가진 세상에 대한 암울한 자연주의적 설명과 첨예하게 대조되는 현재와 미래를 위한 소망을 제공한다.

이러한 전인적인 관심은 사회, 공동체, 기관으로도 확장되어야 한다. 우리의 공동체와 세상의 평화와 선을 찾는 것은 하나님이 명령하신 가치 있는 추구이다.[21] 따라서 평화를 추구하는 것은 다가올 하나님 나라를 미리 맛보게

---

20) Darrell Bock, *A Theology of Luke and Acts: Biblical Theology of the New Testament* (Grand Rapids: Zondervan, 2012), 230을 보라.
21) 예를 들면 창 1:26-28; 시 85; 사 2:2-3; 11:1-2, 6-8; 25:6; 58:6; 요 14:10-12; 행 10:36; 엡 2:17을 보라.

하는 일이며, 이는 교회가 함께 변증적 증인이 되는 기반을 제공하는 수단 그 이상인 동시에, 변증의 중요한 측면이기도 하다.[22]

과거에는 타락한 세상 가운데 그리스도인의 전인적인 돌봄과 샬롬(shalom)을 실천한 일이 불신자에게 강력한 영향을 미쳤다. 피터 브라운(Peter Brown)은 초대 교회 지도자들은 가난한 이들의 필요에 관심을 보임으로써 어떻게 해야 더 넓은 공동체에 권위와 영향을 끼칠 수 있는지 보여 주었다.[23] 3세기 중엽 그리스도인의 영향력은 로마 제국의 마지막 이교도 황제였던 배교자 율리아누스(Julian the Apostate)와 기독교의 비판자들이 이런 글을 쓰게 했다.

> 이 불경한 갈릴리 사람들은 그들의 빈민뿐 아니라 우리의 빈민들도 먹였다. 그들의 아가페 모임에 초청하여 유혹했고 아이들을 케이크로 유혹했다. … 이교의 제사장들은 가난한 자를 소홀히 대했지만 미움을 받던 갈릴리 사람들은 구제 사역을 위해 헌신했고 거짓된 동정심을 보임으로써 그들의 해로운 오류를 정당화하고 영향을 주었다. 그들이 차리는 사랑의 잔치와 가난한 자들을 위한 식탁을 보라. 이런 실천이 그들에게는 일반적이었는데, 이는 우리의 신들에게 모욕감을 주었다.[24]

기독교가 현대의 신들과 세계관과 경쟁을 하는 우리의 상황에서 현대 교회와 교회의 변증가는 초대 교회의 헌신으로부터 많은 것을 배워야 한다. 기독

---

22) Nicholas Wolterstorff, *Until Justice and Peace Embrace: The Kuyper Lectures of 1981 Delivered at the Free University of Amsterdam* (Grand Rapids: Eerdmans, 1983), 69-72; 니콜라스 월터스토프, 『정의와 평화가 입맞출 때까지』, 홍병룡 역, IVP, 2007; Leslie Newbigins, *The Gospel in a Pluralist Society* (Grand Rapids: Eerdmans, 1989), 232-33; 레슬리 뉴비긴, 『다원주의 사회에서의 복음』, 홍병룡 역, IVP, 2007을 보라.
23) Peter Brown, *Power and Persuasion in Late Antiquity: Towards a Christian Empire* (Madison: University of Wisconsin Press, 1992)을 보라.
24) Emperor Julian, *Epistle to Pagan High Priests*, 다음에서 인용됨. Kelly M. Kapic, *God So Loved, He Gave: Entering the Movement of Divine Generosity* (Grand Rapids: Zondervan, 2010), 204.

교의 초기 비판자들도 십자가의 원리를 따라 주도된 윤리에는 아주 강력한 변증적 호소력이 있다고 인식했다.

결론

복음이 가장 중요하며(고전 15:1-3), 복음이 변증의 기초가 되고 변증을 형성해야 한다. 변증은 복음과 동일하지도 않고 같은 위치에 있지도 않다. 오히려 변증은 복음의 종으로서 기능을 감당할 뿐이다. 변증의 목적은 하나님의 은혜로 사람들의 믿음에 방해가 되는 장애물을 제거하여 그들로 하여금 복음을 염두에 두는 방향으로 움직이게 하는 것이다. 더 나가서 변증은 그리스도인으로 하여금 의심스러운 현실에서 지속적으로 복음을 진지하게 받아들이도록 권면할 수 있다. 우리는 변증에서 사용하는 말을 통해 성령님이 역사하실 수 있음을 보았다. 궁극적으로 성령님은 복음을 통해(하나님의 말씀) 구원을 주시며 믿음을 유지하게 하신다. 더욱이 성령님은 우리의 말만 사용하시는 것이 아니라 우리의 행동도 사용하신다. 성령님을 통한 변화로 일어나는 교회의 연합된 행동은 복음을 위한 변증이 된다.

Apologetics at the Cross

7장

하나님과 사람 앞에서, 십자가를 닮은 겸손

변증은 우선적으로 나에 관한 것이 아니다. … 나는 사람들의 유익과 하나님의 영광을 위해 믿음을 소개해야 하는 것이다. 내 체면을 세우거나 원수를 대면하거나 나의 열정에 만족하기 위해 자신을 위한 필요에서 변증적 대화에 임해서는 안 된다. 변증은 그리스도인의 말하는 형식이며, 그러므로 말하는 사람을 드러내는 것이 아니라 듣는 사람에게 언제나 선물을 제공하는 일이다.

_존 스택하우스, 『겸손한 변증』(*Humble Apologetics*) 중에서

십자가 중심 변증과 영광의 변증

우리는 이 책의 서론과 첫 장에서 두 개의 중요한 성경 본문인 베드로전서 3장 15절과 고린도전서 2장 1-5절이 어떻게 십자가를 중심으로 형성된 변증의 기초가 되는지 살펴보았다. 6장에서 보았듯이 십자가는 성경신학의 핵심일 뿐 아니라 우리가 변증을 하는 방법(우리가 말하고 행하는 것을 통해 세상과 소통하는 방법)에 있어서도 핵심이다.

본 장에서는 십자가가 어떻게 역설적으로 힘과 겸손 모두를 상징하는지 보게 될 것이다. 마르틴 루터의 작업에 기초해서(십자가의 신학자와 영광의 신학자를 대조한) 우리는 십자가 중심 변증과 영광의 변증을 대조하여 변증에 있어서 겸손의 중요성을 강조할 것이다.[1]

---

1) 마르틴 루터의 십자가의 신학과 영광의 신학의 대조를 설명한 고전적인 글은 1518년 "하이델베르크 논쟁"(Heidelberg Disputation)에서 볼 수 있다. 우리는 그의 철학에 대한 논쟁적 입장을 전적으로 지지하지는 않는다. 오히려 철학은 십자가의 신학 안에서 작동해야 해야 하는 중요한 학문이라고 본다.

영광의 변증가는 다른 사람과 변증적인 대화를 할 때 영광, 힘, 개인적인 만족을 추구한다. 그들은 주어진 모든 질문에 확신 있게 답변을 함으로써 교만의 극치를 느끼고, 그들의 대적을 굴복시킴으로써 지적인 스릴을 느낄 것이다. 더욱이 그들은 기독교를 자신의 성공을 위해 입맛에 맞도록 변질시킬 유혹도 받을 수 있다.

> **십자가 중심 변증**
> 1. 말과 행동을 통해 십자가로 인도하기(6장)
> 2. **하나님과 사람 앞에서, 십자가를 닮은 겸손(7장)**
> 3. 복음을 위한 전인적인 호소(8장)
> 4. 십자가 렌즈를 통한 상황화(9장)

대조적으로 십자가 중심 변증가는 겸손과 정직, 십자가의 어리석은 것에 관한 용기 있는 확신을 가지고 다른 사람을 대할 것이다. 십자가는 우리의 개인적인 승리주의를 희생하라고 요구한다. 물론 그리스도께서 승리하셨으며 모든 무릎이 그 발 앞에 무릎을 꿇고 우리가 인정받는 날이 올 것이다. 하지만 그날이 아직 오지 않았고 우리는 우리의 주인 위에 군림할 수 없다. 영광으로 향하는 그 길에서 그리스도께서는 십자가를 통한 여정을 취하셨고 우리도 그리함이 마땅하다. 그리스도 안에서 얻을 미래의 영광을 기다리며 우리는 세상에서 살고 세상을 대하면서 용감한 겸손으로 십자가를 져야 한다.

오늘날 변증과 관련한 마르틴 루터의 또 다른 중요한 측면은, 당대의 유행하는 지적 경향이나 '지혜'에 영합하기 위해 사람들이 기독교의 메시지를 변질시킬 것을 두려워한 점이다. 십자가 중심 변증은 이러한 위험을 인식하고 있다. 따라서 특정한 문화의 사고방식과 논리에 바르게 호소하는 논증의 중요성을 인정하면서도, 해당 역사적 맥락에서 '십자가의 어리석은 것'을 간과하게 하는 유혹에 저항한다. 그러므로 십자가 중심 변증가는 다른 사람을 겸손하게 대하면서도 과감하게 기독교의 계시에 순복한다. 세상에는 희한한 조합으로 보일 수도 있지만, 성령님은 말씀을 통해 신자 안에서 하나님 앞에서의 겸손과 다른 사람 앞에서의 겸손을 모두 이루신다. 이 장은 겸손의 이 두 면을 탐구할 텐데 우선 하나님 앞에서의 겸손에서 시작하자.

십자가 중심 변증가

- 겸손, 정직, 십자가의 어리석은 것에 대한 용기로 다른 사람을 대한다.
- 개인적인 승리를 희생한다.
- 하나님과 그분의 말씀에 순복한다.

영광의 변증가

- 변증적 대화에서 영광, 힘, 개인적인 만족을 추구한다.
- 교만과 승리주의를 드러낸다.
- 당대 문화에 더욱 그럴듯하게 보이도록 십자가 사건을 축소한다.

하나님 앞에서의 겸손: 하나님의 초월성에 순복함

하나님과 그분의 말씀은 종종 우리를 불편하게 만든다. C. S. 루이스도 말하기를 "나는 나를 행복하게 하려고 종교를 찾지 않는다. 나의 행복을 찾는다면 질 좋은 포도주 한 병이면 충분할 것이다. 편안한 기분을 주는 종교를 찾는가? 그렇다면 나는 기독교를 권하지 않는다."라고 했다.[2]

사도 바울도 편안한 기독교에 대해서는 아는 바가 없다. 그는 자신이 경험한 시련이나 그에 대해서 사람이 어떻게 생각하는지가 중요하지 않았다. 왜

---

2) C. S. Lewis, *God in the Dock: Essays on Theology and Ethics* (1970; rep., Grand Rapids: Eerdmans, 2014), 48; C. S. 루이스, 『피고석의 하나님』, 홍종락 역, 홍성사, 2011.

냐하면 그는 자신의 사역을 그리스도 앞에 설 미래의 날에 비추어 보았기 때문이다. 고린도후서 5장에서 바울은 삶에서 그의 최고의 목적은 예수님을 기쁘시게 하는 것이라고 말하고는 "이는 우리가 다 반드시 그리스도의 심판대 앞에 나타나게 되어 각각 선악간에 그 몸으로 행한 것을 따라 받으려 함이라"고 했다(10절). 이어서 바울은 자신의 그리스도 중심적인 관점이 어떻게 다른 사람을 대하는 데 영향을 주는지 보여 준다. "우리는 주의 두려우심을 알므로 사람들을 권면하거니와 우리가 하나님 앞에 알리어졌으니 또 너희의 양심에도 알리어지기를 바라노라"(11절). 바로 이 주의 두려우심으로 인해[혹은 하나님 앞에서의 경외심이나 겸손이라고 부를 수도 있다(참조. 잠 22:4).] 바울은 사람이 어떻게 생각해야 하는지를 가장 중요하게 여기게 되었다.

따라서 우리가 다른 사람들이 그들의 입장을 바꾸도록 설득하는 이유는 하나님을 두려워하기 때문이다. 결코 반대로 생각할 수 없다. 우리는 하나님을 두려워하기 때문에 다른 사람을 바꾸려고 하는 것이지 다른 사람을 두려워하기 때문에 하나님을 바꾸려고 하지 않는다.

3장과 4장에서 본 대로 변증가로서 우리가 빠질 수 있는 함정은 설득하는 과정에서 우리의 상황에 좀 더 그럴듯하게 보이도록 기독교를 변형시키는 것이다. 특히 서구 세계에서는 사랑이시면서도 동시에 거룩하시고 공의로우신 하나님보다는 그냥 사랑이신 하나님으로 소개하려는 유혹을 받는다. 전능하시고 거룩하신 하나님보다는 애매하게 자비로우시며 최선을 다하시는 소심한 하나님을 전하기가 훨씬 더 쉽다. 변증가로서 또 다른 유혹은 겸손하게 우리 지식의 한계와 신비를 인정하기보다 듣기 좋은 대답과 교리적인 답변으로 진을 구축하려는 것이다. 사람들은 딱 떨어지는 건조한 답을 좋아할지 모르지만 많은 중요한 질문이 그렇지 않다. 그런 질문들은 복잡하며, 우리는 겸손한 태도로 세심하게 답해야 한다.

문화적 수용의 우상: 윤리

십자가 중심 변증가는 겸손하게 하나님과 그분의 말씀에 순복한다. 이 모습이 세상에서는 어리석게 보일 때도 있을 것이다. 1세기 사람들에게는 틀림없이 그렇게 보였다. 십자가라는 단어는 예의를 갖춘 사회에서 예의 바르게 들리지 않았고, 사람들 대부분이 기독교 신앙을 조롱했다. "세상을 바꾸는 사람은 십자가에서 죽지 않는다. 십자가에서 죽은 위대한 왕! 이 얼마나 말도 안 되는 모습인가!" 그래서 바울이 말했듯이 기독교 선언의 중심에 있는 상징은 세상에서는 미련한 것이다.

최근 서구 문화에서 가장 큰 유혹 중 하나는 그리스도인이 자기만족이나 개인적인 자유를 최고의 선으로 여기는 윤리에 맞도록 성경의 윤리를 변형시키는 것이다. 하지만 만일 변증가가 이렇게 특정한 문화에 민감하게 반응하여 성경의 윤리를 없애 버린다면 그의 기독교를 향한 기본적인 소명 역시 그렇게 없어지고 말 것이다. "누구든지 나를 따라오려거든 자기를 부인하고 자기 십자가를 지고 나를 따를 것이니라 누구든지 자기 목숨을 구원하고자 하면 잃을 것이요 누구든지 나와 복음을 위하여 자기 목숨을 잃으면 구원하리라"(막 8:34-36).

동시에 문제는 언제나 문화에만 있지 않음을 주목하는 것이 중요하다. 성경의 도덕성을 주변 문화와 연관시키려 할 때 변증가는 자신이 특정한 전통적 입장이나 해석을 변호하고 있지는 않은지 확인하도록 먼저 성경으로 돌아가 살펴보아야 한다. 왜냐하면 표적을 맞추지 못하는 것은 바로 그들의 전통일 수도 있기 때문이다.

그리스도인으로서 우리는 하나님이 문화를 초월하시기 때문에 우리의 신앙이 여러 다양한 섬에서 각 문화를 불편하게 만들 것을 안다. 문화의 흔들리는 바람이 궁극적으로 변증가의 운전대를 잡는다면 기독교의 기준은 시간에 따라 문화에 따라 변하고 말 것이다. 예를 들면 중동 지방의 전통적인 사회는 성 생활과 성 구분에 있어서 서구의 문화와 아주 다르다. 기독교 윤리가 이 두 문화 사이에서 그때그때 차이를 보여야 할까? 적합성이라는 이름 아래 성경적 기준이 문화에 따라, 혹은 같은 문화 안에서도 시대에 따라 변해야 할까? 이는 "성도에게 **단번에** 주신 믿음의 도"(유 3절, 강조는 저자 추가)에 합당하지 않아 보인다.

변증가의 역할은 '선'을 정의하는 데 있어 변화하는 문화의 개념에 맞게 하나님을 변형시키는 것이 아니라, 문화 안에 있는 사람이 하나님은 변하시지 않는 궁극적인 선이심을 보도록 돕는 것이다. 이를 호소하는 일은 대단히 힘들다. 성경의 윤리를 특정한 문화의 윤리에 맞추는 것이 훨씬 더 쉽다. 다른 사람들로 하여금 하나님의 선하심과 그분의 방법을 보도록 도우려면 그들의 입장에서 생각하고 그들이 어디로부터 왔는가를 이해해서 이것을 어떻게 그들에게 가장 잘 연결시킬 수 있는지 찾아야 한다. 이후 장들에서는 이것을 어떻게 할 수 있는지 살펴보겠지만 우선 중요한 것은 신자가 먼저 문화적 수용의 우상에 맞서 하나님께 겸손히 순복할 때에야 문화적 적절성을 추구할 수 있다는 사실이다.

지식

사람이 멀리하고 싶은 것은 단순히 하나님의 도덕성만이 아니다. 인간은 단지 도덕적 독립뿐 아니라 자율적이고 철저한 지식적 독립에 대한 욕심도 있다. 무엇보다도 동산에서의 유혹은 인간이 하나님처럼 되고 하나님이 아는 것처럼 알기를 원한 것이었다(창 3:5). 우리는 우리의 피조성과 이로 인한 한계를 벗어나려는 경향이 있기 때문에, 세상에는 하나님이 알려 주시지 않은 신비들이 있다는 사실과 우리는 결코 실재에 관해 하나님처럼 독립적이고 완전한 입장을 가질 수 없다는 사실을 인식하는 일이 중요하다. 피조물로서 우리는 의존적인 존재이다.

변증가가 왜 이 점을 불편하게 여기는지 이해하기란 그리 어렵지 않다. 당신은 불신자에게 그들이 가진 모든 의문에 확실하고 만족스럽고 철저한 답을 제공하기를 원하는 마음으로 이 책을 집어 들었는지도 모른다. 사실 변증은 결국 이를 위한 것이 아닌가? 아니다. 우리는 그리스도인의 소망에 관한 답을 주기 위해 부르심을 받았고, 하나님은 은혜 가운데 성경을 통해 자신을 계시하셨다. 그럼에도 성경은 불신자가 물을 만한 모든 질문에 대한 답을 제공하지 않는다. 또한 성경에는 오류가 없지만 우리의 해석은 그렇지 못하다.

유한함을 인정하고 하나님의 무한하신 깊이를 인정하는 것이 깊은 사고를 거부하는 핑계가 되지는 못한다. 덕망 있는 영국 목회자 존 스토트(John Stott)가 말했듯이 "그리스도께서는 인간을 겸손하도록 부르셨지 지성을 억누르라고 부르시지 않았다."[3] 우리는 불신자가 가진 다양한 질문들에 대해 상황 안에서 어떻게 답변해야 할지 깊이 사고해야 한다. 하지만 기독교를 위한 이유를 제공할 수 있다는 말이 모든 질문에 대해 모든 사람을 만족시킬 답변을 확신 있게 줄 수 있다는 뜻은 아니다.

변증을 실천하면서 주님을 영화롭게 하려면 하나님께 대한 우리의 의존과 진리를 완전히 알 수 없는 우리의 한계를 겸손히 인정하는 것이 중요하다. 우리의 지식이 기독교 세계관의 넓은 체계 안에서 실재에 대한 응집력 있고 아름답고 깊이 있는 참된 견해를 제공한다 할지라도 그렇게 완벽하지는 못하다. 애석하게도 변증에서 이 사실이 제대로 강조되지 않았다. 왜 변증이 여기에 종종 실패하는지 이해하려면 서구 세계에서 우리의 지식에 관한 기대에 강력한 영향을 미친 한 중요한 발전을 염두에 두어야 한다.

모더니즘(modernism)이라는 용어는 르네 데카르트와 그의 유명한 말 "나는 생각한다. 그러므로 나는 존재한다."와 함께 17세기에 시작된 사상을 가리킨

---

3) John Stott, *The Messages of Acts: The Spirit, The Church and the World* (Downers Grove, IL: InterVarsity, 1990), 281; 존 스토트, 『사도행전』, 정옥배 역, IVP, 2019.

다. 이 유명한 말이 암시하는 대로 모더니즘의 중요한 특징은 교회, 성경, 전통 등의 과거의 권위를 제쳐두고 개인의 논리나 경험적 관찰 등을 선호하는 것이다. 모던 세계에서 인류는 이제 더 이상 진리에 도달하기 위해 그런 권위적인 것이 필요 없어졌다. 절대적 확신은 오직 이성을 통해서만 추구되며, 궁극적으로 인간이 이 확실함에 도달할 수 있다고 믿는 사람이 생겼다. 마치 생생한 자료를 소화해 내는 기계처럼 한 개인이 적절한 방법을 사용하고 편견으로부터 자유로워진다면 그로 인해 얻는 결과는 질문의 여지가 없는 절대적 진리가 되리라는 것이다.

가장 주목할 것은 이전에 없었던 엄청난 성과를 거둔, 폭넓은 의미의 학문으로서의 과학적 방법인데 모더니즘은 진리를 발견하는 접근들에 능통하다. 하지만 사람들이 이 접근을 보편화시켜서 모든 학문 분야에 적용하자 많은 사람이 모더니즘의 기본적인 명제들에 의문을 제기하게 되었고, 오늘날 대부분이 '포스트모더니즘'(postmodernism)이라고 부르는 현상으로 이어졌다[10장에서 살펴보겠지만 좀 더 도움이 되는 명칭은 '후기 모더니즘'(late modernism)일 것이다.]. 모더니즘의 두 가지 잔재, 인간의 지식에 대한 '강력한 경험주의'와 '비현실적 기대'가 여전히, 특히 대중적인 상황에서는 오늘날도 존재한다.

강력한 경험주의(Strong Empiricism)

"만일 하나님의 존재를 증명할 수 있다면 나는 믿을 것이다." 기독교에 도전하는 회의론자부터 자신의 의심을 극복하려고 애쓰는 교회 교인들에 이르기까지 우리는 이런 식의 언급을 수없이 들어왔다. 종종 사람들은 이렇게 말하면서도 자신이 사실은 강력한 경험주의의 틀 안에서 사고하고 있음을 전혀 인식하지 못한다.[4]

---

[4] 지식을 이렇게 접근하는 것에 대한 고전적인 표현은 다음 에서 볼 수 있다. William Kingdon Clifford, "The Ethics of Belief," *Commentary Review* 29 (December 1876-May 1877): 289. 우리는 '강력

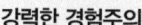

모더니즘의 낡은 잔재

강력한 경험주의
- 경험적인 검증이 없으면 그 무엇도 받아들이지 않음
- 자기모순적, 비실제적임
- 지성적인 사람들이 자료를 동일하게 해석하지 않는다는 사실을 고려하지 않음
- 죄가 우리의 추론, 애호, 그리고 문화적 타당성 구조에 영향을 미친다는 사실을 거부함

비현실적 기대
- 인간이 세상을 하나님의 눈으로 볼 수 있다고 기대함
- 흑백으로 답할 수 없는 질문들이 있음을 고려하지 않음
- 실제로 인간이 지닌 한계를 보지 않음

강력한 경험주의는 경험적으로 확증되고 논리적으로 보여 줄 수 없다면 무엇도 진리로 받아들여서는 안 된다고 주장한다. 이런 주장은 증명을 "5 더하기 5는 10이다."라거나 "제임스는 그 반의 남학생이다. 그 반의 남학생은 모두 십 대이다. 따라서 제임스는 십 대이다."라는 식의 단계적 삼단논법 정도로 제한시키는 셈이다. 많은 불신자가 기독교를 거부하는 이유는(이 경우에는 모든 종교를) 이와 같은 추론으로 증명하지 못하기 때문이다. 또한 시대가 모든 이성적인 사람이 동의하는 증거에 근거한 보편적인 증명만을 찾으면서, 많은 그리스도인이 신앙의 위기를 경험하게 되었다.

일부 그리스도인이 느끼는 충동은 강력한 경험주의와 연관된 회의론자들이 던진 도전을 망설임 없이 받아들이려는 것이다. "좋아, 만일 증명을 원한

한 경험주의'라는 용어를 가리켜 믿음을 위해 필요한 논리를 강조하는 '강력한 이성주의'를 포함하는 의미로 사용한다. 간단히 말해 이 두 개념을 포괄하는 의미로 우리는 '강력한 경험주의'라는 용어를 사용하고 있다.

다면 내가 증명해 주지." 강력한 경험주의자의 이런 말을 용납하지 말아야 하는데도 말이다. 초보 변증가는(어쩌면 이를 잘 알고 있어야 하는 경험 많은 일부 변증가들조차도) 너무도 자주 증거를 제시함으로써 기독교를 증명할 수 있다는 확신을 가지고 증명에 대한 요구에 열정적으로 반응하기도 한다.

문제는 모든 사람이 그 증거들에 설득되지 않는다는 사실이다. 우리의 '증명'이 그것을 검토하는 모든 사람에게 보편적으로 받아들여지지 않는다면, 어떤 의미에서 우리가 기독교를 증명했다고 말할 수 있을까? 과연 기독교를 단번에 확실하게 증명했다고 말할 수 있는 사람이 있을까? 지적인 사람들은 종종 중요한 문제들에 대해 의견이 다르다. 증거들에 완전히 설득되는 사람도 있겠지만, 똑같은 증거들이 설득력이 없다고 생각하는 또 다른 지성인도 있을 것이다. 이는 증거를 어떻게 소화하는가를 결정하는 것은 궁극적으로 지적 수준이 아니며, 그러므로 이성만으로 성취할 수 있는 것에 너무 의존하지 않도록 신중해야 한다고 알려 준다.

철학자 앨빈 플랜팅가는 그의 중요한 저서 『지식과 믿음』(*Knowledge and Christian Belief*)에서 참된 기독교를 위한 강력한 논증이 될 만한 것이 많지만, 절대적으로 기독교를 증명해서 모든 사람을 온전히 설득할 수 있는 논증은 없다고 했다.[5] 이와 같이 강력한 경험주의에 대한 애착과 절대적 증명이란 요구를 거절하는 철학자가 점점 늘어나고 있다.[6] 그럼에도 아직도 강력한 경험주의를 그들의 믿음이나 불신의 근거로 삼는 회의론자와, 그것을 반증하려는 신자가 여전히 있다(그런 관점의 지성적 근원을 미처 알아차리지도 못한 채).

강력한 경험주의가 문제가 되는 몇 가지 이유가 있다. 첫째로, 강력한 경험

---

5) Alvin Plantinga, *Konwledge and Christian Belief* (Grand Rapids: Eerdmans, 2015), x; 앨빈 플랜팅거, 『지식과 믿음』, 박규태 역, IVP, 2019.

6) Lessilie Newbigin, *Proper Confidence: Faith, Doubt, and Certainty in Christian Discipleship* (Grand Rapids: Eerdmans, 1995), 94-95; 레슬리 뉴비긴, 『타당한 확신』, 박상종 역, SFC.

주의는 결국 자기모순(self-refuting)이다. 강력한 경험주의는 관찰과 논리에 의해서 참으로 증명된 것만 받아들이겠다는 전제 위에 세워졌지만, 그 전제 자체가 관찰과 논리에 의해서 증명될 수 없다. 따라서 강력한 경험주의 자체의 논리에 따라서 그것을 참으로 받아들일 이유가 없다.

둘째로, 그것은 실제적이지 않다. 이성적인 방법으로 증명될 수 없는 참된 것이 많다. 예를 들어 타인의 정신의 존재는 경험적으로나 논리적으로 증명할 수 없다. 그냥 그렇게 알 뿐이다. 마찬가지로, "내가 10분 전에 존재했다는 사실을 어떻게 증명할 수 있을까? 나는 과자를 먹은 기억이 있는데 나의 기억을 내가 왜 신뢰해야 하지?" 등을 의아해할 수도 있다. 기억은 종종 틀리기는 하지만, 비록 10분 전에 사무실에서 과자를 먹은 것을 증명할 수 없다고 해서 그 일을 부정하는 것은 합리적인가?

일부 윤리적 기준들도 이런 범주에 속할 것이다. 성폭행이 잘못된 것임을 증명할 수 없지만(적어도 경험적 연구나 논리만으로는), 사람들 대부분은 그것이 잘못된 것이라는 깊은 인식을 가지고 있다. 비록 그것이 왜 잘못된 것인지 논리적, 경험적 논증으로 완벽하게 입증할 수 없음을 인정하더라도 여전히 그것은 틀렸다고 믿고 그 믿음에 따라 살아갈 것이다.

이와 같은 신념은(인간 안에 정신이 있다거나 성폭행은 잘못된 것이라는) 강력한 이성적인 용어들로 증명될 수 없고, 사실 사람들 대부분은 그렇게 증명하려고 하지도 않는다. 그럼에도 이 신념을 믿는 사람에게 그것은 부인할 수 없는 사실이다. 오늘날 대부분의 결정은 이렇게 만들어진다. 우리의 결정의 근거가 되는 가정들을 증명할 수 없지만, 일반적으로는 증명해야 할 필요조차 느끼지 않는다.

마찬가지로 마이클 폴라니(Michael Polanyi)도 그의 논문을 발전시켜 과학적 지식 역시 기계적인 과정에 의해 증명된 것이 아니라 더 넓은 전통에 대한 개인적인 신뢰와 동의를 포함하는 신뢰적 틀 안에서 발생하는 것이라고 주장한다.[7] 종교적이든 비종교적이든 모든 사람은 믿음과 이성 이 둘 모두의 근거 위에서 살아간다.

셋째로, 지성적인 사람이 모두 이성적으로 동일한 추론을 하거나 동일하게 자료를 해석하는 것은 아니다. 마치 기독교를 위한 최고의 논증을 채택하기 위해서 필요한 유일한 조건이 단지 증거를 살펴보려는 의지인 것은 아니다. 예수님에 대한 믿음은 단순히 기독교를 찬성하거나 반대하는 증거를 완전히 중립적인 입장에서 검토한 결과 내리는 인지적인 결정일 수 없다. 우리는 깨끗한 점판암(slate)이 아니다. 단지 자료를 논리적으로 처리하는 것으로 결정에 도달하지 않는다. 인간은 다양한 면을 가진 존재로서 자기만의 문화적 관점, 전통, 기본적 가정들을 가지고 자료에 접근한다(8장을 보라). 따라서 모든 사람이 증거를 똑같이 바라보지 않는다. 각자 자기만의 관점과 해석이 있다. 하지만 궁극적으로 맞는 관점은 없다. 이것이 네 번째 요소가 된다.

넷째로, 모든 개인은 타락한 본성을 가지고 출생한다. 이는 성경을 통해 일관되게 강조되어 온 아주 중요한 신학적 요소이다. 대체로 변증에서 대단히 중요한 것이기 때문에 위의 세 가지 이유보다 좀 더 심도 있게 다룰 것이다. 로마서 1장 18-32절의 안내를 받아 인간의 죄성에 대한 인식이 우리가 가질 수 있는 지나치게 합리적인 반사 작용을 어떻게 견제하는지 세 가지 길을 살펴보려고 한다.

1. 죄는 우리의 이성적 구조(예를 들어, 우리가 생각하고 추론하는 방식)에 영향을 미친다. 바울은 로마서 1장 18-32절에서 타락한 본성에도 불구하고 인간은 하나님에 관한 지식이 있고 따라서 핑계할 수 없다고 분명하게 말한다. 그는 불신자도 하나님에 관한 참된 지식을 가지고 있다고 주장한다(구원에 이르는 지

---

7) Michael Polanyi, *Personal Knowledge: Towards a Post-Critical Philosophy* (Chicago: University of Chicago Press, 1962)를 보라. 또한 폴라니의 연구를 기반으로 앎에서 개인적인 관점을 강조한 Esther Meeks, *Lovong to Know: Covenant Epistemology* (Eugine, OR: Cascde, 2011)을 보라.

식은 아니지만). "하나님을 알 만한 것이 그들 속에 보임이라 하나님께서 이를 그들에게 보이셨느니라." 따라서 그들은 "하나님을 알면서도" 죄를 짓는다 (19, 21절). 이 지식은 신학자가 말하는 하나님이 창조하신 모든 인간 안에 심겨진 '하나님에 관한 감각'을 가리키는 것으로, 단순히 애매하고 추상적인 신에 대한 감각을 의미하지 않는다.

바울이 묘사하는 대로, 우리는 하나님의 창조 세계에서 사는 피조물이기 때문에 우리 자신을 보고 주변의 피조 세계를 보면서 유일하신 참 하나님에 관한 구체적인 지식을 얻는다.

누구든지 창조를 통해 하나님의 영원한 능력과 신성을 볼 수 있다. 이에 따라 바울은 이방인에게 변증적 전략의 일부로 창조 세계를 강조한다(행 14:15-18; 17:24-29). 모든 사람이 창조 세계로부터 얻을 수 있는 지식에 호소하면서 바울은 타고난 합리성(native rationality), 즉 우리가 사람이 가지고 있다고 이미 언급한 바 있는, 보편적으로 공유되는 기초적인 신념을 가능하게 하는 내적 역학에 호소한다. 사람들은 이 기초적인 신념들의 특징과 종류에 관해 논쟁을 벌이고 있는데, 모든 사람은 어떤 형태로든 이 신념들을 가지고 있다. 이 신념은 우리가 본능적으로 그리고 즉각적으로 보는 다른 사람과 외적인 세상이 환상이 아니라 실재이며 옳고 그른 것이 있다는 생각을 도출해 낸다.[8] 인간이 이와 같은 타고난 합리성을 가지게 된 이유는 그들이 하나님의 형상으로 지음 받았기 때문이다. 신학자인 리처드 린츠(Richard Lints)가 관찰한 대로 "만일 하나님이 창조하셨다면 그분이 특정하게 예기된 방법으로 창조의 질서와 지적으로 소통하도록 인간을 창조하셨다고 전제하는 것"은 충분히 일리가 있다.[9]

---

8) Richard Lints, *The Fabric of Theology: a Prolegomenon to Evangelical Theology* (Grand Rapids: Eerdmans, 1993), 118을 보라.
9) Lints, *Fabric of Theology*, 120.

린츠는 계속해서 만일 죄의 영향을 받지 않았다면 모든 사람이 기초적 신념들에 대한 똑같은 특징을 가졌을 것이고 모든 사람은 하나님을 믿었을 거라고 주장한다. 다시 말해 진리를 억누르는 죄가 아니었다면 모든 사람은 즉각적이고 본능적인 방법으로 하나님에 대한 믿음도 인정했을 것이라는 말이다. 하지만 문제는 인간이 하나님에 관한 이 지식을 억누르고 있다는 사실이다. 그들이 이 지식을 가졌다는 것을 인정하지 않을 뿐 아니라 아예(부자연스럽게) 의식조차 하지 못할 정도로 말이다.

바울은 타락이 우리의 인지적 기능에 영향을 끼쳤다고 주장한다. 악함은 진리를 억누른다. 모든 인간은 하나님을 알지만 그들의 사고는 너무 빈약하다. 사람은 스스로 지혜로운 줄 알지만 사실은 어리석다. 창조주에 대한 진리를 받아들이는 대신에 부자연스러운 거짓을 받아들인다. 앨빈 플랜팅가는 죄가 "인지적 한계"를 가져 왔기 때문에 정확성에 있어서나 그 지식의 범위에 있어서(특히 하나님과 그분의 아름다움, 영광, 사랑에 관한 지식에 있어서, 그리고 또한 바른 가치적 판단을 하는 능력에 있어서, 곧 "무엇이 사랑할 가치가 있고 미워할 가치가 있는지, 무엇을 추구하고 무엇을 거부해야 할지에 있어서") 방해를 받고 있다고 했다.[10] 이것만으로도 대단히 우울하게 들리겠지만, 로마서 첫 장에서 바울은 조금 더 나아가 죄의 만연한 침투에 관해서도 언급한다.

2. 죄는 우리의 정서에도 영향을 미친다. 죄는 우리의 욕망과 사랑도 호도한다. 감정적 구조는 이성적 구조로부터 깔끔하게 분리될 수 없음에 먼저 주목해야 한다. 바울은 이 둘을 함께 엮고 있는데 여기서는 확실한 설명을 위해 분리할 뿐이다. 바울은 하나님에 관한 진리를 거짓과 교환하는 일과 창조주가 아닌 피조물을 예배하고 섬기는 일을 연결한다(롬 1:25). 사람은 죄를 지을 때 타락한 마음에 내준 바 되어서 더욱 비도덕성을 향해 나아간다(28-32절).

---

10) Plantinga, *Knowledge and Christian Belief*, 49; 앨빈 플랜팅거, 『지식과 믿음』.

따라서 타락으로 인해 이성이 왜곡된 것에 더해서 열망도 왜곡되었다. 우리는 사랑하지 말아야 할 것을 사랑하고 사랑해야 할 것을 사랑하지 않는다, 하나님의 피조물을 사랑하며 하나님을 사랑하는 데 실패한다. 강력한 예 중에 하나는 의식적이든 무의식적이든 하나님을 위협의 대상으로 간주하는 것이다. 모든 좋은 선물을 주시고 모든 것을 보호하시는 분을 독립과 자유를 구속하는 경쟁자로 만들어 버린다. "왜 그는 그가 원하는 대로 규칙을 정하고 자기 마음대로 행하는가? 그게 바로 내가 하고 싶은 일이다."[11] 모든 것을 제공하시는 분이요 궁극적인 기쁨이 발견되는 분으로서 하나님을 사랑하는 대신에 우리는 그분을 우리가 원하는 것(자율적인 의미에서의 행복)을 막고 위협하는 분으로 여기며 분개한다. 그러므로 하나님을 믿으려고 할 때 "중요한 것은 좁은 의미에서 인식론적 문제가 아니라 심오한 도덕적 문제이다."[12]

3. 죄는 문화적 타당성 구조에도 영향을 미친다. 사람들이 증거를 해석하는 방법을 형성하는 것 중에는 사회학자인 피터 버거(Peter Berger)가 말한 타당성 구조[13](즉, 어떻게 사람이 주변 사람들이 믿는 것을 믿으려는 쪽으로 기우는지 가리키는 용어)가 있다.[14] 로마서 1장 18-32절에서 묘사된 죄는 개인에게 영향을 줄 뿐 아니라 그들을 둘러싸고 있는 문화에 영향을 주는 사회적 죄이다. "그들이 … 자기들만 행할 뿐 아니라 또한 그런 일을 행하는 자들을 옳다 하느니라"(32절). 인간은 관계적인 존재이기 때문에 신념들, 사상들, 태도와 열정(사랑과 미움)을 주변에 있는 사람들로부터 얻는다. 이 문화적 타당성 구조는 우리가 믿으려

---

11) Ron Highfield, *God, Freedom, and Human Dignity: Embracing a God-Centered Identity in a Me-Centered Culture* (Downers Grove: IL: InterVarsity, 2013)을 보라.
12) D. A. Carson, *The Gagging of God: Christianity Confronts Pluralism* (Grand Rapids: Zondervan, 1996), 184.
13) Peter Berger, *The Sacred Canopy: Elements of a Sociological Theory of Religion* (1967; repr., New York: Anchor, 1990), 45
14) "Rethinking Secularization: a Conversation with Peter Berger," AlbertMohler.com, October, 2010. www.albertmohler.com/2010/10/11/rethinking-secularization-a-conversation-with-peter-berger을 보라.

고 하는 것과 주어진 문화나 하위문화에서 당연한 것으로 여기는 신념을 결정하게 한다(리처드 린츠는 이 '타당성 구조'를 앞서 언급한 '본능적 합리성'과 대조하여 '문화적 합리성'이라 불렀다.).[15]

예를 들어 어떤 문화에서는 많은 사람이 초자연적인 것의 존재를 부인할 것이고, 다른 상황에서는 하나님께 나아갈 길이 많다는 신념을 보편적인 원리로 보는 사람도 있을 것이다. 또한 성적인 자유에 대한 추구를 당연하게 받아들이는 상황도 있을 것이다. 참 하나님에 대한 믿음이 누군가에게 타당한 것이 되려면 변증가는 사람들의 논리적 추론과 그들의 욕망에 대한 죄의 영향을 극복해야 할 뿐 아니라, 그들이 활동하는 문화적 타당성 구조에 대한 영향도 극복해야 한다.

강력한 경험주의의 문제에 대한 요약

요약하자면 강력한 경험주의는 자기모순이며 실제적이지 않고, 우리의 상황을 무시하며(문화와 전통이 전제하는 것을 전제한다는) 죄의 압도적인 영향력의 문제를 해결하지 못하기 때문에 실패한다. 그러므로 강력한 경험주의에 집착하기보다는, 어떤 신념이 다른 신념보다 더 일관성 있고 합리적일 수도 있다고 인정하면서 그런 논증을 피하는 편이 바람직하다.[16] 따라서 신념은 평가될 수 있다. 우리는 하나님에 의해 본능적 합리성을 지닌 존재로 창조되었기 때문에, 인지적 능력을 사용해 무엇이 가장 합리적인지 파악하려는 우리의 본능은 옳다. 하지만 그럼에도 하나님에 관해 이성적으로 절대적인 증명을 기대해서는 안 된다. 계몽주의 이후 널리 확산된 정통 과학을 하는 사람들조차도 그들의 결론에 도달하기 위해 언제나 결정적인 증명을 요구하지 않는다.

---

15) Lints, *Fabric of Theology*, 118–19.
16) 티모시 켈러(Timothy Keller)는 *Reason for God: Belief in an Age of Skepticism* (New York: Penguin, 2008, 120; 『팀 켈러, 하나님을 만나다』, 최종훈 역, 두란노, 2017에서 비슷한 주장을 한다.

대신에 과학자는 가장 그럴듯한 설명을 제공하는 가설을 취하게 된다. 물론 그렇기 때문에 종종 서로 동의하지 못한다.[17]

결론적으로 십자가 중심 변증가는 기독교를 위한 절대적이거나 강압적인 증명은 가능하지 않다고 인정한다. 그리스도인으로서 우리는 기독교를 위한 설득력 있는 논증을 찾지만, 비기독교적 틀을 가정하고 성령님에 의해 변화되지 않은 사람을 위해서는 그와 같은 논증을 피할 것이다. 변증은 궁극적으로 자신에게 의존하는 것이 아니라 성령님께 의존한다. 이는 우리가 다른 사람을 설득하고 자기 안의 의심을 대면할 때, 우리를 겸손하게 하면서도 하나님 앞에서 큰 확신을 가지게 한다. 하나님 자신만이 탁월한 변증가이시다.

물론 기독교는 아주 강력한 사례를(사실은 다양한 강력한 사례를) 제공할 수 있다. 하지만 그렇다고 다른 어떤 변증적 입장도 필요하지 않다는 뜻은 아니다. 겸손하다는 말은 다른 사람들로부터, 심지어 가장 완강한 비판자에게서도 배울 수 있도록 열려 있다는 뜻이다. 다음 단원에서 다루게 되겠지만 모든 질문에 확신을 가지고 대답할 수 없음을 염두에 두어야 한다. 그럼에도 비록 그렇게 압도적일 만큼 강력한 논증은 아니더라도 여전히 가치가 있다고 인정할 수 있다. 왜냐하면 성령님이 그것을 이용해서 '개선'하고 '확인'하고, 심지어 '설득'하실 수 있기 때문이다.[18]

비현실적 기대

인간이 세상을 하나님의 관점에서 이해할 수 있다는 모던주의의 기대에는 문제가 있다. 기독교뿐 아니라 주변의 모든 세계관에는 단지 흑백논리로 답

---

17) Alister McGrath, "The Natural Sciences and Apologetics," in *Imaginative Apologetics: Theology, Philosophy, and the Catholic Tradition*, ed. Andrew Davidson (Grand Rapids: Baker Academic, 2012)을 보라.
18) Alvin Plantinga, "Appendix: Two Dozen (or so) Theistic Arguments," in *Alvin Plantinga*, ed. Deane-Peter Baker (Cambridge: Cambridge University Press, 2007), 210.

할 수 없는 문제들이 있기 때문이다. 비그리스도인뿐 아니라 그리스도인도 성경이 그들이 가진 모든 질문에 답해야만 신앙의 조건을 충족한다고 기대하거나 심지어 요구한다. 기독교적 관점에서 볼 때 누구도 모든 것을 보거나 알 수 없다고 인정하는 것이 당연한데도 말이다. 그렇게 생각했다는 사실이 신기할 정도이다.

신명기 29장 29절을 보면 주님은 진리를 계시하셨지만("나타난 일은 영원히 우리와 우리 자손에게 속하였나니 이는 우리에게 이 율법의 모든 말씀을 행하게 하심이니라") 모든 것을 우리에게 계시하지는 않으셨다("감추어진 일은 우리 하나님 여호와께 속하였거니와"). 성경은 하나님을 우리를 초월해서 존재하시는 분으로 소개한다. 그분의 길은 우리의 길과 같지 않다.

욥기는 고난의 신비를 대면함에 있어서 하나님께 겸손히 순복하는 것이 얼마나 중요한지 가르친다. 그 앞에 놓인 온갖 종류의 악을 대할 때 욥은 자신이 의로운 사람이라는 것을 알고(적어도 다른 사람과 비교했을 때) 하나님이 그의 사정을 들어주시기를 구한다. 때로는 욥의 공의를 구하는 요청이 선을 넘어 보이기도 한다. 놀랍게도 이 책의 끝부분에 하나님이 오셔서 욥에게 말씀하시는데, 욥이 기대했던 방식은 아니었다. 핵심적으로 하나님은 몇 가지 수사학적인 질문을 욥에게 던지신다. "내가 땅의 기초를 놓을 때에 네가 어디에 있었느냐? 네가 하나님이 일에 관해 무엇을 아느냐"(38:1-7을 보라). 하나님은 네 장에 걸쳐 시적으로 질문을 던지신다. 물론 이런 질문들에 욥이 할 수 있었던 대답은 하나님이 땅의 기초를 놓으실 때 그는 거기에 있지 않았고 그는 하나님의 뜻을 이해하지 못한다는 것이다.

여기서 하나님이 욥의 모든 질문에 대해 세세하게 설명하지 않으셨음을 주목해야 한다. 하나님이 자신을 계시하신 후 욥은 또 다른 질문을 하기보다 전혀 다른 형태의 반응을 보인다. "나는 깨닫지도 못한 일을 말하였고 스스로 알 수도 없고 헤아리기도 어려운 말을 하였나이다 … 내가 주께 대하여 귀로 듣기만 하였사오나 이제는 눈으로 주를 뵈옵나이다 그러므로 내가 스스로 거두어들이고 티끌과 재 가운데에서 회개하나이다"(42:3, 5-6).

욥기에 따르면 하나님을 믿는 것은, 무한히 지혜로우시며 그 길이 모든 이해를 뛰어넘는 인격적인 분을 신뢰하는 것이다. 하나님이 하시는 일을 이해하지 못한다고 해서 실제로 성경에서 소개하는 하나님을 부인하는 것이 아니다. 성경은 하나님이 하시는 모든 일에 이유가 있지만 종종 우리가 그것을 이해하지 못할 것이라고 말한다. 욥은 그를 무한히 초월하시는 하나님께 합당한 반응을 보이며 하나님을 예배했다.

사도 바울도 로마서의 송영에서 이러한 정서를 반영한다.

"깊도다 하나님의 지혜와 지식의 풍성함이여,
그의 판단은 헤아리지 못할 것이며
그의 길은 찾지 못할 것이로다
누가 주의 마음을 알았느냐 누가 그의 모사가 되었느냐
누가 주께 먼저 드려서 갚으심을 받겠느냐
이는 만물이 주에게서 나오고 주로 말미암고 주에게로 돌아감이라
그에게 영광이 세세에 있을지어다."[19]

하나님의 측량할 수 없는 신비는 욥에게 그러했듯이 바울도 예배하도록 이끈다. 하지만 모더니즘이 만들어 낸 기대감 때문에 전에는 하나님을 예배하도록 이끌었던 신비가 이제는 의심을 부르게 되었다.

성경은 인간이 유한성과 죄성으로 제한되어 있다는 사실을 분명하게 말한다. 그럼에도 많은 사람이(특히 불신자겠지만 일부 고백적 신자들 중에도) 마음의 정욕

---

19) 롬 11:33-36.

에 굴복하고 있다.[20] 그들은 "나의 모든 질문에 답을 가지고 있어야 한다."고 생각하면서 기독교를 기웃거린다. 모든 질문에 대한 답을 요구하는 이러한 비판자에게 답변을 하느라고 기독교를 일반적인 신성에 대한 논증 정도로 격하시킬 유혹을 받을 수 있다.

계속 진도를 나가면서 우리는 기독교가 다른 어떤 세계관보다 더 설득력 있는 세계관을 제공한다는 사실과 이를 위한 강력한 다양한 논증이 있음을 주장할 것이다. 하지만 어떤 사람은 "만일 불신자가 그들에게 하나님의 관점으로 그들이 던지는 모든 질문에 답하기를 기대한다면 어떻게 해야 하는가?" 하고 질문할지 모른다. 사람들이 하나님이 계시하신 영역이나 우리가 이해할 수 있는 영역을 넘어서는 듯한 질문을 던진다면(삼위일체, 초월적인 동시에 내재적이신 하나님, 아기로 태어나신 하나님에 관한 주제와 같은) 우리는 어떻게 답변해야 할까?

퍼즐의 빈 곳은 어떻게 다루어야 하나?

이미 살펴본 대로 성경에는 하나님의 말씀을 우리 자신이나 우리의 문화적 상황에 맞도록 변형시키기보다는 그냥 받아들이도록 요구하는 확실한 긴장과 신비가 포함되어 있다.

성경이 우리에게 주는 정보는 퍼즐 상자를 열었을 때 거기에 들어 있는 모든 조각들에 비유될 수 있다. 분명히 이 조각들은(성경적 정보들) 다양하게 배열될 수 있지만, 그것이 서로 잘 들어맞아서 그럴듯한 모양을 만드는 데는 오직 한 가지 길만 있다. 그런데 모든 조각을 제자리에 잘 맞춰 놓았을 때 우리는 거기에 빈 곳이 있음을 발견하게 된다. 이는 퍼즐 자체가 비논리적이라거나 원하던 그림을 볼 수 없다는 의미가 아니다. 그저 모든 조각이 다 있는 게 아

---

20) Kevin Vanhoozer, "From Canon to Concept: 'Same' and 'Other' in the Religion Between Biblical and Systematic Theology," *Scottish Bulletin of Evangelical Theology* 12, no.2 (1994): 119, http://biblicalstudies.org.uk/pdf/sbet/12-2_096.pdf.

닐 뿐이다. 다시 말해 하나님은 자신을 충분히 계시하셨지만 온전히 계시하지는 않으셨다.

다음의 기독교 신비를 생각해 보라. 하나님은 주권적이시나 인간은 자신의 행동에 대해 책임을 져야 한다. 하나님은 삼위 안에서 영원히 존재하시지만 영원히 한 분 하나님이시다. 예수님은 완전한 하나님이시며 동시에 완전한 인간이시다. 이 성경적 긴장이 기독교의 중심에 있다.

신학적인 퍼즐에 빈 곳이 있다면 어떻게 해야 하는가? 이미지가 변하도록 퍼즐을 다시 맞추고 싶은 유혹을 느낄 것이다. 아니면 우리가 조각을 만들어 마치 원래 퍼즐의 일부인 양 빈 곳에 억지로 맞춰 넣으려 할지도 모른다.

> **G. K. 체스터턴이 언급한 신비의 중요성**
>
> "신비는 사람을 정상적으로 만든다. 신비를 가지고 있는 한 당신은 건강하다. 신비를 파괴할 때 병이 생긴다. 건강한 사람은 항상 신비롭기 때문에 늘 정상적이다. 그는 지평을 용납하고 발 하나는 땅에, 다른 하나를 요정의 나라에 둔다. 그는 언제나 자신의 신을 의심할 자유를 가지지만 (오늘날의 불가지론과는 달리) 또한 신을 믿는 일에 있어서도 자유롭다. 그는 언제나 일관성보다는 진리에 더 관심이 있다. 상반되는 듯한 두 개의 진리를 보면 그는 두 진리와 함께 모순도 취할 것이다. 그의 영적인 시력은 마치 육체적인 시력처럼 입체적이라서 두 개의 그림을 동시에 볼 수 있고 더욱더 잘 볼 수 있다. 그래서 그는 언제나 운명이 있다고 믿지만 동시에 자유의지도 믿는다. 그래서 그는 아이들이 천국이라고 믿으면서도 이 땅의 왕국에 순종해야 한다고 믿었다. 그는 젊은이가 젊기 때문에 부러워하면서도 동시에 젊지 않기 때문에 노인을 부러워했다. 명백함이 모순처럼 보이는 이 균형이 바로 건강한 사람의 부력(buoyance)이다."[21]

우리의 유한성과 죄성에 의해 주어진 한계는 우리가 이러한 신비를 설명하거나 빈 곳을 채우는 길을 제안하면 안 된다는 뜻이 아니다. 다만 그와 같은 제안을 할 때는 겸손과 신중함으로 하는 것이 중요하다. 그렇지 않다면(억지로

---

21) G. K. Chesterton, *Orthodoxy* (1908: rep., New York: Image, 2001), 23; G. K. 체스터턴, 『정통』.

조각을 빈 곳에 집어넣으려고 하면) 어딘가에 더 큰 구멍을 만들 것이고 원래 의도했던 퍼즐의 그림을 망칠 것이다.

만일 우리가 성경이 특정한 긴장을 공공연하게 해소하려 하지 않는다는 사실을 인정한다면, 그것이 어떻게 서로 조화를 이루는지 적절한 제안을 할 수 있다. 교리적인 확신이 아닌 가능성으로 제안할 때 우리는 이에 따른 겸손을 보이게 된다. 또한 아무것도 하지 않는 것보다는 그와 같은 제안을 함으로써, 우리의 제한된 지식 안에서도 특정한 신학적인 문제로 괴로워하는 사람에게 왜 그래야 하는지 돕는 그럴듯한 이유를 찾을 수 있다.

온전한 답을 기대하는 쪽으로 기울어진 현대인의 성향이 우리의 사고에 어떤 영향을 주는지를 보여 주는 가장 특징적인 예는 죄와 고난의 문제를 다루는 방식이다. 현대 서구인이 종종 기독교에 실망해서 기독교를 완전히 포기할 생각까지 하는 것은 그들이 고난을 보았고 고난을 경험하고 있기 때문이다. 그럼에도 옥스퍼드의 교수인 알리스터 맥그래스가 관찰한 대로 악의 문제를 온전히 설명할 수 없는 것은 기독교뿐 아니라 어떤 세계관도 마찬가지다. 그렇다면 실제적인 문제는 비록 그 설명이 중요한 질문에 대한 답을 충분히 하지 못한다 하더라도 어떤 세계관이 악의 문제에 관해 가장 만족스러운 설명을 제공하며 어떤 세계관이 가장 실제적으로 지적인 옹호를 받을 만한가 하는 것이다. 이 점에 관해 설명하면서 맥그래스는 결론 내리기를, "해결할 수 없는 문제와 함께 살고자 하는 의지는 지적인 성숙의 표지이지 일부 어리석은 자들이 말하는 대로 논리적으로 터무니없는 일이 아니다."[22]

이러한 사고의 궤도 안에서 악의 문제는 나중에 좀 더 살펴볼 것이다(12장). 여기에서는 이 단원의 중점만 다루도록 한다. 만일 변증가가 모든 질문에 답을 가져야 하며 진리에 대한 완전한 파노라마적 관점을 제공해야 한다는 모

---

22) Alister McGrath, *Mere Apologetics: How to Help Seekers and Skeptics Find Faith* (Grand Rapids: Baker, 2012), 166-67; 알리스터 맥그래스, 「기독교 변증」, 전의우 역, 국제제자훈련원, 2014.

던주의의 기대에 부응하고자(적어도 자기들의 사고방식에 맞도록) 성경적 정보 조각을 함부로 다룸으로 문제를 해결하려 한다면, 그들은 아이러니하게도 완성하려는 그 그림을 더욱 망치게 될 뿐이다. 다시 발해 변증가가 신비를 해결하기 위해 성경적인 가르침을 축소하거나 무시한다면 그들은 기독교 신앙 자체를 위험에 빠뜨리는 것이다. 그러므로 우리는 인간이 실재에 관한 신의 관점을 획득하고 강력한 경험주의를 만족시키는 길로 기독교를 증명하기를 기대하는 현대적 교만의 손안에서 놀아나기를 피해야 한다.

사람들 앞에서의 겸손: 이웃을 사랑하기

벤엘신학교의 학장이었고 학감이었던 데이비드 클라크(David K. Clark)는 변증학에 관한 그의 책에서 이렇게 말했다. "때때로 변증가와 대화하는 사람은 자신이 물건처럼 느껴진다(총잡이의 표적이 된 것과 같은). 변증가와 대화를 나누는 상대는 자신에 대한 관심을 느끼지 못한다. 이 부정적인 느낌은 엄청난 저항심을 불러일으키고, 강요받는 만큼 밀어내려 할 것이다."[23]

클라크가 지적하는 대로 총잡이식 접근은 확신이 없는 사람을 설득하는 데 전혀 효과적이지 않다. 변증가에게 지적인 궁지에 몰려 패배를 인정하고 그리스도인이 되었다고 말하는 사람을 만나기란 쉽지 않다. 적어도 이론상으로는 대부분의 변증가가 이를 인정한다. 그럼에도 실제로 그들의 변증은 옛날 서부 시대와 아주 흡사하다. 총잡이인 변증가는 최선의 의도를 가지고 있겠지만 자신의 마을을 지키려는 의도로 여기저기에 총을 난사하는 결과를 초래

---

23) David K. Clark, *Dialogical Apologetics: A Person-Centered Approach to Christian Defense* (Grand Rapids: Baker, 1993), 124; Os Guiness, *Fool's Talk: Recovering the Art of Christian Persuasion* (Downers Grove, IL: InterVarsity, 2015), 172; 오스 기니스, 『풀스 톡』, 윤종석 역, 복있는사람, 2016을 보라.

하게 된다. 성공적으로 마을을 지킬 수 있을지는 모르겠지만 이는 반대쪽에 있는 사람들이 총을 내려놓고 백기를 들어서 얻은 결과가 아니다.

이러한 총잡이식 접근은 다른 사람을 얻는 데 비효율적일 뿐 아니라, 동시에 십자가의 사람을 규정하는 겸손과 사랑을 부인하는 것이기도 하다. 다시 말해 영광의 변증은 다른 사람을 얻는 데 실제적이지도 않을 뿐더러 신약신학과도 잘 맞지 않는다.

> **신약에서 보는 어조의 본보기**
>
> 9장에서 살펴보겠지만 사도 바울은 로마서 1장에서 기독교 공동체에게 우상에 관해 언급할 때 사도행전 17장에서 아테네 철학자를 설득할 때와는 아주 다른 어조로 말했다.
>
> 예를 들어 교회가 어떻게 도덕적인 문제를 다루어야 하는지에 관해 고린도 교회에게 말할 때는 내부인과 외부인을 구별한다. "밖에 있는 사람들을 판단하는 것이야 내게 무슨 상관이 있으리요마는 교회 안에 있는 사람들이야 너희가 판단하지 아니하랴 밖에 있는 사람들은 하나님이 심판하시려니와 이 악한 사람들은 너희 중에서 내쫓으라"(고전 5:12-13). 때로는 교회 안에 있는 사람에게 아주 엄하게 말하지만(특히 거짓 선생과 그들이 교회로 가지고 들어온 거짓 가르침에 대해) 때로는 놀라울 만큼 온유하게 말하면서 교회도 온유해야 한다고 충고한다.
>
> 물론 어조에 있어서 극적인 변화의 전형적인 예는 당시 종교적 기득권에 있던 유대인을 향한 예수님의 언어["화 있을진저 … 독사의 새끼들아"(마 23:29, 33)]가 당시 사회적 약자와 아이를 향할 때의 언어와 대조를 이루는 것이다. 바울과 마찬가지로 예수님은 다양한 어조로 말씀을 하셨다.
>
> 이 구절을 포함한 성경의 여러 구절들은 신약성경에 엄격한 체계가 존재하지는 않지만, 경건한 지혜를 가지고 오늘날의 상황에 적용할 수 있는 일정한 본보기가 있다고 시사한다.
>
> 신약에서 우리는 '안에 있는 사람들'(적어도 하나님의 백성의 일부라고 주장하는 사람들)을 볼 수 있다. 예를 들면 이들 중에는 예수님 당시의 많은 종교지도자도 포함되고, 하나님이 세우신 선생이라고 주장하며 공동체에 들어온 사람들, 제자들, 그리고 교회에서 세례를 받은 사람들도 포함된다. 자녀를 양육하는 부모의 것과 같이, 안에 있는 사람을 향한 예수님이나 바울의 어조는 때로는 부드럽고, 또 믿음으로 자녀를 책망할 때나 거짓 선생들의 학대로부터 그들을 보호할 때는 날카롭다.
>
> 또한 '밖에 있는 외인들'(아직 안다고 주장하지 않는 사람이나 하나님의 백성 밖에 있는 것으

> 로 보이는 사람들)이 있다. 이들 중에는 사회적으로 소외된 사람들, 아테네 사람과 이
> 교 철학자들도 포함된다. 바울과 예수님은 외인들에 대해 부드럽고 인내하는 어
> 조를 유지하는 것으로 보인다.
> 물론, 이러한 일반적인 본보기를 엄격한 체계로 만들 수 없는 애매한 경우들도 생
> 각해 볼 수 있다. 예를 들면 마가복음 7장 27절에서 예수님은 외인인 수로보니게
> 여인에게 아주 차갑게 말씀하신다. "자녀로 먼저 배불리 먹게 할지니 자녀의 떡을
> 취하여 개들에게 던짐이 마땅치 아니하니라." 왜 예수님이 이런 반응을 보이셨는
> 지에 대해서는 주석가들이 다양한 이론을 내놓고 있지만 예수님의 어조가 냉정했
> 음을 대체로 부인하지는 않는다. 누군가를 개에 비유해서 말하는 것은 오늘날도
> 달갑게 들리지 않는데 1세기 팔레스타인에서도 마찬가지였다. 하지만 이와 같은
> 예외가 규칙의 보편성을 증명한다고 주장할 수 있다. 요약하자면 변증가는 주어
> 진 상황에서 적합한 어조로 답하기 위해 위에 정리된 신약의 본보기를 의식하는
> 것이 중요하다(성령님이 허락하시는 지혜를 가지고).

베드로전서 3장 15절이 온유와 존경으로 증거해야 한다고 강조한 것을 기억하라. 예수님 자신도 베드로에게 그분이 "온 것은 섬김을 받으려 함이 아니라 도리어 섬기려 하고 자기 목숨을 많은 사람의 대속물로 주려 함이라"(막 10:45)라고 가르쳐 주셨으니, 베드로가 이를 강조하는 것은 당연한 일이다.

베드로와 예수님의 말씀은 골로새서 4장 5-6절에서 바울이 한 말과도 잘 들어맞는다. "외인에게 대해서는 지혜로 행하여 세월을 아끼라 너희 말을 항상 은혜 가운데서 소금으로 맛을 냄과 같이 하라 그리하면 각 사람에게 마땅히 대답할 것을 알리라."

겸손과 지혜: 잠언으로부터 얻는 실제적인 변증적 교훈들

잠언은 지혜를 겸손과 연결시킨다. "교만이 오면 욕도 오거니와 겸손한 자에게는 지혜가 있느니라"(11:2). 지혜는 방대한 사실들에 대한 축척이나 평균 이상의 IQ를 수반할 필요가 없다. 지혜는 하나님을 경외함에 뿌리를 둔 삶의 지식이다. 따라서 변증에서 지혜를 사용하는 일은 효율적인 설득을 위해 일곱 단계의 계획을 따르거나 어떤 사실을 공식에 넣는 것을 의미하지 않는다.

성경은 변증을 위해 수학적인 공식을 사용하기보다는 오히려 지혜를 사용하는 편이 우리의 상황을 잘 살펴서 적절하게 반응하는 것이라고 보여 준다. 예를 들면 잠언 26장 4-5절은 "미련한 자의 어리석은 것을 따라 대답하지 말라 두렵건대 너도 그와 같을까 하노라"라고 가르친 후, 바로 다음 구절에서 "미련한 자에게는 그의 어리석음을 따라 대답하라 두렵건대 그가 스스로 지혜롭게 여길까 하노라"라고 말한다. 이것은 모순이라기보다 다양한 상황이 다양한 종류의 답변을 요구한다는 뜻이다. 지혜이신 예수님도 "뱀 같이 지혜롭고 비둘기 같이 순결하라"(마 10:16)고 가르치셨다.

첫째, 경청하고 다른 사람을 진지하게 대하라. "사연을 듣기 전에 대답하는 자는 미련하여 욕을 당하느니라"(잠 18:13). 우리가 그들을 진지하게 대하지 않으면서 상대방이 우리를 진지하게 대할 것을 기대할 수 없다. 다른 사람이 무엇을 말하는지 이해하는 일은 매우 중요하다. 이는 그들이 하는 질문에 정확하게 대답하게 할 뿐 아니라, 경청하고 상대방의 관점에서 사물을 바라보려는 노력을 보여 줄 때 그들의 방어적인 태도가 해제되기 때문이다. 우리가 이해하고 있음을, 정말로 경청하고 있음을 전달할 때 우리는 불신자에게 공감하고 구속적으로 반응하는 더 좋은 위치에 있게 된다.

둘째, 상대방을 오해하는 일을 피하라. 누군가의 논증이 상대 입장에 대한 오해나 정확하지 않은 정보에서 비롯되었을 때 우리는 그것을 '허수아비 논증'이라고 부른다. 사람들은 허수아비 논증을 세우는데, 실제 입장을 무너뜨리는 것보다 훨씬 쉬워서 다른 사람의 관점을 비합리적으로 보이게 만들기가 더 용이하기 때문이다.

하지만 황금률은 우리가 만든 허수아비를 허물어 버리라고 아니, 허수아비를 아예 세우지 말라고 요구한다. 허수아비 논증을 세우는 것은 이미 우리와 동의하는 사람들 사이에서 열정을 일으키고 어쩌면 잘못된 확신을 심어 줄 수 있지만, 일반적으로 우리가 다가가려는 사람들에게는 불신과 적대감만을

만들어 낼 뿐이다. 이 부분에서 잠언은 다시 교훈한다. "거짓 증인은 패망하려니와 확실히 들은 사람들의 말은 힘이 있느니라"(21:28).

셋째, 동기를 가정하지 말라. 상대방의 동기를 가정하는 것은 우리가 그를 알 수 있는 위치에 있지 않으므로 결국 추측에 불과하기 때문에 문제가 된다. 상대방이 부정적인 동기를 가지고 있다고 추측하는 것은, 이를 듣는 다른 사람의 눈에 상대방의 입장을 악마화하는 효과를 가져온다. 하지만 한번 생각해 보라. 만일 어떤 사람이 당신이 그렇게 믿는 것은 진리를 제대로 다루지 못하기 때문이라고 말하면서 더 이상 토론을 하지 않으려고 하면 기분이 어떻겠는가? 그와 같은 발언이 상황을 극적으로 만들지 모르겠지만 복음적인 대화를 위한 문을 여는 일은 거의 없을 것이다.

인간은 놀라울 만큼 복잡하고 그들의 결정에는 대체로 여러 개 동기가 있다. 잠언 16장 2절이 상기시키는 대로 사람의 동기는 하나님이 감찰하신다. 또한 잠언 20장 5절은 "사람의 마음에 있는 모략은 깊은 물 같으니라 그럴지라도 명철한 사람은 그것을 길어 내느니라"고 가르친다. 따라서 지나치게 성급히 다른 사람의 동기를 판단하려고 하기보다는 더 깊은 문제를 분별해 내려고 애쓰는 것이 최선이다.

넷째, 가능하다면 동의할 만한 점을 찾아내라. 변증의 목표가 단지 토론에서 상대방을 이기는 것이라면 이 점은 그리 중요하지 않다. "우리가 무엇에 동의하는지가 왜 중요한가? 우리는 동의하지 않는 부분에서 이기려고 여기에 있는 것이 아닌가?"라고 생각할지 모른다. 하지만 변증의 목표는 단지 다른 사람이 틀렸다고 알려 주는 것이 아니라, 복음을 위해 다른 사람을 얻는 것이다. 그러므로 가능한 한 최선을 다해 연결점을 찾는 일은 중요하다.

공통된 부분을 찾는 일에 대해 이렇게 말하는 이유는 단지 신자와 불신자가 함께 공유하는 중립적이고 편파적이지 않은 공간을 찾기 위해서가 아니다. 그런 중립지대는 존재하지 않는다. 하지만 본 장에서 살펴본 대로 성경은 비록 인간이 진리를 억누르고 있기는 하지만 그들은 여전히 그들 안에 깊이 심겨진 생명, 하나님 그리고 의미에 대한 분명한 본능이 있다. 한 예를 들자면 인간에게 임한 하나님의 은혜 때문에 모든 사람에게는 그들이 무언가를 예배하며(즉 의미와 정체성을 그 안에서 찾는데) 따라야 할 바른 길이 있고 피해야 할 잘못된 길이 있음을 본능적으로 안다(부인한다 할지라도). 이와 같은 점이 함께 시작할 수 있는 공통된 부분이 되기도 한다. 동의하는 부분에서 시작하는 것은 "유순한 대답은 분노를 쉬게 하여도 과격한 말은 노를 격동하느니라"(잠 15:1)는 잠언의 지혜를 실천하면서 동의하지 않는 부분에 도전하는 발판이 되기도 한다.

다섯째, 사변적인 것에 초점을 맞추지 말라. 대화에서 초점을 잃지 않는 일은 중요하다. 이야기를 나누는 사람이 어리석고 부적합하며 응당 틀린 내용을 대화에 끌어들인다고 느껴질 때가 있다. 그럴 때 동의하지 않는 모든 점에 답을 하려는 경향이 있는데, 여기서 하려는 말을 잘 고르지 않으면, 대화가 어렵지 않게 산으로 갈 것이다. 상대방이 동의하지 않는 말을 할 때마다(상대적으로 그리 중요하지 않은 부분인데도) 의견을 피력하는 것은 대체로 교만이다. 잠언 13장 10절이 경고하는 대로 "교만에서는 다툼만 일어날 뿐"이다.

바울은 복음이 구원에 이르는 하나님의 능력이며 그것이 우선적으로 중요하다고 했다(롬 1:16; 고전 15:3). 여기 도움이 될 만한 예가 있다. '변증적 부상자 분류'(apologetic triages)인데, 의료 전문가가 말하는 '의학적 부상자 분류'(medical triages)와 유사한 개념이다.

최근에 나는(조슈아) 딸이 몇 초 동안 의식을 잃어 응급실로 데리고 간 일이 있다. 응급실에 도착하자마자 병원 직원은 "1부터 10 중에 지금 얼만큼 아프니?"라는 식의 질문을 했다. 그들은 딸의 상처가 다른 환자들의 상태와 비교해서 얼마나 심각한지 알아보려고 했다. 아이의 머리 상처는 대단히 심각한 것일 수도 있기 때문에 그날 밤에 들어온 환자들 중에, 예를 들어 발목을 삔 환자보다는 먼저 돌보아야 했다. 하지만 심장마비로 들어온 환자보다는 나중이었다. 의학적 부상자 분류는 어느 환자의 상처가 더 치명적이며 우선순위가 주어져야 하는지 결정한다.

마찬가지로 변증적 부상자 분류는 우리가 바른 교리라고 생각하는 것에 대한 모든 반대 입장이 똑같은 우선순위로 다루어져서는 안 된다고 인식한다. 다시 말해 우리는 무엇이 복음에 가장 치명적인지를 결정해야 한다.[24] 많은 경우에 깊은 의문을 경험하는 신자와 회의주의자 모두 기독교의 본질과 비본질을 구분하기 위해 그들의 질문을 분류하는 법을 배우지 못했다. 누군가가 기독교 신앙을 고려한다면 기본적인 질문부터 시작해야 한다. 예수님과 복음에 대해서 무엇을 믿는가? 예수님과 복음 이야기를 신뢰할 수 있는가? 예수님은 무덤에서 살아나셨는가? 그분은 주님이신가?

때로는 신자에게 던져진 도전적인 질문이 본질적 교리보다는 신학적 전통에서 내려온 어떤 교리에 관한 것일 수 있다. 이 신자는 그와 같은 교리는 언제나 그래야 한다고 배웠기 때문에 회의론자가 이러한 교리 중 하나에 도전할 때 그의 믿음의 집이 무너지기 시작한다. 문제의 일부는 그들이 기독교의 핵심 신념과, 중요하지만 회심이나 정통 신학에 본질적이지 않은 신념 사이의 차이를 배운 적이 없다는 사실에 있다.

이러한 차이에 대한 이해가 부족하면, 도움을 주려고 대면한 사람과 대화할 때 영향을 받을 수 있다. 만일 모든 교리가 심각하게 중요한 수준으로 분류가 된다면 (분명히 아주 다르게 세상을 보는) 불신자와의 대화는 불가피하게 복음을 위한 다리를 놓을 수 없는 논증들에 빠질 것이다.

---

24) 신자에게 논란이 될 만한 문제와 그렇지 않은 문제의 차이를 이해하는 방법을 좀 더 알기 원한다면 D. A. Carson, "On Disputable Matters," *Themelios* 40, no.3 (December 2015): 283-88을 보라.

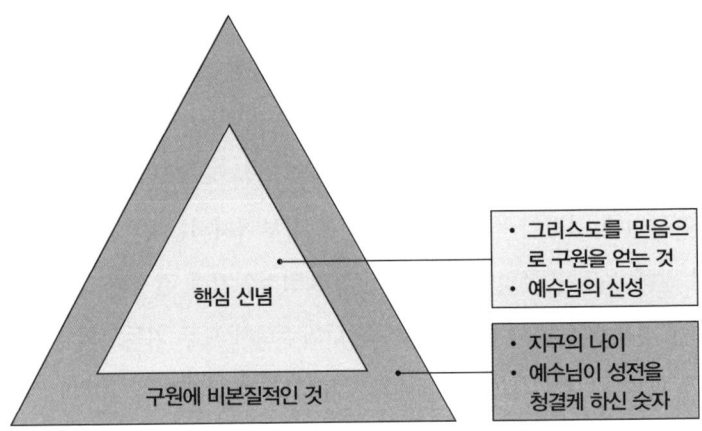

창세기 1장과 2장에 관한 질문들

우리는 프란시스 쉐퍼가 그의 저서 『창세기의 시공간성』(*Genesis in Space and Time*)[25]에서 예시한 것과 비슷한 접근을 제안한다. D. A. 카슨이 지적한 대로 쉐퍼는 다양한 기독교 안에서의 논쟁에 휩쓸리기보다 다음의 질문을 던진다. "성경의 다른 부분을 일리 있게 만들기 위해서 창세기 1장과 그 이후의 장들이 말해야 하는 최소한의 것은 무엇인가?"[26]

그리스도인은 어떤 특정한 상황에서 이보다 더 많은 것을 말할 수 있고 말해야 할 것처럼 느낄 수 있다. 하지만 이 주제가 변증적 대화에서 나온다면 대부분의 경우에 가장 지혜로운 방법은 (1) 창세기 1장과 2장이 말하는 본질적인 요소를 설명하고 (2) 기독교 전통 안에 존재하는 몇 가지 해석적 선택을 설명하는 것이다. 이러한 접근은 당신이 대화를 나누는 사람에게 마치 그들이 창세기 1장과 2장의 구체적인 것들에 관해 당신에게 동의하거나 즉각적으로 마음을 정해야 한다는 느낌을 받지 않고 복음을 고민할 기회를 제공하게 된다.

---

25) Francis A. Schaeffer, *Genesis in Space and Time: The Flow of Biblical History* (Downers Grove, IL: InterVarsity, 1972).

26) D. A. Carson, *The God Who Is There: Finding Your Place in God's Story* (Grand Rapids: Baker, 2010), 17에서 인용됨; 프란시스 쉐퍼, 『창세기의 시공간성』, 권혁봉 역, 생명의말씀사, 1995.

복음과 관련이 없는 특정한 문제들에 관해서는 역사적으로 그리스도인 가운데 합당하고 광범위한 다양한 입장이 있어 왔음을 인정하면 회의론자와 복음 사이에 불필요한 경계를 만들지 않고 토론이 지속되게 하는 데 도움이 된다.[27]

여섯째, 불필요하게 적대적이 되지 말라. 불필요하게 조롱하는 언어를 삼가라. 다른 사람의 입장을 놀리듯이 묘사하거나 그들의 입장을 어리석어 보이게 만들면 이미 당신의 편에 있는 사람들의 지지는 얻을지 모르겠지만 당신이 다가가려는 사람은 소외되고 말 것이다. 잠언 20장 3절이 관찰한 대로 "다툼을 멀리하는 것이 사람에게 영광이거늘 미련한 자마다 다툼을 일으키느니라."

뉴욕 타임즈의 칼럼리스트인 데이비드 브룩스(David Brooks)는 불필요한 적대감을 사용하는 것이 얼마나 위험한지 잘 요약했다. "만일 어떤 사람이 대화에서 매번 수사적 수준을 10으로 올린다면 상대방도 같은 수준에서 논박을 해야 하기 때문에 터무니없는 말을 하게 되거나 아예 입을 다물어 버릴 수 있다. 수사적 열정은 기분을 고양시킬 수 있지만 대화를 파괴하고 진리와의 화목을 해칠 것이다."[28]

물론 강한 언어로 분명하게 말해야 할 때가 있다. 그렇게 하기 위해서는 상황에 맞는 경건한 지혜와 민감함이 필요하다. 하지만 복음은 원수를(공개적으로 기독교에 적대적인 사람들까지도) 사랑하고 그들을 위해 기도하라고 상기시킨다. 우리 대부분은 공개 석상에서 아주 탁월하고 철저한 무신론자나 적대적인 비판자를 만날 일이 거의 없을 것이다. 대체로는 일상적인 관계에서 대화를 나

---

27) 물론 무엇이 본질적인가도 논란의 대상이다. 우리는 여기서 그와 같은 논란을 잠재우려는 것이 아니라 복음에 있어 어떤 교리가 본질적인지 분별할 수 있는 하나의 패러다임을 제공하려는 것이다.
28) David Grooks, "The Year of Unearthed Memories," *New York Times*, December 15, 2015, www.nytimes.com/2015/12/15/opinion/the-year-of-unearthed-memories.html.

누게 된다. 신중하지 않은 말이 불신자의 **뼈**를 부러뜨리지는 않겠지만 감정적으로 상처를 주어서 귀를 닫게 할 수 있고 결국 그들을 바로 인도하지 못하게 될 수 있다.

결론

마지막으로 본 장의 맨 처음으로 다시 돌아가려고 한다. 사랑과 겸손을 타협과 혼동하지 말아야 한다. 삶과 가르침을 통해 은혜와 진리의 본이 되신 예수님처럼(요 1:14) 우리는 겸손과 사랑으로 서로를 대해야 하며 동시에 담대하게 진리를 선포해야 한다. 복음의 진리가 우리 문화와 민감하게 상충되는 지점에서는 하나님 말씀 아래 서서 그 앞에 겸손해야 한다.

우리가 전하려는 메시지를 말하면서 우리에게 말씀하시는 하나님의 말씀에 겸손하게 순복해야 한다. 변증, 전도, 하나님의 구원에 이르게 하는 지식은 모두 성령의 구속하시는 역사에 궁극적으로 의존한다. 우리는 단지 한계로 인해 자신에게 겸손할 뿐만 아니라 다른 사람 안에 있는 인간의 한계도 인식해야 한다. 왜냐하면 누구도 중립적일 수 없고 하나님의 관점을 가질 수 없기 때문이다. 이제 왜 사람들이 헌신하게 되는지 그것이 어떻게 기독교를 위한 변증이 되는지 살펴보도록 하자.

Apologetics at the Cross

8장

복음을 위한 전인적인 호소

현실은 모든 사람이 이성적, 감성적, 문화적, 사회적 요소를 가지고 나름대로의 세계관을 수용하고 있다는 것이다.

_ 티모시 켈러, 『팀 켈러의 답이 되는 기독교』(Making Sense of God) 중에서

전인적인 변증

이미 6장에서 우리는 예수님이 어떻게 사람을 단지 영적인 것만이 아니라 육체적인 것도 섬기셨는지(다시 말해 미래에 완성될 구원을 미리 보여 주는 전인적인 방식으로) 살펴보았다. 이러한 구원에 대한 전인적인 이해에서 성경은 인간 존재의 중심을 묘사하기 위해서 '가슴'(heart)이라는 단어를 사용한다.

오늘날 '가슴'은 이성적인 사고를 가리키는 '머리'(head)와 대조되면서 종종 사람이 본능적으로 어떻게 느끼고 원하는지를 뜻하는 용어로 사용된다. 따라서 일반적으로 어떤 사람이 "내 머리는 이렇게 말하는데 가슴은 다르게 말한다."고 할 때 그는 논리적으로는 이것을 해야 한다고 이해하지만 원하는 것은 다른 것이라고 말하는 것이다.

> **십자가 중심 변증**
> 1. 말과 행동을 통해 십자가로 인도하기(6장)
> 2. 하나님과 사람 앞에서, 십자가를 닮은 겸손(7장)
> **3. 복음을 위한 전인적인 호소(8장)**
> 4. 십자가 렌즈를 통한 상황화(9장)

하지만 가슴과 '정신'(mind)에 대한 성경의 사용은 아주 다르다. 이는 우리가 그렇게 구분된 존재가 아님을 보여 준다. 성경에서 가슴은 대체로 인간 심령의 모든 면을 가리킨다.[1] 마태복음 22장 37절에서 예수님이 구약을 인용하여 "네 마음(heart)을 다하고 목숨(soul)을 다하고 뜻(mind)을 다하여 주 너의 하나님을 사랑하라"고 명하셨을 때 마음과 목숨과 뜻은 따로 떼어서 생각할 수 없을 만큼 상호 중복된다. 따라서 성경은 인간을 전인적인 존재로 부르며 욕구와 의지와 지성을 따로 분리시키지 않는다.

이것이 변증과 무슨 상관이 있는가?

변증에 관한 한 성경은 인간이 전인적인 존재라고 알려 주면서, 단순히 논리로 상대를 몰아넣어서 회심하도록 강요할 수 없다고 상기시킨다. 지난 단원에서 이미 단순히 한 면만 강조하거나 논리적으로만 접근하기보다 전인적으로 접근하는 것의 중요성을 다루었는데, 이 개념을 나중에 좀 더 살펴볼 것이다. 여기서는 우선 인간이 (1) 지적으로 사색적인 존재이며 (2) 예배하는

---

[1] 헬라어 '카르디아'(kardia)는 종종 '사고, 느낌, 의지와 함께 인간 내면의 중심과 근원'을 가리키는 데 사용되었다. Frederick William Danker, ed., *A Greek-English Lexicon of the Nre Testament and Other Early Christian Literature*, 3rd. ed. (Chicago: University of Chicago Press, 2000), 508.

존재이고 (3) 도덕적인 존재라는, 신학적 인간론의 세 가지 구체적인 사항에 관심을 모으려고 한다.

지적으로 사색적인 존재

5장에서는 현대 변증적 모델들의 방법론을 배웠고 12장과 13장에서는 신앙에 대한 이의를 다루고 기독교를 옹호하는 논거를 세우는 과정에서 증거에 근거한 방법에서 얻은 통찰을 통합할 것이다. 이러한 접근은 특히 기독교 신앙의 이성적, 역사적 타당성을 변호하는 데 많은 도움을 준다. 하지만 5장에서 보았듯이 증거에 근거한 호소를 전통, 열망 그리고 상상력에 대한 호소와 분리해서는 안 된다. 특히 분석적이고 경험적인 변증적 방법에만 집중한다면, 변증은 사실을 철저히 구별하여 기독교를 위하든 대적하든 어떤 결정을 내리게 하는 지적인 활동만 강조한다고 잘못된 인상을 남길 수 있다.[2] 설득은 인지적인 활동이기는 하지만 동시에 개인적이며 실존적인 활동이기도 하다. 변증은 추상적인 이론 영역에서 이루어지는 것이 아니라, 실제 삶에서 각기 독특한 관점과 모습을 가지고 복잡 다양한 이유를 가지고 헌신적으로 행하는 실제 사람을 상대하는 것이다. 5장에서 논한 현대 변증 이론을 고려할 때 전인적인 인간에 초점을 맞추는 일은 우리가 물론 지성을 사용해 결정하고 헌신하지만, 단지 지성적인 근거만을 가지고 그러한 결정과 헌신을 하지 않는다고 상기시킨다.

도덕적인 존재

하나님은 인간을 그들이 한 결정에 책임을 져야 하는 도덕적인 존재로 만드셨다. 하나님이 그렇게 만드셨기 때문에 우리는 옳고 선하다고 느끼는 것

---

2) 이에 관해서는 David K. Clark, *Dialogical Apologetics: A Person-Centered Approach to Christian Defense* (Grand Rapids: Baker, 1993), 112-14을 보라.

에 근거해 결정할 수밖에 없다.³⁾ 인간은 단지 욕망을 가졌을 뿐 아니라 동물과 달리 욕망을 사색하고 평가하여 도덕적인 판단을 한다. 사자는 그가 포획한 얼룩말을 동료 사자와 나누지 않고 혼자 독식하려는 이기적인 욕망이 도덕적인지 고민하지 않는다. 반면에 인간은 자신의 욕망을 평가할 능력이 있다. 예를 들면 나는(조슈아) "나는 그를 미워합니다. 하지만 그게 옳지 않다는 것을 압니다."라고 고백하는 학생을 만난 적이 있다. 자신의 충동을 따르는 결정을 합리화하려는 시도조차도(내게 그렇게 고백했던 학생은 '그가 내 여자 친구를 가로챘으니 그를 미워할 권리가 있다'고 생각했는지도 모른다.) 우리가 도덕적 존재로 창조되었다는 표시이다. 인간만이 화를 낸 후 상황을 돌아보며 자신의 분노가 합당하지 않음을 깨닫고 후회할 수 있다. 인간으로서 자신의 욕구와 동기를 평가할 수 있는 (도덕적 판단을 할 수 있는) 우리의 성향은 독보적인 동시에 보편적이다.

여기서 핵심은 모든 인간이 그리고 더 나아가 모든 문화가 어떤 특정한 도덕적 기준에 동의하는 것은 아니며, 모든 인간과 문화는 저마다 도덕적 기준이 있어서 선한 것, 악한 것, 적당한 것, 그렇지 않은 것, 의미 있는 것과 하찮은 것에 관해 각기 도덕적 판단을 한다는 것이다.⁴⁾

예배하는 존재

인간은 예배하는 존재이다. 모든 사람은 그들이 얼마나 비종교적으로 보이든 간에 무언가를 예배한다. 예수님도 사람은 불가피하게 하나님이든 돈이든 주인을 섬긴다고 하셨고 궁극적으로 그 한 주인에게 충성하게 된다고 가르치셨다. "한 사람이 두 주인을 섬기지 못할 것이니 혹 이를 미워하고 저를 사랑

---

3) Christian Smith, *Moral, Believing Animals: Human Personhood and Culture* (Oxford: Oxford University Press, 2003)을 보라.
4) Smith, *Moral, Believing Animals*, 7-13, 28-29, 148을 보라.

하거나 혹 이를 중히 여기고 저를 경히 여김이라"(마 6:24). 우리는 가장 사랑하는 것을 섬기게 될 것이고 섬기는 것을 가장 사랑하게 될 것이다.

현대의 신들은(가장 현저하게는 성, 돈, 권력) 인간의 마음 가장 깊은 곳에 있는 욕망에 호소하고 내면 깊은 곳에 자리를 잡으려고 한다. 우리는 내면에서부터 의미와 치유와 중요성, 육체적 편안함, 정체성을 찾으려는 희망으로 이러한 신들에게 깊은 헌신을 한다. 이를 결코 가볍게 다루지 말 것은 이 우상들은 아주 간교하게 우리 삶의 방향을 결정할 것이며 우상을 물리치기란 아주 어렵기 때문이다. 너무 한쪽으로 치우쳐 전인적으로 호소하지 않는 변증은 가장 깊은 곳에 뿌리내린 욕망에 호소하는 현대 신들의 상대가 되지 못한다.

사랑은 이것과 무슨 상관이 있는가?

변증에서 조심해야 할 한 가지 위험은, 복음에 이르는 길을 열어 주는 과정에서 그들의 지성에만 호소하려고 하는 것이다. 또 인간은 전인적이고 생각할 뿐 아니라 믿고 욕망하고 상상하는 존재가 아닌 그저 사고하는 존재라고 가정하는 실수를 범하게 된다.

이미 신약성경에서 가슴(heart)이라는 단어는 대체로 전인적인 인간의 중심, 즉 현대인이 두 개의 단어로 구분해서 부르는 '머리'(생각하는 것)와 '마음'(느끼는 것)의 통합을 가리킨다고 살펴보았다. 예수님이 보물이 있는 곳에 네 마음(heart)이 있다고 말씀하셨을 때(마 6:21) 그 말씀에는 보물처럼 여기는 것이 궁극적으로는 느낌뿐 아니라 삶의 방향과 목적을 다스리게 되리라는 의미가 함축되어 있다.[5]

---

5) D. A. Carson, "Matthew," in *Expositor's Bible Commentary: Matthew-Mark*, rev. ed. (Grand Rapids: Zondervan, 2010), 212을 보라.

이는 오랜 기독교 사상의 역사 가운데 거듭 강조되었다. 예를 들면 신자와 마귀의 결정적인 차이는 하나님에 관한 지식이 아니라 하나님을 향한 애정이다. 철학자 앨빈 플랜팅가는 이를 지적한 후에 마르틴 루터와 장 칼뱅의 말을 근거로 해 "드러냄과 숨김, 지식과 애정, 지성과 의지 사이에는 아주 긴밀한 관계가 있어서 믿음의 사람 안에서 깊고 복잡하고 긴밀하게 상호 작용한다"[6]고 말했다. 이는 참 신앙에서 애정이 우선된다고 주장한 조너선 에드워즈(Jonathan Edwards)의 말과 일맥상통한다. 에드워즈에게 '애정'(affections)은 감정을 포함하지만 넓게는 아름다움과 선함을 느끼는 전체를 가리키는 말이어서 순간적으로 경험하는 가벼운 느낌보다는 훨씬 더 지속적이다.[7]

> **C. S. 루이스**
>
> 단순히 머리에 호소하는 것 이상의 변증을 한 탁월한 예가 많지만 아마도 가장 잘 알려진 것은 C. S. 루이스의 변증적 접근일 것이다. 알리스터 맥그래스가 설명한 대로 루이스의 저서는 이성에만이 아니라 (기독교를 위한 논리적 접근을 한 『순전한 기독교』에서처럼) 인간과 상상력에 호소하기도 한다. 예를 들면 루이스는 『순례자의 귀향』과 자전적 저서인 『예기치 못한 기쁨』에서 우화를 사용해 기독교가 어떻게 인간의 깊은 내면의 욕구를 채우는가 생생하게 보여 준다. 그리고 『나니아 연대기』에서는 독자의 상상력을 사로잡아서 그들의 영혼을 기독교 이야기의 아름다움과 진리(더 깊은 마술)로 여는 세계를 창조한다.[8]

신학자이자 철학자인 제임스 스미스는 욕망에 대한 이 강조를 회복하려고 했다. 그의 구체적인 관심은 교육과 세계관이었지만 그의 프로젝트는 변증에서도 중요한 의미가 있으므로 우리는 그의 연구를 변증에 적용할 수 있다.

---

6) Alvin Plantinga, *Knowledge and Christian Belief* (Grand Rapids: Eerdmans, 2015), 79; 앨빈 플랜팅거, 『지식과 믿음』, 박규태 역, IVP, 2019.

7) Jonathan Edwards, *Religious Affections: In Three Parts* (Philadelphia: Chrissy, 1821); 조나단 에드워즈, 『신앙과 정서』, 서문강 역, 지평서원, 2009.

8) Alister E. McGrath, *Mere Apologetics: How to Help Seekers and Skeptics Find Faith* (Grand Rapids: Baker, 2012), 69; 알리스터 맥그래스, 『기독교 변증』, 전의우 역, 국제제자훈련원, 2014.

기독교 변증이 정신(mind)을 지나치게 강조하면 "기독교 신앙을 그저 바른 생각이라는 목표 아래 알고 믿어야 할 사상, 원리, 주장, 명제로 축소"시킬 수 있다. 이와 같은 접근의 문제는 인간을 그저 "사상을 담고 있는 사고하는 그릇으로"[9] 여기게 한다.

스미스는 세 가지 인간론적 모델을 묘사하는데 첫 번째는 지금 막 묘사한 모델로서, 인간을 근본적으로 사고하는 존재로 보는 것이다. 곧 우리의 정신이 우리이고 우리의 육체는 우발적인 것이다.[10] 인간은 사고하는 존재로서 정보를 입력하고 무엇보다 인지적인 기능에 의해서 어떻게 살아야 할지를 결정한다. 따라서 이 모델에 의하면 변증이란 주로 사상과 정보를 다른 사람에게 퍼뜨리는 것이다.

세 가지 인간론적 모델들

- 무엇보다 사고하는 존재로서의 인간
- 무엇보다 신앙하는 존재로서의 인간
- 무엇보다 욕망하는 존재로서의 인간

두 번째 모델은 인간을 단지 신앙하는 자로만 보아서 그들이 아는 것이 아니라 믿는 것으로 사람을 묘사한다. 스미스의 말을 빌리자면 인간은 "전이성적(pre-rational)이거나 초이성적(supra-rational)인 세계관에 의해 규정되는 믿

---

9) James K. A. Smith, *Desiring the Kingdom: Worship, Worldview, and Cultural Formation* (Grand Rapids: Baker Academics, 2009);제임스 스미스, 『하나님 나라를 욕망하라』, 박세혁 역, IVP, 2016. 좀 더 대중적인 것으로는 그의 *You are What You Love: The Spiritual Power of Habits* (Grand Rapids: Braxos), 2016;『습관이 영성이다』, 박세혁 역, 비아토르, 2018를 보라.

10) Smith, *Desiring the Kingdom*, 41-43; 스미스, 『하나님 나라를 욕망하라』.

는 동물, 혹은 본질적으로 종교적인 피조물"이다.[11] 스미스는 이 모델이 처음 모델보다 더 강력하기는 하지만 단지 "사상들의 충돌"을 "신념들의 충돌"로 대신했을 뿐 여전히 "인간을 해체된 개인적인 모습으로 보고 다루는 경향이 있다."고 말했다.[12]

결과적으로 스미스는 세 번째 모델을 제시한다. 인간을 주로 사랑하는 존재, 즉 욕망이나 사랑이 육체화된 행위자로 보는 관점이다. 스미스는 아우구스티누스를 언급하며 "우리는 세상을 단순히 사고하는 자나 신앙하는 자로서가 아니라, 감각을 통해 길을 찾아가는 보다 정서적이고 육체적인 존재로 살아간다."라고 주장한다.[13]

아우구스티누스는 파괴된 사랑 안에 죄가 뿌리를 내리고 있다고 믿었다. 문제는 세상에 있는 것을 사랑하는 것이 아니다. 사실 하나님은 우리를 사랑하도록 설계하셨다.[14] 문제는 잘못된 순서(잘못된 우선순위)로 사랑한다는 것이다. 창조주보다 피조물을 더 사랑하고 하나님의 나라보다 자신의 왕국을 더 사랑한다.

실제로 질서가 파괴된 이 사랑이 지금 우리가 살고 있는 방식을 결정짓는다. 사랑하고 욕망하는 것이 "특정한 방법으로 행동하도록 만들고 특정한 관계를 발전시키고 특정한 것을 추구하고 헌신을 하고 즐기도록 줄다리기를 한다."[15] 만일 누군가가 왜 그렇게 사는지 설명하라고 강요한다면, 자신의 행동

---

11) Smith, *Desiring the Kingdom*, 43; 스미스, 『하나님 나라를 욕망하라』.
12) Smith, *Desiring the Kingdom*, 44; 스미스, 『하나님 나라를 욕망하라』. 신약에서 믿음의 중요성을 생각하면서 우리는 바른 신념에 집중할 것을 제안한다. 하지만 스미스가 말하려는 것은 세계관이나 영적 형성보다(여기에 우리는 변증을 넣고 싶다.) 이성과 믿음에 대한 지나친 강조로 균형을 잃었다는 것이다.
13) Smith, *Desiring the Kingdom*, 47; 스미스, 『하나님 나라를 욕망하라』.
14) Augustine, *On Christian Doctrine* 1.26.27-27.28; 아우구스티누스, 『기독교 교양』, 김종흡 역, 크리스천다이제스트, 2017. www.newadvent.org/fathers/12021.htm
15) Smith, *Desiring the Kingdom*, 52. 스미스 자신도 "인식적인 것이나 명제적인 것이 우리에게 전적으로 생소하다는 말이 아니다. … 하지만 이는 같은 방법 혹은 같은 효력으로 우리의 뼛속으로(비인식적인) 들어가지는 않는다."고 인정한다(53). 이 시리즈의 두 번째 책에서 그는 더욱 분명히 말하기를 "여기서 나의 비판은 그런 세계관이 틀렸다는 말이 아니라 적절하지 않다는 말이다."라고 했다(8). *Imagining the*

을 온전히(혹은 정확하게) 설명하는 신념이나 논리적인 이유를 표현하는 데 문제가 있을 것이다. 하지만 만일 정직하고 스스로 충분히 사고하는 사람이라면 그렇게 행동하는 이유는 논리나 신념 때문이 아니라 그것을 가장 원하기 때문이라고 대답할 것이다.

인류의 사고와 신앙의 측면은 중요하지만 제임스 스미스가 지적하는 대로 그것이 이야기의 전부가 아니다. 인간은 욕구하는 존재이기도 하다. 한편으로 우리가 사고하는 것, 신앙하는 것, 욕망하는 것을 마치 서로 독립된 것으로 다룬다면 그 또한 위험한 일이다.

결혼은 사고와 신앙과 욕망이 어떻게 상호 연관적인지 보여 주는 좋은 유비로서 균형 있고 전인적인 접근을 제공한다. 예를 들어 나는(조슈아) 결혼 생활을 하면서 아내를 알수록 그녀의 인격을 더욱 신뢰하게 되고 더욱 깊이 사랑하게 되어 그녀를 섬기려는 욕망이 더욱 커졌다. 사랑, 지식, 그리고 신뢰는 건강한 관계에서 함께 작용한다.

하지만 지식이란 단어를 결혼 관계과 관련해 사용할 때 이는 사실에 대한 지적인 인식보다는 훨씬 더 큰 무언가를 의미한다. 아내에 관한 사실에 대한 단순한 묘사(예. 내 아내는 해변가 모래사장과 같은 갈색 머리카락을 가지고 있으며 로맨틱 코미디를 즐긴다.)는 내가 그녀에 대해 가진 지식을 온전히 설명하지 못한다. 분명한 것은 더 깊은 차원에서 나를 사로잡은 내 아내의 아름다움에 대한 미적 지식이 있다는 것이다. 그녀가 웃는 모습, 나를 바라보는 눈빛, 말로 표현할 수 없는 그녀에 관한 어떤 것들처럼 말이다.[16]

다른 모든 예가 그렇지만 너무 지나치게 강조하다 보면 실수를 범하게 되는데 여기서 말하고 싶은 것은 무엇보다 배우자에 관해 아는 사실이나(관심 있

Kingdom: How Worship Works (Grand Rapids: Baker Academics, 2013); 제임스 스미스, 『하나님 나라를 상상하라』, 박세혁 역, IVP, 2018.
16) Smith, *Imagining the Kingdom*, 126; 스미스, 『하나님 나라를 상상하라』.

는 것이기는 하지만!) 그들에 대한 신뢰 때문에(깊이 신뢰하지만) 결혼을 하지는 않는다는 것이다. 때로 흔들리기도 하지만 결혼을 결심하고 평생을 헌신하기로 하는 것은 배우자를 향한 감정 이상의 깊은 애정이 있기 때문이다.

진리를 믿는 것은 본질적이다. 하지만 사실의 열거는 건강한 결혼의 연료가 되지 않는다. 그렇기 때문에 그것은 누군가와 결혼을 하기로 결정하는 우선적인 동기가 되지 않는다. 마찬가지로 증거의 열거는 건강한 변증의 연료가 되지 못한다. 하지만 증거는 여전히 의미가 있다.

인격적인 하나님과 성경을 신뢰하고 그분의 진리에 대한 지식을 가지는 것은 기독교에 있어서 본질적이다. 그래서 변증의 기능에는 왜 사람이 하나님에 관한 진리를 진지하게 생각해야 하는지 설명하고 왜 이 언약의 하나님을 신뢰해야 하는지 답을 주는 것이 포함된다. 하지만 배우자에게 헌신하는 것과 마찬가지로 사람이 현재의 삶의 방식을 바꾸어 그리스도를 따르도록 하는 것은 단지 사실과 증거의 열거가 아니다. 티모시 켈러는 "사람은 … 단지 생각을 바꾸어서 변하는 것이 아니라 그들이 가장 사랑하는 것을 바꿀 때 변한다. 그와 같은 이동은 생각의 변화를 필요로 하지 않는 것이 아니라 그 이상의 무언가를 필요로 한다."고 했다.[17] 따라서 건강한 변증은 진리를 선언하고 증거를 보여 주지만 동시에 그 이상의 것을 제공한다.

옆의 원으로 표현된 그림은 세 가지 인간론적 모델(사고하고 신앙하고 욕망하는 존재로서의 인간)이 교차하며 인간 의지의 핵심을 형성하는 모습을 나타낸다.[18] 우리는 생각하고 신앙하고 욕망하는 전인적인 존재이다. 인간의 복잡성을 인식하는 성경은 그래서 다양한 방법으로 호소한다. 십자가 중심 변증도 그렇

---

17) Timothy Keller, *Preaching: Communicating Faith in an Age of Skepticism* (New York: Viking, 2015), 159; 팀 켈러, 『팀 켈러의 설교』, 채경락 역, 두란노, 2016.
18) "이성과 신앙과 느낌 사이의 긴밀한 관계"에 대한 철학적 사고로는 Charles Taylor, "Reason, Faith, and Meaning," in *Faith, Rationality, and the Passions*, ed. Sarah Coakley (Malden, MA: Wiley-Blackwell, 2012), 26을 보라.

다. 변증가는 다양한 변증적 호소들로 잘 준비되어 있어서 어떤 사람에게는 머리로, 어떤 사람에게는 가슴으로 접근하며 서로를 잘 조화시켜 전인적인 변증을 해야 한다.

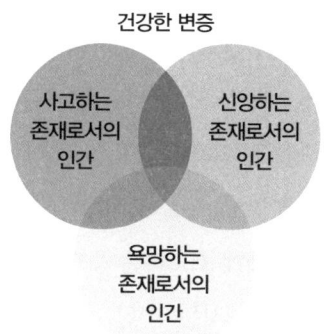

정체성과 목적: 나이키와 아우구스티누스로부터의 교훈

제임스 스미스 외에 몇몇 사람은 인간 욕구의 중요성을 보여 주기 위해서 생산 산업을 주목했다. 생산자는 설득으로 먹고 사는 사람이기 때문에 그들의 일은 인간의 결정을 가장 강력하게 주도하는 것이 무엇인지 이해하는 것이다. 이를 염두에 두고 생각해 본다면 흥미롭게도 생산 전략이 지성을 목표로 하는 일은 극히 드물다는 사실을 발견하게 된다. 예를 들어 특정한 샴푸를 사야 하는 다섯 가지 이유나 특정한 자동차를 사야 하는 결론에 이르도록 논리적 전개를 펼치는 광고를 본 적이 있는가? 그보다는 당신이 원하리라고 생각하는 이미지나, 만족감을 줄 만한 정체성, 혹은 그 물건을 사면 삶이 어떻게 달라질지에 관한 비전을 판다.[19]

---

19) Smith, *Imagining the Kingdom*, 76; 스미스, 『하나님 나라를 상상하라』. 나는(조슈아) 수업 시간에 이 점을 강조하기 위해 종종 PBS가 제작한 "설득자들"(*The Persuaders*)이란 탁월한 시리즈를 인용한다.

예를 들면 나이키가 사람들이 그 신발을 사도록 어떻게 효과적으로 설득하는지 생각해 보라. 나이키 광고는 단지 사실을 제공하는 것으로 신발을 팔지 않는다. 유명한 운동선수를 열거한 다음, 유명한 슬로건 "일단 해 보라"(Just do it)와 함께 의미와 목적으로 가득 찬 삶, 정체성을 판다. 나이키는 고객의 상상력을 사로잡는 방법을 알았고 그래서 성공할 수 있었다.

현대의 생산자는 아우구스티누스나 칼뱅과 같은 신학자가 아주 오래전에 실천했던 것들로부터 배웠다. 인간의 마음은 쉼 없이 우상을 만들어 내는 공장과 같다. 우리가 생산자의 속임수를 조심해야 할 많은 방법이 있겠지만, 무언가를 예배하는 자인 인간에게 호소하는 중요성(또한 그래서 정체성과 목적과 같은 문제의 중요성)을 변증에서 간과해서는 안 된다.

'이성'이 충분하지 않을 때

어떤 사람은 믿어야 하는 이유를 진지하게 듣기 전에 믿기를 원하는 경우도 있다. 이는 최근 한 저자가 관찰한 대로 사랑을 따라 신념을 바꾸고 싶어 하는 인간의 본성이거나 아니면 신념을 따라 사랑을 바꿀 준비가 되어 있지 않기 때문이다.[20]

우리는 최근 한 학생과 대화를 나누었는데, 그는 고향에서 온 회의적인 친구에게 기독교를 변증하기 위해 기독교의 주요 변증가 중 한 사람이 작성한 단계별 논증을 들고 접근했다. 그는 자신이 발견한 통찰력 있는 논증으로 친구를 인도할 생각에 아주 들떴지만 결국 실망한 채 학교로 돌아왔다. 그의 친구가 전혀 설득되지 않았기 때문이다.

---

[20] Gregory E Ganssle, *Our Deepest Desires: How the Christian Story Fulfills Human Aspirations* (Downers Grove, IL; InterVarsity, 2017), 6.

이 학생의 문제는 사려 깊게 전할 준비가 충분히 되지 않아서가 아니다. 그가 발견한 논리적 논증에 대한 그의 기대감이 문제였다. 증거의 제시가 변증에서 중요하다는 생각은 틀리지 않았다. 그러나 그가 발견한 것은, 자신이 제시한 논증이 성공하느냐의 여부는 다만 그의 친구가 믿고 싶어 하느냐에 달려 있었다는 사실이다.

어떻게 하면 사람들이 믿고 싶게 만들 수 있을까? 아우구스티누스를 다시 인용하자면, 파괴된 욕구(파괴된 사랑)를 가진 사람에게 어떻게 다가가면 좋을까? 만일 변증이 지나치게 머리만 강조하고 가슴을 소홀히 한다면(최근의 대중적인 구분을 사용하자면) 사고하는 자, 신뢰하는 자, 그리고 궁극적으로 예배하는 자인 사람에게 전인적인 변증이 어떻게 다가가야 할까?

옥스퍼드대학 과학과 종교 분과의 교수인 알리스터 맥그래스는 이성적 논증이 변증에 있어서 본질적인 부분이며 현대 사회에서도 대단히 중요한 위치에 있지만, 후기 모더니즘이란 상황에서는 기독교 신앙의 다른 면이 강조될 필요가 있다고(무엇보다도 강력한 상상력과 도덕적, 미적 호소) 설명하며 균형 잡히고 전인적인 변증적 접근을 제공한다. 맥그래스가 기독교의 이러한 면을 강조하는 것은 회의적인 눈으로 새롭게 만들어 낸 흐름이 아닌데, 과거의 기독교 저자들, 특히 중세와 르네상스 시대에 살았던 사람들도 신실한 자를 가르칠 때 성경적 이야기와 이미지에 높은 가치를 두었기 때문이다. "모더니즘의 중흥으로 두 가지 모두 가치를 잃어버렸지만, 포스트모더니즘의 등장으로 그 힘이 재발견되었다."[21]

맥그래스가 신중하게 설명하는 대로, 이는 변증적 접근이 이성적인 논증을 배제하거나 개인적인 경험을 나누는 것에 집중해야 한다고 제안하는 것이 아니다. 전혀 그렇지 않다. 논증을 만드는 능력과 설득하는 능력을 혼동하는

---

21) McGrath, *Mere Apologetics*, 128; 맥그래스, 『기독교 변증』.

많은 변증적 방법들의 경향을 볼 때 다른 형태의 설득을 강조할 필요가 있다는 뜻이다. 설득의 예술은 단순한 논리나 증거의 열거로 국한되지 않기 때문이다. 우리가 사는 세상의 복잡성과 다양성은 그리스도인으로 하여금 어떻게 다양한 각도에서 세상을 만나야 하는지 깊이 생각하라고 요구한다.

이야기와 상상

성경은 사람들의 마음을 얻을 수 있도록 다가가기 위해 사람들의 상상에 호소한 많은 이야기로 가득 차 있다. 가령 다윗이 밧세바와 죄를 범했을 때 나단은 그의 죄를 나열하며 논리적인 결과를 가지고 그를 대할 수 있었다. "왕이여 당신은 거짓말쟁이이고 음행한 자이며 살인자라서 심은 것을 거두게 될 것입니다." 하지만 그는 다른 방법을 취했다. 그는 이야기를 통해 다윗의 마음에 호소했다(삼하 12:1-13).

마찬가지로 예수님이 이 땅에서 사역을 하시며 하나님의 사랑에 관해 말하고 그의 제자들에게 원수를 사랑하라고 명하실 때 그분은 그저 개념과 명제를 언급하실 수도 있었지만 그 대신 선한 사마리아 사람 비유와 탕자의 비유를 통해 예를 들어 말씀하셨다(눅 10:25-37; 15:11-32).

가장 놀라운 사실은 성경 전체가 명제적인 선언이나 규칙 이상을 다루고 있다는 것이다. 하나님은 그분의 말씀에 논증과 증거로 호소되는 명제적 진리뿐만 아니라 시편과 노래, 지혜와 이야기가 포함되도록 영감하셨다.

이들 중에 특히 '이야기'라는 형태가 두드러진다.[22] 성경의 많은 부분이 다양한 이야기로 이루어져 있는데 사실 성경 전체가 구속의 원대한 한 이야기이다. 그렇다고 명제를 뒷전에 두어 소홀히 다룬다는 의미는 결코 아니다. 케

---

22) 학자들은 심지어 서신들에도 종종 이야기체의 하부 구조가 있다고 지적한다. 특히 바울 서신들이 그렇다. Richard Hays, *The Narrative Substructure of Galatians of 3:1-4:11* (Grand Rapids: Eerdmans, 2002).

빈 밴후저가 기록한 대로, "하나님의 말씀의 진리는 사실 풍성하게 명제적이다. 성경은 우리의 지성으로 하여금 그 명제를 받아들일 것을 요구한다. 하지만 동시에 성경은 그것을 또한 보고 느끼고 맛볼 수 있도록 상상을 요구하기도 한다."[23] 성경에 제시된 다양한 접근은 이 책이 전하는 한 가지 주제를 상기시킨다. 곧 우리는 다양한 사람에게만이 아니라 한 사람의 다양한 면에 호소할 다양한 변증적 도구로 준비되어야 한다.

이야기는 단순히 아이들이나 지적 수준이 떨어지는 사람을 위한 것이 아니다. 게다가 이야기는 단순히 실재에 대한 예화나 은유의 역할만 하는 게 아니다. 성경학자인 N. T. 라이트는 이야기가 중요하다고 설명했는데, 이야기는 우리가 주변 세계를 바라보고 관계를 맺는 방식에 영향을 미쳐 궁극적으로 우리 삶의 방식에 강한 영향을 주기 때문이다. 이야기는 인간의 삶의 기본적인 구성 요소일 뿐 아니라, 사실상 세계관 전체를 구성하는 핵심적인 요소 중 하나다.[24] 우리가 세상을 보고 해석하는 방식, 즉 세계관의 기초는 우리가 속해 있다고 믿는 이야기들에 있다. 다음과 같은 보편적인 질문을 해 보라. "우리는 왜 여기에 있는가?" "우리는 무엇을 해야 하는가?" 그들의 답을 경청한다면 한 이야기를 듣게 될 것이다.[25] 과학자가 한 이론을 설명하는 것을 들어보라. 모든 정보를 모아 말하는 한 이야기를 듣게 될 것이다. 음악을 들어보라. 미술작품을 보라. 아니면 한 친구의 행동을 이해하려고 해보라. 이야기의 형태로 생각하는 자신을 발견하게 될 것이다. 따라서 라이트는 별스러운

---

23) Kevin Vanhoozer, *The drama of Doctrine: A Canonical-Linguistic Approach to Christian Theology* (Louisville: Westminster John Knox, 2005), 291; 케빈 밴후저, 『교리의 드라마』, 윤석인 역, 부흥과개혁사, 2017.

24) N. T. Wright, *The New Testament and the People of God: Christian Origins and the Questions of God* (Minneapolis: Fortress, 1992), 38; 톰 라이트, 『신약성서와 하나님의 백성』, 박문재 역, 크리스천다이제스트, 2003.

25) Alasdair MacIntyre, *After Virtue: A Study in Moral Theory*, 3rd ed. (Notre Dame: University of Notre Dame Press, 2008), 204–18; 알래스데어 매킨타이어, 『덕의 상실』, 이진우 역, 문예출판사, 2021을 보라.

관점을 소개하는 것이 아니다. 그는 인간 본성의 보편적인 면에 근거해서 말하고 있다. 우리는 모두 이야기를 말하는데 그 이야기가 우리가 세상을 관찰하고 세상과 관계를 맺는 기초이기 때문이다.[26] 알래스데어 매킨타이어도 그의 유명한 저서 『덕의 상실』(*After Virtue*)에서 비슷한 강조를 한다. "인간은 본질적으로 자신의 행동, 실천 그리고 허구 속에서 이야기를 말하는 동물이다. … 우리가 '내가 무엇을 하는가?'라는 질문에 답하려면 선행되는 질문인 '내가 어느 이야기 혹은 이야기들의 일부인가'에 답할 수 있어야 한다."[27]

> **찰스 테일러가 말하는 서사**
>
> 캐나다 철학자인 찰스 테일러는 모든 사람이 그들의 삶과 역사에 관한 이야기를 믿고 있다고 설명하면서 이야기의 중요성을 강조한다. "우리가 대서사(master narrative)를 피해 갈 수는 없다. 그것을 피하려고 하는 것은 무의식 중에 검증되지 않고 비판받지 않은 또 다른 서사에 의해 움직이고 있다는 의미일 뿐이다. 왜냐하면 우리는(현대 서구인) 이러한 것을 통해서만 자신을 이해할 수 있기 때문이다. … 우리의 이야기는 어떻게 현재의 우리가 되었는지, 이전의 존재로부터 어떻게 이탈해서 다른 방향으로 가게 되었는지를 다룬다."
>
> 테일러는 우리가 "그런 접근은 중세적이다."라거나 "그건 진보적인 생각이다."라거나 "그녀는 너무 앞서간다."는 등의 이야기를 할 때 이는 인간이 타락하고 야만적인 삶의 방식에서 벗어나 세련되고 계몽된 삶으로 발전한다는 성장 서사에서 비롯된 것이라고 설명한다. 마찬가지로, 사람들이 "옛날이 좋았지."라고 말하며 요즘 사람은 과거처럼 도덕적 기질이나 확실한 의미가 없다고 한탄할 때, 이는 반동적 서사에서 비롯된 발언이다.
>
> 이와 같은 대서사를 어떻게 대해야 하는가? 테일러는 "우리가 어떻게 지금의 모습이 되었는지 설명하는 다양한 이야기는 불가피하게 세속성을 결과로 포함한다."고 설명하면서, "이러한 서사에 맞서기 위해 '또 다른 이야기'로 도전해야 한다."고 주장한다.[28]

---

26) Wright, *New Testament and the People of God*, 40; 라이트, 『신약성서와 하나님의 백성』; McGrath, *Mere Apologetics*, 138-48; 맥그래스, 『기독교 변증』을 보라.
27) MacIntyre, *After Virtue*, 216, 또한 212-13; 매킨타이어, 『덕의 상실』을 보라. Charles Taylor, *Sources of the Self: The Making of the Modern Identity* (Cambridge: MA: Harvard University Press, 1989), 47-52; 찰스 테일러, 『자아의 원천들』, 권기돈, 하주영 역, 새물결, 2015을 보라.
28) Charles Taylor, "Afterward: Apologia pro Libro suo," in *varieties of Secularism in a Secular*

이러한 이유 때문에 이야기는 그리스도인이 불신자가 세상을 보는 방식을 도전할 때 특별히 중요한 통로가 된다.[29] 효과적인 이야기를 사용해 불신자가 무기를 내려놓고 와서 열린 마음과 가슴으로 들을 수 있도록 청할 수 있다. 그렇게 이야기는 불신자의 삶에 관한 기본적인 가정에 도전하는 더할 수 없는 기회를 얻게 된다.[30] 탁월한 예는 C. S. 루이스가 『나니아 연대기』 시리즈에서 그리스도를 사자로 묘사하며 독자의 상상력을 사로잡고 무장을 해제하는 방식에서 볼 수 있다. '아슬란'이라는 사자가 그처럼 강력한 캐릭터인 이유 중 하나는 그가 보이지 않기 때문이다.

변증에서 이야기는 다른 거짓된 이야기를 전복시키는 효과가 있어서가 아니라, 더 중요하게는 사람들의 마음을 감동시켜서 우리가 창조된 목적에 호소하는 좋은 삶의 비전을 제시하기 때문이다. 이 점에 있어서 제임스 스미스가 도움이 된다.

> 좋은 삶에 대한 비전은 규칙이나 사상을 제공해서가 아니라 풍요로운 삶이 무엇인지 그려서 우리의 마음과 상상력을 사로잡는다. 논문, 메시지, 소논문보다 이야기, 전설, 신화, 연극, 소설, 영화 등이 더 강력하게 소통이 되는 이유가 바로 이 그림 때문이다. 인지적이거나 명제적인 것이 우리에게 전혀 생소한 영역이라는 뜻이 아니다. … 그러나 우리의 마음과 상상력이 좋은 삶에 대한 더 매력적인 그림에 사로잡혀 있을 때 인지적이고 명제적인 내용은 쉽게

    Age, ed. Michael Warner, Jonathan VanAntwerpen, and Craig Calhoun (Cambridge, MA: Harvard University Press, 2010), 300–301.

29) 서사가 어떻게 모든 삶의 중심이 되는가에 관한 구체적인 논증과 무언가를 잃지 않고는 달라질 수 없음에 관해서는 Charles Taylor, "How Narrative Makes Meaning," in *The Language Animal: The Full shape of the Human Linguistic Capacity* (Cambridge, MA: Harvard University Press, 2016), 291–319을 보라.

30) Wright, *New Testament and the People of God*, 40; 라이트, 『신약성서와 하나님의 백성』 Smith, *Imagining the Kingdom*, 58; 스미스, 『하나님 나라를 상상하라』를 보라.

축소되거나 변방으로 밀려나 사소한 것이 되곤 한다. 우리가 텔레비전을 몰입해서 볼 때 다른 사람의 이야기가 잘 들리지 않는 것과 같다."[31]

기독교 증거들에 관해 누군가에게 이야기할 때 그들이 흘려듣는다는 느낌을 받은 적이 있는가? 우리에게는 그런 일이 수없이 많았다. 그저 더 많은 증거를 제시하는 것이 답이라고 생각할 수 있지만, 그의 친구가 증거들에 설득되지 않아 실망했던 학생의 이야기를 떠올려 보라. 만일 그들이 당신이 제시하는 증거를 무시하거나, 당신 스스로가 논증이 무기력하게 느껴진다면 더 많은 증거를 제시하는 것이나 논리적 삼단논법은 그저 허튼소리를 더 크게 떠벌리는 것이 될 뿐이다(어쩌면 더욱 성가신). 우리는 그들에게 믿어야 할 이유를 주기 전에 믿고 싶은 이유를 주어야 한다.

공동체적 신실함과 교제

6장에서 교회의 공동체적 신실함 자체가 변증이 되는지를 살펴보았다. 함께하는 교회의 삶(복음을 위한 가시적이고 경험적인 변증)은 특별히 강력하다.

케빈 밴후저가 관찰한 대로 "추상적인 신학적 개념을 무시하거나 진부한 교리들처럼 보이는 것에 반증하는 것은 쉽다. 그러나 복음의 진리를 인종적 화해나 가족적 용서, 사회 정의, 희생적 사랑을 통해 실천하는 실제 삶의 장면을 무시하는 것은 전혀 다른 일이다. 화해의 사역에 반대하기란 어렵다."[32] 전인적인 존재로서 인간은 단순히 가장 기본적으로 질문의 답만을 찾는 것이 아니다. 그들은 사랑하고 사랑받고 싶어 한다. 그리스도인 개인이 교회 안에 뿌리를 두는 것이 중요한 이유도 여기에 있다. 왜냐하면 사랑으로 다른 그리

---

31) Smith, *Desirinf the Kingdom*, 53-54; 스미스, 「하나님 나라를 욕망하라」.
32) Kevin Vanhoozer and Owen Strachan, *The Pastor as Public Theologian: Reclaiming a Lost Vision* (Grand Rapids: Baker, 2015), 175.

스도인과 교제하며 실질적인 공동체적 실천을 통해 그리스도의 지혜를 '증명'하는 것은 오직 교회 안에서만 가능할 뿐 아니라, 이를 통해 그리스도의 사랑을 다른 어떤 변증이 할 수 없는 방식으로 증명하기 때문이다.[33]

더 나아가서 변증가는 예배, 세례, 성찬을 포함한 교회의 공동체적 실천을 복음을 위한 가시적 변증으로 보아야 한다. 위에 언급한 대로 모든 인간은 궁극적으로 무언가를 예배하고 열망하는데 그 대상이 잘못된 경우가 많다. 잘 준비된 예배는 우리의 욕구를 재조정해서 거짓 우상들로부터 돌이키게 하고 이 세상을 넘어 우리를 창조하신 하나님을 바라보게 한다. 예배의 부분으로서 세례는 그리스도께서 우리의 죄와 죄책을 씻으셔서 이제 다른 신자와 함께 공동체에 속해서 변화된 삶을 살 수 있음을 가시적으로 보여 준다. 우리가 그분을 기억하고 그분의 재림을 선포하기 위해 예수님이 우리에게 기념하라고 명하신 모습을 또한 잊어서는 안 된다.

"내가 너희에게 전한 것은 주께 받은 것이니 곧 주 예수께서 잡히시던 밤에 떡을 가지사 축사하시고 떼어 이르시되 이것은 너희를 위하는 내 몸이니 이것을 행하여 나를 기념하라 하시고 식후에 또한 그와 같이 잔을 가지시고 이르시되 이 잔은 내 피로 세운 새 언약이니 이것을 행하여 마실 때마다 나를 기념하라 하셨으니 너희가 이 떡을 먹으며 이 잔을 마실 때마다 주의 죽으심을 그가 오실 때까지 전하는 것이니라."[34]

성찬을 기념하며 교회는 세상에 그리스도 안에서의 연합과 그리스도와의 교제의 달콤함, 복음의 생명을 주는 소망, 주님의 약속을 세상에 드러낸다.

---

33) Vanhoozer and Strachan, *Pastor as Public Theologian*, 174을 보라.
34) 고전 11:23-26.

교회가 몸으로서 보여 주는 가시적인 호소들(예배, 세례, 성찬)은 사실 전통적 증명이라고 부르는 것보다 더 전통적이다. 모든 사람이 교회의 모임과 실천들에 설득되지는 않겠지만 이미 살펴본 대로 어떤 종류의 증명도 모든 사람을 만족시키지는 못한다. 많은 사람에게 교회의 공동체적 실천은 예배하는 존재로서의 인간을 향한 강력한 가시적 호소가 될 수 있다.

변증, 이성, 증거

우리는 이 책에서 좁은 의미에서의 변증이 아니라, 하나님의 사람이 말과 행동에서 십자가의 의미를 살아내며 철저한 논증을 보이고, 신실하게 실천하며 다른 사람에게 애정을 보이고, 진리를 보전함으로써 복음의 진리를 보여 주는 더 넓고 전인적인 비전을 제공하려 한다.[35]

애석하게도 인간이 단순히 사고하는 존재 그 이상임을 강조하는 변증을 지지하는 몇몇 사람은 추를 너무 반대 방향으로 밀어 증거에 근거한 호소를 아예 거부하기도 한다. 그래서 어떤 이는 그저 복음 이야기만 전하면 하나님이 사람의 마음을 바꾸신다고 말하기도 하고, 또 어떤 이는 포스트모더니즘의 경고음을 울리며 이 새로운 시대에는 복음의 진리를 변호하는 데 논리나 증거는 더 이상 효과적이지 않으며, 그러므로 기독교 진리를 이야기로만 전해야 한다고 주장하기도 한다. 물론 그런 이의들에도 생각해 볼 만한 내용이 있어서 배울 것이 많지만, 이미 강조했듯이 증거에 근거한 호소를 전적으로 무시하는 것은 지혜롭지 못하다.

---

35) Kevin Vanhoozer, "Theology and Apologetics," in *New Dictionary of Christian Apologetics*, ed. W. C. Campbell-Jack and Gavin McGrath (Downers Grove: IL: InterVarsity, 2006), 42을 보라.

본능적 합리성과 문화적 합리성

7장에서 우리는 본능적 합리성과 문화적 합리성의 구분을 소개했다. 본능적 합리성은 "외적 세계의 실재, 다른 인간의 존재, 혹은 옳은 것과 틀린 것에 대한 기본적인 구분"[36] 등과 같은 기본적인 신념을 가능하게 하는 보편적으로 공유되는 내적 작용을 가리킨다. 사람들은 이런 신념을 논리적 추론에 의해서가 아니라 본능적이고 즉흥적으로 발전시킨다. 인간이 본능적 합리성을 가지는 이유는 그들이 하나님에 의해 창조되었고 그분이 창조한 세상에서 살고 있기 때문이다. 죄로 인한 타락이 아니었다면 우리는 하나님에 대한 지식을 억누르지 않았을 것이고(롬 1:18-32) 모든 사람이 똑같이 즉각적으로 하나님을 믿었을 것이다. 기억하겠지만 문화적 합리성은 한 문화에서 "그 문화에 속한 사람들이 '믿는 것이 타당하다고 생각하는' 사물의 종류를 정의하는" 틀을 말한다.[37]

기본적 논리와 합리성의 체계

본능적 합리성과 문화적 합리성의 차이와 흡사한 것이 5장에서 살펴본 기본적 논리와 합리성의 체계의 차이이다. 기본적 논리는 기초 수학에서 사용되는 것으로, 의사소통과 사고에 있어 보편적으로 가정된 특정 규칙을 말한다. 합리성의 체계(혹은 합리성의 패턴)란 더 넓게 가정된 사고의 체계로 사람이 활동하고 논증을 받아들이고 만드는 데 영향을 주는 구체적인 역사적, 사회적 장소와 연결되어 있다.

예를 들어 설명하자면, 모든 인간은 하나님에 의해 창조되고 그분의 창조 안에서 살고 있기 때문에 공통으로 소유하는 것이 있다. 현대 사회를 아직 접하지

---

36) Richard Lints, *The Fabric of Theology: A Prolegomenon to Evangelical Theology* (Grand Rapids: Eerdmans 1993), 118.
37) Lints, *Fabric of Theology*, 118.

않은 전근대 부락에 여행을 간다고 가정해 보자. 거기에는 소통과 설득을 힘들게 하는 문화적인 거리가 있겠지만 아주 불가능한 것은 아니다. 특정 윤리적 가치나 신념을 전달하기 원한다면, 그들의 전근대적 체계를 학습하는 데 긴 토론이 필요할 것이고, 이를 통해 상황에 맞게 호소할 수 있을 것이다.

그러나 기본적인 형태의 논리를 소통하는 일은 훨씬 쉽다. 예를 들어 부락민에게 두 덩이의 음식을 준 다음, 두 덩이의 음식을 더 준다면 그 결과는 범문화적으로 같다. 그들은 모두 네 덩이의 음식을 갖게 된다. 만일 창이 칼보다 더 길다고 말한다면 모든 사람이 그 창은 동시에 칼보다 짧을 수 없다고 당연히 생각할 것이다.

위의 예에서 보았듯이 문화를 초월하는 기본적 논리를 발견하고 설명할 때 우리는 일종의 다음과 같은 질문을 하는 셈이다. "모든 문화에서의 경험을 뛰어넘어 본능적 합리성으로 작용하는 것은 무엇인가? 다른 문화적 체계가 함께 중복되는 부분은 어디인가?" 이 질문은 세 가지 기본 논리를 가능케 한다.

1. **정체성의 법칙**: "A는 A이다"(혹은 A인 것은 A이다.). 무엇을 말하려는 걸까? 법칙은 모든 것에는 묘사될 수 있는 특징이(다른 것들로부터 구별되는 특징이) 있음을 의미한다. 그와 같은 특징이 없다면 정체성이 주어질 수 없다.
2. **비모순의 법칙**: "A는 A가 아닌 것이 아니다." 야구 방망이는 야드 자(yardstick)보다 길면서 동시에 자(ruler)보다 짧을 수 없다. 다시 말해 "만일 A가 사실이라면 A는 사실이 아닐 수 없다." 주목하라. 이는 언뜻 보기에 모순 같지만 궁극적으로는 사실을 묘사하는 역설(paradox)을 모두 거부해야 한다는 의미가 아니다. 우리는 성경에서 역설의 형태로 표현된 많은 진리를 발견한다.[38]

---

38) 역설에 대한 주목할 만한 연구로는 Richard P. Hansen, *Paradox Lost: Rediscovering the Mystery of God* (Grand Rapids: Zondervan, 2016)을 보라.

3. **제외된 중간의 법칙**: "A이거나 A가 아니다(아니면 어떤 것은 A이거나 A가 아니어야 한다.). 어떤 것은 사실이거나 사실이 아니다."

이 기본적 논리를 부인하면 기본적인 소통과 논리가 불가능해진다. 5장에서 우리는 사람을 복음으로 인도하려면 다양한 변증적 지도를 사용할 필요가 있다고 논했다. 기본적인 논리를 부인하는 일은 지도를 읽기 위해 필요한 기본을 부인하는 것과 같다. 만일 '왼쪽', '오른쪽', '북쪽', '남쪽'을 부인한다면 어떤 지도를 보든 전혀 도움이 되지 않을 것이다. 지도는 환경에 따라서 다르게 그릴 수 있고, 다르게 그려야 하지만 모든 지도는 기본적으로 보편적인 전제를 요구한다.

다른 비유를 사용해, 누군가가 반대쪽 차선으로 운전하면서 "내 앞으로 다가오는 차는 실재가 아니라고 나는 믿기로 했다."고 말한다고 하자. 그 사람이 무엇을 믿든지 현실은 반대쪽에서 오는 차와 부딪혀서 죽거나 심각하게 다치리라는 것이다. 현실은 신실하지만 잘못된 신념에 굴복하지 않는다. 어떤 기본적인 논리는 일반적으로 문화를 초월하여 전제된다.

사람은 다양한 합리성의 체계 안에서 이해할 수 있지만, 앞에서 설명된 기본 논리를 수용할 때만 가능하다. 알래스데어 매킨타이어가 설명하는 대로 논리의 기본적인 법칙은 합리성의 필요 조건이다. 하지만 동시에 그것만으로 합리성의 충분 조건이 되지 못한다. 누군가가 어떤 행동이나, 삶의 철학, 혹은 종교적 신념을 이성적인 것이라 합리화시키려면 논리의 기본적인 법칙 이상의 무언가에 호소해야 한다. 무엇이 합리적인지 아닌지, 혹은 합리적 토론이 어떻게 진행되어야 하는지 등도 단지 기본적 법칙을 중심으로 움직이지 않으며, 이런 법칙 이상으로 호소해야 하는 또 다른 무언가가 있다.[39] 앞으로

---

39) Alasdair MacIntyre, *Whose Justice? Which Rationality?* (Notre Dame, IN: University of Notre Dame Press, 1988), 4을 보라. 도덕과 법에 관한 비슷한 주장으로는 Michael J. Sandal, *Justice:*

보겠지만(특히 10장에서) 이것이 '안에서 밖으로'(inside-out) 접근이 중요한 이유 중 하나이다.

만약 누군가가 위에 요약한 기본 논리를 부정한다면, 그가 이를 반박하기 위해서는 대화하는 중에 기본 논리를 가정해야만 한다는 사실을 지적함으로써 그의 주장이 자기모순적이라고 설명하는 것이 도움이 된다. 현실이 그들의 주장을 반박할 것이다.

지금까지 살펴본 대로 변증에서 '왜'라는 질문은 대단히 중요하다. 왜냐하면 사람들이 자기가 하는 것을 믿도록 하는 데는 다양한 요소가 작용하기 때문이다. 위와 같이 특별한 경우에는 왜 어떤 사람이 가정하면서도 동시에 기본 논리를 부인하려는지 찾아보아야 한다. 지적인 질문은 종종 사람들이 직면하는 감정적, 혹은 경험적 갈등이란 가면을 쓰기 때문에 지혜로운 사람은 그 문제의 핵심으로 다가가려 할 것이다. 하지만 동시에 한 개인의 지적인 질문을 무시한다면 당신과 그들 사이에 벽이 더 두꺼워질 것이고 내적 갈등에 대한 대화를 아예 못 하게 된다. 우리는 단순히 사고하는 존재가 아니지만 그렇다고 그 이하도 아니다. 우리는 단순히 삶의 방식을 생각만 하지는 않지만 생각을 한다. 내적으로 무엇이 그 사람을 주도하든 간에 경우에 따라서 우리는 먼저 그들의 지적인 문제를 해결하도록 도와주어야 한다. 그리고 그들을 불신에 머물게 하는 더 깊은 문제로 다가갈 기회를 얻기 위해서 그들의 논리 혹은 그들의 세계관의 내적 모순을 보여 주어야 한다.

What's the Right Thing to Do? (New York: Farrar, Straus and Giroux, 2009); Stephen D. Smith, *The Disenchantment of Secular Discourse* (Cambridge, MA: Harvard University Press, 2010); 마이클 샌델, 『정의란 무엇인가』, 김명철 역, 와이즈베리, 2014가 있다.

결론

변증의 중요한 부분은 상대방을 경청하고 그에 대해 알아가는 것이다. 본 장에서는 대화 상대를 전인적인 존재로 인식하는 일의 필요성을 강조했다. 기독교를 증거하려면 이성과 증거가 중요하다는 사실을 보았다. 하지만 종종 설득을 위해 이성과 논리의 사용을 강조하느라 인간이 예배하며 욕망하는 존재라는 사실을 소홀히 했다. 그래서 논리와 증거에 근거한 호소와 함께 이야기, 상상력, 정체성에 근거한 호소를 조합해서 말하는 것의 중요성을 강조했다. 우리는 다양한 면을 가진 사람들을 섬기기에 다양한 변증적 접근을 수용해야 한다.

9장

십자가 렌즈를 통한 상황화

복음은 모든 문화를 평가할 수 있는 입장을 제공하지만 … 그럼에도 특정한 문화적 형태를 지닌다.

_ 레슬리 뉴비긴, 『헬라인에게는 미련한 것이요』(Foolishness to the Greeks) 중에서

보편적 진리와 상황화

복음 메시지는 모든 사람에게 진리이며 모든 문화를 평가하는 기준이다. 하지만 복음 메시지는 특별한 문화 안에서 계시되었고 그것이 전달될 때마다 그 문화의 언어와 사고방식이 함께 전달된다.

> **십자가 중심 변증**
> 1. 말과 행동을 통해 십자가로 인도하기(6장)
> 2. 하나님과 사람 앞에서, 십자가를 닮은 겸손(7장)
> 3. 복음을 위한 전인적인 호소(8장)
> **4. 십자가 렌즈를 통한 상황화(9장)**

이처럼 우리에게는 한 가지 보편적 진리가 있지만(삼위 하나님과 그분의 계시를 드러내는) 하나님은 시간과 공간의 역사 안에서, 즉 인간의 문화 안에서 자신을 계시하신다. 이런 이유로 성경에는 상황화의 예들이 가득하다.

바울의 목회 철학

성경에서 사도 바울의 사역은 상황화의 예를 즉각적으로 떠올리게 한다. 바울이 불신자에게 어떻게 사역했는지 종합적으로 묘사해 주는 구절은 없지만, 고린도전서 9장 19-23절은 바울의 사역을 이해하는 중요한 구절이 된다. 또한 지난 여덟 장에 걸쳐 변증에 대해 공부한 내용의 중요한 요점이 되며, 사도행전에 기록된 주요 설교를 요약하는 교량이기도 하다.

"내가 모든 사람에게서 자유로우나 스스로 모든 사람에게 종이 된 것은 더 많은 사람을 얻고자 함이라 유대인들에게 내가 유대인과 같이 된 것은 유대인들을 얻고자 함이요 율법 아래에 있는 자들에게는 내가 율법 아래에 있지 아니하나 율법 아래 있는 자 같이 된 것은 율법 아래에 있는 자들을 얻고자 함이요 율법 없는 자에게는 내가 하나님께는 율법 없는 자가 아니요 도리어 그리스도의 율법 아래에 있는 자이나 율법 없는 자와 같이 된 것은 율법 없는 자들을 얻고자 함이라 약한 자들에게는 내가 약한 자와 같이 된 것은 약한 자들을 얻고자 함이요 내가 여러 사람에게 여러 모습이 된 것은 아무쪼록 몇 사람이라도 구원하고자 함이니 내가 복음을 위하여 모든 것을 행함은 복음에 참여하고자 함이라."

바울은 "우상에게 제물로 바쳐졌던 고기를 먹거나 이방 신당에서 열리는 잔치에 참여해야 하는가?"라는 질문에 관해 설명하며 이 내용을 고린도 교회에게 썼다. 언뜻 보아서는 이방 제사나 잔치가 변증과 상관이 없어 보이지만 이 구절에서는 바울이 사역에(바울에게 사역은 실제 삶이라는 상황에 적용된 선교, 전도, 변증, 신학의 종합을 의미했다.) 어떻게 접근했는지 지침을 주기 때문에, 문화를 초월하는 상황화에 적용되는 원리를 제공한다. 실제로 신약학자인 에크하르트

슈나벨(Eckhard Schnabel)은 이 본문에서 변증에 적용되는 두 가지 원리를 유출했다.[1]

변증가는 그들의 말을 듣는 사람을 온전히 일관된 자세로 진지하게 대해야 한다(고전 9:19).[2] 우리는 폭넓고 다양한 방법으로 설득할 자유가 있지만 그 권리를 양보하고 다른 사람이 그리스도께 회복되도록 모든 사람을 위해 모든 것을 행할 수 있어야 한다. 게오르크 아이히홀츠(Georg Eichholz)가 관찰한 대로, 모든 사람을 위해 모든 것을 행하기로 한 바울의 결심은 단순히 전략적인 행동이 아니라 "복음 그 자체의 결과"이다.[3]

슈나벨은 이 점을 좀 더 발전시켜서 "모든 사람을 위해 모든 것을 행한다."는 바울의 말이 "공간적으로든, 언어나 역사적으로든 그들이 편하게 생각하는 곳이라면 어디든 가겠다."라는 의미라고 설명한다.[4] 슈나벨은 바울이 자신의 청자와 일체감을 갖기 원했기 때문에 그가 청중의 상황에 근거한 언어를 사용한 것에 주목한다. 바울의 목표는 모든 사람을 복음 메시지로 인도하는 것인데 그러기 위해서는 다양한 사람의 차이를 구분해야 했다. 복음을 전하려는 대상은 아무 감각 없는 물건이 아니라, 다양한 삶의 경험을 가지며 복음을 다르게 전달해야 하는 독특한 개인이기 때문이다.[5]

더 나가서 실용성이 아니라 복음이 상황화의 한계와 가능한 정도를 결정한다.[6] 그리스도인이 상황화를 하는 이유는 바로 복음을 위해서다(고전 9:23). 그러므로 상황화는 복음을 버린다는 의미가 아님이 바울에게는 분명했다. 바

---

1) Eckhard J. Schnabel, *Early Christian Mission: Paul and the Early Church* (Downers Grove, IL: InterVarsity, 2004), 953-60.
2) Schnabel, *Early Christian Mission*, 953.
3) Georg Eichholz, *Die Theologie des Paulus im Umriss* (Neukirchen-Vluyn: Neukirchener Verlag, 1972), 49.
4) Schnabel, *Early Christian Mission*, 954.
5) Schnabel, *Early Christian Mission*, 955.
6) Schnabel, *Early Christian Mission*, 959.

울의 사역 전반에 걸쳐 복음은 그의 신학, 증언, 설득, 노력의 핵심이었다(롬 15:6; 고후 2:12; 갈 2:7; 빌 1:5; 골 1:23; 살전 2:4). 바울의 수행법은 다양한 부류의 사람을 얻기 위해 그의 신학적 혹은 도덕적 신념을 범하지 않고 삶의 방식을 바꾸는 것이었다.[7]

따라서 바울과 다른 사도들이 고린도전서 9장의 원리를 가지고 다양한 청중에게 다양한 접근방식으로 다가간 것은 놀랄 일이 아니다. 이와 같은 수용은 베드로와 바울이 사도행전에서 불신자에게 전했던 주요 설교 가운데 더욱 현저하게 나타난다.

사도행전에 나오는 주요 설교의 개관

유대인을 향한 베드로의 설교[8]

사도행전 2장 14-36절에서 오순절에 베드로는 다양한 유대인 청중에게 설교를 했는데 특히 유대인에게 설득력 있고 이해가 잘 되게 들리도록 말씀을 전한다. 알리스터 맥그래스는 베드로가 유대인 청중에게 다가가는 세 가지 구체적인 방법을 정리했다.

1. 베드로는 왕국의 회복 때에 일어나는 사건들에 대한 유대인의 구체적인 성경적 기대들로 안내한다.

---

7) Ben Withrington III, *Conflict and Community in Corinth: A Socio-Rhetorical Commentary on 1 and 2 Corinthians* (Grand Rapids: Eerdmans, 1995), 211.
8) 이번 단원과 다음 두 단원에 있어서는 알리스터 맥그래스가 쓴 시리즈 논문인 "Evangelical Apologetics," *Bibliotheca Sacra* 155, no.617 (January 1998): 3-10; "Apologetics to the Jews," *Bibiotheca Sacra* 155, no. 618 (April, 1998): 131-38; "Apologetics to the Greeks," *Bibiotheca Sacra* 155, no.619 (July 1998): 259-65; "Apologetics to the Romans," *Bibiotheca Sacra* 155, no. 620 (August 1998): 387-98에 감사의 빚을 졌다.

- 성령님이 임하셨다.
- 기적과 표적이 나타났다.
- 예수님은 다윗보다 고대하던 위대한 왕(메시야)의 기준에 부합하신다.

2. 베드로는 유대인이 동의하는 권위(구약의 예언적 메시지)에 호소한다. 특히 베드로는 요엘 2장 28-32절, 시편 16편 8-11절, 110편 1절을 인용한다.

3. 베드로는 당시 청중이 이해하고 받아들일 만한 언어를 사용한다. 유대인 청중을 염두에 둔 베드로는 청중의 이해도를 알았으므로, 의미가 함축된 신학적인 단어('주', '그리스도', '성령'과 같은)를 설명 없이 사용한다.

베드로는 예수님의 생애, 죽음, 부활을 그의 선포의 본질적인 절정으로 유지하면서 그들이 이해할 수 있는 방법으로 유대인 청중에게 설교한다. 그러기에 그의 설득은 타인 중심적이다.

헬라인을 향한 바울의 변증

사도행전 17장의 도입을 보면(2, 3절) 사도행전 2장의 베드로와 비슷한 양상으로 바울도 예수님의 죽음과 부활에 대한 그의 선포를 지지하기 위해 히브리 성경을 사용해 유대인과 대화를 나눈다. 17장 후반부에(16-34절) 바울은 유대인 회당에서 헬라 아레오파고스로 옮겨 가면서 그의 접근방식을 바꾸지만 그리스도에 대한 강조는 여전히 유지한다. 우선 시작점으로 그는 헬라인과 공통분모를 찾는다. 그리고 그가 긍정할 수 있는 것을 찾은 후 방향을 전환하여 그들이 가진 신에 관한 가정을 번복함으로써 복음을 선포한다.[9]

---

9) 이 구절에 관한 그의 강의와 개인적인 대화를 통해 사도행전 17장에 대한 본 단원의 결과를 알려 주고 생각해 볼 수 있게 해 준 데릴 복에게 감사를 전한다.

이 이야기는 바울이 디모데와 실라를 기다리는 중에 유명한 도시 아테네 주변을 걷기로 하면서 시작한다. 바울은 그 도시의 엄청난 우상들에 충격을 받는다. 그래서 그는 곧장 시장으로 행하고 아테네 사람들, 특히 당대의 지성인과 대화를 나누기 위해 날마다 그곳을 방문한다(18절). 이 지성인들은 바울이 무엇을 말하는지 이해하지 못했고, 그래서 많은 사람이 다른 사람의 입장을 이해하지 못할 때 하는 행동을 한다. 즉 그를 조롱하고 심지어 어떤 이는 말쟁이라고 부른다. 그럼에도 그들은 바울이 말하는 이상한 것들에 관심을 가지게 되어서 마침내 바울을 아레오파고스라고 부르는 명예로운 모임에 세우기로 하고 그의 가르침을 더 듣기 위해서 아레오파고스를 소집한다.[10]

22절 후반부에서 바울은 아레오파고스 앞에 서서 설교를 시작한다. "아덴 사람들아 너희를 보니 범사에 종교심이 많도다." '종교심이 많다'고 번역된 헬라어는 사실 다양한 의미를 가지고 있기에 이 표현이 약간은 애매하다. 어떤 문맥에서는 긍정적으로 '종교적' 혹은 '경건한'이라는 의미로 사용될 수 있고, 또 다른 문맥에서는 '미신적'을 의미할 수도 있다. 아마도 바울은 의미가 지닌 유연성 때문에 그 단어를 선택한 듯하다. 이러한 선택은 바울이 그의 청중과 연결되기 위해 할 수 있는 모든 것을 하면서도, 동시에 그들에게 전적인 지지를 보내지 않는 방식과 일치한다.

바울은 공격을 받고 조롱을 당했음에도 불구하고 아테네 문화를 무시하지 않고 오히려 건너가기 위한 다리를 만드는데, 심지어 아테네 사람의 철학자와 시인을 인용하기도 한다. 바울은 설교를 하면서 세 가지 전략을 사용한다.

첫째로, 바울은 문화에 연결된다. 바울은 아테네 주변을 산책하면서 아테네 문화를 배웠고 그래서 그의 청중과 소통하기 위해 어떻게 다리를 만들어야 하는지 연구했다.

---

10) F. F. Bruce, "Areopagus," in *New Bible Dictionary*, 3rd ed., ed. I. H. Marshall et al. (Downers Grove: IL: InterVarsity, 1996), 79.

- 그는 초자연적인 존재에 대한 그들의 신앙에 접근한다. 아테네에 널리 퍼진 우상과 신전은 그들의 더 높은 존재에 대한 신앙을 증거한다. 바울은 이 신앙을 확인할 수 있었다. 왜냐하면 그는 성경과 경험을 통해 초자연적인 세계가 있음을 알았기 때문이다(행 17:22).
- 그는 그들의 예배하려는 열망에 접근한다. 바울은 그들의 예배가 잘못된 대상을 향하고 있음을 알았다. 하지만 아테네 사람은 자신을 바른 추구를 가지고 예배를 드리는 예배자라고 생각했다(행 17:23, 29).
- 그는 그들이 무언가를 놓치고 있다는 그들의 감각에 접근한다. 사도행전 17장 23절에서 바울은 그들이 혹시 놓친 신이 있을지 모른다는 생각에 "알지 못하는 신"이라고 명명한 제단도 있었음을 언급한다. 바울은 이 점을 지적하며 말한다. "맞다! 너희가 한 하나님을 놓치고 있는데 그에 관해 너희에게 알게 하리라."
- 그는 모든 생명의 근원이 되시는 신에 관한 그들의 믿음에 접근한다. 사도행전 17장 28절에서 바울은 철학자 중 한 명을 인용하고 제우스를 언급하는 그들의 시인 중 한 명을 인용한다. "우리가 그를 힘입어 살며 기동하며 존재하느니라." 이 문장은 제우스를 가리켜 기록된 것이지만 바울은 그 말이 모든 인간의 창조주이시고 보호자이신 참되신 하나님께 적용될 때에만 진리가 되는 것을 알았다.

둘째로, 바울은 문화에 도전한다. 바울은 아테네 문화의 핵심적인 신앙을 공격한다. 그는 그들에게 어느 정도 맞는 부분이 있음을 인정하지만 그것이 또 그들의 다른 행위나 신앙과 상충하고 있음을 보인다.

예를 들어 창세기의 시작을 생각하며 바울은 그들의 시도와는 달리 신은 피조물로부터 독립되어야 함을 보이고자 그들이 믿는 대상 중 하나를 사용해서 아테네 문화에 도전한다. 많은 말을 했지만 결국 바울의 논리는 이렇다.

"우리를 만들고 그래서 우리보다 큰 존재가 신이라고 너희는 주장하는데 그렇다면 너희 중 누군가가 지은 신전에 그를 두고 마치 무엇이 필요한 분인 것처럼 그를 섬기는 것이 가능한가"(참조. 행 17:24-25). 바울은 하나님이 성전이나 성막과 같은 어느 특정한 장소에 자신을 계시하실 수 없다고 말하는 것이 아니다. 바울의 비판은 인간이 그를 위해 신전을 짓고 제물을 드림으로써 신으로부터 수혜를 받을 수 있다고 하는, 그래서 신을 인간에게 빚진 존재로 만들고, 또 그 신을 조정하고 제한하려는 보상 종교에 가한 것이었다. 만일 신이 세상과 그 안에 사는 피조물을 만들었다면 신은 그를 돌볼 피조물이 필요 없는 분이리라(오히려 그가 피조물을 돌볼 것이라!)! 바울은 모든 사람이 신의 자녀라고 말한 헬라 시인의 말을 인용한 후에 만일 그렇다면, 즉 만일 인간이 신의 피조물이라면 인간이 자신을 위한 신을 만드는 것은 이치에 맞지 않는다고 강조했다(29절).

바울은 또한 신적인 것을 분명히 볼 수 있다는 아테네 사람의 능력에도 도전을 한다. 그는 지적 우월성에 대한 그들의 주장은, 알지 못하는 신을 위한 제단을 만들어야 할 만큼 그들의 신에 관한 불확실성과 일치하지 않는다고 지적한다. 그는 그들이 아직 참 하나님을 알지 못하기 때문에 알 수 없는 신에 관한 그들의 감각은 맞다고 주장한다. 26절과 27절에서 특히 바울은 아테네 사람의 불확실성(27절, "하나님을 더듬어 찾아 발견하게 하려 하심이로되"에 반영된 대로)을 강조한다. 27절의 전반적인 그림은 그리 긍정적이지 않은데 마치 밤에 더듬는 것처럼 하나님을 더듬고 있다고 말한다. 하지만 아테네 사람이 모르는 것을 바울은 알고 있다. 하나님은 가까이 계시다. 하나님은 인간을 어둠 속에서 더듬도록 내버려두지 않으시고 그분의 아들을 통해 자신을 인간에게 계시하셨다. 이 점이 바울을 세 번째 전략으로 인도한다.

셋째로, 바울은 그의 청중을 예수님과 연결한다. 바울은 아테네 사람들에게 회개하고 그들의 우상 숭배에서 돌이키라고 권한다(30절). 바울은 그의 청중이 히브리 성경의 권위를 인정한 상황에서는 율법에 관해 말하고(예를 들어, 로마서나 갈라디아서) 성경으로부터 직접 추론을 하지만(1-15절), 여기서는 우상숭배에 초점을 맞추고 있음을 주목하라.

바울은 아테네 사람을 잘 연구해서 그들에게 적합하도록 말하고 있지만 적합성이 그의 우선적인 관심은 아니었다(받아들여지는 것도 아니었다.). 아레오파고스 앞에서 설교를 하는 것이 바울에게는 그저 지적인 행위가 아니었고, 학문적 자리에 앉아 보는 평생의 꿈을 이루는 것도 아니었고, 문화적 지성인에게 칭찬을 받는 것이 그의 야망도 아니었다. 적합성이나 받아들여짐이 그의 우선적인 관심이 아니었기 때문에 바울은 강력한 경고로 아테네 사람을 대면하는 일도 겁내지 않았다. 죽음에서 부활하시고 다시 오실 예수님이 세상을 심판하실 날이 다가오고 있었다(31절).

적합성 그 자체가 목적이 되어서는 안 된다. 적합성을 궁극적인 목적으로 만드는 일은 적합성을 벗어나는 가장 빠른 지름길이다. 뿐만 아니라 이는 세상에 인정받으려는 죄악된 시도로 바뀌어 상황화를 훼손시키고 만다.

로마인을 향한 바울의 변증

바울이 복음 메시지를 상황화 하는 방법의 또 다른 예는 로마 정권 앞에서 기독교를 변호할 때 볼 수 있다. 로마인은 초기 기독교를 비도덕적이고, 문란한 것으로 보았는데 부분적으로는 기독교 예배와 행동에 대한 오해에서 비롯되기도 했고, 그리스도인이 그들의 제국적 종교 행사에 참여하기를 거부했기 때문에 비롯된 것도 있었다. 기독교에 대한 로마인의 부정적인 견해로 인해 바울은 그들 앞에서 기독교를 변호할 때 특정한 실제적인 우려를 다루어야 했다. 특히 기독교가 제국에 위험한 것이 아니라는 점을 분명하게 하고 그리스도인에게도 유대인과 마찬가지로 예배가 허락되어야 한다는 논리를 분명히 할 필요가 있었다.

여러 연구가 사도행전 24-26장의 바울의 연설이 어떻게 로마의 법적 절차의 일반적인 패턴을 따르는지 보여 준다.[11] 바울은 로마 시민이었고 로마 당국의 토론 주제와 그들이 어떤 논증 형태에 반응하는지 이해하고 있었다.

벨릭스 앞에 선 바울(행 24:1-26). 소동을 일으키고 사교적 집단에 속해 있다는 이유로 더둘로라는 변호사에게 고발되어 벨릭스 로마 총독 앞에 선 바울은 자신이 고발된 로마의 법적 규칙 안에서 한 건 한 건 답변을 한다. 우선 바울은 그가 소요를 일으키지 않았음을 쉽게 증명할 수 있다고 설명한 후에 로마법으로 볼 때 그의 종교적인 행위는 그를 고소한 유대인의 행위와 다르지 않다고 주장한다. 그도 구약성경의 하나님을 예배하고 미래의 부활을 믿는다. 중요하게도, 바울은 자신의 변호에서 로마의 '증거 규칙'에 호소하며, 알리스터 맥그래스가 기록한 바와 같이 "그를 고소한 자들(일부 아시아 유대인)이 증언하러 오지 않았다."고 주장한다.

베스도 앞에 선 바울(행 25:1-12). 몇 년 후에 벨릭스의 뒤를 이어 베스도가 총독이 되고 바울은 오해에 맞서 다시금 자신과 복음을 변호해야 했다. 바울은 벨릭스 앞에서 했던 호소와 비슷하게 변호한다. 그는 "유대인의 율법이나 성전이나 가이사에게나 내가 도무지 죄를 범하지 아니하였노라"(8절)고 말한다. 여기서도 바울은 가이사에게 호소함으로써 그가 처한 상황의 규칙 안에서 행한다.

아그립바 앞에 선 바울(행 25:23-26:32). 베스도는 바울에게 관심을 보인 유대 정치 지도자 아그립바에게 조언을 구하고, 바울은 법정 청문회에 아그립바 앞에 선다. 설득력 있는 변증을 제공하기 위해 바울은 청중에게 익숙한 법

---

11) 예를 들면, Bruce W. Winter, "Official Proceedings and the Forecsic Speeches in Acts 24-26," in *The Book of Acts in Its Ancient Literary Settings*, ed. Bruce W. Winter and Andrew D. Clarke (Grand Rapids: Eerdmans, 1993), 305-26; cf. McGrath, "Apologetics to the Romans," 387-98을 보라.

적인 수사에 근거해서 신중하게 답변을 한다.[12] 법적인 논증뿐 아니라 바울은 모세와 선지자에게도 호소한다. 왜냐하면 아그립바 자신이 유대인으로서 모세와 선지자를 믿는 것을 알았기 때문이다. 신약학자인 벤 위더링턴(Ben Witherington)이 주목하는 대로, "바울이 한 연설의 형식은 사회적 맥락에 따라 결정되었지만, 내용은 주로 주요 청중과 연설자인 바울이 증언을 통해 달성하고자 하는 목적에 따라 결정되었다."[13] 바울의 목표는 단순히 자신과 기독교 신앙을 변호하는 것이 아니라 그의 청중을 복음으로 인도해서 그들도 회개하고 믿도록 하는 것이었다.

오늘날 대부분의 그리스도인과 마찬가지로 우리는 아마 청문회나 재판을 받기 위해 정부 권력 앞에 설 일은 잘 없을 것이다. 하지만 바울 시대의 로마 정권과 마찬가지로 우리가 대면하는 많은 사람은 신앙에 대한 잘못된 이미지와 오해로 기독교를 거부하고 있다. 그래서 바울처럼 그들의 오해를 풀어 주는 것이 대단히 중요하다. 또한 로마 제국에 대한 대응 방침이 있었듯이 우리도 청중에게 복음 메시지를 성공적으로 전달하도록 모든 상황에 주의를 기울여 대응 방침을 숙지해야 한다.

사도행전은 고린도전서 9장의 원리를 실제로 보여 준다. 복음을 나눌 때 초대 교회는 다양한 청중을 위한 다양한 변증적 지도를 신실하게 그렸다. 알리스터 맥그래스가 주장하는 대로 다원화 시대를 사는 우리는 "기독교를 싫어하거나 거부하는 모든 사람을 하나의 동일한 집단으로 취급할 수 없음"을 인식하는 것이 대단히 중요하다.[14] 어떤 두 사람도 기독교를 거부하는 똑같은

---

12) W. R. Long, "The Trial of Paul in the Book of Acts: Historical, Literary, and Theological Considerations" (PhD diss., Brown University Press, 1982), 237-39; Ben Witherington III, *The Acts of the Apostles: A Socio-Rhetorical Commentary* (Grand Rapids: Eerdmans, 1998), 736-38을 보라.
13) Witherington, *Acts of the Apostles*, 736.
14) Alister Mcgrath, *Mere Apologetics: How to Help Seekers and Skeptics Find Faith* (Grand Rapids: Baker, 2012), 67; 알리스터 맥그래스, 『기독교 변증』, 전의우 역, 국제제자훈련원, 2014.

이유를 가지지 않는다. 결과적으로 어떤 두 사람도 기독교를 받아들이는 데 같은 논증을 똑같은 비중으로 설득력 있게 생각하지 않을 것이다. 똑같은 논증을 어떤 사람은 굉장히 설득력 있게 볼 것이고 또 다른 사람은 전혀 설득력이 없다고 볼 것이다. 그래서 개인이든 집단이든 청중을 이해하는 일은 이토록 중요하다.

사도들은 연설할 때 예수 그리스도의 복음이라는 보편적인 진리를 수용하면서도 보편적인 변증을 사용하지는 않았다. 사도들은 그들이 어떤 상황에 처해 있든지 누구에게나 적용될 수 있는 모두를 위한 한 가지 방식의 변증에 호소하지 않았다. 대신에 그들은 특정한 청중을 위한 맞춤형으로 복음의 보편적 진리를 재단했다.

오랜 세월 사람과 교제하면 할수록, 무엇이 설득력 있는 논거를 구성하는지 다양한 의견을 더욱 깊이 이해하게 된다. '나 중심'의 변증가는 "나는 개인적으로 이 논증이 가장 설득력 있습니다. 그래서 이걸 사용할 겁니다."라고 말한다. 하지만 '타인 중심' 변증가는 그가 말하는 사람과 상황에 따라 맞추려 할 것이다.

다음 장에서 우리는 상황화와 문화의 주제를 다루게 될 것이다. 그러나 문화에 따라서 변증적 접근이 달라져야 한다는 생각이 많은 사람에게 생소하기 때문에 우선 두 가지 중요한 질문을 언급할 필요가 있다. (1) 문화란 무엇을 의미하는가? (2) 변증에 있어서 문화적 가정은 얼마나 중요한가?

냄새를 맡을 수 있는가? 문화 이해하기

우리가 살고 있는 문화에 대한 가정이나 태도는 아주 깊은 곳에서 우리에게 영향을 주기 때문에 대체로 그것에 대해 많은 생각을 하지 않는다. 일반적으로 우리의 문화는 우리가 인식하지 못한 사이에 주변 세상과 소통하며 살아가는 격자를 제공한다. 이를 묘사하는 편리한 단어는 '신념'(belief)인데, 이 단어의 사용은 자칫 우리를 호도할 수 있다. 누군가가 "나는 이런저런 것을 믿는다."라고 할 때 그들은 일반적으로 그들이 설명할 수 있는(적어도 어느 정도까지는) 명제를 가리키는 것이다. 하지만 우리가 의미하는 바는 조금 다르다. 좀 더 은밀하다. 즉 일련의 신념의 집합이 아니라, 우리가 사는 세상과 사물에 대한 감각, 당연하게 여기는 해석적 체계를 가리킨다. 철학자인 찰스 테일러가 말하는 대로 "당연하게 여기는" 이 체계는 "대체로 혹은 주로 우리가 즐기는 신념의 집합이 아니라 우리의 신념을 발전시키는 감각된 상황(sensed context)이다." 다시 말해 이러한 가정은 "변하지 않는 체계로 자리매김을 해서 그것을 벗어나서는 무엇 하나도 상상조차 하기 어렵게 한다."[15]

이 개념을 잘 이해하기 위해 작은 것에서 시작을 하자. 자라면서 나는(조슈아) 포크와 칼로 먹는 것에 관해 진지하게 의식한 적이 없었다. 모든 사람이 먹는 방식이라고 생각했다. 그러다 처음으로 중국 식당에 가서 젓가락을 사용했을 때 적절한 식기구에 관한 나의 가정을 돌아보게 되었다. 나중에 잠비아로 여행을 갔을 때는 적절한 식사 예절에 대한 틀이 깨지는 또 다른 경험을 했다(아예 식기구가 필요 없었다.).

바꾸어 말하면 문화적 틀은 집의 냄새와 비교될 수 있다. 사람은 늘 그 냄새를 맡고 살기 때문에 자기 집안 냄새를 거의 맡을 수 없다. 그들은 익숙해진 채 성장한다. 시골에 있는 한 교회에서 목회를 하면서 소를 키우는 벌판 옆에 살던 교인을 방문했던 기억이 난다. 내가 물었다. "이런 냄새가 나는 곳에서 어떻게 사세요?" (돌아보면 그런 질문은 상대방을 민감하게 고려하지 않은 질문이었다.) 그들이 대답했다. "무슨 냄새요?" 내가 무슨 이야기를 하는지(소들!) 그들

---

15) Charles Taylor, *A Secular Age* (Cambridge, MA: Harvard University Press, 2007), 549.

은 잠시 생각해야 하는 듯했다. 우리는 얼마 동안 집을 떠나 여행을 하고 돌아올 때까지는 집의 냄새를 맡지 못한다. '무슨 냄새?' 그때 나는 생각했다. '어떻게 그 냄새를 맡을 수 없단 말이지?'

마찬가지로 우리는 우리가 살고 있는 문화에 의해 형성된 많은 가정들, 태도들, 신념들을 느끼지 못한다. 한편으로 우리의 문화는 우리가 숨 쉬는 공기와 같다. 너무 자연스러운 생각, 믿음, 욕망을 당연하게 받아들이도록 하는 틀을 제공한다. 변증가로서 사람들의 가정과 신념이 어떻게 역사적으로 그리고 문화적으로 전제되었는지 이해하는 것은 중요하다. 이미 언급한 대로 문화적 타당성 구조는 주변 사람들이 지지하기 때문에 타당하다고 생각하는 신념을 가리킨다. 티모시 켈러의 다음 예를 생각해 보라.

"주후 800년경의 앵글로 색슨족 용사를 상상해 보라. 그는 두 개의 아주 강력한 내적 충동을 갖고 있다. 하나는 과격함이다. 그는 존경을 표하지 않는 사람을 박살 내고 죽이는 것을 좋아한다. 이런 용사 윤리를 가지고 수치 아니면 명예라는 문화에 살면서 그런 느낌에서 정체성을 찾는다. 그는 자신에게 말할 것이다. '그게 바로 나다. 그게 나니까 나는 그걸 표현하리라!' 그가 가졌던 또 다른 느낌은 동성에 대한 매력이다. 거기에 대해서는 그는 말한다. '그건 내가 아니다. 그런 충동을 나는 억제하고 누를 것이다.' 요즘 맨해튼을 걷는 한 젊은이를 상상해 보라. 그는 똑같이 두 개의 내적 충동을 가진다. 둘 다 강력하고 조절이 되지 않는다. 그는 과격함에 대해 생각한다. '이건 내가 원하는 내가 아니야. 그러니 치료와 분노 조절 프로그램의 도움을 받아야겠어.' 하지만 그는 성적 욕구에 대해서는 이런 결론을 내릴 것이다. '그게 나다.'[16]

---

16) Timothy Keller, *Preaching: Communication Faith in an Age Skepticism* (New York: Viking, 2015); 팀 켈러, 『팀 켈러의 설교』, 채경락 역, 두란노, 2016.

이 예화에 나오는 사람은 그들이 경험하는 욕구를 걸러 내는 외적인 격자를 어디에서 얻을까? 두 사람은 모두 그들의 충동을 자신의 '진정한 자아'에 근거해서 받아들이거나 거절하는 것이 아니며, 또 외적인 영향에 상관없이 원하는 대로 하는 것도 아니다. 모두 그들 문화와 주변 사람들이 좋아하고 거부하는 것에 근거해 특정한 욕망을 표현하거나 억누른다. "그들의 문화가 말하는 자신이 되기로 선택하는 것이다."[17] 이 개념은 대치되는 내적 욕망에 반응하는 방식에만 적용되는 것이 아니다. 무엇이 기독교를 위한 좋은, 혹은 설득력 있는 경우인지 결정하는 데에도 적용된다. 따라서 기독교의 변증적 접근의 설득력은 그들이 말하는 개인의 가정된 문화적 격자에 달려 있다.

이런 이유 때문에 문화적 타당성 구조에 대한 이해는 변증에 있어서 중요하다. 다른 사람과 소통할 때 우리는 진공 상태에 있는 사람이 아닌 세상에 관한 특정한 가정을(어떻게 이해하고 살아야 하는가에 관한 가정들) 채택한 사람과 이야기를 하는 것이다. 개인의 문화적 틀은 주어진 문제에 대한 그들의 견해, 증거를 해석하는 그들의 방식, 설명을 받아들이는 그들의 방식을 형성한다. 따라서 이견을 좁히는 것은 단지 실재에 관한 역사적 주장이나 명제를 지지할 만한 충분한 증거를 제시하는 문제가 아니다. 우리가 말하고 있는 대상은 우리의 증거를 중요하게 여기지 않을 수도 있고, 우리처럼 해석하지 않을 수도 있다. 왜냐하면 그들은 세상을 그렇게 보도록 만든 다른 문화적 렌즈를 가지고 있기 때문이다.

문제는 이러한 신념의 그물망이 대부분 사고 없이 이루진다는 것, 다시 말해 무의식적으로 그것이 자명한 진리라고 자연히 받아들인다는 것이다. "당

---

17) Keller, *Preaching*, 136; 켈러, 『팀 켈러의 설교』. 이 단원에서 우리가 하려는 말은 찰스 테일러가 "사회적 상상력"이라고 말한 것과 비슷하다. 그것은 단지 우리가 믿는 것이 아니라 "우리가 직관적으로 세상을 상상하고 경험하는 방식, 곧 사물에 대한 우리의 감각이다"(Taylor, *A Secular Age*, 325); 또한 Charles Taylor, "Afterword: Apologia pro Libro suo," in *Varieties of Secularism in a Secular Age*, ed. Michael Warner, Jonathan VanAntwerpen, and Craig Calhoun (Cambridge, MA: Harvard University Press, 2010), 308을 보라.

연히 우리는 포크와 칼을 사용한다. 달리 뭐가 있지?" 혹은 변증에 적합한 예를 다시 들자면, "물론 나의 성적 충동은 신뢰할 만하다. 물론 하나님께 나아가는 방법은 여러 가지가 있다. 물론 사랑의 하나님은 정죄하시지 않을 것이다. 물론 기적은 발생할 수 없다. 물론 과학은 종교를 반증한다!" 이 문화적 '물론'의 예는 끝없이 이어질 수 있다. 이를 주장하는 사람에게는 당연하게 보이겠지만 다른 문화나 시간에 사는 사람에게는 이 '물론'(그리고 그들이 근거하는 타당성 구조)이 달라질 것이고 때로는 서구 문화에 정반대된 것을 마주할 수도 있다. "물론 우리는 손을 사용해서 음식을 먹는다. 물론 나는 나의 성적인 충동을 언제나 신뢰할 수 없다. 물론 하나님께 나아가는 길은 오직 한 길뿐이다. 물론 하나님은 죄 있는 자를 정죄하실 것이다. 물론 기적은 실재이다. 물론 과학이 우리에게 줄 수 있는 것에는 한계가 있다."

이렇게 당연해 보이는 틀이 문화에 따라 다를 수 있음을 보여 주는 방법을 아는 것은 대단히 중요하다. 서구에서는 많은 사람이 민족주의를 피하려 하기 때문에, 비신자가 자신의 기본적인 가정이 보편적이지 않다는 사실을 깨닫게 하는 일은, 그들의 신념에 대해 더 깊이 대화할 여지를 만드는 효과적인 방법일 수 있다.

그다음에는?

찰스 테일러의 연구를 바탕으로 팀 켈러는 그리스도인이 세속적인 사람들조차도 증거와 논증을 걸러내는 문화적 틀의 존재를 너무도 자주 인식하지 못한다고 지적한다. "세속성은 그저 신앙의 부재가 아니다. 그리스도인은 종종 이 주장을 받아들여 증명과 다른 이성적인 좋은 것을 제공하는 것으로 반응하려 한다. 성급하게 판단하지 말라. … 세속주의는 검증받아야 할 그들만의 신념의 웹(web)이다."[18] 모든 사람에게는 고유의 체계가 있다고 일단 인정했다면 그다음 질문은 "어떻게 다른 사람들이 자기 고유의 신념과 가정이란 웹을 열어 검증하게 할 것인가?"이다. 다음 장에서 상세하게 제시할 답은 불신자의 문화적 틀에 들어가는 법을 배우고 거기서부터 시작해야 한다는 것이다.

---

18) Keller, *Preaching*, 126; 켈러, 『팀 켈러의 설교』.

3부

십자가 중심 변증의 실천

10장

안에서 밖으로, 세상의 도전을 상대할 준비

기독교는 사고에 반하여 믿음을 강조하는 것이 아니라 가정에 반하여 믿음을 강조한다.

_ 티모시 켈러, 트위터 게시물 중에서(2014년 8월 28일)

복습하고 돌아오기

서론에서 말했던 집 은유로 돌아가자면 이제 우리는 건물 프로젝트의 마지막 단계에 다가가고 있다. 1-2장에서 우리는 변증이란 집을 위한 성경적 기초를 놓았다. 그리고 3-4장에서는 변증의 역사를 훑어보면서 기초를 완성했다. 5-9장에서는 벽을 세우고 외부 구조를 완성했다. 5장에서는 다양한 현대 변증 지도를 살펴보았고 6-9장에서는 복음 자체를 놓고 조립된 신학적 비전을 정리했다.

이제 이 책의 마지막 부분으로서 십자가 중심 변증에 관한 가장 가시적인 측면, 즉 지금까지 다룬 내용에 대한 실제적인 작업과 적용을 시작할 것이다. 건물 프로젝트의 가장 가시적인 부분들, 곧 모든 사람이 보게 될 페인트칠, 바닥을 까는 일, 가구를 놓는 일을 할 시간이다.

9장 끝부분에서 우리는 어떻게 문화가 교묘하게 우리를 형성하며 우리가 삶을 해석하는 가정된 체계를 제공하는지 살펴보았다. 본 장과 다음 장에서는 후기 모더니즘(late modernism) 안에 있는 중요한 문화적 경향을 탐구하고 그와 같은 경향들에 관여하기 위한 한 가지 접근을 제시할 것이다.

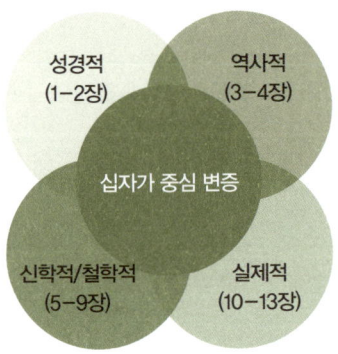

그럼에도 후기 모더니즘의 문화적인 경향과, 그 경향이 만들어 낸 타당성 구조에 반응하기 전에 세 가지 일반적인 역사적 변천[모더니즘 이전(premodernism), 모더니즘, 후기 모더니즘]을 먼저 살펴보고, 후기 모더니즘의 두 가지 특징인 내재적 틀과 우리가 '홍보대사의 시대'(age of spinmeister; 유명인이나 정치인의 말과 행동을 긍정적으로 해석해서 홍보하여 부정적인 여론을 미연에 방지하는 시대의 경향, 'spin'을 홍보로 번역함.-역주)라고 명명한 것을 다룰 것이다. 언뜻 보기에는 이러한 세 가지 역사적 변천과 후기 모더니즘의 두 가지 면을 다루는 것이 목적지까지 불필요하게 돌아가는 것처럼 보일 수 있겠지만, 조금만 인내한다면 이것이 그리스도인이 후기 모더니즘 시대에 어떻게 불신자에게 잘 다가갈지 그 중요한 배경이 될 전략적인 여행임을 알게 될 것이다.

배경을 설정하고, 우리가 '안에서 밖으로'(inside out)라고 이름 붙인 접근법을 사용해 다른 사람에게 다가가는 법을 배운 다음, 다음 장에서는 현 문화적 상황의 중요한 특징을 다루고 본 장에서 배운 내용을 적용할 것이다.

세 가지 일반적인 역사적 변천: 후기 모더니즘에 오기까지

서구 문화사에서 세 가지 시대를 개괄하기 전에, 그 경계가 확정된 것은 아니라는 점을 언급해야 하겠다. 역사적인 운동은 그렇게 단순하지 않아서 특정한 특징들로 요약될 수도 없고, 그 시대를 살았던 사람들도 마찬가지다. 그 시대에 살았던 사람들 역시 다양해서 그들이 살았던 시대의 모든 가정에 동의하는 것도 아니며 그런 가정을 드러내는 것도 아니다. 이처럼 단순화된 설명은 역사와 문화에 대한 좀 더 깊은 연구에 들어서도록 돕기 위해 의도되었음을 염두에 두라.

모더니즘 이전

모더니즘 이전 시대에는 사람들이 초자연을 믿었다. 사람들은 하나님, 혹은 신들이 세상을 창조했고 자연 너머에 영적인 영역이 있다고 가정했으며 자연은 그 자체를 넘어 초월적인 실재를 가리키고 있다고 보았다. 따라서 사회는 우주에 목적이 있다는 것을 당연하게 받아들였다. 전통적이고 종교적인 기관은 존경받아야 할 권위로 받아들여졌고 이들은 사람이 살아야 할 궁극적인 체계를 제공했다.

이 기관들은 또한 긴밀하게 연결된 공동체를 형성하는 데에도 핵심적인 역할을 했다. 사람은 자신을 그저 한 개인으로 보지 않고 연합된 전체의 부분으로 보았다. 개인의 믿음과 순종은 어떻게 그들이 공동체에 영향을 주는가에 의해서 평가되었다.

모더니즘 이전 시대의 이러한 가정은 기독교와 특히 초자연에 대한 믿음, 공동체에 대한 강조, 전통과 종교적 기관에 대한 존중이 잘 맞았다. 하지만 모더니즘 이전 시대에는 특정 주장에 대한 좀 더 비평적인 태도가 때로는 더 유리했을 것이다. 환상적인 신화가 검증 없이 받아들여지고 전통적인 기관들이 타락한 권위주의와 억압으로 변질되자 사람들은 의문을 가졌다. 그런데 단순한 개혁을 넘어 엄청난 것이 몰려들었다. 지성적 혁명이 일어난 것이다.

모더니즘

1500년경에 중요한 사상가들이 전통적인 권위(교회, 전통, 성경 그리고 심지어 공동체)가 과연 믿을 만한지 질문을 던지기 시작했다. 이러한 전통적인 권위가 전파한 진리를 거부하면서, 개인은 모든 가정을 배제하고 자증적인(self-evident) 것만 믿으려고 했다. 하지만 자연스럽게 "자증적인 것이란 무엇인가?", "자신이 보는 것이 실제인지 어떻게 아는가?", "신의 존재를 어떻게 알 수 있는가?", "사람은 어떻게 무엇을 알게 되는가?" 하는 질문이 따라오게 되었다.

모더니즘의 핵심적인 인물인 르네 데카르트는 무언가를 확실하게 알려면 자신이 안다고 생각했던 것을 모두 부인하고 처음부터 다시 시작해야 한다는 결론에 도달했다. 궁극적으로 그는 지식을 쌓기 위한 근거는 곧 '자아'여야 한다고 결정했다. 데카르트는 자신이 진리라고 생각했던 모든 것을 의심할 수 있으며, 심지어 자신의 감각으로 느끼는 모든 것도 의심할 수 있고, 그러나 의심할 수 없는 한 가지, 곧 확신할 수 있는 한 가지는 내가 생각한다는 것, 그것이 자신이 존재함을 확신하게 하는 최소한의 것이라고 추론했다. 이러한 추론의 과정은 그 유명한 "나는 생각한다. 그러므로 나는 존재한다."라는 문구로 귀결된다. 전통적이고 외적인 기관으로부터 개인의 이성적인 사고로 궁극적 권위를 옮겨간 것은 (일반적으로 '주체로의 전환'이라고 부르는) 확신에 대한 계몽주의의 탐구를 뒷받침하는 정신이었다.

이 당대의 또 다른 인물로, 계몽주의의 지적 기풍을 대표하는 임마누엘 칸트를 생각해 보라. 칸트는 그의 당대를 향해 "인간이 자초한 미성숙에서 벗어난 시기"로 선언하며, 인류에게 이를 명했다. "당신의 이해를 사용할 용기를 가지라!"[1] 고대 지혜의 근원은 모두 자리를 잃고, 궁극적 가치를 결정짓는 새로운 근원, 곧 개인의 이성이 그 자리를 차지했다. 모던주의는 인류가 이제 교회, 전통 그리고 성경과 같은 권위적인 것의 인도가 필요 없는 시대에 도달했다고 주장했다. 사람은 이제 그들이 주장하는 믿음을 오직 이성으로만 증명해야 할 의무를 갖게 된 것이다.

> **문화적 변천과 변증**
>
> 알리스터 맥그래스는 서구에서 일어난 주요한 문화적 변천이 효과적이었던 변증 방식을 어떻게 비효과적으로 만들었는지 설명한다. 1900년대 중반까지 이어지는 모더니즘 시대에 변증가는 우선적으로 이성에 호소했다. 왜냐하면 이성적인 논증이 그들 문화에서는 가장 설득력 있다고 간주되었기 때문이다. 하지만 이제는 이성을 더 이상 우월한 것으로 여기지 않고 기독교는 "20세기 중반의 변증가가 알던 것보다 훨씬 더 복잡하고 다양한 문화적 상황을 접하게 되었다."[2] 맥그래스는 그와 같은 상황에서 포스트모더니즘을 사는 사람에게 모더니즘의 틀로 세상을 보라고 하는 것은 복음을 효과적으로 전하는 데 "옳지도 않고 가능하지도 않다."고 주장한다.[3] 이 책에서 소개하는 접근과 일맥상통하게 맥그래스는 모더니즘이 세상을 보는 우월적인 체계인 양 다시 돌아가려고 하는 대신에, 모더니즘과 포스트모더니즘을 강점과 약점을 모두 가진, 잘 다루어야 할 두 개의 다른 문화적 관점으로 보라고 제안한다.

과학적인 방법이 모더니즘 시대에 발전되었고 진리를 얻는 결정적인 수단으로 자리를 잡았다. 사람은 다음 순서를 따라 진리를 발견하게 되었다. 먼저 대답하기 원하는 질문을 하라. 가설을 세우라. 그 가설을 논리와 경험적 관찰에 의해서 실험할 수 있는 방법을 구상하라. 얻어진 정보에 근거해서 그 가설은 증명이 되거나 증명이 되지 않을 것이고 이에 따라 또 다른 가설을 세워야

---

1) Immanuel Kant, *An Answer to the Question*: "What is Enlightenment?" (London: Penguin, 2013), 1.
2) Alister McGrath, *Mere Apologetics: How to Help Seekers and Skeptics Find Faith* (Grand Rapids: Baker, 2012), 29; 알리스터 맥그래스, 『기독교 변증』, 전의우 역, 국제제자훈련원, 2014.
3) McGrath, *Mere Apologetics*, 31; 맥그래스, 『기독교 변증』.

할지 모른다. 이 과정은 계속된다. 다시 말하면 개인이 신중하게 고안된 시스템을 가지고 생생한 정보를 신중하게 분석하여 실험한 후에 얻어진 결과는 더 이상 의문의 여지가 없는 절대적 진리가 될 것이다.

그러한 발전을 통해서 얻은 수많은 새로운 과학적 발견과 기술적 진보가 증명하듯이 이 방법은 획기적인 결과를 만들어 냈다. 이러한 돌파는 새롭게 계몽된 합리성에 확신을 주었고 정치나 윤리와 같은 다른 영역에까지 확산되었다. 예를 들면 일부 사람은 종교적인 이유 때문에 일어났던 잔인한 전쟁을 대부분 피할 수 있다고 생각하기 시작했다. 전에는 종교에 근거한 전쟁을 해결하는 보편적인 도구가 없었다면 이제는 보편적 이성의 중립적인 근거가 피흘림을 막는 데 사용될 수 있을 것 같았다.

하지만 이러한 과학적 원리가 보편화되고, 과학적 기술이 삶의 모든 영역에서 진리를 생산하기를 기대하기 시작했을 때 문제가 발생했다. 많은 사람들이 모더니즘에 대해 회의를 느끼고 그 기본적인 원리에 의문을 갖기 시작한 것이다. 가장 주목할 만한 것은 낭만주의자들이 계몽주의는 삶을 기계적이고 무미건조하게 만든다며 비판하고, 대신 개인을 우선하는 것과 함께 감정, 본능, 미적인 요소를 강조한 것이다.

모더니즘의 다른 약점이 분명히 드러났는데, 인간 경험과 지식의 폭넓은 영역에서 '생생한 사실'로 간주될 만한 것이 지극히 미미했다는 사실이다. (기초 수학이 가장 근접하다고 할 수 있다.) 더욱이 인간은 단순한 컴퓨터 프로세서가 아니고, 인생의 가장 중요한 질문은 알고리즘을 돌려서 해결되지도 않는다. 앞서 강조했듯이 인간은 단순히 뇌가 아니다. 인간은 복잡하고 각자가 독특한 성격과 편견과 전통과 세상에 대한 문화적 관점을 가진 존재이다.

인간의 이성만으로는 폭력을 배제할 수 없으며 보편적 도덕성이란 시스템을 제공할 수도 없음이 점점 분명해졌을 때 계몽주의의 희망 중 하나(보편적 이성과 관찰에 뿌리를 둔 이 새로운 종류의 지식이 질서 있고 평화로운 사회로 이끄리라는 것)가 사라졌다. 결국 계몽주의의 합리성이 성취할 수 있는 것에 대한 실망을 넘어, 사람들은 계몽주의의 전체주의적 주장이 실제로는 억압의 도구가 되었음을 알고 두려워하기 시작했다.

후기 모더니즘

20세기 후반부터 오늘까지의 시간을 가장 보편적으로 설명하는 '포스트모더니즘'(postmodernism)이란 용어는 우리가 사는 이 시대가 마치 모더니즘의 아주 반대인 것 같은 인상을 주는 경향이 있다.[4] 모더니즘의 여러 면에 의문이 생겼지만 계몽주의의 주요 원리가 여전히 존재하고 오히려 더욱 강화되었다는 점에서 그것은 사실이 아니다. 우리가 '포스트모더니즘'이라고 부르는 대신 '후기 모더니즘'(late modernism)이라고 부르는 것이 최선이라고 생각하는 이유도 바로 이 때문이다.[5]

역사와 문화는 복잡해서 한 가지로 설명되기를 거부하지만, 현재의 후기 모더니즘 문화는 개인으로 시선을 돌린 모던으로의 전환에 의해서 만들어졌다고 말하는 것이 안전하겠다. 모더니즘과 마찬가지로 후기 모더니즘도 전통, 종교, 가정, 공동체의 주장이 아닌 개인의 자율성과 자유를 강조한다. 이처럼 '자아'가 아직도 지배하지만 후기 모더니즘으로의 변천은 초기 모더니즘이 제기한 중립성이 일종의 신화이며 정밀한 추론과 과학을 통해 인간이 자연을 지배할 수 있다는 주장이 허상이었음을 드러내기 시작했다.

일부 후기 모더니즘은 이러한 계몽주의의 원리들에 대한 비판을 극단적으로 밀고 나갔다. 모든 사람이 이미 형성된 체계를 가지고(자신의 유전자를 가지고

---

4) '포스트모더니즘'(postmodernism)과 '포스트모더니티'(postmodernity)는 때때로 저자들에 의해서 구분된다. 포스트모더니즘은 이론과 문화에서의 발전을 가리키고 포스트모더니티는 문화의 실제적인 상태를 가리킨다고 말이다. 그럼에도 이 둘은 깔끔하게 구분되지 않는다는 것이 우리의 의견이다.

5) Charles Taylor, *A Secular Age* (Cambridge, MA: Harvard University Press, 2007), 716–17.

문화적 상황에 대한 편견으로 만들어진) 외적인 세상을 이해하고자 접근하기 때문에 존재하는 모든 것은 개인적인 관점일 뿐이라고 추론한다. 우리가 알 수 있는 보편적 '진리'(Truth)란 존재하지 않는다. 우리가 알 수 있는 것은 우리를 위한 진리(truth)뿐이다.

최악의 경우에 이 입장은 추상적인 상대주의가 되거나(진리는 전적으로 개인에게 달려 있다.) 아니면 소망 없는 회의주의(진리를 찾을 수 없다.)로 전락하고 만다. 따라서 아이러니하게도 제임스 헌터가 말한 대로 "확신을 찾기 위한 계몽주의 자체의 탐구는 새로운 확신을 발견하는 대신에 모든 것에 의문을 던지고, 모든 것을 의심하고, 모든 것을 믿지 않는 신랄한 회의주의가 세상에 편만하게 만들었다."[6]

극단적인 회의주의는 극단적인 허무주의, 즉 의미란 존재하지 않는다는 신념으로 이끄는 극단에 이르렀다. 극단적 회의주의의 논리적 결과이겠지만 극단적 허무주의는 사람들 대부분에게 삼키기 어려운 알약이다. 극단적 허무주의를 이론적으로 받아들이는 사람이 있어도 그들의 삶의 모습(마치 목적이 있는 것처럼 사는)은 그들이 믿는다고 주장하는 것과 일관되지 않는다. 그 모순에도 불구하고 상대주의를 옹호하는 사람들 대부분은 정도의 차이를 보이지만 모든 의미나 도덕성을 부인하지는 않는다.

철학자 리처드 로티(Richard Rorty)가 제시한 "자유주의적 아이러니스트"(liberal ironist)의 모습은 우리 시대의 역설에 대한 아주 예리한 묘사이다. 여기서 '자유주의적'(liberal)이라는 말은 후기 모더니즘이 타인에 대한 폭력을 도덕적으로 혐오한다는 확고한 신념을 나타내는 반면, '아이러니스트'(ironist)라는 말은 어떠한 신념이나 욕망도 결정적으로 참되다고 간주할 수 없다는 아

---

6) James Davison Hunter, *To Change the World: The Irony, Tragedy, and Possibility of Christianity in the Late Modern World* (New York: Oxford University Press, 2010), 206-7: 제임스 데이비슨 헌터, 『기독교는 어떻게 세상을 변화시키는가』, 배덕만 역, 새물결플러스, 2014.

이러니를 나타낸다.[7] 후기 모더니즘은 사람들이 신조를 옹호할 수 있다고 동의하지만 너무 집착하지 말아야 한다고 말한다. '절대적 진리'(Truth)에 개인적으로 접근할 수 있다는 주장은 단지 지적으로 의심스러울 뿐 아니라 도덕적으로도 잘못된 것이다. 이는 결국 다른 신념을 가진 사람에 대한 잔혹함으로 이어질 것이기 때문이다. 이것은 전형적인 후기 모더니즘의 초상이다. 즉, 타인을 향한 보편적인 선의에 대해 깊은 신념을 가지면서도, 어떤 결정적인 의미에서 진리(Truth)에 접근할 수 있다고 주장하기를 꺼리는 사람[8] 말이다.

인간의 이성을 통해 확신에 도달할 수 있다는 모더니즘의 자만심에 대한 후기 모더니즘의 반응은 기독교에는 안도가 될 수 있다. 성경은 분명히 인간은 유한하고 죄가 있으며 결과적으로 인간의 관점은 제한되어 있다고 말한다. 그리스도인은 후기 모더니즘이 권장하는 보편적 자애(실제로는 기독교에서 비롯됨)도 주장할 수 있다. 하지만 그리스도인이 후기 모더니즘에서 교훈을 얻고 어떤 면을 인정한다 할지라도 대부분의 후기 모더니즘은 모더니즘에 대한 거부를 성경에서 유출하지 않으며, 이미 보았듯이 그중 일부는 모더니즘에 대한 비판을 너무 극단적으로 끌고 갔음을 잊지 말아야 한다. 궁극적으로 복음은 모든 시대를 주도하는 가정들보다 선행되어야 한다. 이를 염두에 두고 다음 장에서는 어떻게 그리스도인이 후기 모더니즘의 지배적인 특징과 소통할 수 있을지 다룰 것이다.

---

7) Richard Rorty, *Contingency, Irony, and Solidarity* (Cambridge: Cambridge University Press, 1989), xv; 리처드 로티, 『우연성, 아이러니, 연대』, 김동식, 이유선 역, 사월의책, 2020. 로티의 "자유주의적 아이러니스트"를 알려 준 토드 윌슨(Todd Wilson)에게 감사한다.

8) 로티가 묘사한 '자유주의적 아이러니스트'의 요점은 찰스 테일러가 현대 이론가를 "괴상한 실용적 모순"이라고 부른 것과 비슷하다. "그들은 자유, 타인 사랑, 보편주의와 같은 가장 강력한 도덕적 이상들에 의해 동기를 얻은 듯이 보인다. 이것은 현대 문화의 핵심적인 열망이며 독특한 최고의 선이다. 하지만 그럼에도 이 이상은 이론가들로 하여금 그와 같은 모든 선을 부인하도록 한다. 그들은 그들을 움직이는 모든 선한 것을 부인하거나 변질시키는 괴상한 실용적 모순에 사로잡혀 있다"[*Sources of Self: The Making of the Modern Identity* (Cambridge, MA: Harvard University Press, 1989), 88; 『자아의 원천들』, 원기돈, 하주영 역, 새물결, 2015].

왜 중요한가?

문화, 전통, 진리에 관한 이 모든 이야기가 결국은 대학원 과정의 철학과 학생이나 상아탑에 있는 학자들만 괴롭힐 거라는 생각은 실수이다. 후기 모더니즘을 따르는 현존하는 사회 구조와 믿음의 틀은 전통적인 권위를 절대로 신뢰하지 않고 개인의 욕망을 억제시키는 모든 것을 거부하게 한다.

몇 년 전 내가(조슈아) 목회를 할 때 소그룹 리더가 한 고등학생과 나눈 대화를 이야기해 주었다. 리더는 그 학생이 만나는 남자들에 대해 추궁하듯 물었다. "왜 그런 남자들과 어울리는 거야? 누가 봐도 별로인 사람들이잖아." 그러자 그 학생이 바로 받아쳤다. "언니가 뭔데 그렇게 말하는 거예요? 성경은 다른 사람을 판단하지 말라고 했잖아요. 그 애들이 선한지 나쁜지 어떻게 알아요? 나는 내가 옳다고 느끼는 대로 할 거예요."

이와 같은 반응이 모더니즘 이전 시대나 모더니즘 시대에 속한 사람들의 귀에는 이상하게 들릴지 모르지만 오늘날은 그게 정상이다. 이런 일이 늘 일어나기 때문에(어느 동네 한구석에서만 일어나는 것이 아니라) 낯설지 않다. 그 학생은 동북 지방에 있는 큰 도시에서 자란 것이 아니라 바이블 벨트(Bible Belt; 기독교 신앙이 우세한 미국 남부 지방-역주)에 있는 한 작은 마을에서 자랐다. 그녀는 포스트모더니즘이나 후기 모더니즘에 관한 학문적인 논문을 읽어 본 적도 없고 깊이 성찰한 결과 그런 관점에 도달해 그렇게 말한 것도 아니다. 그 학생은 자신의 관점을 논리적으로 사고해서 도출해 내지 않았다. 그저 문화적 영향과 사회 구조에 의해 그와 같은 생각에 이른 것이다. 그것은 단지 그 학생이 숨쉬는 공기였다.

두 가지 영향력: 내재적 틀과 홍보대사의 시대

내재적 틀

찰스 테일러는 현재 문화적 상황에서 사람들이 어떻게 모든 것을 초자연적인 질서가 아닌 자연적인 질서에서 보는가를 가리키는 용어로 "내재적 틀"(immanent frame)이라는 말을 사용한다. 우리의 문화 안에 깊이 뿌리를 내린 현대 사회의 상상력은, 사람이 삶의 중요성이나 의미를 찾을 수 있으며(내재성) 신에 의해 주어진 더 고귀한 목적은 없다(초월성)는 가정으로 움직인다.[9]

내재적 틀을 이해하는 데 2층짜리 건물을 그려 보면 도움이 된다. 모더니즘 이전 시대의 선구자들은 2층짜리 세상에 살았다. 인간은 1층에 살았지만 2층(상위 영역)이 존재한다고 믿었다. 그들은 상위 존재가 일상에서 벌어지는 일들에 대해 활동적으로 관여하고 있다고 가정하는 마법에 걸린 세상에 살았다. 이생 너머에 인생에 목적과 의미를 부여하는 상위 영역이 존재했다. 대조적으로 오늘날은 신적 존재나 초자연의 존재를 부인하는, 1층짜리 마법이 풀린 세상에 살고 있다. 대부분의 서구 사회에서는 공통적으로 공유하는 습관, 목표, 일상의 상징과 의미가 공통적으로 주변에 있는 물리적인 세계를 가리키며 그 너머를 가리키지 않는다. 따라서 우리는 이러한 습관과 목표, 상징을 문화로부터 물려받으면서 의식적이든, 무의식적이든(대부분은 무의식으로) 1층에서 살아가고 배우고 열망할 동기를 얻는다.

하지만 그럼에도 이 1층이란 틀 안에서도 일부는 궁극적이고 초월적인 의미나 존재 없이 의미와 중요성, 도덕성을 부여하는 모더니즘의 도덕적 질서에 반대했다. 어떤 사람은 마법에 걸리지 않은 도덕적 질서에서 자유를 발견

---

9) Charles Taylor, "Afterword: Apologia pro Libro suo," in *Varieties of Secularism in a Secular Age*, ed. Michael Warner, Jonathan VanAntwerpen, and Craig Calhoun (Cambridge, MA: Harvard University Press, 2010), 307을 보라.

했지만, 다른 많은 사람은 영감을 얻지 못하고 '충만함'(fullness)이 부족하다는 느낌을 받았다.[10] 이러한 다양한 태도는 찰스 테일러가 "노바 효과"(nova effect)라고 부르는 현상으로 이어졌는데, 곧 내재적 틀 안에서도 점점 더 다양한 영적 선택지가 늘어나고 있음을 설명하는 개념이다.[11]

하지만 종교적 활동이 존재한다 해도, 우리는 여전히 세속적 시대에 살고 있는데, 종교를 가진 사람조차도 자신의 신념이 논쟁의 여지가 있다는 점을 강하게 인식한다. 현시대에는 다양한 의문이 제기되면 안 되거나 될 수 없는 입장은 불가능해 보인다. 다음 장에서 우리는 이와 같은 내재적 틀과 관련된 경향을 살펴보겠지만, 지금은 후기 모더니즘에서의 신앙의 논쟁 가능성이 우리로 하여금 더욱 의심에 빠지게 만들었다는 것만 지적하도록 하겠다.

홍보대사의 시대

여기에 더해서 현 문화적 상황은 '홍보대사'(spinmeister)의 시대라고 묘사될 수도 있다. 비록 정확하게 표현할 수는 없지만, 많은 사람이 '선전 효과'(PR effect)라고 부르는 것 때문에 얼마나 열심히 설득을 하든 회의적이고 신뢰가 없다. 현대 세계는 우리의 인식을 바꾸기 위해 정기적으로 뉴스를 돌리고, 언론 발표를 하고 광고를 하고 캠페인을 홍보하는 전문적인 사업을 창출했다. 이 산업의 결과물이 속임수를 쓰거나 호도하려는 의도가 없고 선을 넘어 거짓을 말하지 않도록 잘 관리된다 해도, 진리가 그들의 우선적인 관심이 아니라는 것은 느낄 수 있다. 그들에게는 일반 대중을 설득해서 관심을 갖게 하는 것이 진리보다 더 중요하다(결과가 수단을 정당화시킨다.). 사실, 이는 상품을(그것이

---

10) 제임스 스미스(James K. A. Smith)는 테일러가 사용하는 '충만함'(fullness)에 유용한 주석을 제공한다. "이 용어는 중요성, 의미, 가치(철저하게 내재적 틀 안에서였지만)를 찾으려는 인간적 충동을 설명하려는 의도로 사용되었다"[*How (Not) to Be Secular: Reading Charles Taylor* (Grand Rapids: Eerdmans, 2014), 141.]

11) Taylor, "Afterword: Apologia pro Libro suo," 306.

아이디어든, 세계관, 정치인 혹은 한 켤레의 신발이든) 사도록 우리를 설득하기 위해서 돌아간다. 휴 헤클로(Hugh Heclo)는 대중 소통에 탁월한 사람이 사용하는 전략을 다음과 같이 열거했다.

- 단순한 메시지에 머물라(복잡한 현실을 다루기보다).
- 감정에 호소하라(청중에게 논리적으로 설명하는 데 시간을 할애하기보다).
- '틀'(frame)의 문제가 사람을 원하는 결론으로 기울게 한다(주어진 문제에 관한 내용을 알려 주기보다).
- 자기 확신을 제시하라(불확실과 무지를 인정하기보다).
- 주제를 반격하거나 바꾸라(어려운 질문들에 답하려고 하기보다).
- 자기비판을 피하라(자신의 실수를 고치려고 하기보다).
- 전반적인 답이 있다고 주장하라(다른 편에 또 다른 독립적인 전문가가 있음을 인정하기보다).
- 무엇보다 이기기 위해 말하라(사실에 접근하려고 하기보다).[12]

이러한 기법은 표준적인 관행이 되었고 이러한 홍보 문화는 후기 모더니즘의 일반적인 사고방식에 엄청난 영향을 주어서, 누군가가 설득을 하려고 애쓰면 의심을 하게 만들었다. "일단 세일즈맨의 목표가 된 것을 알았다면 신뢰는 창 밖으로 던져 버려야 한다. 그렇지 않으면 결국 지갑을 열게 될 것이다."라고 헤클로는 기록한다.[13] 우리는 직감적으로 "수사적 수법, 포커스 그룹 테스트를 거친 화두, 번지르르한 전략은 [우리가] 진지하게 받아들여지지 않음을 암시하는 방식"이라고 생각하며 분노와 회의로 대응하게 된다.[14] 이

---

12) Hugh Heclo, *On Thinking Institutionally* (Boulder, CO: Paradigm, 2008), 29.
13) Heclo, *On Thinking Institutionally*, 30.
14) Heclo, *On Thinking Institutionally*, 30.

와 같은 강력한 회의주의가 편만하지만, 홍보 문화의 실패된 약속들의 영향을 강하게 받는 젊은 세대들(심각하게 환상이 깨진 세대)이 특히 예민하다. 말뿐인 문화에 대한 냉소적인 반발은 너무도 자명하다.

헤클로는 홍보 문화가 우리가 설득을 바라보는 방식에 미친 영향을 자세히 설명하며 다음과 같은 역설을 지적한다. "전문적이고 능숙한 지도자가 설득의 예술을 제공하면 할수록 청중은 점점 더 신뢰하지 않는다."[15] 권위를 주장하는 사람이 무엇을 생각하고 믿어야 하는지 말해 주려고 하면 청중은 회의적이 된다. 사람들 대부분은 방어적이 되지 않으면 장사꾼의 먹이가 되어 구매자의 후회만 남게 된다는 것을 어렵게 배웠다. 이 일이 너무 자주 일어나면 사람은 다시는 후회할 일을 하지 않겠다고 강하게 마음을 먹게 된다.

사람들의 신뢰를 얻기 위한 끝없는 홍보가 아이러니하게도 불신을 낳게 되었다. 이러한 문화에서는 불신자가 그리스도인이 접근할 때 자신이 기독교라는 상품의 판매 대상이 되었다고 느끼기 쉽다. 일부 변증가나 전도 방법이 특히 아주 원칙적으로 적용되었을 때 불신자는 그리스도인이 다른 사람과 마찬가지로 현대 상품 판매 기술을 사용해서 홍보하고 있다는 의심을 가지게 될 것이다. 의도적인 경우가 드물다고 믿지만, 여전히 그런 인식이 존재하며, 사실을 말하자면, 이는 그리스도인이 설득에 접근하는 방식과 종종 일치한다. 자신의 의심을 대할 때나 회의적인 친구를 설득하려고 애쓸 때 모두 그리스도인은 이런 단순한 홍보를 멈출 수 있다. 예를 들면 앞에 열거한 목록이 많은 그리스도인이 변증에 접근하는 방법과 얼마나 묘하게 비슷한지 주목하라. 불확실함을 인정하지 말고 확신을 가지도록 만들라. 어떤 뉘앙스를 남기려 하지 말고 가능한 한 단순함을 유지하라. 절대로 약함을 인정하지 말고 언제나 말싸움에서 이기라.

---

15) Heclo, *On Thinking Institutionally*, 30.

현대 문화의 이 두 가지 특징 곧 '내재적 틀'과 '홍보대사의 시대'를 염두에 두면서 이제 다른 관점들에 대한 우리 그리스도인의 자세에 관해 좀 더 깊이 생각해 보자.

선택 1: 홍보. 제임스 스미스는 찰스 테일러를 요약하며 "세계를 바라보는 지나치게 확신에 찬 그림"을 말했는데, 몇몇 그리스도인과 불신자는 이를 통해 세상을 본다.[16] 한 가지 그림을 취한 사람은 자신의 관점을 당연하게 여기고, 다른 방식으로 세상을 보는 사람을 이해하지 못하며, 자신과 의견이 다른 사람을 '우쭐한 태도로 무시하는' 경향이 있다.[17] 사람들은 자신이 취한 세계관이나 그림을 기본적인 틀로 삼고 심취하기 때문에, 그들의 설득하려는 노력이 앞서 언급한 홍보처럼 의식적으로 조작된 것은 아닐지라도, 결과적으로는 비슷해 보일 수 있다.[18]

자신의 세계관을 홍보처럼 제시한다면, 왜곡되고 공감 없이 흘러드는 결과를 낳을 것이다. 홍보는 다른 입장을 가진 사람과 서로 주고받는 것을 불가능하게 하거나 아니면 어렵게 한다. 왜냐하면 테일러가 언급한 "대화를 막는 자"(이들의 말은 '당신의 입장이 어리석거나 불가능하거나, 아니면 전적으로 비도덕적임을 보여주는 세 단계 논증을 하겠습니다'라는 뜻처럼 들린다.)가 되는 결과를 피하지 못할 것이기 때문이다.[19]

예를 들어, 한번은 유명한 변증가가 대학생들로 가득 찬 강의실에서 고통에 대한 질문에 답하며, 그 서두에 악은 "쉽게 다룰 수 있는 문제"라고 언급했다. 마치 불신자가 이에 대해 문제를 제기하는 것은 그 자체가 잘못된 생각

---

16) Smith, *How (Not) to Be a Secular*, 95.
17) Smith, *How (Not) to Be a Secular*, 95.
18) Taylor, *A Secular Age*, 555-57을 보라. 이러한 홍보는 신자와 불신자 모두에 의해서 만들어진다. *A Secular Age*에서 테일러는 학계 안에서 이러한 세속적 홍보에 저항하는 것에 가장 큰 관심을 보인다.
19) Taylor, "Afterword: A Apologia pro Libro suo," 318. 그는 "이는 종교적인 열심분자와 근본주의적 무신론자 모두에게 적용된다."고 말한다.

이라고 암시하는 듯한 발언이었다. 물론 무신론자는 대화를 막는 식의 접근을 하지 않는다는 말이 아니다. 다만 그리스도인이든 무신론자든 이런 식의 태도는 진실한 대화의 문을 열기보다는 점점 닫게 만든다는 뜻이다.

선택 2: 견해. 두 번째 선택지는, 우리의 세계관이 하나의 '견해'임을 인식하고, 현실에 대한 특정한 그림과 세상을 살아가는 방식을 수용하면서도, 우리의 견해에 논쟁이 있을 수 있으며 다른 관점에 끌릴 수 있음을 인정하는 것이다.[20] 이러한 방식으로 내재적 틀을 취하는 사람은 신자이든 불신자이든 특히 다른 견해의 가정과 타당성 구조 앞에서 자기 입장의 약점을 기꺼이 인정한다. 증거와 경험을 다르게 해석할 수 있는 다른 틀이 존재한다는 것을 인식할 때 자신과 다른 입장을 취하는 사람과의 대화는 훨씬 더 열리고 결실을 맺는 경향이 있다.

물론 모든 견해가 동일하지는 않다. 다른 견해가 가지는 타당성의 정도를 인정하려는 의지는 자기 견해의 문제점을 보여 주거나, 더 깊은 설득력이 있는 기독교의 능력을 부정하는 것이 아니다. 다음 장들에서 기독교의 견해 혹은 세계관이 후기 모더니즘의 어떤 특정한 문제들에 관해서 가장 강력한 설득력을 가졌음을 보여 주는 다양한 방법을 배울 것이다. 하지만 기독교의 견해를 제공할 때 우리는 다른 견해도 있다는 것을 알아야 하고, 다른 사람에게는 그들이 주장하는 틀이 가장 일리 있는 것임을 알아야 한다.

예를 들면 우리는 다음 장에서 그리스도인에게는 인간이 가진 도덕, 의미, 아름다움에 대한 본능적인 감각이 하나님을 가리키고 있다고 말할 것이다. 하지만 무신론자는 인간의 뇌가 생존과 번식의 목적으로 도덕이나 미의 범주를 만들었다고 주장하는 진화적 심리학으로 이를 설명할 것이다. 혹은 예를 하나 더 들자면, 이생 너머에 존재하는 무엇에 대한 인간의 욕망을 그리스도

---

20) Smith, *How (Not) to Be Secular*, 94.

인은 또 다른 세계의 존재에 대한 증거로 보겠지만, 비그리스도인은 이 욕망을 '소망 충족'(wish fulfilment; 프로이트의 이론으로, 현실에서 이룰 수 없는 소망을 꿈이나 무의식에서 성취하려는 욕구 – 역주)이라 볼 것이다. 우리는 다른 견해에는 기독교의 이야기가 제공하는 설득력이 없다고 믿는다. 하지만 우리가 다원주의 시대를 사는 만큼, 서로 다른 틀 안에서 살아가는 이들을 공감하며 경청하고 이해하려는 노력은 더 개방적이고 풍성한 상호작용으로 이어질 것이다.

십자가 중심 변증의 적용: 태도와 상황화

이와 같은 홍보의 문화에서 그리스도인은 다른 사람을 복음으로 인도하기 위해 홍보를 거절함으로써 사람들 대부분과 현저하게 다르다는 것을 보여 줄 수 있다. 변증가들이 다른 사람을 설득하려고 애를 쓰고 설득의 기술을 사용하는 것도 사실이지만, 이 책을 통해서 지속적으로 강조한 대로 설득은 우선적으로 그리고 가장 중요하게도 '십자가'에 의해서 이루어져야 한다. 문화의 지시를 받으려고 하기보다는 널리 퍼진 전형적인 홍보 기술을 뒤엎음으로써 사람을 종종 놀라게 할 것이다. 설득을 위한 십자가 중심 접근(우리는 변증 PR이라고 부를 수 있겠다.)은 휴 헤클로가 간단하게 열거한 홍보 기술과 비교할 때 아주 다르게 보일 것이다.

- 십자가로 계속 돌아오라(하지만 복잡한 현실과 질문을 기꺼이 다루면서).
- 조종하기 위해 단순히 감정에 호소하지 말라(하지만 다른 사람을 이해하기 위해서 시간을 할애하고 그들을 전인적인 존재로 보면서 그들의 문제를 다루라).
- 그리스도인으로서 세상을 본다고 인정하라(하지만 그들이 어디에서 왔는지 이해하려고 애를 쓰면서 그들과 소통하라).

- 개인적인 약함, 불확실함 혹은 무지를 인정하고 겸손하라(여러 다양한 이유로 당신에게는 예수님에 대한 분명한 확신이 있음을 주장하면서).
- 난해한 질문을 기꺼이 다루라(갑자기 상대방을 공격하거나 주제를 바꾸려고 하지 말고).
- 스스로 비판적이 되라(약함을 절대로 인정하지 않으려는 대신에)
- 지식에 한계가 있음을 인정하라(모든 주제에 전문가인 양 행동하지 말고).
- 무엇보다 다른 사람의 유익을 위해 은혜와 진리로 말하라(그저 말싸움에서 이기려 하지 말고).

이 간단한 목록은 소통에 있어서 우리의 체계와 자세를 보여 주는 좋은 시작점이 된다. 하지만 동시에 후기 모더니즘 안에서 다른 사람을 대면하기 위한 구체적이고 실제적인 전략도 필요하다. 우리는 기독교를 낯설어하는 사람들의 타당성 구조에 어떻게 다가갈 수 있을까?

안에서 밖으로 다가가기

최근에 한 그리스도인 학생이 자신을 세속적인 인본주의자라고 부르는 친구('사라'라고 부르자)를 위해 도움을 요청했다. 그 학생이 기독교를 들고 사라에게 접근할 때마다, 그녀는 자신이 목격한 기독교의 도덕적 문제를 들고 나왔다. 사라는 다음의 글과 비슷한 답변을 적어 보냈다.

"매주 기독교 지도자들은 사람들에게 하나님이 명령하셨으니 이런저런 일을 해야 한다고 말하지. 나는 사람을 정죄하거나 그렇게 살라고, 특히 가정된 신과 종교를 가지고 강요해서는 안 된다고 생각해. 나는 그렇게 살고 싶지 않고,

그것은 인간적이지도 않아. 오랜 시간 사람들이 기록한 고대 종교 문서를 잔뜩 인용하는 것은 나의 입장을 바꿀 수 없어. 물론 나는 성경을 그렇게 심각하게 대하지도 않지만 그렇다고 내가 상대주의자라는 말은 아니야. 사실 우리는 그렇게 많이 다르지 않다고 생각해. 너는 성경에서 인용된 삶의 방식과 의견을 존중하고, 나는 나의 희망과 욕망을 통해 나의 것을 존중하니까. 만일 누가 성직자가 되려고 하든 창녀가 되려고 하든 아니면 그 중간에 무엇이 되려고 하든 나는 그들을 판단할 수 있지만 하지 않을 거야. 나는 그저 그들에게 행운이 있기를 바라며 내 길을 갈 거야. 너와 대화를 나누는 것이 재미있지만 솔직히 말하면 나는 기독교가 그리 적절하지 않을 뿐 아니라 위험하다고 생각해. 왜냐하면 개인적인 선택을 하고 개인적인 만족을 삶에서 찾을 수 있는 사람들의 능력을 억눌러서 그들을 비인간화하기 때문이야."

당신은 어떻게 반응하겠는가? 특히 어디에서부터 시작을 하겠는가?

그 학생은 답변을 찾는 과정에 있다고 말했다. 그녀는 성경이 신화와 오류로 가득 찬 것이 아니라고 알려 주고 싶었다. 이와 같은 도전을 연구하고 성경의 역사적 신빙성을 보여 주려는 그녀의 열정이 높이 살만했다. 나 역시 그러기를 권했다. 하지만 우리는 둘 다 사라가 온라인에서 그 답을 쉽게 찾을 것이라는 데 동의했다.

우리는 이런 식의 대화를 여러 번 보았다. 구체적인 역사적 문제점을 다루는 것도 중요하고 성경의 사실성에 관해 중요한 점을 제시하는 것도 도움이 된다. 그러나 성경의 신빙성에 관한 구체적인 논증을 열거하는 것은 변증적 대화의 시작점으로 그리 효율적이지 않다. 후기 모더니즘의 '기정사실'을 가정하는 사람과 대화를 나눌 때는 기독교를 위한 전통적인 증거나 성경의 타당성을 받아들이도록 하기 전에 상대방의 가정 안에서 시작할 필요가 있다. 그러므로 다른 접근이 필요하다.

우리가 제안하는 접근은 '안에서 밖으로'(inside out, 그리스도인이 내면화할 수 있어서 다양한 변증적 상황에 적용할 수 있는 준거틀)이다. 우리가 지금까지 강조한 타인 중심적인 접근으로서 이 접근은 상대방 고유의 타당성 구조로 들어가서 그들 안에 있는 변증가와 함께 시작한다. 상대방의 가정과 함께 시작하는 이 접근의 목표는 그들이 자신의 세계관 안에서 스스로 문제를 생각하게 되어서 기꺼이 기독교의 타당성을 생각하게 하는 것이다.

옆의 '건물 블록 모델'을 보며 변증적 대화가 단계별로 어떻게 그들에게 느껴지는지 주목하라. 변증가는 먼저 기본적이고 보편적인 논리를 세우며 시작한다. 그리고 나서 일반적인 유신론으로, 그다음에는 성경의 신빙성에 대한 역사적 증거 제시로, 그리고 마지막에 복음 메시지를 나눈다.

복음을 대화의 마지막에 두는 건물 블록 모델과는 대조적으로 '안에서 밖으로 모델'은 복음과 기독교 신학의 핵심이 변증적 대화의 중심에 있어야 한다고 주장하며 전체 대화를 이어간다. 더욱이 이 모델은 불신자가 공유할 수도 있고 하지 않을 수도 있는 이미 전제된 변증적 건물을 구축하거나 가정된 합리성의 체계에 근거해서 대화를 나누는 대신에 기독교가 다른 사람들의 입장과 중복되는 점들에 초점을 맞춘다.

안에서 밖으로 모델의 두 면은 그리스도인의 변증적 접근이 복음 중심적이며 타인 중심적이 되도록 한다. 복음의 핵심적 견해를 유지하면서 변증가는 불신자의 체제가 내적으로 모순되며 인간 경험과 역사를 일관성 있게 볼 능력이 없음을 깨닫게 하기 위해서 다른 사람의 입장을 이해하는 데 강조점을 둔다. 도표를 보면 중복되는 부분은 함께 동의할 수 있는 공통된 가정과 연결점을 가리키고 중복되지 않는 부분은 복음이 다른 사람의 입장에 도전할 필요가 있는 지점을 가리킨다.

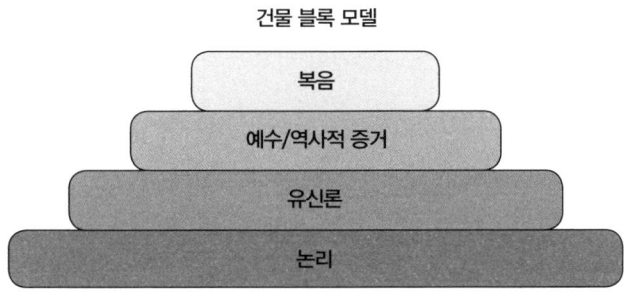

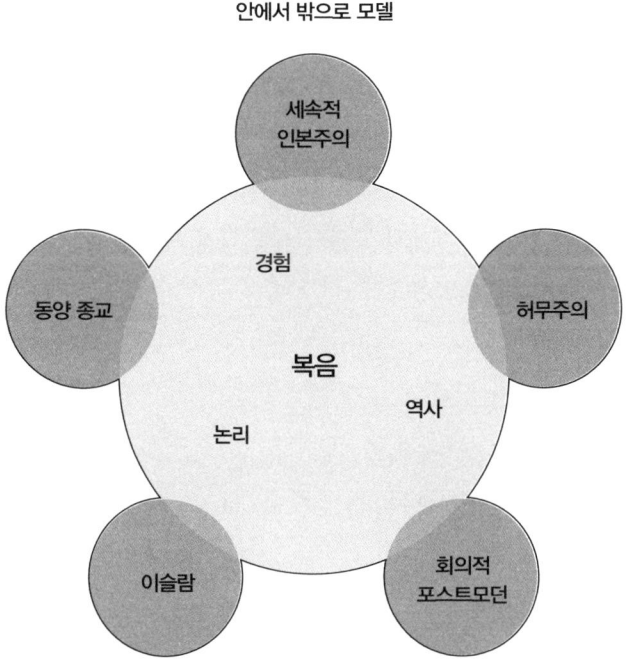

- 그림 중앙에 있는 원은 복음을 중심 메시지로 한 기독교를 가리킨다. 물론 삼위 하나님이 모든 실재의 중심에 계시다. 우리가 복음을 중앙에 둔 이유는 삼위 하나님이 자신을 복음 안에서 계시하셨고 그 복음 안에서 우리가 그분을 만나기 때문이다. 가령 바울이 가장 중요하다고 한(고전 15:3) 신약의 핵심적인 선포는 그리스도의 삶과 죽음, 부활을 통한 하나님의 구원 역사이다. 안에서 밖으로 접근은 복음을 변증적 대화의 중앙에 두고 복음의 빛으로 논리, 경험, 역사를 이해한다. 이들은 단지 복음 주변을 떠도는 것이 아니라, 제대로 이해될 때 복음을 이루는 일부가 되며, 이를 통해 누군가를 기독교의 핵심 메시지로 인도할 수 있는, 기독교의 필연적 구성 요소이다.

본 장에서 엄격한 시스템이나 여지 없이 따라야 할 방법을 제시하려는 것은 아니다. 오히려 불신자를 대하면서 염두에 두어야 할 정신적 발판을 제공하려고 한다.

안에서(Inside)

비그리스도인의 견해 안으로 들어가기 위해서 해야 할 두 가지 진단 질문이 있다.

첫째, 무엇에 동의할 수 있고 무엇에 도전해야 하는가? 가장 유익한 접근은 우선 상대방의 입장에서 존중할 만한 면을 확인하는 것이다. 그다음은 비실제적이고 모순된 점을 찾아내는 것이다. 바울이 아테네에서 이방 문화와의 접촉점을 찾고 또 그들의 관점에 도전한 연설을 보며 이미 이러한 접근의 예를 살펴보았다. 서구 세계에서 적용되는 몇 가지 최근의 예를 들자면 그리스도인은 다음에 동의할 수 있다.

- 인권을 위한 투쟁
- 다양함을 존중하는 것에 대한 강조
- 사회에서 눌리고 소외된 사람을 도우려는 미덕

하지만 다른 사람과 소통할 때, 우리가 도전해야 할 근본적인 가정을 식별해야 한다. 예를 들면 서구 문화에서 그리스도인은 이런 차이를 보여야 한다.

- 도덕적 자율성에 대한 문화적 감각("하나님이라 할지라도 어찌 감히 내게 하라마라 할 수 있는가!")과 하나님에 대한 도덕적 의존
- 신적 신뢰성에 대한 문화적 거부("사랑의 창조주는 그의 피조물을 심판하지 않는다.")와 하나님의 심판이란 현실

- 표현적 개인주의("나는 나를 정의하기 위해 내 안을 본다.")와 그리스도 안에서 정체성을 찾고 그의 주 되심에 복종함

둘째, 어디로 갈까? 다른 사람이 자신의 맹점을 인식하도록 돕는 한 가지 방법은, 그들의 가정과 신념이 일관되게 적용될 경우 결국 어디로 이어질지를 추적해 보여 주는 것이다. 타락한 문화는 기독교를 마땅치 않아 보이게 만드는 가정을 종종 가지고 있지만, 그러한 가정을 주장하는 사람은 대체로 그것을 충분히 생각하지 않는다. 그런 가정은 사실 그들이 숨 쉬는 공기이다. 그렇기 때문에 특정한 입장의 함의를 논하고 질문하면서 변증가는 그들의 입장이 지나치게 단순하고 실제적이지 않다고 보여 줄 수 있다.

사라의 경우로 돌아가자. 사라는 다른 사람의 인생을 규제하는 것은 잘못이라고 생각하기 때문에 기독교를 반대한다. 만일 그녀에게 직접 대답한다면 나는 종교 지도자가 때로는 그들의 권력을 남용한다고 동의할 것이다. 하지만 또한 이는 단지 종교 지도자에게만 국한된 문제가 아님을 지적할 것이다. 권력의 남용은 기독교만의 문제가 아니다. 그것은 인간의 문제이다. 인간 역사는 세속주의를 포함해서 모든 신념의 시스템이 그들과 동의하지 않는 자를 무시하고 핍박하는 방향으로 기울어져 있다. 그리스도인 역시 그들의 권력을 남용할 수 있는 인간이지만, 기독교는 그 추종자를 교정하는 근거를 가졌다는 점에서 독특하다. 사실 기독교의 창시자요, 모든 그리스도인이 본받고자 하는 분은 자발적으로 그분의 모든 권력을 포기하고(주장할 모든 권리가 있었음에도) 십자가에서 죽으셨다. 자신의 대적을 핍박하지 않고, 정반대로 그분은 자신을 죽인 자를 용서하셨다. 예수님은 진정한 기독교 리더십이란 섬기는 것이지 다른 사람을 다스리는 권력이 아니라고 가르치셨다.

사라의 말이 맞다고 인정한 후에 나는 그것이 일관되게 적용되고 논리적인 결론에 이르렀을 때 그녀의 추론에 담긴 함의를 보도록 도울 것이다. "물론

권력은 남용될 수 있고 규제는 불필요하다. 하지만 사람들의 삶에서 어떤 부분은 규제되어야 한다고 생각하지 않니? 만일 사람들의 삶을 전혀 규제하지 않는다면 사회는 어떻게 될까?" 이에 대한 답변으로 그녀는 대부분의 사람들처럼 어떤 규제는 필요하다고 인정할 것이다. 그러면 나의 다음 질문은 "그렇다면 개인이나 사회를 위한 이 윤리적인 규범의 근원은 무엇이 되어야 할까?"일 것이다.

다양한 방법으로 이 점에 접근할 수 있지만 대화의 목표는 그녀의 기본적인 가정을 논리적 결론에 이르도록 해서 그녀로 하여금 희망과 욕망은 도덕성, 가치, 심지어 의미를 찾는 데 있어서 안정적인 기초가 아님을 보게 하는 데 있다. 가령 지난 장에 나왔던 두 남자의 이야기를 예로 들 수 있다(앵글로 색슨족 용사와 21세기 맨해튼 남자). 그리고 질문한다. "만일 어떤 사람의 소망과 욕망이 자신을 존경하지 않는 사람은 무조건 죽이려는 충동을 가진 앵글로 색슨족 용사의 것과 비슷하다면 어떨까?"

상대방과 공감하도록 경청하면서 그들이 말하려는 요지를 인정하면서도 그들의 기본적인 가정을 논리적 결론까지 끌고 가는 것은 문제를 드러내고 그들이 자신의 입장을 스스로 보게 도전한다. 상대방의 입장에서 불확실함을 만들어 내면 다른 선택(기독교)에 대해 토론할 수 있는 공간이 생긴다.

불신자의 관점 안에서 시작하는 요지는, 우리가 같은 체계 안에서 논리적 추론을 한다는 잘못된 가정으로 인해 대화가 끊어지지 않도록 하면서, 그들이 붙드는 가정들에 도전하는 것이다. 목표는 기독교(이전에는 그들의 관점 밖에 있어서 이상하게 보였던 것)를 받아들이는 토대를 만들기 위해서 그들의 체계가 일관성이 없고 실제적이지 않다는 것을 깨닫도록 그들의 체계 안으로 들어가 더욱 진지하게 도전하는 것이다.

밖으로

안에서 활동하는 동안에도 밖(기독교와 복음)을 가리키기 시작할 수 있다. 한 사람의 입장 안에서 밖으로의 전환이 뚜렷하게 구별되지 않아야 하며, 대화 중에는 안과 밖을 종종 왔다 갔다 해야 할 것이다. 안과 밖을 동전의 다른 양면처럼 보는 것이 가장 도움이 된다.

> **'안에서 밖으로'의 중심인 복음**
> 복음을 단지 변증적 연결 고리의 마지막에 제공할 것으로 여기지 말아야 한다. 레슬리 뉴비긴이 말한 대로, "교회는 교회가 말하고 상징하고 행하는 이야기가 참된 이야기이며 다른 이야기는 그것에 의해서 평가되어야 한다."[21]고 선언한다. 기독교 이야기인 복음은 다른 견해에 있어서 무엇이 도전되고 무엇이 인정되어야 하는지 판단하는 기준이 된다. 더욱이 십자가 중심 설득은 변증적 대화 전반에 걸쳐 말하고 상징하고 행동해야 할 복음을 요구한다. 따라서 본 장에서 변증적 대화를 위한 지침을 제공하기는 하지만, 결국은 전반에 걸쳐 복음으로 엮여야 하고 설명되어야 함을 잊지 말자.

어떤 특정한 면에서 중복이 있지만 기독교 체계는 대부분 불신자의 가정된 체계 밖에 있음을 기억하라. 일단 불신자의 타당성 구조 안에서 시작하여 공간을 만들어 냈다면, 당장은 불편하고 거부감이 느껴지더라도 인생에 관해 더욱 일관되고 실제적이고 설득력 있는 입장을 제공하는 기독교의 견해를 보여 주기 시작할 수 있다.

비기독교의 견해 밖으로 나와 기독교로 이동하게 하기 위한 두 가지 진단 질문은 다음과 같다.

첫째, 경쟁 서사는 기독교 이야기의 어디에서 가져온 것인가? 불신자의 관점에서 인정할 수 있는 점과 도전해야 할 점을 신중히 검토하고 나면, 우리는

---

[21] Leslie Newbigin, *Proper Confidence: Faith, Doubt and Certainty in Christian Discipleship* (Grand Rapids: Eerdmans, 1995), 76; 레슬리 뉴비긴, 『타당한 확신』, 박상종 역, SFC, 2013.

기독교 이야기가 중요한 자원을 포함하고 있음을 보여 줄 위치에 서게 된다. 이러한 자원은 불신자의 틀 속에 존재할 수 있지만, 실제로는 기독교에서 차용된 것이며, 그들의 틀은 이러한 자원을 뒷받침할 근거를 가지고 있지 않음을 알게 될 것이다.

팀 켈러는 불신자의 가정된 사고 체계 안에서 그들의 체계 밖으로(즉 기독교로) 전환하도록 돕는 한 접근 방식을 설명한다.[22] 켈러는 문화를 향해 말하고 동시에 도전하기 위해 'A 교리'와 'B 교리'를 사용하라고 제안한다. A 교리는 주어진 문화에서 일반적으로 확인된 기독교 신념이다. 가령, A 교리에는 인권을 위한 투쟁, 다양한 문화에 대한 존중, 사회에서 억눌리고 소외된 사람을 섬기는 미덕과 같은 그리스도인도 동의할 수 있는 내용이 포함된다. 이와 같은 신념에 동의하는 불신자를 볼 때 우리는 확실하게 말할 수 있다. "네, 그리스도인으로서 나도 동의합니다! 사실 주변의 문화가 전혀 다르게 말할 때도 성경은 오랜 시간 그렇게 말해 왔습니다." B 교리는 아주 심한 거부감을 느끼거나 아니면 특정한 문화에서는 받아들이기 어려운 기독교 신념이다. 이 교리에는 하나님의 심판("사랑의 창조주는 그분의 피조물을 심판하신다.")이나 배타주의("하나님께 가는 길은 오직 한 가지뿐이다.")가 포함된다.

A 교리를 B 교리와 연결하는 것은 주변 문화를 둘러싼 이야기를 가정하는 사람들과 소통할 때 효율적인 방법이다. 켈러는 돌을 나무에 묶는 예화를 사용한다. 거기서 그는 물에 가라앉는 돌을 한 문화에서 받아들이기 어려운 신념에 비유하고, 물에 뜰 수 있는 나무를 특별한 문화에서 참된 것으로 받아들이고 가정하는 기독교 신념에 비유한다.[23] 난해한 기독교 신념인 돌은 이미 떠 있는 성경적 진리의 나무에 묶여 있을 때에만 뜰 수 있다. 켈러는 이 개념

---

22) Timothy Keller, *Center Church: Doing Balanced, Gospel-Centered Ministry in Your City* (Grand Rapids: Zondervan, 2012), 119-34; 팀 켈러, 『팀 켈러의 센터처치』, 오종향 역, 두란노, 2016.
23) Keller, *Center Church*, 124; 켈러, 『팀 켈러의 센터처치』.

을 "공감적 비판"(sympathetic accusation)이라고 부른다. 반대를 다루는 기본적인 방법은 어떤 지점에서 상대방의 신념에 진심으로 동의한 다음, 첫 번째 신념을 근거로 두 번째 잘못된 신념에 이의를 제기하는 것이다. 즉 이렇게 말하는 것이다. "당신이 이것을 믿는다면 왜 저것은 믿지 않지요?" 이 접근은 성경과 상대방의 신념 사이에 협의를 이루게 하여 성경이 말하는 다른 것을 받아들이도록 사람을 강력하게 움직일 수 있다.[24]

기독교는 적절하지 않고 위험하다고 믿는 사라의 예로 다시 돌아가 보자. A 교리와 B 교리가 이 대화에서 어떻게 사용될 수 있을까? 사라는 자신이 도덕적 상대주의자가 아니라고 말하며, 인생에는 분명한 목적(예. 자유와 성취)이 있다고 공공연하게 가정한다. 이 두 생각은 A 교리로 동의될 수 있다. 왜냐하면 기독교도 도덕적 상대주의를 부인하고 추구해야 할 목적에 대한 분명한 비전을 제공하기 때문이다. 더욱이 기독교는 참된 자유와 성취를 위한 인간의 욕망에 관해 언급한다. 비록 사라와는 다른 개념이기는 하지만.

반면에 사라가 거부하는 B 교리는 기독교가 제공하는 절대적인 도덕적 기준인데, 사라는 그것이 인간의 번영을 규제한다고 본다. 그녀의 체계에 의하면 기독교가 그런 요구를 하는 것은 비이성적이고 비인간적이다.

이제 A와 B를 함께 묶을 시간이다. 다음의 맥락에서 던지는 질문을 통해 연결할 수 있다. "도덕적 진리를 믿는다면 도덕적 진리의 근거를 제공하는 하나님을 왜 믿지 않나요? 하나를 취하려면 다른 하나를 믿어야 하지 않을까요? 더 높은 진리, 더 높은 존재가 있다면 이 존재와 존재의 질서를 발견하는 것이 참된 자유와 성취로 가는 길(의도된 대로 삶을 사는 것)이 되지 않을까요?"

대화가 진전되면서 좀 더 설명할 수 있을 것이다. "우리가 함께 부인하는 도덕적 상대주의에 빠지지 않으려면 우리에게는 무언가, 누군가가 필요해요.

---

24) Timothy Keller, *Preaching: Communicating Faith in an Age of Skepticism* (New York: Viking, 2015), 115, 112; 팀 켈러, 「팀 켈러의 설교」, 채경락 역, 두란노, 2016.

객관적이고 도덕적인 진리를 제공하려면 우리의 주관적인 목표, 욕망, 신념을 뛰어넘는 누군가가 있어야 해요. 만일 모든 사회들 위에 존재하시는 하나님이 있다면, 그분의 객관적인 진리가 때로는 어떤 주관적이고 일시적인 문화적 감수성을 억제시키는 것 같고, 때로는 그분의 기대가 억압적으로 느껴지는 것은 당연한 일이에요. 하지만 이 하나님이 우리에게 문화가 아닌 그분을 따르도록 요구하지 않는다면, 그것 또한 놀라운 일 아닐까요? 하나님의 율법과 요구는 우리를 제한하지만 마치 좋은 아버지가 십 대 딸을 위해 체계와 경계를 제공하는 것과 같아요. 처음에 딸은 아버지가 요구하는 규칙들에 화를 낼지 모르지만 그가 왜 그렇게 하는지 나이가 들면서 알게 되겠죠. 딸이 더 건강하고 의미 있고 성숙한 삶을 살게 하려는 것이었다고요."

둘째, 기독교는 경험과 관찰과 역사를 어떻게 보다 잘 전달할 수 있을까? 기독교가 어떻게 하면 보다 잘 "이 삶과 역사의 풍성한 조화를 포착할 수[25] 있을까? 복음에 대한 풍성한 이해는 대화 중에 이 질문에 답을 하며 인간적이고 문화적인 열망을 기독교에 연결시키는 것과 직접적인 관련이 있다.

6장에서 본 대로 성경 저자들은 복음의 다른 면과 함의를 설명할 때 그들의 문화적 상황에서 가져온 수많은 형상과 은유를 사용했다. 복음은 다양한 면을 가지기 때문에 명제적인 글만이 아니라 이야기, 유비, 공통된 경험을 통해서도 소통이 된다. 신약의 저자들은 참된 복음을 붙드는 것의 중요성을 강조하고(예. 갈 1:8-9; 유 3절), 복음의 내용을 요약하는 공식을 제공하지만(예. 고전 15:1-4), 그럼에도 하나의 공식적인 접근을 제공하지는 않는다. 대신에 신약성경은 복음 메시지를 신실하면서도 주어진 상황에 맞게 전하라고 요청하며 절제된 유연성을 보여 준다.

---

25) Charles Taylor, *The Language Animal: The Full Shape of Human Linguistic Capacity* (Cambridge, MA: Harvard University Press, 2016), 219. 이 단원은 테일러가 "해석학적 논증"이라고 부르는 것과 비슷하다.

복음 자체가 특정한 언어들로 표현되었고 특정한 문화의 형상을 사용했다. 따라서 복음을 신실하게 전한다는 말은 우선은 기독교 메시지를 성경의 문맥과 원래의 문화 안에서 이해할 것과 그다음에 현재 당신의 상황에 있는 사람들이 이해하고 연관될 수 있는 방법으로 메시지를 적용하는 것이다. 이는 그리스도인으로서 성경과 현재의 문화적 맥락을 이해하기 위해 최선을 다하며 우리가 전하는 복음이 성경에도 진실되고 동시에 우리가 섬기는 이들에게도 이해가 되도록 하는 것을 의미한다.

불신자의 타당성 구조 안에서 공간을 만들어 낸 후 당신은 기독교 견해의 적절성과 진리로 그들을 설득할 수 있는 더 나은 위치에 있게 될 것이다. 이 부분에서 우리는 물어야 한다. "후기 모더니즘의 인간적이고 문화적인 열망을 복음에 연결시키는 방법으로는 무엇이 있을까? 기독교 이야기가 인간 경험에 대해 가장 위대한 설득력을 제공하는 방법으로는 무엇이 있을까?" 다음 장에서는 이 질문에 답하는 모델로서 '안에서 밖으로'를 적용하기 위해 후기 모더니즘의 주요 특징을 다루고, 기독교가 어떻게 현실에 대한 생동감 있고 일관성 있으며 만족스러운 입장을 제공하는지 살펴볼 것이다.

변증적 소통을 위한 진단 질문들

안에서
1. 이 입장에서 무엇에 동의하고 무엇에 도전할 필요가 있는가?
2. 이 입장은 결국 어디로 가고 있는가?
- 얼마나 일관성이 없는가?
- 얼마나 비실제적인가?

밖으로
1. 경쟁 서사는 어떤 기독교 이야기에서 빌려온 것인가?
2. 기독교가 어떻게 우리의 경험, 관찰, 역사를 더 잘 설명하는가?

11장

후기 모더니즘에 다가가기

우리 문화에서 초월적인 것이 사라지자 사람들은 무언가를 잃은 듯한 상실감을 느끼게 되었다.

_ 찰스 테일러, 『세속의 시대』(A Secular Age) 중에서

후기 모더니즘에 건설적으로 다가가기

본 장은 변증을 위해 특별히 후기 모더니즘(late modernism)과 관련이 있는 네 가지 중요한 요소, 현대 다원주의와 진정성의 윤리, 종교적 무감각 그리고 치유적 전환을 간략히 살펴볼 것이다. 서구 문화 전반에는 다양한 하부 구조가 많기에 이 장에서 소개하는 특징이 포괄적이거나 보편적인 것은 아니다. 오히려 우리의 목표는 현 상황의 일반적인 경향을 묘사하여 후기 모더니즘의 폭넓은 문화적 열망을 확인하고 거기에 도전하는 방법을 찾는 것이다.

현재 우리의 문화적 상황을 좀 더 깊이 들여다보고 어떻게 여기에 이르렀는지 보기 원한다면 찰스 테일러의 책 『세속의 시대』(*A Secular Age*, 국내 미출간)[1]를 보라. 테일러의 책을 적극 추천하기는 하지만 입문자에게는 꽤 부담스러울 수 있는 아주 두꺼운 책이다. 감사하게도 테일러의 연구를 접근하기 쉽

---

1) Charles Taylor, *A Secular Age* (Cambridge, MA: Harvard University Press, 2007).

게 해설한 책이 있는데, 그중 가장 주목할 책은 테일러의 연구를 거의 직접적으로 해설한 제임스 스미스의 『어떻게 세속적이 되지 않을까?』(*How (Not) to Be Secular*, 국내 미출간)와 변증적 사용을 위해 구체적으로 응용한 티모시 켈러의 『답이 되는 기독교』(*Making Sense of God*), 그리고 『팀 켈러의 설교』(*Preaching*, 특히 4, 5장)가 있다. 테일러의 책을 읽든, 해설 중 하나를 읽든 본 장을 읽은 후 그다음 단계로 읽어 보면 좋을 것이다.[2]

본 장에서는 현 문화적 상황에 존재하는 도전과 기회를 살펴보고 이전 장의 결론에서 제시한 질문들에 대한 답을 발전시켜 나가기 위해 '안에서 밖으로' 접근을 사용해 10장이 끝난 부분을 이어갈 것이다. 후기 모더니즘의 인간적이고 문화적인 열망을 복음과 연결시키는 방법으로는 무엇이 있을까? 기독교의 이야기가 인간 경험에 관해 어떻게 가장 강력한 설명이 될 것인가?

후기 모더니즘과 소통하는 법 배우기

서구 문화의 네 가지 중요한 특징

1. 현대 다원주의
2. 진정성의 윤리
3. 종교적 무감각
4. 치유적 전환

본 장에서는 각각의 특징이 제기하는 기회와 도전을 제시하고 문화적 기정사실을 가정하는 이들에게 다가가기 위해 '안에서 밖으로' 접근을 사용한다. 마지막 세 가지 특징과 관련해서는 그들의 가정에 도전하고 기독교 이야기를 현실에 대한 보다 일관성 있고 실제적이고 만족스러운 비전으로 소개하기 위해 적절한 '압박점'(pressure points)을 소개할 것이다.

---

2) James K. A. Smith, *How (Not) to Be Secular: Reading Charles Taylor* (Grand Rapids: Eerdmans, 2014); Timothy Keller, *Making Sense of God: An Invitation to the Skeptical* (New York: Viking, 2016); 팀 켈러, 『팀 켈러의 답이 되는 기독교』, 윤종석 역, 두란노, 2018; Timothy Keller, *Preaching: Communicating Faith in an Age of Skepticism* (New York: Viking, 2015); 팀 켈러, 『팀 켈러의 설교』, 채경락 역, 두란노, 2016.

> **무엇을 더 설명해야 하는가?**
> 세속주의는 본 장에서 묘사하는 기회들에 대해 고유의 '견해'를 가지고 있지만 그것은 종종 환원주의로 귀결된다. 케임브리지대학의 수학과 물리학 교수였다가 신부가 된 존 폴킹혼은 이를 강조한다. "유신론자와 무신론자 모두 인간 경험을 설명하기 위해서 같은 단어를 사용하지만 공존할 수 없는 다른 해석을 한다. 나의 주장은 유신론이 무신론보다는 더 심오하고 통합적인 이해를 제공한다는 것이다. 무신론자가 어리석다는 말이 아니라, 충분히 설명하지 못한다는 뜻이다." 이어지는 문단에서 그는 덧붙여 말한다. "무신론이 개념적으로는 단순해 보이지만 아름다움, 도덕, 예배를 일종의 문화적 혹은 사회적으로 당연한 사실(brute facts)로 취급하기에 인간으로서의 경험을 깊이 다루지 못한다."[3]

1. 현대 다원주의

내재적 틀과 그에 따르는 문화적 변천, 그리고 현대 다원주의 사이에는 강력한 연관이 있다. 사회학자인 피터 버거가 설명했듯이 모더니즘 이전 문화에는 "종교가 개인에게 있어 객관적인 확실성을 갖는다는 특성"이 포함되지만, 단층적인 내재적 틀에 따르는 문화적 변천은 이러한 확실성을 약화시키고 "그 당연시되던 지위를 박탈"했다.[4] 다원주의 자체는 새로운 것이 아니다. 다양한 문화는 늘 어느 지점에서 교차했다. 고대에도 무역 경로를 따라서 건설된 도시들에서 나타났다. 그렇게 함으로 문화를 뛰어넘는 교류에 제한이 있을 정도였다. 세계화와 새로운 기술의 발전으로 세상은 이제 우리의 뒷마당에, 손가락 끝에 그리고 영상 스크린에 있는 것처럼 보인다.

---

3) John Polkinghorne, *The Faith of a Physicist: Reflections of a Bottom-Up Thinker* (Mineapolis: Fortress, 1996), 70.
4) Peter Berger, *The Heretical Imperative: Contemporary Possibilities of Religious Affirmantion* (Garden City, NJ: Doubleday, 1980), 24.

다원주의가 발견된 때를 포함해, 인간 역사의 전반을 주도한 한 입장이 있는데, 곧 소수 공동체는 거대한 문화 안에서 존재하는 법을 배워 갔다는 사실이다. 이러한 조건들을 고려할 때 배타적인 사회생활은 곧 구성원 대부분이 다른 공동체의 주장에 심각하게 대처할 필요가 없었음을 의미한다. 사회학자인 제임스 데이비슨 헌터는 이것이 미국 안에서 어떻게 나타났는지 설명한다. "현대에 이르기까지 시대를 주도한 문화에는 다양성이 존재했다. 19세기 미국에서는 가톨릭과 유대인이 압도적인 개신교 문화 안에서 어떻게 생존하는지를 배웠고, 20세기 전반에 걸쳐서는 유대인, 세속주의자, 불교인, 힌두인 그리고 모슬렘이 압도적인 기독교 문화 안에서 어떻게 생존하는지를 배웠어야 했다."[5] 때가 변했다. 서구에서는 이러한 배타성이 약화되었고 미국이나 서구 다른 곳에서는 더 이상 압도적으로 확실하거나 도전 불가능한 영역에 존재하는 주도적인 종교적 문화란 없다.[6] 결과적으로 종교적인 신념은 훨씬 더 취약해졌다.

헌터는 문화 안에 이제는 하나의 주도적이고 전반적인 신앙 시스템은 존재하지 않지만, 특정 집단이 여전히 우위를 점할 수 있다고 지적한다. 예를 들면 미국 대학에서는 세속주의가 더 높은 자리를 차지한다. 특정 공동체 안에서 우위를 점하는 세계관은 그럼에도 과거 기독교와 같은 보다 광범위한 주도권을 가지지 못하고 있다. 현대 다원주의는 종종 잘 보호된 기독교 가정의 울타리를 막 떠난 대학교 1학년 학생이 가장 예민하게 느낀다. 가령 학생들은 무신론자가 머리에 뿔도 없고 공격성도 없다는 사실에서 자신의 신앙이 위기에 처했음을 발견한다. 사실 많은 사람이 정상적이고 친절하고 똑똑하기

---

5) James Davison Hunter, *To Change the World: The Irony, Tragedy, and Possibility of Christianity in the Late Modern World* (New York: Oxford University Press, 2010), 201; 제임스 데이비슨 헌터, 『기독교는 어떻게 세상을 변화시키는가』, 배덕만 역, 새물결플러스, 2014.
6) Hunter, *To Change the World*, 201; 헌터, 『기독교는 어떻게 세상을 변화시키는가』.

까지 하다. 그리스도인 학생이 힌두교, 유대인, 모슬렘과 같은 다른 종교의 학생과 진정한 관계를 시작하면서 비슷한 경험을 할 수 있다. 많은 그리스도인 학생이 개인적으로 현대 다원주의를 처음으로 접하기 때문에 대학교의 다양한 분위기가 어지럽고 혼란스러운 경험이 될 수 있다.

처음에 그리스도인 학생은 왜 다른 학생이 너무 당연한 진리를 보지 못하는지 의아하게 생각할 것이고, 그리스도를 영접한 자신이 지적으로 더 낫다고 생각하는 유혹에 빠질 수 있다. 하지만 대학 환경에서는 현대 다원주의가 그렇지 않다는 것을 아주 빠르게 가르친다. 그들 동료의 세계관이 다른 것은 그들이 지적이지 않아서가 아니라 그들이 같은 세상을 다른 체계에서 해석하기 때문이다. 그들은 기본적인 논리를 무시하지 않지만, 다른 결론들에 도달하게 된다. 다시 말하면 현대 다원주의는 단지 다양한 세계관의 존재를 말하는 것이 아니다. 삶과 진리의 기본적인 문제들에 관한 다양한 결론을 지지하는 다른 해석적 체계(중복될 수도 있는)를 말하는 것이다.

기회들

현대 다원주의는 위압감을 줄 수 있다. 하지만 피터 버거가 상기시키는 대로 그건 그리 나쁘지만은 않다. 왜냐하면 "사회적 조건이 믿음을 결정하도록 권장하는 편이 '신앙을 부여하는' 환경에서 살아가는 것보다 낫기 때문이다. 이런 환경은 우리의 종교적 정체성을 우리의 자유로운 동의에서 비롯된 개인적인 특성이기보다는 머리 색깔이나 특정 알레르기 정도로 만든다."[7]

현대 다원주의는 기독교 신앙을 뒷받침하는 조건을 약화시켰기 때문에 기독교를 당연하게 여겼던(어떤 경우에는 '문화적 기독교'의 약화된 형태 정도로만 여겼던) 과거보다는 좀 더 의도적으로 믿음에 임할 필요성이 커졌다. 그렇게 함으로

---

7) Peter L. Berger, "The Good of Religious Pluralism," *First Things*, April 2016, www.firstthings.com/article/2016/04.the-good-of-religious-pluralism.

써 현대 다원주의는 우리 그리스도인에게 도전을 주었을 뿐 아니라 의도적으로 내부 문화에 집중해서 교회를 강화시키는 기회도 제공했다. 교회의 내부 문화를 예를 들자면 그리스도인이 예배를 하고, 서로의 관계를 유지하고, 지도자를 택하고, 설교의 내용을 결정하고, 교회력을 지키고, 자녀를 가르치고, 삶과 사고를 위한 나음의 체계를 형성하는 방식을 들 수 있다. 현대 세계의 다양성에 철저하게 다가가려는 기독교 공동체는 의도적으로 나름대로의 상대 문화에 대한 타당성 구조를 만들어야 한다. 다시 말하지만 건전한 교회론은 건전한 변증과 거리를 두어서는 안 된다.

더욱이 현대 다원주의는 그리스도인에게 단지 내적 의도성을 요구할 뿐만 아니라, 그리스도인으로서 다양한 신앙 체계와 세계관을 가진 공동체 속 사람들에게 다가가는 외적 의도성을 보여 줄 기회를 제공하기도 한다. 앞서 언급한 세계화 때문에 세상은 서구 세계와 매우 근접해졌다. 서구 그리스도인은 이런 현상을 애통해야 할 비극으로 보기보다는 복음을 세상으로 가지고 갈 기회로 보아야 한다.

현대 다원주의의 결과 중 하나는 사람들이 어떤 특정한 종교적 입장에 헌신하기를 꺼려하고, 그래서 신학적 다원주의나 일반적인 종교적 회의주의 둘 중 하나를 위한 공간을 만들어 낸 것이다.

신학적 다원주의는 모든 종교적인 전통(아니면 적어도 모든 주요 종교적인 전통)이 같은 현실을 묘사하고 그들의 추종자는 궁극적으로 같은 목적지로 인도된다고 주장한다. 종교적 진리에 대한 주장을 이렇게 상대화시킨 것은 "물론 하나님께 이르는 길이 단 하나뿐일 수 없다."는 유명한 말로 잘 표현된다. 신학적 다원주의는 모든 주요 종교를 같은 산에 오르는 다른 길로 본다. 길이 저마다 다르지만 모두 천국에 이르는 정당한 길이라고 말이다. 신학적 다원주의에서 중요한 것은 교리가 아니라, 우리가 모두 같은 장소로 가는 다른 길을 취한 사람임을 인식하여 다른 종교에 관용적인 태도를 취하는 것이다.

안에서. 단지 문화적 관점이 우리와 다르다는 이유로(예. 민족중심주의) 다른 사람을 판단해서는 안 된다는 점은 신학적 다원주의자와 분명히 함께하지만, 우리는 이 공유된 신념(민족중심주의에 대한 저항)을 기독교의 배타성과 연결시킬 준비를 해야 한다. 이는 기독교에 이의를 제기하는 가정들에 도전하기 위해서 A 교리와 B 교리를 함께 묶는 또 다른 한 예가 될 것이다.

언뜻 보아서는 신학적 다원주의가 겸손하고 관용적으로 들릴지 모르지만 사실은 그렇지 않다. 구원에 관한 한 가지 교리에 반대한다고 말할 때 신학적 다원주의자는 실제로는 자신의 구원론을 말하는 셈이다. 구원에 이르는 많은 길이 있다는 주장은 기독교, 유대교, 이슬람교(큰 종교 셋만 말하자면)의 추종자가 그들의 종교를 이해하는 방법에 반하는 말이다. 따라서 신학적 다원주의자는 그런 모든 종교가 주장하는 배타성이 틀렸다고 말함으로써 관용적이지 못하게 된다.

대부분의 집단은 그들의 신념이 가진 진리의 독특성에 다른 사람이 주석을 달려고 할 때 상처를 받는다. 예를 들어 신학적 다원주의자는 우리의 이해를 초월하는 모든 것을 사랑하는 신적 정신을 '산 정상'에 있는 한 존재, 혹은 신이라고 묘사한다. 이를 제안하는 다원주의자는(모든 다원주의자가 그런 것은 아니다.) 주요 종교적 전통과 맞서는 셈이 된다. 한 예로 불교도는 그들의 종교를 이런 식으로 설명하지 않을 것이다. 그리스도인은 하나님이 사랑이심에 동의하지만 그분은 또한 다른 많은 중요한 속성을 가지셨다고 주장할 것이다.

게다가 신학적 다원주의자의 입장은 유난히 겸손한 것도 아니다. 본질적으로 그들은 "모든 종교적인 사람은 그들이 진리를 안다고 생각하지만 우리 신학적 다원주의자만이 제대로 이해하고 있다."고 말하는 셈이기 때문이다. 그들은 산에 오르는 그들의 한 길만을 보고 있을 뿐이다. 반면에 우리는 꼭대기에서 모든 사람을 볼 수 있다. 우리는 그들의 근시안적 관점을 교정하고 그들이 좀 더 포괄적이고 관용적이 될 것을 요구해야 한다.

현대 다원주의는 신학적 다원주의뿐 아니라 모든 신앙을 단순히 문화적으로 조건화된 인간적 표현으로 보면서 이를 거부하고 모든 종교의 신빙성을 부인하는 종교적 회의주의도 만들어 낸다. 종교적 회의주의자는 궁극적인 진리란 없다고 주장한다. 단지 종교적 의견들만 있을 뿐이다.[8]

우리가 살아왔고 현재 살고 있는 문화적 맥락의 영향을 받는 한, 우리는 실제로 역사적으로 영향을 받는다는 데 동의할 수 있다. 하지만 사람들이 무엇을 믿어야 하는지 결정하는 데 문화적 맥락만이 결정적인 요소가 된다고 주장하는 순간 종교적 회의주의는 자기모순에 빠지게 된다. 종교적 회의주의 그 자체도 문화에 대한 조건부 반응 외에는 아무것도 아니며 따라서 종교적 회의주의는 진리가 아니라는 말로 들리게 되기 때문이다. 문화적 맥락이 다양한 면에서 우리를 조건 짓는 것은 사실이지만 그것이 개인으로서 우리가 믿는 것에 대해 궁극적으로 결정적인 영향을 미칠 필요는 없다. 따라서 회의주의자가 "당신이 그리스도인인 유일한 이유는 사우디아라비아가 아닌 미국 남부 조지아에서 출생했기 때문이다."라고 말한다면, 그리스도인은 회의주의자로 하여금 그들의 논리가 어디로 귀결되는지 알도록 "그건 당신의 경우도 마찬가지가 아닌가요? 당신이 종교적 회의주의자가 된 것은 모로코가 아닌 미네소타에서 출생했기 때문이 아닌가요?"라고 쉽게 답할 수 있다.

밖으로. 사회적, 문화적 장소가 신앙에 영향을 준다는 것을 인식하면서도 기독교는 각 개인을 단순히 문화적 조건의 산물로 축소시키기를 거부하며 개인의 존엄을 강조한다. 더욱이 기독교는 다른 종교들 사이의 주요한 차이를 무시하거나 이를 최소한의 공통 분모로 축소시켜 비슷비슷하게 만들지 않으면서 서로 중복되는 신념이 있음을 인정한다.

---

8) 다원주의에 근거한 반대는 특히 학문적인 배경에서는 당연하게 들릴 수 있다. 기독교에 대한 반대로서의 다원주의에 대한 답변으로는 Alvin Plantinga, *Warranted Christian Belief* (Oxford University Press, 2000), 437-57을 보라.

처음부터 복음은 예수님만이 유일한 구원의 길이라고 하면서, 이 예수님을 통한 구원은 모든 사람을 향한다고 말하는, 배타적이면서도 포용적인 메시지였다. 복음의 궁극적인 비전과 하나님 나라의 절정은 다양한 사람들이 모여 공동선을 지향하며 하나된 사회를 형성하는 아름다운 세상이다(계 7:9). 성경을 통해 주어진 약속들의 맥락에서 예수 그리스도의 죽음, 신성, 부활의 메시지는 인간의 문화를 수용하는 동시에 초월한다. 기독교 기원 연구 전문가인 역사학자 래리 허타도는 고대 세계에서 기독교를 다른 종교와 구별한 한 가지 특징은 "모든 사회 계층의 남자와 여자를 향한 인종과 문화를 초월한 자질"[9]이었다고 강조했다. 다시 말해 처음의 고대 맥락에서 읽을 수 있는 기독교의 독특한 특징 중 하나는 하나님이 다른 신들과 함께 경배의 대상이 될 수 있음을 부인하면서도 다양한 지역, 인종, 민족 출신의 사람을 매료시켰다는 것이다.

복음의 배타성은 현대 서구의 특정한 가정들의 거부에 부딪힐 수 있다. 하지만 초대 교회에서처럼 복음의 배타적 메시지는 놀라울 만큼 포용적이 될 수 있다고 증명된다. 오늘날 기독교는 지리적으로 세상에서 가장 다양한 종교가 되었다. 비서구 세계에서의 성장은 놀랄 만하다. 유럽에 있는 모든 교회보다 중국에 있는 교회에 더 많은 그리스도인이 있다. 동아시아에는 그들 인구의 10.5퍼센트인 1억 7,110만 명의 그리스도인이 있다는 2020년 통계가 있다. 아프리카에는 2020년에 인구의 49.3퍼센트인 6억 3천만 명의 그리스도인이 있으리라고 추정된다.[10] 더욱이 다른 주요 종교의 핵심지는 여전히 그들이 시작한 지역에 남아 있음에도 기독교의 지리적 중심지는 역사를 통해

---

9) Larry W. Hurtado, *Destroyer of the gods: Early Christian Distinctiveness in the Roman World* (Waco, TX: Baylor University Press, 2016), 186; 래리 허타도, 『처음으로 기독교인이라 불렸던 사람들』, 이주만 역, 이와우, 2017.

10) Timothy Keller, *Making Sense of God: An Invitation to the Skeptical* (New York: Viking, 2016), 26; 팀 켈러, 『팀 켈러의 답이 되는 기독교』, 윤종석 역, 두란노, 2018를 보라.

놀라울 만큼 그 위치를 바꿔 이동했다.[11] 이 이동은 기독교의 독특한 초문화적 메시지를 더욱 확실히 보여 준다.

요약하자면 공통된 관심과 신념을 따라 모이는 다른 집단과 마찬가지로 기독교는 배타적이다(관용을 신념으로 하여 모이는 집단조차도 배타주의의 형태를 수용한다.). 하지만 기독교는 그들이 속한 문화, 국가, 사회 경제적 배경에 상관없이 모든 종류의 사람을 수용함으로써 놀라울 만큼 그 포용성을 증명해 왔다.

2. 진정성의 윤리[12]

로버트 벨라(Robert Bellah)는 '표현적 개인주의'(expressive individualism, "각 개인이 개성을 실현하려면 표현되고 드러낼 수 있는 고유의 핵심적인 느낌과 직관을 가져야 한다는 신념")[13]라고 명명한 서구 문화에 편만한 한 현상을 묘사한다. 표현적 개인주의를 우리가 사는 진정성의 시대의 기본적인 가정이라고 묘사하면서 찰스 테일러는 이 개인주의는 "외부에서 우리에게 강요된 모델을 모방하는 것에 승복하지 않으려는 저항"[14]이어야 한다고 덧붙인다. 다시 말해 우리가 개인으로서 해야 할 가장 중요한 일은 외부로부터의 기대라는 사슬을 벗어 버리고 자신에게 진실해지는 것이다. 따라서 인간의 만족은 진정한 자아를 발견하기 위해 외적인 표준을 던져 버리고 우리 자신의 내면을 살필 때 일어난다.

---

11) Andrew F. Walls, *The Mossionary Movement in Christian History: Studies in the Transmission of Faith* (Maryknoll, NY: Orbis, 1996), 16–25; 앤드루 월스, 『세계 기독교와 선교 운동』, 방연상 역, IVP, 2018을 보라.
12) 이 표현은 찰스 테일러가 사용했다. *The Ethics of Authenticity* (Cambridge, MA: Harvard Universit Press, 1991), 또한 그의 *A Secular Age*, 472–504을 보라.
13) Robert Bellah et al., *Habits of the Heart: Individualism and Commitment in American Life*, rev. ed (berkeley: University of California Press, 2008), 334.
14) Taylor, *A Secular Age*, 475.

표현적 개인주의를 향하는 이러한 현상을 알기 위해 기관, 기업, 엔터테인먼트 매개체가 보내는 메시지를 간단히 살펴볼 필요가 있다. 그래야 충격이 없다. 만화, 영화로부터 대중적인 TV 프로그램이나 졸업 연설까지 모든 것에서 우리는 같은 메시지를 발견할 것이다. "당신의 열정을 따라가라. 한계를 인정하지 말라. 당신의 길을 당신이 정하라. 당신은 위대하기 때문에 위대한 일을 해야 할 책임이 있다."[15] 칼럼리스트로서 데이비드 브룩스는 이러한 문화에서 설교된 복음은 "자신을 믿는 복음"[16](이런 진부한 표현에 의미, 정체성, 윤리에 관한 가정이 내재되어 있기에 복음이라는 단어는 그렇게 강력한 표현이 아니다.)임을 관찰했다.

> **문화와 교회 안에서의 도전**
>
> 게이브 리온과 데이비드 키나만은 연구를 통해 다음을 보여 준다.
> - 84퍼센트의 미국인은 "즐기는 것이 인생의 최고 목적"이라고 믿는다.
> - 85퍼센트는 "즐기기 위해서는 가장 원하는 것을 추구해야 한다."고 말한다.
> - 91퍼센트는 "자신을 발견하기 위해서는 자신의 내면을 보아야 한다는 데" 동의한다.
>
> 교회는 어떤가? 크게 다르지 않다.
> - 정기 출석자의 66퍼센트는 "즐기는 것이 인생의 최고 목적"이라고 믿는다.
> - 72퍼센트는 "즐기기 위해서는 가장 원하는 것을 추구해야 한다."고 말한다.
> - 76퍼센트는 "자신을 발견하기 위해서는 자신의 내면을 보아야 한다는 데" 동의한다.
>
> 이 충격적인 통계는 건강한 변증은 교회 안에서의 건강한 제자화에서 시작해야 한다고 보여 주는 또 하나의 표시이다.[17]

---

15) David Brooks, *The Road to character* (New York: Random House, 2016), 7; 데이비드 브룩스, 『인간의 품격』, 김희정 역, 부키, 2015.
16) Brooks, *Road to Character*, 7; 브룩스, 『인간의 품격』.
17) David Kinnaman and Gabe Lyon, *Good Faith: Being a Christian When Society Thinks You're Irrelevant and Extreme* (Grand Rapids: Baker, 2016), 57-58.

개인의 선택을 최고의 선으로 주장하는 '자율적 도덕성'(Self-authorizing morality)은 인생을 자기중심적으로 보는 인생관의 연장선에 있다. 개인적인 자유가 목표가 된다. 문화가 개인의 선택과 외적 표준으로부터의 독립을 궁극적인 선으로 만들고 나면, 자신을 넘어 무언가에 순종하라고 말하는 전통적인 종교는 단지 지루한 고물로 보일 뿐 아니라 위험하고 억압적인 것으로 여겨지게 된다.

> **자율적 도덕성**
> 자율적 도덕성을 설명하면서 찰스 테일러는 프랑스의 철학자인 알랭 르노를 인용한다. "인본주의자는 자신의 표준과 법을 사물의 본성(아리스토텔레스)이나, 신에게서 받지 않고 자신의 이성과 의지에 근거해서 스스로 세운다."[18]

기회

우리는 누구와 결혼을 하고 어떤 직업을 가질지와 같은, 삶의 많은 중요한 영역 대부분을 선택할 자유가 있는 문화에 살고 있다는 것에 감사해야 한다. 더욱이 지금까지 살펴본 정체성과 자유에 관한 현대적인 감각은 성경이 말하는 이상(배경, 민족, 인종, 성, 종교에 상관없는 모든 사람의 평등)[19]의 실현과 깊은 연관이 있다. 자유와 자율은 모든 외적인 기대를(종교, 사회 혹은 다른 무엇이든) 무시하도록 가르치고 인생의 의미를 발견하기 위해 개인의 욕망과 느낌을 바라보라고 하는 비성경적이고 개인적인 만족의 개념에 뿌리를 둘 때 문제가 된다.

'안에서 밖으로' 접근을 처음 논할 때 언급한 대로 이 입장을 추종하는 사람에게 다가가는 한 가지 방법은 그들이 지닌 가정의 논리적 결과를 보도록 돕

---

18) Taylor, *A Secular Age*, 588에서 인용함.
19) Charles Taylor, *Sources of Self: The Making of the Modern Identity* (Cambridge, MA: Harvand University Press, 1989), Taylor, *A Secular Age*, 637, 745: 찰스 테일러, 『자아의 원천들』, 권기돈, 하주영 역, 새물결, 2015.

는 것이다. 가령, 우리의 느낌과 욕망은 종종 변하므로 안정적이지 않을 뿐더러, 이미 9장에서 보았듯이 문화가 항상 우리의 욕망을 만들어 내고 우리가 어떻게 느끼고 충동에 반응해야 하는지 말해 주기 때문에, 자신의 정체성과 목적의 근거를 오직 내적인 느낌이나 욕망에 두는 것은 사실상 불가능하다. 우리는 주변 사람들의 기대와 의견에 따라 행동하지 않을 수 없다. 찰스 테일러가 말한 대로, "누구도 자신을 정의하는 데 필요한 언어를 스스로 습득할 수 없다."[20] 우리는 언제나 공동체 안에서의 대화를 통해 자신의 정체성과 윤리를 정의한다. 따라서 표현적 개인주의와 자율적 도덕성을 함께 비판하기 위해 우리는 정체성, 정의, 공동체라는 세 주제를 탐구하려 한다.

정체성

안에서. 모든 사람은 자신의 가치를 집중적으로 추구하는 자신을 발견한다. 유대인 인류학자인 어니스트 베커(Ernst Becker)가 관찰한 대로 "우주적 의의"를 위한 보편적 탐구가 있다.[21] 사람은 진정한 자아를 발견하기 위해서 단순히 자신의 안을 살피는 것이 아니다. 우리는 어쩔 수 없이 외부 문화를 보고 주변을 보면서 우리가 가치 있고 소중하다는 확인을 하고 싶어 한다. 우리의 문화가 말해 주는 영웅 서사(디즈니 영화에서부터 독립기념일 퍼레이드나 미식축구 경기까지 모든 것에서)가 우리에게 깊은 공감을 주는 이유도 바로 이것이다. 영웅 서사는 우리가 인정받기 위해서 모방하려고 애쓰는, 깊이 뿌리내린 생생한 그림을 제공한다.

심지어 비종교적인 사람까지 포함해서 모든 사람은 정체성, 가치, 의의, 행복을 위해 무언가를 혹은 누군가를 바라본다. 모든 사람에게는 실질적으로

---

20) Taylor, *Ethics of Authenticity*, 33.
21) Ernst Becker, *The Denial of Death* (New York: Free Press, 1973), 3; 어니스트 베커, 『죽음의 부정』, 노승영 역, 한빛비즈, 2019.

자신이 신으로 경배하는 궁극적인 무엇, 혹은 누군가가 있다.[22] 어떤 사람에게는 지성이 곧 신이어서 거기서 정체성을 찾고, 어떤 사람에게는 교제, 혹은 매력, 성공이나 운동 실력일 수 있다. 우리는 정체성을 무언가 위에 세운다. 하지만 인생은 정체성의 근원을 위협하거나 도둑질하려고 한다. 그런 일이 일어날 때마다(신격화된 물건, 사람 혹은 상징을 빼앗아 가는) 우리는 참된 자아를 잃어버렸다고 느끼게 된다. 우리는 정체성 없이 남겨진다. 얼굴도, 이름도, 의의도 없다고 느낀다. 케년대학교의 유명한 졸업 연설에서 데이비드 포스터 월리스(David Foster Wallace)는 유창하게 이 진리를 표현했다.

성인의 일상적인 삶의 참호 속에는 무신론이라는 것이 실제로 존재하지 않는다. 아무것도 예배하지 않는 삶은 존재하지 않는다. 모든 사람이 예배한다. 우리가 하는 유일한 선택은 무엇을 예배하느냐일 뿐이다. 우리가 일종의 신, 혹은 예배할 영적인 존재를 찾는 강력한 이유는[예수든, 알라든 여호와든 혹은 위칸(2세기경의 이방 종교-역주)의 여신이든, 사성제(불교의 네 가지 높은 깨우침-역주)든 아니면 범할 수 없는 윤리적 원리든] 우리가 예배하는 것이 우리를 살게 하기 때문이다. 돈이나 물건을 예배한다면, 그것이 우리가 삶의 참된 의미를 찾는 곳이라면 우리는 절대로 만족할 수 없고 만족감을 느낄 수도 없다. 이것이 진리이다. 당신의 몸, 아름다움, 성적인 충동을 예배하라. 당신은 언제나 못 생겼다고 느낄 것이다. 시간과 나이가 보이기 시작할 때 사람들이 마침내 슬퍼하기 전에 이미 당신은 수만 번 죽음을 경험할 것이다. 우리는 모두 어느 정도 이미 이를 알고 있다. 모든 위대한 이야기의 골격이 신화, 격언, 상투적인 문구, 경구 등으로 암호와 되었지만 그것이 모든 위해한 이야기의 골격이다. 핵심은 일상적인 의식 속에서이 진리를 항상 우선하는 것이다.

---

22) Tim Keller, *The Reason for God: Belief in an Age of Skepticism* (New York: Dutton, 2008), 163; 팀 켈러, 『팀 켈러, 하나님을 말하다』, 최종훈 역, 두란노, 2017.

권력을 예배하라. 자신의 나약함과 두려움을 느끼게 될 것이며, 그 두려움을 해소하기 위해 다른 사람을 권력으로 누르려 할 것이다. 지성과 똑똑해 보이는 것을 예배하라. 어리석다는 느낌을 벗어나지 못할 것이고 들킬까 봐 항상 두려워하며 자신이 사기꾼이라는 느낌을 벗어나지 못할 것이다. 이러한 예배 형태가 교묘한 이유는 그것이 악하거나 죄악 되어서가 아니라 무의식적이기 때문이다. 그것은 기본 설정과도 같다.

이것이 우리가 매일의 삶에서 서서히 빠져들어 가는 일종의 예배로, 자신이 그런 행동을 하는지 온전히 인식하지 못한 채, 무엇을 보고 가치를 어떻게 평가할지 선별하게 된다.[23]

우리를 공허하게 만드는 것, 우리가 예배하도록 의도되지 않은 것을 예배하기 위해 종교적일 이유는 없다.

밖으로. 예배 대상을 잃어버려 불안과 절망을 느끼는 순간(인간 경험의 보편적인 부분)은 보다 깊이 탐구할 수 있는 기회가 된다. 특히 상대방의 삶과 경험에 집중하는 변증가는 그들이 지닌 문제의 뿌리가 우상 숭배에 있다고 설명할 수 있다. 화상의 고통이 뜨거운 불을 피하라고 경고하듯이 우리의 '신들'이 우리를 실망시킬 때 느끼는 공허함은 "무언가 대단히 잘못되었다. 방향을 전환해야 한다."고 말씀하시는 하나님의 방식이다. 하나님이 아닌 다른 것 위에 삶을 세울 때 우리의 삶은 점차 무너질 것이다. 궁극적으로 그런 삶은 안전하지 않다고 증명될 것이기 때문이다. 그것이 무엇이든, 얼마나 좋은 것이든, 그것은 궁극적으로 사랑하거나 예배하도록 창조된 것이 아니다.

기독교의 좋은 소식은 우리가 항상 변함없으며, 우리를 무너뜨리기보다는 사랑하고 보호하고 돌보시는 유일한 한 분 참된 하나님을 알고 그분과 바른

---

[23] David Foster Wallace, "Transcription of the Kenyon Commencement Address-May 21, 2005; http://web.ics.purdue.edu/~drkelly/DFWKenyonAddress2005.pdf.

관계를 맺으며 살아갈 수 있다는 것이다. 더욱이 하나님과 바른 관계를 가질 때, 세상과도 바른 관계를 가질 수 있다. 예수님은 모든 가치와 의의의 근원으로서 다른 무엇보다 사랑해야 하는 그분을 우리가 알도록, 우리를 우상 숭배의 노예로부터 구원하시기 위해 세상으로 들어오셨다.

기독교는 인생(몇 가지만 언급하자면, 노동, 관계, 여가, 성)이 근본적으로 선하다고 긍정한다. 하지만 이 좋은 선물이 궁극적인 것이 될 때 삶을 망치는 것이 된다고 인식한다. 이 우상들이 넘어질 때 우리는 깊은 불안과 염려를 느낀다. 이 거짓된 신들 중 누구도 우리를 구원하지 못한다. 그들은 우리를 노예 삼아 조종하려 할 뿐이다. 그것을 소유할수록 만족함이 없고 더욱 원하게 되며, 소유하지 못할 때에는 그것을 가지려는 엄청난 부담을 느끼거나 소유할 수 없으리라는 생각에 절망하게 된다.

세상을 우상으로 섬길 때 우리 삶은 무너지고 만다. 그럼에도 해답은 그래서 세상에 있는 것을 멀리하고 포기하라는 것이 아니다. 사실 하나님은 그분으로부터 온 모든 좋은 선물을 감사함으로 받고 사랑하라고 명하신다. 오히려 기독교가 제공하는 해답은 우리가 궁극적이라고 아는 것에 자신을 투자하는 무거운 부담을 주지 않고 세상에 주신 좋은 선물을 즐기게 하시는 영원히 안전하신 분 안에서 기쁨과 가치, 의의를 찾는 것이다. 기독교는 자신을 온전히 영원하고 의미 있는 실재에 헌신하도록 초청한다.

정의

안에서. 후기 모더니즘은 종종 단순한 도덕적 상대주의라는 비난에도 불구하고 대체로 세상에서 잘못된 것들에 대해 대단히 민감하며 무언가를 해야 한다는 충동을 느낀다. 사회 정의와 인권이 유행인데 이는 합당한 일이다. 가난한 사람을 돕고, 인신매매를 종식시키고, 재난 지역에 구호를 제공하고, 인종차별을 반대하고, 질병을 치유하는 수많은 단체가 세워졌다(도덕적인 문제로 폭넓게 동의하는 몇 가지만 언급하자면). 우리는 그리스도인으로서 인간의 존엄과 보편적 자애라는 두 개의 근본적인 신념에 근거를 두고 이를 추구하는 불신자에게 동의한다. 하지만 인간의 존엄과 보편적 자애는 난제가 되기도 한다. 왜냐하면 그리스도인에게는 그것에 동의하는 강한 이유가 있지만, 세속적인 입장에는 이러한 도덕적 신념을 지지할 만한 확실한 근거가 없기 때문이다. 특히 후기 모더니즘의 "자아로의 전환"은 이러한 현대의 윤리적 본능을 위한 충분한 근거와 동기와 희망을 제공할 능력이 없다.[24]

- 근거. 기본적인 인간의 존엄과 보편적 자애는 역사를 초월한 가정과 거리가 멀다.[25] 고대 문화의 기본적인 가정은 다양한 집단의 사람들은 동등하지 않다는 것이다. 예를 들면 노예, 유아 살해, 인간을 제물로 드림, 과부를 불태움 등과 같은 일이 받아들여진 이유가 여기에 있다. 인간의 기본적인 존엄성에 대한 생각은 기독교의 체계에 뿌리를 두고 후에 발전된 것으로서 서구 전통의 근간이 되었고 현대 도덕성의 핵심적 특징으로 남아 있다. 1700년대 계몽주의부터 시작해 후기 모더니즘은 부지중에 기독교의 도덕적 유산을 의지해 살고 있으면서도 공식적으로 기독교와의 관계를 끊으려 했다.[26]

그렇다면 질문은 "만일 기독교(혹은 유신론 모두)를 부인한다면 당신은 무엇을 근거로 보편적 인간의 존엄과 권리를 믿는가?"이다. 자연은 인간의 존엄에 관한 근거를 제공하지 않고 도덕적 교훈서를 주지도 않는다. 대신 자연에서

---

24) 표현적 개인주의와 자율적 도덕성(다른 발전과 함께 합쳐진)을 우주적인 사랑과 다른 사람을 존중하는 기독교의 이상에서 비롯되었다고 볼 필요가 없다. 아이러니하게도 진실성의 시대에 이러한 발전은 기독교를 대항하게 하고 많은 사람이 기독교를 타당하지 않다고 여기게 하는 이유가 된다. 이것이 찰스 테일러의 저서들이 이야기하는 요점이다.

25) Christian Smith, "Does Naturalism Warrant Moral Belief in Universal Benevolence and Human Rights?" in *The Believing Primate: Scientific, Philosophical, and Theological Reflections on the Origins of Religion*, ed. Jeffrey Schloss and Michael Murray (Oxford: Oxford University Press, 2011), 295-98을 보라.

26) Nicholas Wolterstorff, *Justice: Rights and Wrongs* (Princeton, NJ: Princeton University Press, 2008); 니콜라스 월터스토프,『사랑과 정의』, 홍종락 역, IVP, 2017; Taylor, *Sources of Self*, 테일러,『자아의 원천들』.

관찰하는 것은 강력한 약육강식이다. 바로 이 이유 때문에 테니슨(Tennyson)은 자연을 "이빨과 턱에 있는 피"라고 묘사했다.[27] 자연에 대한 관찰만으로는 정의에 대한 현대의 개념에서 점점 멀어질 뿐이다.[28]

기독교가 현대적 정의에 대한 개념이 가정하는 신념의 역사적 기원이라는 생각을 다루는 데 있어서 다음의 질문이 도움이 될 것이다. 우리가 가지고 있는 정의감은 어디에서 온 것일까? 왜 세상을 고쳐 더 나은 것으로 만들려고 하는가? 왜 여자의 권리를 위해서? 왜 먼 나라에 있는 가난한 사람을 도우려고 하는가? 보편적 자애에 대한 신념이 왜 가령 다른 사람을 노예로 삼거나 여자를 학대하는 문화의 신념보다 더 우월한가? 이와 같은 질문에 만족할 만한 답을 제공하기 위해서는 가정된 자율적 도덕성 이상의 무언가가 필요한 듯하다.

• 동기. 도덕적 신념을 위한 근거를 이해하고 설명하는 것이 세상에 있는 불의의 무게를 느끼는 세속주의자가 직면하는 유일한 문제는 아니다. 정의를 위한 공적인 욕망을 가지는 것과 큰 변화를 일으키도록 불의에 대항하여 자신을 희생하는 것은 전혀 다른 문제이다. 사람들 대부분은 타인의 복지보다는 자기 개인의 복지에 더 헌신되어 있다.

그런데, 그러면 안 될 이유가 있는가? 표현적 개인주의는 자신의 돈, 시간, 건강, 사회적 위치, 그리고 다른 사람의 선을 위해 자기의 목숨을 희생적으로 버리는 일에 대한 아주 얕은 동기만 제공할 뿐이다. 사실 자신에게 진실하자면 다른 사람을 위해서 왜 자신을 헌신적으로 희생해야 하는가? 자연주의를 전제하는 경우 만일 모든 것이 다 땅으로 분해되어 흙으로 돌아가고 결국 아무것도 기억하지 못하고 사라질 인생이라면 그런 일에 상관하는 게 무슨 의

---

27) Alfred Lord Tennyson, *In Memoriam A. H. H.* (London: Bankside, 1900), canto 56, p.60; 앨프릿 테니슨, 『인 메모리엄: 계관시인 테니슨 번역시집』, 이세순 편역, 한빛문화, 2008.
28) 13장에서 우리는 과학이나 문화가 어떻게 도덕성의 근거가 될 수 없는지 논할 것이다.

미가 있는가? 왜 개인의 행복을 추구하지 않고 알지도 못하는 사람을 위해 힘든 일에 자신을 헌신하는가?

- 희망. 우리는 후기 모더니즘 체계가 현대적 정의를 추구하는 근거와 이를 실행할 동기를 충분히 제공하지 못한다고 비판하면서도, 위에서 설명한 것처럼, 많은 사람에게는 잘못을 바로잡고자 하는 본능적인 열망과 노력이 있다고 동의할 수 있다. 정의를 이루려는 불신자의 욕망과 노력을 너그럽게 인정한다면 그들은 마음의 문을 열 것이고 정직한 토론이 가능해질 것이다. 사람들 대부분이 동의하는 것 중 하나는 그러한 정의가 여전히 찾기 힘들다는 강한 생각이다. 어떤 문제는 해결하기 위해 취할 수 있는 행동이 있어 보이지만, 절대로 고칠 수 없을 것 같은 많은 문제가 있다. 공의를 실현하기 위한 노력은 종종 댐에 있는 수많은 구멍을 손가락으로 막으려는 것처럼 느껴진다. 구멍 하나에 손가락을 넣으면 세 개의 구멍이 생긴다. 세상에 있는 모든 불의를 생각하기 시작하면 압도되고 말 것이다. 끝이 보이지 않는다. 그리고 현재의 순간을 넘어, 결국 이 세상이 단순히 사라지게 될 것을 받아들인다면, 우리의 가장 선한 의도조차도 우주적 무의미함이라는 그림자에 끊임없이 가려질 것이다. 궁극적으로 정의는 완전히 이루어지지 않을 것이다. 그렇다면 우리의 노력은 결국 어떻게 될 것인가?

밖으로. 기독교는 정의를 추구하기 위한 동기와 이유만을 제공하는 것이 아니다. 정의가 궁극적으로 이루어진다는 확신에 찬 소망도 제공한다. 옳은 것과 틀린 것에 대한 감각이 있는 것은 개인이나 문화의 도덕법 위에 하나님이 계시기 때문이다. 우리가 정의에 대한 메시지와 이를 추구하는 일에 공감하는 이유는 하나님이 사람을 그분의 형상대로 만드셨고, 세상에 보여 주신 하나님의 본성대로 그분의 의로움과 평화를 추구하기 원하시기 때문이다. 하나님이 예수 그리스도의 인간 되심을 통해 세상에 들어오셨을 때 그분이 가르치신 윤리는 (이웃과 원수를 사랑하라는) 고대 세계에서는 독특한 것이었다.

하지만 단순히 예수님의 가르침만 혁명적이었던 게 아니다. 예수님을 따르는 자들이 함께 일어났다. 왜냐하면 예수님은 그들에게 다른 사람을 희생적으로 섬길 수 있는 깊은 동기를 주셨기 때문이다. 그리스도인은 하나님의 존재 자체가 변하지 않는 정의의 기준이 있다고 확인해 주며, 그분의 창조를 향한 깊은 사랑이 모든 사람으로 하여금 용서받고 자신의 불의한 행동에서 자유롭게 했다고 믿는다. 하나님 자신이 세상에 들어오셔서 죄 없이 고난을 참으시며 약한 자를 긍휼히 여기시는 사람 예수로 사셨다. 그 무엇보다 놀라운 것은 그분이 세상의 폭력을 모두 흡수하셔서 우리가 받아야 마땅한 심판을 자신에게 돌리기 위해 그렇게 하셨다는 사실이다. 그리스도인에게 다른 사람을 위해 자유롭게 희생하도록 동기를 부여하고 가능하게 하는 것은 바로 자신에게 몰두한 자아를 자유롭게 하는 하나님의 자비이다.

예수님의 부활은 새로운 세상이 임하여 모든 잘못된 것을 바로잡으실 그분의 재림을 가리킨다. 마지막에는 정의가 온전히 이루어질 것이다. 그럼에도 예수님의 희생으로 인해 자신을 낮추고 그분께 돌이키는 자에게 주님은 정의의 오른쪽에 있을 기회를 제공하신다. 그분의 희생은 우리의 모든 희생을 의미 있게 만든다. 진정한 평화와 사회적 대의를 위한 열망이 영원한 의의를 가지게 될 것이다. 가장 어두운 시기에도 이것은 정의를 오래도록 추구하게 하는 지속적인 소망의 비전이다.

공동체

안에서. 인간은 관계의 존재이다. 농담에 웃고 상실에 운다. 성공을 축하하고, 알고 싶어 하고 알려지고 싶어 한다. 가족이든 아니면 어떤 집단이든 자신보다 큰 무언가에 속하기를 원한다. 가장 좋은 추억이 무엇인지, 인생의 가장 위대했던 순간이 언제였는지 스스로에게 물어보라. 사람들 대부분은 누군가와 함께했던 순간이라고 깨달을 것이다.

관계와 그 안에서 발견하는 기쁨을 열망하지만 동시에 우리는 관계가 아픔과 혼란의 원인이 되기도 한다는 사실을 안다. 성경학자인 N. T. 라이트가 말한 대로 "우리는 함께 살도록 창조된 것을 알지만, 그렇게 하는 것이 상상보다 더 어렵다는 사실을 발견한다."[29] 부푼 소망과 약속으로 시작하는 결혼은 너무도 자주 가슴 아픈 이혼으로 끝난다. 가족은 점점 멀어지고 가장 친한 친구들이 서로 등을 진다.

공동체와 관계를 위한 이러한 열망은 오늘날 세계에도 여전히 살아 있다. 우리 문화에 편만한 진정성에 대한 강조는 공동체나 관계에 대한 갈망을 줄어들게 할 것 같다. 그러나 '자신을 발견한다는 것'은 대체로 자신이 속할 집단을 찾는다는 말이다. 자신의 자아를 좋아하는 음악, 자동차, 신념들로 표현하는 사람을 주목해 보라. 일반적으로 엄청나게 많은 사람이 이와 같은 방법으로 자신의 자아를 표현하고 있다.

문제는 사람들이 여전히 공동체와 관계를 추구하고 있음에도(인정하든 그렇지 않든) 공유된 취미나 관심만으로는 모두의 만족에 필요한 지지를 받지 못한다는 것이다. 더욱이 표현적 개인주의는 이웃, 친구, 결혼을 자기실현의 수단으로만 보기에 상호적인 관계를 부식시킨다. 그것이 자신의 행복과 상관없다면 재빨리 멀리한다. 삶에서의 궁극적인 목적이 자아 성취라면 다른 사람을 자신의 소망을 성취하기 위한 상품 이상으로 대하기 어렵다.

관계에서 주는 것 이상을 얻고 싶어 하는 것이 인간의 본성이다. 표현적 개인주의는 이러한 경향을 부추긴다. 타락한 인간 본성의 본질적인 악 중 하나인 교만은 다른 사람의 행복과 성공을 필연적으로 시기하게 만든다. 루이스는 말했다. "교만은 본질적으로 경쟁적이다. 다른 악들은 단지 경쟁적일 뿐이지만, 교만은 그 본성이 경쟁적이다. 교만은 무엇을 가져서 기쁨을 얻는 게

---

29) N. T. Wright, *Simply Christian: Why Christianity Makes Sense* (New York: Harper Collins, 2006), 33; 톰 라이트, 『톰 라이트와 함께하는 기독교 여행』, 김재영 역, IVP, 2007.

아니라 다른 사람보다 더 가져야만 기쁨을 얻는다."[30] 예를 들어 당신의 친구가 성공적인 삶을 산다고 가정해 보자. 훌륭한 일을 했기 때문에 많은 사람이 그녀를 칭찬한다. 당신은 함께 축하하고 싶지만 한편으로 그녀가 밉다. 아니면 적어도 아쉬워한다. 이런 생각이 들 것이다. '조금만 더 시간이 있었더라면 내가 더 잘할 수 있었는데. 그래서 내가 칭찬을 받을 수 있었는데. 만일 그들이 내가 한 일을 볼 수만 있었다면, 아니면 내가 얼마나 유능한지 볼 수 있었다면….'

인간의 본성으로는 다른 사람을 축하하기가 힘들기 마련이지만 거기에 더해 다른 사람과의 관계를 자기 관심사 위에 세운다면 그만큼 더 나빠진다. 교만과 이기심을 극복할 수 있는 길이 있을까? 만족스러운 관계를 위해 자기 관심사 말고 무엇이 더 필요할까?

밖으로. 기독교는 우는 자와 함께 울고 즐거워하는 자와 함께 즐거워하라고 가르친다(롬 12:15). 모든 사람은 진심으로 서로를 사랑하고 돌아보는 참된 공동체를 그리워한다. 물론 사람들이 자기의 관심만 보고 다른 사람의 관심을 무시한다면 그와 같은 만족스러운 공동체는 가능하지 않을 것이다. 교회의 기초는 그리스도 안에서의 공동체적 정체성에 있다. 따라서 그리스도인은 다른 사람과 자신을 왕의 자녀로서 가치와 존엄성을 부여받은 존재로 여겨야 한다. 우리는 자신이 아닌 하나님을 섬기도록 존재하기 때문에 이기적인 야망이나 헛된 속임수가 아닌 참된 가치로서 다른 사람을 나보다 낫게 여겨야 한다(빌 2:3). 이는 우리를 자신에게서 돌이켜(진정성과 개인주의의 시대에는 아주 괴상한 생각이다.) 다른 사람과 세상의 선을 추구하기 위해 자유롭게 한다. 기독교는 삶과 진정한 우정을 위한 비전을 제공하여 건강한 관계와 만족스러운 공동체를 만드는 자원을 가지고 있다.

---

30) C. S. Lewis, *Mere Christianity* (New York: Macmillan, 1960), 109; C. S. 루이스, 『순전한 기독교』, 장경철, 이종태 역, 홍성사, 2018.

마지막으로 관계를 위한 깊은 갈망은 복음의 배경에 있는 신비하고 독특한 기독교적 관점을 가리킨다. 하나님은 스스로 언제나 관계적인 존재로 존재하셨다. 그분은 성부와 성자와 성령의 삼위로 존재하신다. 하나님이 천사나 세상을 창조하기 전에는 관계성이 부족했던 것이 아니다. 관계성은 하나님 자신의 본성에 있어서 언제나 근본적인 것이었고 현실에까지 확장된다. 하나님은 영원토록 공동체와 관계를 맺는 인격적인 하나님이시다.[31]

3. 종교적 무감각

후기 모더니즘은 신적 질서에 의한 세상을 더 이상 가정하지 않는 문화적 서사를 받아들였다. 결과적으로 많은 사람이 삶의 의의와 의미를 위해 하나님을 찾는 대신 제임스 스미스가 설명하는 대로 "그들에게 필요한 모든 의의를 제공하는 웹(web)을 만들었다."[32] 이러한 이유 때문에 대부분의 사람이 "놓치는 정보"의 필요성을 느끼지 못하고, 또한 그들의 모든 질문에 답해 줄 사람을 기다릴 만큼 인내하지 못한다(그리스도인이 특히 그렇다.).[33]

그들은 인생을 우리와는 다른 체계에서 본다. 후기 모더니즘을 움직이는 것은 하나님과 사후에 관한 귀찮은 질문이 아니다. 오히려 스미스가 설명하는 대로 "우리는 아무것도 놓치지 않는다."고 여길 때까지 그들의 삶을 채우는 비종교적인 열망, 목표 그리고 의의를 탐구하는 것이다. 그렇기 때문에 하

---

31) Gregory E. Ganssle, *Our Deepest Desires: How the Christian Story Fulfills Human Aspirations* (Downers Grove, IL: InterVarsity, 2017), 43-52.
32) Smith, *How (Not) to Be Secular*, vii.
33) 프랜시스 스퍼포드(Francis Spufford)는 영국의 상황에서 저술하면서 재치 있고 신랄한 방법으로 비슷한 말을 했다. *Unapologetic: Why, Despite Everything, Christianity Can Still Make Surprising Emotional Sense* (San Francisco: HarperOne, 2012), 5.

나님을 위한 우리의 빈 공간을 채우는 예수님에 관한 좋은 소식을 전하면서는 그들에게 다가갈 수 없다.[34]

우리가 후기 모더니즘이 혹시 놓치는 것은 없는지, 그들의 삶에 빈 곳은 없는지 의심할 때에도 그들은 그것이 하나님을 위한 공간이라고 가정하지 않을 것이다. 그보다는 재물, 성취, 평안, 건강한 관계 혹은 아직 접하지 않은 알 수 없는 무언가를 놓치고 있다고 의심할 것이다. 삶의 더 큰 질문들에 대한 이처럼 편만한 무관심은 복음을 가지고 다른 사람에게 다가가려는 그리스도인에게 명백한 도전이 된다.

많은 사람이 이미 그들이 사는 세상에서 의의를 발견하며, 적어도 대부분의 시간에 기독교가 제공하는 것을 놓치고 있다고 느끼지 않는다고 전제할 때, 우리가 던져야 할 중요한 질문은 다음과 같다.

- 사람들이 전혀 상관하지도 않고 그런 질문을 하지도 않을 때 어떻게 변호해야 하는가?
- 사람들이 관심을 보이지 않을 때는 어떻게 해야 하는가?
- 전통적인 종교에 대한 무관심과 무감각이 점점 더 일반적인 입장이 되어가는 이때, 그런 문화에 어떻게 접근해야 하는가?

기회

기독교를 향한 이러한 무관심이 문제인 것은 분명하지만 변증가에게는 기회가 되기도 한다. 후기 모더니즘이 스스로를 위해 구축한 의미와 가치의 세속적 웹 안에서 그들이 초월과 단절된 삶에서 오는 '상대적 압박'을 경험하는 순간, 비록 겉으로는 무관심해 보일지라도 어떤 지점에서는 취약함을 느

---

34) Smith, *How (Not) to Be Secular*, vii.

낄 것이다.[35] 후기 모더니즘 시대의 풍요와 편안함 가운데 살지만 어딘가에 일상을 뛰어넘는 성취와 풍요가 존재한다는 느낌이 그들을 따라다니며 불안하게 한다.[36] 다음은 종교가 무의미하다고 주장하는 사람들과 소통할 기회를 제공하는 네 가지 압박점이다.

일상의 일

안에서. 단순하고 일상적인 삶의 경험 속에서 우리는 목적과 의미에 대한 감각으로부터 결코 벗어날 수 없다. 무신론 철학자인 존 그레이(John Gray)가 기록한 대로, "다른 동물들은 태어나서 짝짓고 먹이를 찾다가 죽는다. 그게 전부이다. 하지만 인간은 다르다고 우리는 생각한다."[37] 아니면 좀 더 정확하게 말해서 인간으로서 우리가 다르다고 느낀다. 이는 단지 우리의 삶이 목적과 의미가 있기를 원하기 때문이 아니라 우리는 실제로 그렇게 살려고 하는 본능을 가지고 있기 때문이다.

다음 장에서 좀 더 다루게 될 그 사람들은 물리적인 세상 너머에는 실재가 존재하지 않기 때문에 이생에서 의미를 만들어야 한다고 주장할 것이다. 하지만 이러한 생각은 논리적 일관성이 없을 뿐만 아니라 경험적으로도 스스로를 위해 구축한 웹이 일시적이고 빈약하다는 사실을 견뎌내기 어렵다. 그의 책 『하찮은 인간, 호모 라피엔스』(Straw Dog)에서 존 그레이는 신이 없는 세상에서 인간의 삶은 선택도 없고, 의식도 없고, 자아도 없고, 자유의지도 없다고 주장한다.[38] 하지만 만일 그렇다면 우리는 어떻게 삶의 의미를 스스로 자유롭게 만들어 낼 수 있을까? 더욱이 존재하는 모든 것이 물질뿐이라면 지금

---

35) Taylor, *A Secular Age*, 594-617을 보라.
36) Taylor, *A Secular Age*, 677.
37) John Gray, *Straw Dogs: Thoughts on Human and Other Animals* (London: Granta, 2002), 38; 존 그레이, 『하찮은 인간, 호모 라피엔스』, 김승진 역, 이후, 2010.
38) Gray, *Straw Dogs*; 그레이, 『하찮은 인간, 호모 라피엔스』.

으로부터 백년 만년 후에 기억될 무언가를 한다 할지라도 결국 태양계는 파괴되고 거대한 성취도 그 의의를 찾아가지 못할 것이다. 또 다른 무신론 철학자인 토머스 네이글(Thomas Nagel)은 결론 부분에서 "당신이 존재한 적이 없다 하더라도 상관없다."고 말했다.[39] 하지만 우리는 그렇게 살지 않는다. 우리는 일관성 있게 이런 삶을 살아낼 수 없다. 전혀 흔들리지 않을 것 같은 이런 주장에, 인생에는 목적이 있고 일상의 일도 의미가 있다는 사실을 어떻게 가장 잘 말해 줄 수 있을까?

밖으로. 기독교는 인간이 염세적으로 살기란 불가능하지 않지만 대단히 어렵다고 말한다. 왜냐하면 목적과 의미를 가지고 살아가도록 하나님이 분명히 만드셨기 때문이다. 그래서 사람은 하나님을 부인하고 목적과 의미를 가지고 살아갈 이성적인 이유를 발견할 수 없을 때에도, 여전히 의미가 있는 것처럼 일하고 결혼하고 자녀를 키우고 생각하고 계획하고 논다. 어떤 반대의 이야기를 하든지 그들은 삶이 진흙보다 더 가치 있고 의미 있다는 감각을 벗어날 수 없다. 비록 삶이 잘못된 목표를 향할지라도 여전히 무언가를 향하고 있음은 분명하다.

기독교의 이야기는 이 모든 경험을 타당하게 만들고, 심지어 하나님을 부인하며 이를 설명할 수조차 없는 사람들이 왜 그렇게 사는지 설명한다. 우리가 본능적으로 목표를 향해 살고, 하는 일에서 의미를 찾는 이유는 하나님의 형상대로 지음 받았기 때문이다. 애석하게도 인간은 죄 때문에 목적을 이루려는 본능적인 열망이 좌절되었고 무엇을 하든 죽을 때 모두 흙으로 돌아간다(최소한 때로는 이러한 절망감으로 압도되기도 한다.). 그럼에도 기독교 이야기의 핵심은 예수 그리스도의 죽음과 부활을 통해 하나님이 죄와 악함에서 우리를

---

[39] Thoma Nagel, *What Does It All Mean? A Very Shorth Introduction to Philisophy* (New York: Oxford University Press, 1987), 96; 토머스 네이글, 『이 모든 것은 무엇을 의미하는가?』, 조영기 역, 궁리출판, 2014.

구원하시고 우리가 행하는 일에 영원한 의의를 주시며 우리의 목적을 향한 염원을 성취하셨다고 주장한다. 더욱이 우리에게는 그리스도 예수 안에서 참되고 영원한 목표를 이루는 목적과 어떻게 의미 있는 삶을 살아야 하는지 그 본보기가 주어졌다.

> **문학적인 예: 일상의 삶**
>
> 표도르 도스토옙스키가 쓴 『카라마조프가의 형제들』의 주인공 이반은, 선하고 전능하신 하나님과 악의 존재는 양립할 수 없다고 신랄하게 주장하며 하나님께 욕설을 한 인물로 유명하다. 하지만 그럼에도 이반은 강력한 경험주의와 종교에 대한 거부에도 불구하고 소설 전반에서 삶에 대한 강력한 열망과 같은 비합리적인 것들에 깊은 감동을 받는다.
>
> "내가 여기 앉아서 계속 혼자 생각하고 있던 것을 아나요? 내가 만일 인생을 믿지 않고, 내가 사랑하는 여인에 대한 믿음을 잃어버리고, 사물의 질서에 대한 믿음을 잃어버리고, 모든 것은 무질서하고 저주받아 마땅하고 어쩌면 사악하기 이를 데 없는 혼돈이라는 확신이 있고, 인간의 허상에 대한 공포로 겁에 질려 있는데도 나는 여전히 살기를 원하고 … 삶에 대한 열망이 있고 그런 논리 가운데도 여전히 살아가고 있습니다. 우주의 질서를 믿지 않을지라도 나는 봄에 솟아나는 나뭇잎을 여전히 사랑합니다. 나는 파란 하늘을 사랑하고, 왜 사랑하는지도 모른 채 자신을 사랑한다는 것을 아는 사람들을 사랑합니다. 나는 사람이 행한 위대한 일을 사랑합니다. 비록 아주 오래전에 그들에 대한 신뢰를 버렸음에도 말입니다. 이것은 지성과 논리의 문제가 아닙니다. 이것은 마음 깊은 곳에 있는 사랑입니다."[40]

아름다움

안에서. 아름답고 사랑스러운 것을 보거나 들을 때 심지어 눈물을 흘리게 하는 경이로움도 영적 무감각을 도전하는 방법이 된다. 사람은 모두 여름의 석양, 훌륭한 예술 작품, 할 말을 잃게 만드는 노래, 침대에서 뒹구는 아이들

---

40) Fyodor Dostoyevsky, *The Brotherss Karamazov*, trans. Constance Garnett (New York: New American Library, 1957), 212-3; 표도르 도스토예프스키, 『카라마조프 가의 형제들』.

의 모습, 혹은 사랑하는 이의 미소가 깊은 감동을 준다는 것을 안다. 사람들 대부분은 아름다움의 영역이 어디에서 왔는지 생각하지 않고 그냥 가정할 뿐이다.

그들의 지성은 아름다움을 부인할지라도 그들의 마음은 그렇게 쉽게 놓아주지 못한다. 어떤 사람은 아름다움이란 보는 사람의 시각에 달려있다고 이의를 제기할 것이고 그 말은 어느 정도 사실일 수도 있다. 하지만 아름다움이 정확히 무엇인지에 관해 언제나 동의할 수 없다고 해도 여기서 말하려는 요점은 아름다움의 영역이 여전히 가정되어 있다는 사실이다.

만일 모두 그저 자연의 우발, 원자의 우발적 집합에 의해 존재한다면 아름다움이란 무엇인가? 화려한 석양의 아름다움을 말할 수 있는가? 혹은 사랑하는 사람을 아름답다 말할 수 있으며, 모차르트의 작곡 중 하나를 아름답다고 말할 수 있는가? 길 건너편에서 홀로 된 불쌍한 여인을 애정으로 돕는 어린 소년의 모습은 어떤가?

애인이든 어린아이든 무언가를 아름답다고 말할 때 이는 무슨 뜻인가? 인간에게는 본유적인 아름다움의 범주를 설명할 수 있는 많은 방법이 있고 심지어 물질주의자조차도 나름대로 방법이 있다. 하지만 문제는 어떤 설명이 가장 강력하고 설득력 있는가 하는 것이다.

만일 약혼자에게 아름답다고 말한다면 이는 그녀의 무작위 원자 집합체가 다른 존재들의 무작위 원자 집합체보다 더 좋다고 생각한다는 의미인가? 아니면, 그녀의 외모에 대한 당신의 선호가 사실상 당신이 거의 통제할 수 없는 신경 세포가 작용한 결과라고 인정하면서 그렇게 말하는 것인가? 이와 같은 관점을 일관성 있게 받아들이기란 사람들 대부분에게 상상조차 되지 않는 일이다. 화려한 석양이나 우리의 자녀를 볼 때 혹은 숨을 멎게 하는 이야기를 들을 때 우리는 본능적으로 세속적인 체계가 제공하는 것 이상의 더 깊고 완전한 의의가 있다고 가정하게 된다.

밖으로. 그리스도인은 참된 아름다움이 존재하는 이유는 하나님이 존재하시기 때문이라고 믿는다. 모든 선하고 참되고 아름다운 것은 하나님으로부터 온다. 하나님은 사람이 즐기고 기뻐하도록 세상을 창조하셨고, 비록 이 세상의 아름다움이 타락한 상태에 있어서 죄의 영향을 받고 있지만, 여전히 하나님을 증거하고 그분의 사랑을 가리킨다. 더욱이 이 세상에서 보는 타락한 아름다움은 장차 올 것의 그림자일 뿐이다. 이 땅에서 보는 아름다움은 여전히 기쁨을 가져다주지만, 동시에 아름다움이 온전히 새로워지고 완전해질 날이 오기를 고대하도록 만든다. C. S. 루이스의 『우리가 얼굴을 찾을 때까지』(Till We Have Faces)의 핵심 인물 중 한 명은 아름다움 속에서 느낀 그리움을 이렇게 표현한다. "내가 가장 행복했던 때는 내가 가장 그리워했던 때이다. … 너무 아름다워서 그리워하게 만들고 항상 그리워하게 했다. 어딘가에는 그것이 더 많이 있으리라."[41]

문화적인 예: 아름다움

영국 록 밴드인 킨(Keane)은 "우리만 아는 어딘가에"(Somewhere only We Know)라는 노래에서 얼마나 종교적으로 무감각하든 아름다움이 사람들 안에서 떠올리게 하는 씁쓸하면서도 달콤한 그리움을 표현한다. 자연의 아름다운 전경이나 과거의 추억이 그들 안에 떠오르게 하는 숭고한 느낌에 대한 기억은 사람들로 하여금 다시 찾을 수 있기를 바라며 종종 그들이 경험했던 옛 장소로 돌아가게 한다. 하지만 과거의 장소들이 더는 예전과 같지 않음을 깨닫고는 거의 항상 실망하고 슬픔에 젖게 된다. 이 노래는 사람들이 무언가 의미 있는 것, 아니면 초월적인 것(그들의 삶을 진정한 목적으로 이끄는)을 느낄 수 있기에 얼마나 그러한 장소를 그리워하고 그때의 느낌을 다시 경험하기 원하는지 표현한다.

『영광의 무게』(Weight of Glory)에서 C. S. 루이스는 아름다움이(자연에서 찾든 과거의 순간에서 찾든) 그렇게 많은 것을 우리에게 약속하고 순식간이기는 하지만 기쁨으로 마음을 채우고 마음을 아프게도 하는 이유는 그것이 실재를 넘어서는 실재를 가리키기 때문이라고 설명한다.

---

41) C. S. Lewis, *Till We Have Faces: A Myth Retold* (New York: Harcourt, Brace and World, 1980), 74; C. S. 루이스, 『우리가 얼굴을 찾을 때까지』, 강유나, 홍성사, 2020.

> "우리가 거기 아름다움이 있다고 생각하는 그것을 신뢰한다면, 그것은 우리를 배신할 것이다. 아름다움은 그 안에 있지 않고 그것을 통해 올 뿐이다. 그것을 통해 온 것은 갈망이다. … 그것 자체가 아니라 그것은 우리가 아직 발견하지 않은 꽃의 향기, 우리가 들어본 적이 없는 음의 메아리, 우리가 방문한 적이 없는 나라로부터의 소식일 뿐이다.…
> 우리는 우리가 보는 그 찬란함과 섞일 수 없다. 그러나 신약성경의 모든 장은 언제까지나 그렇지 않으리라는 이야기를 속삭인다. 어느 날, 하나님이 허락하시면 우리가 그 안에 들어가리라!"[42]

아름다움에 대한 그리스도인의 설명은 그리스도인이 음악, 연극, 미술, 조각, 소설, 영화 등과 같은 아름다운 것을 창조하고 즐길 수 있는 이유를 제공한다.[43] 아름다움과 디자인은 창조를 넘어 아름다움의 궁극적인 창조주를 가리킨다. 그래서 우리에게는 아름다운 것을 즐기려는 충동뿐 아니라 만들고 싶은 더 큰 이유가 생긴다. 한편으로 아름다운 것을 만들고 즐기는 일은 그리스도인으로서 하나님께 허리를 굽히고 예배를 드리는 방식이기도 하다. 물질주의에 헌신한 이들이 창조에 대해 같은 충동을 경험할지라도 그들은 자기 작업에 대한 강력한 정당성과 이유를 제공할 수 없다.

좋은 삶

안에서. 어떤 사람이 하나님과 무관하게 자신만의 고유한 웹을 만들려고 한다면, 그는 좋은 삶, 즉 성취와 행복을 찾으려는 희망에서 그렇게 하는 것이다. 놀라울 만큼 다양한 문화에도 불구하고, 더욱 놀랍게도 세상에 정말 다양한 사람이 있음에도 불구하고, 결국 모든 사람이 같은 기본적인 것을 원한다. 모든 사람이 목적을 원한다. 모든 사람이 자신의 관심사를 알기 원한다.

---

[42] C. S. Lewis, *The Weight of Glory and Other Addresses* (New York: Macmillan, 1949), 4-5, 13; C. S. 루이스, 『영광의 무게』, 홍종락 역, 홍성사, 2019.

[43] Andy Crouch, *Culture Making: Recovering our Creative Calling* (Downers Grove, IL: InterVarsity, 2008); 앤디 크라우치, 『컬처 메이킹』, 박지은 역, IVP, 2016.

모든 사람이 자신보다 더 큰 무엇의 일부가 되기를 원한다. 모든 사람이 좋은 삶을 원한다. 이것이 인류의 심장을 관통한다. 항상 그것을 찾고 있으며, 찾았다 해도 더 많이 원한다. 그러나 행복을 추구하며 우리는 그것이 덧없이 사라질 뿐임을 깨닫는다. 행복을 잠시 소유한다 해도 언젠가 그것은 손가락 사이를 빠져나가 삶의 시련과 실망에 의해 무너질 것을 경험이 말해 준다.

C. S. 루이스는 모든 자연적인 욕구는 이 세상 안에서 그것이 가리키는 대상이 있다고 주장한다. 우리는 배고프고 목이 마르며, 음식과 물이 있는 세상에 살고 있다. 성적인 욕구가 있고 성적인 관계가 존재한다. 따라서 인간이 "자연적인 행복이 만족시킬 수 없는"[44] 욕구를 가졌다면, 그 욕구를 충족시키기 위해 만들어진 자연 너머에 있는 어떤 존재의 가능성을 진지하게 생각해 보아야 한다. 루이스가 말하는 대로, "만일 이 땅에서의 어떤 경험도 만족시킬 수 없는 한 욕구를 내 안에서 발견한다면, 이에 대해 가장 타당성 있는 설명은 내가 또 다른 세계를 위해 만들어졌다는 것이다."[45]

밖으로. 모든 사람은 특히 인생의 어느 한 시점에서 그들이 닿을 수 없는 어딘가에 있는 무언가, 혹은 누군가를 원한다고 느낀다. 이렇게 느끼는 불신자에게 그리스도인은 이렇게 대답할 것이다. "당신이 그렇게 느끼는 것은 세상과 세상의 방식대로 당신이 만들어지지 않았기 때문입니다. 당신은 훨씬 더 위대한 무언가, 누군가를 위해 만들어졌습니다. 당신은 하나님을 위해 만들어졌습니다. 그러므로 아우구스티누스의 말을 의역하자면 그분 안에서 쉼을 얻을 때까지 당신의 마음은 쉼이 없을 것입니다."[46] 게다가 그리스도인이 이 땅에서 좋은 삶을 경험하더라도 그의 소망은 그의 욕망이 온전히 만족될

---

44) Lewis, *Weight of Glory*, 6; 루이스, 『영광의 무게』.
45) Lewis, *Mere Christianity*, 120; 루이스, 『순전한 기독교』.
46) Augustine of Hippo, *Confessions*, trans. Henry Chadwick (Oxford: Oxford University Press, 1991), 3; 아우구스티누스, 『고백록』.

다른 영원한 세상에 있다. 현재의 삶에서 그리스도와의 교제는 상실 가운데 소망하고, 고난 중에서 즐거워하는 일을 포함한 삶의 경험과 미래의 약속, 하나님의 영원한 사랑 안에서 찾을 수 있는 깊은 만족을 제공한다.

죽음

안에서. 문화 인류학자인 어니스트 베커에 따르면 죽음의 위협은 너무도 공포스럽기에 우리는 죽을 수밖에 없다는 현실을 무시하기 위해 최선을 다한다.[47] 하지만 죽음은 실재라서 모든 것에 그림자를 드리운다. 주변 모든 것이 스치는 모든 순간에 육체의 부패함을 향해 기어가는 듯하다. 죽음은 부인해 보아야 아무 소용 없는 엄연한 현실이다. 대중적인 세속적 감성은 죽음은 단지 더 이상 존재하지 않는 상태라고 말하며 죽음을 피하려고 한다. 죽음 앞에서 더 이상은 의미도, 소망도 없기 때문에 할 수 있는 최선은 마음에서 죽음을 막는 것이다. 어떤 사람에게는 이 말이 쉬워 보일지 모르겠지만 이를 일관되게 유지하기란, 훨씬 더 어렵거나 불가능하다

> **문화적인 예: "폭풍 후에"**
> 멈포드와 아들들(Mumford and Sons)이라는 인디밴드가 부른 "폭풍 후에"(After the Storm)라는 대중가요는 종교적 무감각이 지배하는 후기 모더니즘 문화에서도 그 바닥에는 죽음에 대한 두려움이 여전히 남아 있다고 보여 준다. 하지만 이 노래는 동시에 더 이상 슬픔도 두려움도 없을 기독교 이야기의 마지막 장면을 연상하게 하는 미래의 소망에 관한 강력한 비전을 가리킨다.

무신론 철학자인 뤼크 페리(Luc Ferry)는 죽음의 문제, 특히 죽음을 의식하는 문제는 쉽게 무시하거나 없앨 수 없으며, 인간을 구별하는 핵심이라고 주장한다. "동물과는 달리 인간은 자신의 한계를 의식하는 유일한 피조물이다.

---

47) Becker, *The Denial of Death*; 베커, 『죽음의 부정』을 보라.

그는 죽을 것을 알고 가까운 사람과 사랑하는 사람도 죽을 것을 안다. 결과적으로 이 상태에 대해 생각하지 않으려는 것은 불편하고 어리석으며 거의 상상할 수 없는 일이다."[48]

사람이 죽는다는 것이 무엇을 의미하는지 실제로 그리고 진실로 생각한다면 그들은 크게 혼란스러워하지 않을 수 없다. 따라서 긍휼히 여기는 마음을 가지고 그들이 죽은 후에 어떤 일이 일어날지 생각하게 하면서 변증가는 그들로서는 떨칠 수 없는 무거운 실존적 무게를 그 어깨에 얹을 수 있다.

밖으로. 사람이 인생에서 자기 고유의 웹을 구축할 수 있다고 가정하는 시대에 죽음은 "하나님이 무장을 해제시키는 도구"[49]로 사용된다. 만일 후기 모더니즘이 죽음에 대한 생각을 직면한다면 그 생각은 그들로 정신이 들게 하고 겸손하게 하고 심지어 혼란스럽게 할 것이다. 구약의 지혜서는 이렇게 상기시킨다.

"초상집에 가는 것이
잔칫집에 가는 것보다 나으니
모든 사람의 끝이 이와 같이 됨이라
산 자는 이것을 마음에 둘지어다."[50]

기독교에 의하면 죽음이 중요한 현실에 대해 경고하지만 이야기는 거기에서 끝나지 않는다. 예수님이 죽음 가운데 살아나셨다면 우리도 비록 죽지만

---

48) Luc Ferry, *A Brief History of Thought: A Philosophical Guide to Living* (New York: HarperCollins, 2011), 2-3.
49) 데이비드 깁슨(David Gibsond)은 다음 책의 공헌사에서 죽음에 대해 이 용어를 사용한다. Kevin Vanhoozer and Owen Strachen, *The Pastor as Public Theologian: Reclaiming a Lost Vision* (Grand Rapids: Baker Academics, 2015), 131; 케빈 밴후저, 『목회자란 무엇인가』, 박세혁 역, 포이에마, 2016.
50) 전 7:2.

그 안에서 다시 살아날 것이다(요 11:25-26; 고전 15:12-28). 죽음은 쏘는 것의 힘을 잃어버렸고 삶은 새로운 의미를 가지게 되었다. 페리가 설명하는 대로 인간으로서 우리가 가장 열망하는 것은 "이해받고, 사랑받고, 외롭지 않고, 사랑하는 사람과 이별하지 않는 것, 간단하게 말하면 죽지 않고, 그들이 죽지 않도록 하는 것이다."[51] 죽지 않으려는 인간의 보편적 열망에 대한 기독교의 대답은 그리스도 안에서 죽음은 단지 삶, 사랑 그리고 공동체가 계속되는 것을 의미할 뿐 아니라 이 모든 것에 대한 더 깊은 경험을 향한 문을 여는 것이다. 기독교는 불신자가 적어도 사실이기를 바라는 그 무엇이다. 기독교 이야기의 아름다움이 그것이 진실임을 증명하지는 못하지만, 죽음에 대한 두려움과 기독교의 부활에 대한 관점은 영적으로 무관심한 사람에게 종교의 관련성과 믿음의 가능성을 일깨울 수 있다.[52]

4. 치유적 전환

서구에서 개인적이고 보편적인 '깨어짐'(brokenness)을 정의할 때 전통적으로 사용했던 종교적인 단어는 '죄'였다. 하지만 C. S. 루이스가 20세기 중반에 애통해한 것처럼 이제 "죄에 대한 감각은 거의 다 사라졌고" 도덕적인 판단은 치유적인 관점으로 대체되었다.[53] 한때는 죄가 중요한 인간 문제로 여겨졌지만 이제는 '병'(sickness)이 현대 문제들을 설명하는 지배적인 표현이 되었다.[54]

---

51) Ferry, *A Brief History of Thought*, 4.
52) 구원과 부활에 관한 기독교적 입장은 13장에서 좀 더 다룰 것이다.
53) C. S. Lewis, *God in the Dock: Essays on theology and Ethics* (Grand Rapids: Eerdmans, 1970), 95; C. S. 루이스, 『피고석의 하나님』, 홍종락 역, 홍성사, 2011.
54) Taylor, *A Secular Age*, 618-22을 보라.

1966년에 필립 리프(Philip Rieff)는 명저 『치유의 승리』(The Triumph of the Therapeutic)를 썼는데 거기에서 그는 괜찮다는 느낌에 대한 추구가 정의, 용서 혹은 구원에 그림자를 드리울 것이라고 예언했다. 이러한 새로운 문화적 상황에서 사회의 중요한 핵심 가치는 행복이 될 것이고 따라서 "구원을 받기 위해 태어난" 종교적인 사람은 "즐겁기 위해 태어난" 심리적인 사람으로 대체될 것이라고 주장한다.[55]

리프의 주요 주장은 모두 사실로 입증되었다. 후기 모더니즘 시대 인생의 목적은 대부분 자신을 행복하게 만드는 것이다. 이 신념은 분명히 이 세상에서 무엇이 잘못되었는지에 관해 문화가 만드는 가정들에 지대한 영향을 주었다. 이러한 후기 모더니즘 시대에는 인생의 일반적인 어려움과 문제가 그저 지극히 정상적인 것으로 간주된다. 만일 누가 심한 죄책감이나 슬픔을 느낀다 해도 그들은 자기 신념에 근본적인 변화가 필요하다거나 무언가 '회개'해야 한다고 느끼지 않는다. 문제는 죄를 지었고, 이기적이고, 불순종했다는 사실이 아니라 우리의 사고방식이 왜곡되었다는 것이다. 우리는 우리의 주요 문제가 심리적인 것이며, 스스로 잘 해결할 수 있다고 여긴다. 우리는 때때로 섬세한 치료가 필요하고 심각한 경우에는 전문가의 도움을 받을 수도 있다. 전통적인 종교는 신뢰할 만한 해결과는 거리가 멀고, 실상 외부적인 도덕적 제약을 가해 표현적 개인주의를 침해하고, '자신이 되는 것'(자신이 된다는 것에 대해 어떤 선택을 하든)은 옳지 않다고 제안하여 죄책감을 느끼게 하는 문제의 일부일 뿐이다.

이러한 현재의 문화적 감성에서 치유적 전환은 작가인 데이비드 브룩스가 "거대한 나"(the Big Me)라고 말한 현상과 관계가 있다. 브룩스는 동맹군이 제

---

[55] Philip Rieff, *The Triumph of the Therapeutic: The Use of Faith After Freud* (1966; repr., Chicago: University of Chicago Press, 1987), 25; 또한 Alasdair MacInture, *After Virtue*, 3rd ed. (Notre Dame, IN: Intervarsity of Notre Dame Press, 2008), 30–31; 알래스데어 매킨타이어, 『덕의 상실』, 이진우 역, 문예출판사, 2021을 보라.

2차 세계대전에서의 승리를 겸손하게 자축했던 것을 기억하면서 이 개념을 설명한다.

> 사람들은 … 지금까지 알려진 가장 역사적인 승리 중 하나의 일부분이 되었다. 하지만 그들은 돌아다니면서 서로에게 그들이 얼마나 위대했는가를 말하지 않았다. 그들의 대단함을 기념하면서 차에 붙이는 스티커를 제작하지 않았다. 그들의 첫 번째 본능은 도덕적으로 그들이 다른 사람보다 우월하지 않다는 사실을 서로에게 상기시키는 것이었다. 그들의 집단적인 충동은 교만과 자기 영광에 대해서 자신에게 경고하는 것이었다. 그들은 본능적으로 지나친 자기애를 향한 자연스러운 인간의 성향에 저항했다.[56]

현재의 문화적 감성과 비교할 때 브룩스의 예화는 다음과 같은 사고방식의 변화를 잘 보여 준다. 이전에는 "아무도 나보다 뛰어나지 않지만, 나 또한 누구보다 뛰어나지 않다."라는 자기 확신과 겸손을 함께 갖춘 사고방식이었다면, 이제는 "내 업적을 인정해라. 나는 꽤 특별하다."라는 자기 홍보가 본능으로 받아들여지는 사고방식으로 전환되었다.[57] 치유적 전환(그와 관련된 '거대한 나' 감성)과 대조하여 기독교의 핵심 사상은, 본성과 자연 세상을 오염시킨 죄와 타락 때문에 인간은 이 땅에서 결코 행복해질 수 없다는 것이다.[58] 그럼에도 후기 모더니즘 세계에서는 리프가 묘사한 대로 심지어 교회에 있는 많은 사람조차도 치유적 전환이란 문화적 영향력에 굴복하고 있다.

예를 들어 크리스천 스미스(Christian Smith)는 그의 책 『영혼 찾기』(Soul Search)에서 13세부터 17세까지의 학생을 조사했는데 미국 십 대 대부분이

---

56) Brooks, *Road to Character*, 4; 브룩스, 『인간의 품격』.
57) Brooks, *Road to Character*, 5; 브룩스, 『인간의 품격』.
58) Taylor, *A Secular Age*, 635을 보라.

여전히 종교적이고 교회에서 활동적이지만, 놀라울 만큼 자신의 신앙을 제대로 설명할 수 없을 뿐 아니라, 하나님을 그저 "신적인 봉사자나 우주적 치료사를 합친 것"(항상 대기하면서 발생하는 모든 문제를 해결하고 그의 백성이 잘 지내도록 전문적으로 돕는)[59] 정도로 이해했다.

아마도 가장 경각심을 갖게 하는 결과는 이 연구에서 인터뷰에 임한 대부분의 젊은이가 자신이 역사적 기독교와는 다른 것을 믿는다는 사실을 의식조차 하지 못한다는 것이다. 그들은 자신이 하나님을 보는 방식이 그리스도인이 늘 하나님을 보아 왔던 방식이라고 생각했다. 하지만 그들이 추종하는 것은 하나님보다 자신을 중심에 두는, 기독교의 본질을 잃은 형태에 불과하다. 이는 변증이 단지 교회 밖에만 적용되는 것이 아니라 교회 안에서 적용되어야 한다고 확실하게 상기시킨다.

기회들

인간의 존엄에 대한 고등적 견해

안에서. 이미 살펴본 대로, 후기 모더니즘은 인간의 존엄을 우선한다. 이는 문화가 인정하는 기독교의 반복되는 A 교리 중 하나이다. 언뜻 보기에는 죄를 병으로 대치하는 것이 인간의 존엄을 높이는 것처럼 보일 수 있다. 그렇게 하면 우리가 창조주의 법을 어긴 결과 우리의 본성이 상하고 깨졌다는 사실을 아는 당황과 수치를 제거할 수 있기 때문이다. 하지만 현실적으로 우리의 우선적인 문제를 죄가 아닌 단순한 병으로 재정의하는 일은 오히려 인간의 존엄을 떨어뜨린다.[60] 왜냐하면 찰스 테일러가 묘사하는 대로 우리는 우

---

59) Christian Smith with Melina Lunquist Denton, *Soul Searching: The Religious and Spiritual Lives of American Teenagers* (Oxford: Oxford University Press, 2005), 165.
60) 이는 정신의학의 정당성을 무시하는 말이 아니다. 문제는 죄의 개념을 단순한 병으로 대신하는 환원주의로 인해 발생한다.

리 자신을 단순히 "정상적이지 않은 상태", 다시 건강을 "회복해야 하는" 어쩔 수 없는 피해자로 보고 있기 때문이다.[61] 죄에 관한 B 교리가 이런 식으로 인간의 존엄에 대한 고등적 견해와 연관되면 후기 모더니즘에는 훨씬 더 일리 있게 들릴 것이다.

> **치유적 시대의 애도의 따분함**
>
> 역시 여기서도 죽음은 치유적 전환을 수용하는 불신자에게 압박점이 된다. 인본주의 철학자인 뤼크 페리는 이렇게 설명한다.
>
> "이미 잘 알려진 사실이지만 심리학이란 결국 왕좌를 버린 신학이다. 하지만 장례를 치르며 무덤과 관 앞에서 일종의 불편함이 우리를 압도한다. 딸을 잃은 어머니에게, 슬픔에 찬 아버지에게 무슨 말을 해야 할까? 우리는 세속화된 세상에서의 의미의 소멸, 혹은 그에 관한 질문을 극적으로 대면하게 된다. … 어떤 애정이 담긴 태도로 위로를 하든, 우리가 너무도 잘 아는 부재는 진정한 의미에서 무의미해졌다는 사실이 제기하는 질문 앞에서 무색해진다. 그래서 늘 듣게 되는 진부한 말들이 떠오른다. 그러나 이런 말들은 왕이 벌거벗었다는 사실을 감추지 못한다. … 정신분석이 제공하는 목발은, 아무리 교묘하다 해도, 결국 그저 임시적인 보조물에 불과하다."[62]

밖으로. 인간을 단순히 생물학적 기계나 재프로그래밍될 수 있는 문화의 산물로 축소하는 대신, 기독교는 인간을 하나님의 형상을 지닌 존재로 바라보며 인간의 존엄성을 강조한다. 또한 인간이 의미 있는 선택을 할 수 있다고 인정하며, 하나님이 인간을 구속하여 의미 있는 삶을 살도록 가치 있게 여기셨다고 설명한다. 하지만 동시에 질병이란 현실(정신 질환을 포함해서)과 현대 기계의 유익을 인정한다. 질병 자체는 세상에 들어온 죄의 결과이며, 인간의 소명에는 세상에 전인적인 치유를 가져다주는 것으로 고난을 줄이고 병지를 돌

---

61) Taylor, *A Secular Age*, 620.
62) Luc Ferry, *Man Made God: The Meaning of Life* (Chicago: University of Chicago Press, 2003), 3.

보는 것도 포함된다. 이러한 돌봄은 종종 돌보는 사람의 희생을 요구한다. 기독교는 과학적인 발견을 추구하고 세상을 돌보는 것, 특히 스스로를 돌볼 수 없는 사람을 돌보는 데 견고한 동기와 심지어 도덕적 의무를 제시한다.

우상 숭배

안에서. 후기 모더니즘은 그들의 죄를 웃어넘길 만한 것(성장한 현대인은 두려워하지 말아야 할 진부한 개념)으로 여긴다. 심지어 하나님에 대한 믿음을 진지하게 생각하기 원하는 사람도 자신의 죄를 가볍게 여기는 경향이 있다. 왜냐하면 사실 실수하지 않는 사람은 없기 때문이다. 만일 하나님이 존재한다면 용서하는 것이 그가 할 일이 아닌가? 만일 그렇지 않다면 그 하나님은 도대체 어떤 하나님인가? 일상의 죄를 심각하게 여기지 않는 치유적 문화에서 그리스도인은 어떻게 대화 속으로 들어가야 할까?

죄를 설명하는 익숙한 방법 중 하나는 사람들에게 용서와 화해가 필요하다는 사실을 보여 주기 위해 구약의 율법을 사용하는 것이다. 율법은 종종 사람들로 하여금 자신이 하나님의 기준에서 얼마나 멀리 떨어져 있는지 보도록 거울처럼 비춘다. 죄를 드러내기 위한 율법의 사용은 성경적이며, 어떤 상황에서는 대화를 시작할 때 아주 효과적일 수 있다. 하지만 하나님이 제정한 율법을 소개하면서 그 율법에 대한 책임이 있다고 말하는 방식이 오늘날 많은 사람의 현재 체계에는 잘 맞지 않을 것이다.

후기 모더니즘은 하나님의 율법을 어기는 것을 대부분 쉽게 떨쳐버린다. 그러나 무한한 선택과 가능성 앞에서 느끼는 존재론적 무게, 곧 성공해야 한다는 압박, 최신의 상품을 소유해야 한다는 압박, 만족스러운 관계를 찾아야 한다는 압박, 자기 자신을 발견해야 한다는 압박, 그리고 자신의 이미지를 관리해야 한다는 압박은 쉽게 떨치지 못한다. 그들은 성취의 압박을 느끼지만 동시에 성취하지 못함으로 인한 실망과 절망을 느끼기도 한다. 찰스 테일러가 말한 대로, 그들이 성취했을.때에도 여전히 그들은 만족하지 못한다. "정상적인 인간 번영의 범주에서 매우 성공한 사람조차도(특히 그러한 사람일수록) 자신의 성취가 그리 대단하지 못하다는 불안감, 또 자신의 성취가 공허하다는 느낌을 받을 수 있다."[63]

19세기에 살았던 프랑스인 알렉시 드 토크빌(Alexis de Tocqueville)이 미국을 방문했을 때 그는 미국의 번영에도 불구하고 "종종 풍요함 중에도 … 종종 주민을 두렵게 만드는 이상한 우울감이 있다."[64]고 관찰했다. 만일 그가 지금 우리를 본다면 어떨까? 치유적 전환과 '거대한 나'를 수용한 사람들에게서 토크빌이 관찰했던 우울함, 불편함, 그리고 공포에 질린 모습이 훨씬 더 편만하게 드리워져 있다. 영화 "파이트 클럽"(Fight Club)의 주인공 테일러 더든은 이 불만을 아주 예리하게 지적한다. "우리에게는 큰 전쟁도 없고 큰 공황도 없다. 우리의 큰 전쟁은 영적인 전쟁이고 우리의 큰 공황은 우리의 삶이다. 우리는 언젠가 백만장자, 영화배우, 록 스타가 되리라고 믿도록 선전하는 텔레비전을 보면서 성장했다. 하지만 우리는 그렇게 되지 않을 것이다. 우리는 서서히 이 사실을 배우고 있다. 그리고 우리는 아주 대단히 화가 나 있다."[65]

밖으로. 서구의 엄청난 번영과 우리를 '더 나아지게' 하기 위해 의료 산업에 쏟아붓는 방대한 자원에도 불구하고 현대 세계의 특징이라 할 수 있는 불안과 염려가 있다. 사람이 흔히 느끼는 불만족과 슬픔이라는 실존적 무게에 짓눌릴 때, 변증적 대화를 통해 우리는 우상 숭배라는 개념을 소개할 기회가 생긴다. 이는 구약과 신약 모두에서 죄를 묘사하는 주요한 방식 중 하나이다.[66]

---

63) Taylor, *A Secular Age*, 621.
64) Alexis de Tocqueville, *Democracy in America*, trans. George Lawrence (New York: Harper, 1988), 296).
65) 영화 "파이트 클럽"(Fight Club), 감독 David Fincher, 각본 Jim Uhls, 원작 Chuck Palahniuk, 배급사 20th Century Fox, 개봉 September 10, 1999.
66) 예를 들면, 출 20:3-4; 34:17; 시 78:58; 97:7; 갈 5:20; 골 3:5; 벧전 4:3을 보라.

앞서 정체성에 관한 토론을 하면서 이미 살펴보았지만 인간의 마음은 불가피하게 돈이든, 성이든, 권력이든, 명예이든 혹은 성공이든 그가 예배하고 욕망하는 것에 의해서 움직이도록 되어 있다. 그럼에도 이런 일시적인 대상을 궁극적으로 삼을 때 실망과 좌절을 결국 맞이하게 될 것이다. 후기 모더니즘은 자신이 모든 희망을 걸었던 것을 잃을 때 느끼는 상실감이 무엇인지 잘 안다. 팀 켈러는 이렇게 말했다.

> 자신의 모든 행복을 의지했던 바로 그것이 그들의 손에서 먼지로 변했다. 왜냐하면 그들은 그 위에 모든 행복을 쌓았기 때문이다. 모든 경우에 많은 좋은 것들 중 하나가 최고의 것으로 바뀌어, 그것의 요구가 모든 경쟁 가치를 압도하게 되었다. 하지만 거짓 신들은 언제나 실망을 안기며, 종종 파괴적인 결과를 가져온다.[67]

물론 우상 숭배는 성경이 죄에 관해 말하는 유일한 방법은 아니다. 죄의 교리에 있어서 사람들이 알아야 할 다른 면도 존재한다. 다음 장에서 살펴보겠지만 하나님의 명령이 어떻게 하늘에 계신 사랑하는 아버지의 모습과 어울리는지 설명하는 것도 중요하다. 하지만 우상을 현대인에게 맞는 용어로 설명하는 것은 변증가가 후기 모더니즘 시대를 사는 이들에게 죄의 개념을 소개하는 아주 유용한 방법이다. 그렇게 함으로 그들이 근본적인 인간의 문제와 회복을 위한 복음의 능력을 보게 되기 때문이다.

---

67) Timothy Keller, *Counterfeit Gods: The Empty Promises of Money, Sex, and Power, and the Only Hope That Matters* (New York: Viking, 2009), xvii; 팀 켈러, 『팀 켈러의 내가 만든 신』, 윤종석 역, 두란노, 2017.

뒤돌아보고 앞을 내다보기

　본 장에서는 후기 모더니즘의 직관과 경험에 호소하는 데 필요한 변증의 우선적인 궤적을 살펴보았다. 우리는 후기 모더니즘의 더 많은 주제가 다루어질 수 있음을 인정하며, 우리가 다룰 주제들에 대한 관점도 여러 부분에서 다른 문화적 서술들에 의해 도전받을 수 있다고 인정한다.
　또한 본 장에는 어떤 엄격한 체계를 강요하려는 의도가 없음을 기억하기 바란다(결코 아니다.). 우선적인 궤적을 소개함으로써 자신을 상자에 가두기보다는 창조적으로 생각하고, 우리가 논한 것을 자신이 처한 독특한 변증적 상황에서 유연하게 개인화하고 상황화할 수 있기를 권한다.
　마지막으로 타락한 문화 안에서는 기독교의 어떤 면이 미친 것처럼 보이고 어리석고 위험한 것으로 보일 수 있음을 기억해 주기 바란다. 우리는 어떤 지점에서 모든 인간의 문화에 도전하는 복음에 진실해야 한다. 다른 사람의 체계 안에서 밖으로 나가는 접근은, 처음에는 이상하게 보이던 복음 메시지가 사람의 가장 깊은 곳에 있는 열망을 만족시키며 다른 경쟁하는 의견보다 더 일관성 있고 실제적임을 보도록 돕는다. 하지만 불신자의 체계 안에서 시작하여 기독교의 체계로 들어가는 일에는 종종 단순한 개인적 열망이나 문화적으로 타당한 구조를 언급하는 것만이 아니라, 사람들이 기독교에 대해 가진 질문과 비판에 대한 답변도 포함될 것이다. 이 구체적인 비판을 다음 장에서 다루도록 하자.

Apologetics at the Cross

12장

기독교를 향한 비평과 공격 다루기

하나님의 수수께끼가 인간의 해답보다 더 만족스럽다.

_ G. K. 체스터턴, 『침대에 누워 그리고 다른 에세이들』(On Lying in Bed and Other Essays) 중 "욥기"에서

사람들은 기독교에 대해 심각한 문제를 제기한다. 어떤 경우는 날카로운 회의적인 반대로 표현되고, 어떤 경우는 진지한 질문으로 비교적 온화하게 표현된다. 본 장에서는 '공격 무기'(defeaters)라는 이름으로 이 질문과 반대를 함께 묶을 것이다.

불신자가 악의 문제, 기독교 윤리의 제한적인 성격 등 늘 반복되어 왔던 공격 무기를 들이댄다 하더라도 우리가 상대하는 사람은 모두 기독교를 거절하는 독특한 관점과 이유를 가진 독특한 개인이라는 사실을 기억해야 한다. 이런 이유 때문에 본 장의 목표는 각 공격 무기에 대해 외우고 기계적으로 암송해서 답하게 하는 지도를 제공하는 것이 아니다. 5장에서 다루었듯이 모든 사람에게 똑같은 지도를 주면 안 된다. 많은 다른 지도를 그려야 한다. 여기서 우리의 목표는 안에서 밖으로 접근을 일종의 배경으로 항상 염두에 두면서, 기독교에 대한 독특한 도전에 답하기 위한 지도를 그릴 때 사용할 수 있는 개인적인 답변을 위한 궤도를 배우는 데 있다.

이러한 공격 무기에 반응하기 위해 본 장이 제공하는 지침이 종합적인 개요는 아니다. 그보다는 스포츠에서 체력을 기르기 위한 기초 운동과 비슷하다. 우선 기초가 만들어져야 한다. "야구 방망이는 이렇게 잡아야 한다. 플레이트와 거리를 두고 서라. 엉덩이는 이렇게 빼라. 공을 끝까지 보아라." 처음부터 이러면 너무 많은 교훈에 압도되어 오히려 몸이 굳어 버릴 수 있다. 그렇다고 너무 코치를 하지 않으면 어디서 시작을 해야 하는지 모를 수 있다. 따라서 일상에서 변증적 대화를 하기 위한 최선의 준비를 하도록 본 장은 기술적인 말을 최소화하면서 기본적인 교훈과 공격 무기를 다루는 예를 제공하려고 한다.

변증가로서 발전하기 원한다면, 스포츠에서와 마찬가지로 일상적으로 하는 연습을 대체할 만한 것은 없다. 실전 학습은 우리가 유연성을 가지고 실제 상황에 맞게 적용하도록 훈련한다. 불신자가 던지는 질문과 도전은 마치 폭투와 같아서 어디로 튈지 모른다. 빠른 직구 대신에 변화구나 커브가 들어올 때 어떻게 맞춰야 하는지를 알아야 한다. 처음에는 조금 어색하게 느껴지겠지만 불신자와 자주 접하다 보면 조금씩 더 확신이 생길 것이며, 본능적이고도 자연스럽게 잘 맞추게 될 것이다.

공격 무기 1: "기독교는 너무 엄격하다.
사람들이 자기 마음을 따라 성장할 기회를 빼앗는다."

기독교에 대한 일반적인 생각은 기독교가 삶의 즐거움을 앗아간다는 것이다. 기독교는 지속적으로 우리가 할 수 없는 것을 하라고 말하는 것 같다. 그래서 많은 사람이 하나님을 우주적으로 기쁨을 빼앗는 자 정도로 본다. 3장에서 보았듯이 기독교 윤리에 대한 이러한 모독은 새로운 것이 아니다. 아주 초기에도 기독교는 주변 문화에 괴상하고 심지어 위험하기까지 한 윤리로 유명했다.[1] 불신자가 왜 기독교를 지나치게 엄격하다고 보는지는 쉽게 이해할 수 있다. 이러한 반대에 대해서는 요령 있게 대응할 수 있을 것이다. "당신이 기독교를 왜 그렇게 생각하는지 이해할 수 있습니다. 제 말을 끝까지 들으셨는지 모르겠지만 기독교에 이상해 보이는 윤리적인 기준이 포함되어 있기는 하지만 그것은 기독교 메시지의 핵심이 아닙니다."

예수님도 자신이 사람을 억압하거나 그들의 기쁨을 앗아가기 위해 오신 것이 아니며, 세상과 육체와 악의 짐으로부터 우리를 자유롭게 하여 번영하게 하도록 오셨다고 가르치셨다. "내가 온 것은 양으로 생명을 얻게 하고 더 풍성히 얻게 하려는 것이라"(요 10:10). 하지만 동시에 사람들이 기독교를 일종의 구속으로 보는 이유 중 하나는 후기 모더니즘 시대의 많은 사람이 '번영'(flourishing)을 그리스도께서 제공하신 것의 아름다움을 보지 못하게 하는 방식으로 정의했기 때문이다.

그냥 자기 마음을 따르라는 식으로 번영을 추구하는 문제

이러한 반대의 원인이 된 문화적 가정을 살펴보면 도움이 된다. 이 가정은 11장에서 '표현적 개인주의'라고 언급한 바 있는, 각자 내면에는 발견해야 할 정체성, 즉 실현되기를 기다리는 '진정한 자아'가 있다는 신념이다.[2] 이 신념에 따르면 인간의 번영은 진정한 자아를 찾기 위해 자기 마음을 따르고 외적인 기준을 제거할 때 일어난다. 표현적 개인주의를 수용하는 사람과 대화할 때 이와 관련된 모든 것을 비판할 필요는 없다. 표현적 개인주의의 문제를 지

---

1) Larry W. Hurtado, *Destroyer of the gods: Early Christian Distinctives in the Roman World* (Waco, TX: Baylor University Press, 2016); 래리 허타도, 『처음으로 기독교인이라 불렸던 사람들』, 이주만 역, 이와우, 2017.

2) Robert Bellah, *Habits of the Heart: Individualism and Commitment in American Life* (Berkley: University of California Press, 1985), 333-34; R. 벨라 외, 『미국인의 사고와 관습』, 김명숙, 김정숙, 이재협 역, 나남, 2001.

적하면서 그에 따르는 문화적 발전들, 즉 배우자를 택하거나 진로를 결정하는 자유 등을 언급할 수도 있다. 그런 자유는 인류 역사를 통해 사람들 대부분이 들어본 적 없는 것이고, 대부분이 다시 옛날로 돌이키기 원할 만한 것이 아니다. 하지만 표현적 개인주의가 긍정적인 발전과 관련이 있다 할지라도 인간 번영의 근거가 되기에는 안정적이지 않은 몇 가지 이유가 있다.

첫째, 표현적 개인주의는 헌신과 희생을 필요로 하는, 생명을 주는 상호적 관계를 파괴한다. 가족, 친구, 결혼을 자아 실현을 위한 수단으로 이해하고, 그 역할을 하지 못하면 곧바로 포기한다. 누군가에게 장기적으로 헌신하게 할 동기가 너무 약하다. 배우자, 자녀, 가까운 친구가 내 마음이 말하는 것을 따르는 데 걸림돌이 된다면 그들에게 지속적으로 헌신할 이유가 어디에 있겠는가? 그들이 제공하는 혜택이 그들을 향한 의무보다 클 때에만 관계를 유지할 것이다. 더욱이 관계가 구속적이라면, 자기 부인과 희생을 요구하지 않는 새로운 관계를 찾아가지 못할 이유가 어디에 있겠는가? 만일 누군가가 표현적 개인주의의 원칙을 일관성 있게 따른다면, 그가 빈약한 관계로부터 고난을 당하지 않으리라는 보장이 없다. 사회과학의 연구가 이런 결론을 뒷받침한다. 후기 모더니즘 시대에는 다른 사람에게 둘러싸여 있으면서도 종종 "깊이, 그리고 위험할 정도로 외로움을 느낀다."[3]

> **문화적인 예: 무언가 빠져 있다.**
> 인본주의 철학자인 뤼크 페리는 후기 모더니즘이 자신을 위해 구축한 '의미의 웹'에도 불구하고 그들은 깊이 낙심한 상태인데 "그들이 단지 차를 사거나 더 좋은 스테레오 시스템을 사기 위해서 지구에 존재하는 것이 아니라는" 느낌을 떨쳐버릴 수 없기 때문이라고 관찰했다.[4] 종이 한 장만큼 얇은 소비주의와 빈약한 헌신

---

3) Sebastian Junger, *Tribe: On Homecoming and Belonging* (New York: Hachette, 2016), 18; 시배스천 영거, 『트라이브, 각자도생을 거부하라』, 권기대 역, 베가북스, 2016. 종교를 다루고 있지는 않지만 융거는 대단히 흥미로운 관점을 제공하며 과학적 연구의 자료를 소개한다.

4) Luc Ferry, *Man Made God: The Meaning of Life* (Chicago: University of Chicago Press, 2002), 8.

> 의 관계에서 벗어나 무언가 더 깊은 것을 갈망하는 이 마음은 다양한 문화 매체에서 표현된다. 그중에서도 가장 익숙한 형태는 아마 노래일 것이다. 존 메이어(John Mayer)의 곡 "무언가가 빠져 있다"(Something's Missing)는 풍요 속에서도 느껴지는 이 미묘한 불안을 잘 나타낸다. 그는 현대인이 생각하는 풍성한 삶에 필요한 모든 것을 어떻게 다 갖추었는지 말한 다음, 그게 뭔지는 잘 모르겠지만 무언가 그의 삶에서 중요한 것이 빠졌다고 인정한다.

하지만 대화의 이 지점에 이르면 누군가는 이렇게 말할지 모른다. "나는 그렇게 살지 않아요. 나는 표현적 개인주의가 무엇을 주장하는지 이해하지만 타인 중심적 관계를 유지하고 있습니다." 이건 대단히 중요하다. 표현적 개인주의를 전제하는 많은 사람이 특히 친한 관계에 있어서는 희생적으로 살려고 애를 쓰기 때문이다. 여기서 우리는 그들의 기독교에 대한 반대에 대답하기 위해 긍정적으로 활용할 수 있는 또 다른 관점을 발견한다.

개인적인 자유라는 이름으로 중요한 관계를 저버리기를 거절하고 대신에 자아 실현이나 자율성보다는 다른 사람을 더 가치 있게 여긴다면, 그들은 참된 번영을 위해 어떤 욕망을 거절하는 것이 중요하다는 성경의 가르침과 유사한 진리를 인정하는 것이다. 개인적인 깊은 헌신은 생명력 있는 관계에 필연적이다. 이에 동의할 때 예수님의 가르침을 새롭게 조명하는 문이 열린다. 예수님은 우리가 살기 위해서는 죽어야 한다고 가르치신다. 그리고 그렇게 살 수 있는 규범을 제공하신 그분이 더 깊고 진실한 번영으로 우리를 초청하신다.

둘째, 자신의 진정한 자아를 찾으려면 자기 안을 들여다보아야 한다는 현대인의 이 가정이 지닌 가장 예민한 문제는 아마도 비현실성일 것이다. 그렇게 사는 것은 불가능하다. 우리는 무엇을 가치 있게 여기고 어떻게 삶의 의의를 정당화시킬지 배우기 위해 지속적으로 주변을 돌아보지 않을 수 없다. 우리는 언제나 삶을 공동체 안에서의 교제로 정의한다. 확실한 한 가지 예는 공동체와 전통이 전하는 영웅 서사를 수용하고 따르려 한다는 것이다. 그러한 이야기나 다른 수많은 방법을 통해 우리의 공동체는 무엇을 예배하고 추구하며 무엇을 가장 가치 있게 여겨야 하는지(돈이든, 아름다움이든, 권력, 지성, 혹은 자기 자신이든) 가르친다. 가치라는 측면에서 모두 정체성을 찾기 위해 누군가, 혹은 무언가를 보고 있다. 이는 자유라는 이름으로 기독교를 거부하는 것의 세 번째 문제로 인도한다.

셋째, 표현적 개인주의가 자유를 약속한다 해도 그 약속을 지키지는 못할 것이다. 왜냐하면 그 의의와 자유를 확인하기 위해서는 외부의 자원이 필요한데 이것이 우리를 노예로 만들 것이기 때문이다. 예수님이 가르치셨듯이 모든 사람에게는 주인이 있다. 만일 친구나, 부모나, 배우자나 혹은 자녀가 당신에게 가장 중요한 것이 된다면 당신은 삶과 행복, 가치를 그들 주변에 두려고 할 것이다. 당신을 향한 그들의 반응이 당신을 제한하고 조정할 것이다. 그들이 당신을 거절하거나 실망시키거나 혹은 떠나간다면 공허함을 느낄 것이다. 당신은 안다. 그것을 잃지 않기 위해 무엇이든 할 것이다.

아니면 우리가 삶을 형성하는 다른 것들(궁극적이지 않은 좋은 것들)을 생각해 보자. 직업, 성공, 소유, 안전…. 이러한 '신들'은 우리를 제한하고 시간을 소비하게 하며 감정에 상처를 주기도 할 것이다. 만일 그것을 궁극적인 것으로 삼으면 결국에는 그저 실망만 하는 것이 아니라 우리 자신이 파괴될 것이다.

> **문학적인 예: 우상 숭배로서의 죄**
>
> 존 스타인벡의 『진주』(The Pearl)는 엄청나게 비싼 진주를 발견한 진주 채집자 키노에 관한 소설이다. 키노는 점점 더 진주에 빠지게 되고 마침내 진주는 그의 인생을 파멸로 이끈다. 그는 거의 죽을 뻔했고, 그의 집은 불타버렸고, 최악으로, 진주를 없애려고 한 아내가 다치고 말았다. 처음에 키노는 진주를, 아들의 목숨을 구할 수 있는 복으로 보았지만 결국에는 저주가 되고 말았다. 아들이 진주 때문에 죽기 때문이다. 키노의 욕심과 진주에 대한 사랑은 처음에 무엇이 중요했는지(가족을 향한 사랑) 보지 못하게 했다. 이 이야기는 수단으로서 좋은 것이 그 자체로 궁극적인 것이 될 때 어떻게 우리를 노예로 만드는 악이 되는지 강력하게 보여 준다.

예수님이 제자들에게 풍요로운 삶을 약속하셨을 때 그분은 율법과 순종으로부터 자유로운 삶으로 인도하겠다고 말씀하시지 않았다. 그건 불가능하다. 우리는 모두 무언가에 매여 있고 누군가에게 순종한다. 하지만 역설적으로 그분은 순종을 통한 진정한 자유를 약속하셨다(요 8:32-36). 예수님은 우리가 순종하도록 계획된 분, 순종을 통해 참된 자유(우리가 계획대로의 사람이 되는 자유)를 주시는 바로 그분이기 때문이다. 이를 더 잘 이해하려면 지금까지 살았던 가장 자유롭고 만족한 인간이셨던 예수님만을 바라볼 필요가 있다.

기독교가 어떻게 자유하게 하는가

중요하게 강조할 것은, 예수님이 요구하시는 절대적인 충성이 단순히 규칙 목록을 따르는 것을 훨씬 넘어선다는 사실이다. 많은 사람에게 절대적인 충성이란 개념은 통제나 전적인 포기로 여겨진다. 이전 단원이 중요한 이유가 여기에 있다. 당신을 통제하는(심지어 노예로 만드는) 무언가에 헌신하기란 불가피하다. 모든 사람은 무언가의 노예가 된다. 예수님은 사람이 자유를 얻는 유일한 길은 그분께 순종하는 것이라고 말씀하셨다. "누구든지 제 목숨을 구원하고자 하면 잃을 것이요 누구든지 나를 위하여 제 목숨을 잃으면 찾으리라"(마 16:25).

탁월한 음악가나 운동선수가 되기 위해 지불해야 할 비용을 생각해 보라. 최고의 음악가와 운동선수는 아름답고 흥미로운 방식으로 연주하고, 창작하며, 즉흥적으로 표현할 자유를 가지고 있다. 하지만 그 자유를 얻기 위해서 그들은 어느 순간에 자신을 통제하며 하고 싶은 것을 포기해야 한다. 음악가와 운동선수는 주의 깊게 전문가의 교훈과 본을 따르면서 그것이 연습을 위한 시간이든 아니면 음식을 조절하는 것이든 날마다 자연적인 욕구를 수없이 희생한다. 축구경기장이나 콘서트홀에서의 감탄을 자아내는 즉흥적인 퍼포먼스는 아주 오랜 시간의 훈련을 통해서만 가능하다. 진정한 자유는 통제를 통해서 온다. 삶의 많은 영역에서 이것이 사실임을 본다. 궁극적인 길에 있어서도 사실이다.

부모는 자녀를 억누르기 위해서 규칙을 만들지 않는다. 그들이 잘 살도록 하기 위해 규칙을 만든다. 마찬가지로 성경은 사람이 풍요로운 삶을 살지 못하도록 윤리적인 계명을 주는 것이 아니다(오히려 정반대이다.). 선하신 하나님은 그것이 진정한 번영에 이르는 유일한 길이기 때문에 계명을 주신다. 하나님의 규칙은 복된 삶으로 인도하는 깊은 지혜를 가리킨다. 그분은 어떻게 사람이 인간 번영의 궁극적인 본이 되시는 예수 그리스도와 같이 될 수 있을지 가르치신다.[5]

이는 어느 한 세대나 문화를 초월하여 지속된 질문으로 이어진다. "무엇이 우리의 인간다움에 가장 충실한 모습인가? 무엇이 진정으로 풍요로운 삶인가? 좋은 삶으로 인도하는 그 길에서 산는 것은 무엇인가?" 기독교는 이러한 질문에 대한 답이 추상적인 체계나 규칙의 열거가 아니라고 가르친다. 그 답은 한 사람이다.

지상에 계시는 동안 예수님은 이상적인 인간의 모습을 충격적으로 보여 주셨다. 그분은 권능과 겸손을 합하시고 순결함과 용기, 진리와 너그러움을 조합하신다. 깨지기 쉽고 상처 받은 사람이 예수님의 애정으로 인해 그분께 왔고, 진리에 배고픈 사람은 예수님이 다른 이들과는 다른 권위로 가르치셨기에 그분께 몰려왔다. 타락한 지도자들은 예수님을 마음대로 할 수 없었기에 그분을 두려워했다. 예수님은 심지어 자신을 죽인 사람들을 포함해 모든 사람에게 용서를 주시기까지 정의의 편에 계셨다. 놀랍게도 그분의 동생과 다소의 바울은 예수님의 기이한 주장을 회의적으로 보았음에도 결국 하나님의 은혜로 그분을 예배하게 되었다.

---

5) Jonathan T. Pennington, *The Sermon on the Mount and Human Flourishing: A Theological Commentary* (Grand Rapids: Baker, 2017).

표현적 개인주의의 중심에 있는 아이러니는 모든 인간이 결국 무언가의 노예라는 것이다. 서구 문화는 사람을 스스로 삶을 통해 자신의 길을 지속적으로 구축해 가는 강인한 개인으로 보려는 경향이 있다. 그들은 자신의 인간성이라는 비용을 지불하고 있다는 사실을 깨닫지 못한 채, 완전한 자유와 자기 결정권을 절실하게 소유하려고 한다. 자율성과 자기 결정권을 위한 탐구 가운데 그들은 상황의 우주적 아이러니를, 사람은 자신의 유한성을 결코 피하지 못한다는 사실을 보지 못한다.

기독교는 후기 모더니즘의 가정에 직관적으로 상반된 내용을 가르친다. 사람이 자신의 목숨을 건지고자 한다면, 진정으로 자유하기 원한다면 그리스도를 위해 죽어야 할 것이다. 이 짧은 토론의 변증적 목표는 다른 사람이 그리스도 안에서만 자신의 진정한 목적과 자유를 찾을 수 있음을 보게 되기를 기도하는 마음으로 그리스도를 높이는 것이다.

추천 도서

Bellah, Robert et al. *Habits of the Heart: Individualism and Commitment in American Life*. Berkeley: University of California Press, 2008); R. 벨라 외, 『미국인의 사고와 관습』, 김명숙, 김정숙, 이재협 역, 나남, 2001.

Lewis, C. S. "Membership." pp.30-42 in *The Weight of Glory and Other Addresses*. New York: Macmillan, 1949; C. S. 루이스, 『영광의 무게』, 홍종락 역, 홍성사, 2019.

_____. *Mere Christianity*, pp.49-50, 92, 223-27. New York: HarperCollins, 1952; C. S. 루이스, 『순전한 기독교』, 장경철, 이종태 역, 홍성사, 2018.

Taylor Charles. *The Ethics of Authenticity*. Cambridge, MA: Harvard University Press, 1991.

공격 무기 2: "기독교 성윤리는 비인간적이고 그리스도인은 동성애 혐오자이다."

진리와 태도

현대의 사회적 상상은 "자기 안을 들여다보고 진정한 자신이 되라."고 가르친다. 이 가르침을 확장하면, 만일 동성에게 마음이 끌린다면 다른 인종이나 민족을 수용하는 것과 마찬가지로 이를 정체성의 일부로 수용해야 한다는 사상으로 인도된다. 애석하게도, 최근 그리스도인에 대한 평판이 그리 좋지 않은데 성 문제에 대한 대응에 있어서, 그리고 스스로 일관된 삶을 살아가는 데 있어서 그렇다. 우리는 공개적으로 어떻게 대응해야 할지, 또 선동적인 말에 깊이 상처를 받은 개인에게는 어떻게 말해야 할지 많은 지혜와 전략이 필요하다. 하지만 동시에 사랑과 진리는 결코 분리될 수 없으며, 하나의 이름으로 다른 하나를 희생시키는 일은 둘 다 망가뜨릴 뿐임을 기억해야 한다.

가정과 기초

이 문제를 고민하거나, 그리스도인이 취한 입장에 불편해하고 심지어 분노하는 사람에게 다가갈 때 우리가 먼저 인정해야 할 것은, 특히 특정한 전통과 문화의 영향을 받을 때, 그리스도인은 성경을 잘못 해석할 수 있고 실제로 그러기도 했다는 점이다. 그럼에도 불구하고 남자와 여자가 결혼이라는 맥락 안에서 하나가 되고, 잠재적으로 생명을 창조하는 행위가 되도록 성을 만드신 것이 하나님의 창조적 이상이라고 확신할 수 있는 여러 이유가 있다.

난상 토론에서 종종 간과되는 중요한 사실은 예수님과 바울 모두 결혼을 논하면서 창조 질서에 호소했다는 사실이다. 이는 대단히 중요하다. 왜냐하면 예수님이 복음서에서 동성애에 관해 구체적으로 가르치신 적은 없지만, 이혼에 관한 바리새인의 질문에 답하시면서 창세기의 사건을 언급하심으로 동성애를 반대하셨기 때문이다(예. 마 19:1-11). 동성애에 관해 직접적으로 언급하며 창조 이야기를 꺼낸 바울의 경우도 마찬가지다(롬 1:24-32). 예수님과 바울은 모두 하나님은 계획적으로 인간을 남녀로 만드셨으며 결혼은 남자와 여자의 연합이라고 전제한다.

동성애적 관계는 하나님의 계획에 대항하는 것이다. 이러한 형태의 관계에 대해 경고하실 때 하나님은 우리를 다치게 할 의도가 없으시다. 그분은 우리가 하나님의 선한 계획에 따라 살면서 번영에 이르는 자유를 누리기 원하시기 때문에 동성애적 관계를 금하신다.

답변 만들기

어떤 상황에서는 마태복음 19장 1-12절, 창세기 1-2장, 그리고 심지어 로마서 1장 18-32절에서 결혼과 성에 대한 하나님의 아름다운 설계는 남자와 여자 사이의 관계라고 설명하면서 이것이 거의 2천 년 동안 교회에서 보편적으로 가르친 내용이라고 덧붙일 수도 있다.[6] 물론 어떤 이들은 자신이 성경을 믿지 않고 기독교 전통에 관심이 없다고 즉각 이의를 제기할 것이다. 당신은 "충분히 인정합니다."라고 답하고서 이렇게 말할 수 있다.

"저의 입장에 좀 더 공감할 수 있기를 희망하며 설명을 드리겠습니다. 예수님은 저의 주님이십니다. 저는 그분께 순종하고 그분을 따릅니다. 그분은 인간을 위해 성적 관계가 어떻게 창조되었는지 우리에게 알려 주셨고, 그분을 따르는 이들에게 주님을 신뢰하고 순종하라고 말씀하셨습니다. 그래서 저는 그렇게 하려고 합니다. 결국 그분이 하나님이시라면, 그분은 제게 무엇이 가장 좋은지 저보다 훨씬 더 잘 아실 것입니다."

---

6) 크리스토퍼 로버츠(Christopher C. Roberts)는 말한다. "초기 교부 시대에는 성적인 차이에 대한 기독교적 신념이 요동하고 다양했으나, 4세기부터 20세기까지 성적인 차이에 대한 전체적이고 대략적인 동의가 지속되었다"[*Creation and Covenant: The Significance of Sexual Difference in the Moral Theology of Marriage* (New York: T&T Clark, 2007), 185-86].

1. **권위의 문제**. 많은 경우, 예수님의 권위를 가리키며 이 이의에 대답하는 것이 신중한 답변일 수 있다. 이렇게 물을 수도 있다. "예수님이 부활하셨다는 믿음이 그분이 결혼에 대해 말씀하신 것에 달려 있다고 보십니까? 다시 말해 당신은 예수님이 성에 관해 하신 말씀이 마음에 들지 않아서 부활을 믿지 않으시는 것입니까?"

아마도 그들은 대답할 것이다. "아닙니다. 제가 말하는 건 그게 아닙니다. 제가 예수님의 부활을 믿지 않는 것은 다른 이유들 때문입니다."

이는 예수님의 부활에 관한 토론을 가능하게 할 것이다. "아마 그것이 우리에게 있는 많은 차이의 뿌리가 아닐까 싶습니다. 저는 그분이 죽음에서 살아나셨고 구주이시라고 믿습니다. 그래서 그분의 가르침을 신뢰합니다. 이에 관해 좀 더 말씀을 나누지 않으시겠습니까?"

한편으로 이렇게 말하는 것의 잠재적인 강점은 죄에 초점을 맞추기보다 예수님께 초점을 맞추게 한다는 것이다. 그러나 불신자가 예수님에 대한 마음을 정하는 일에 도덕적이고 감정적인 요소를 완전히 배제한 채 부활에 관한 단순하고 논리적인 결론에 이를 수 있으리라고 생각해서는 안 된다.

무신론 철학자인 토머스 네이글이 인정한 대로 그는 종교적인 질문에 무관심한 것이 아니다. "나는 하나님이 거기 있지 않기를 원한다! 나는 우주가 그렇게 존재하지 않기를 원한다!"[7] 네이글은 하나님에 관한 토론에 재앙이 되는 근본적인 문제를 표현하고 있다. 인간으로서 우리는 주도권을 잃을까 두렵다. 누군가를 주님으로 따르는 것의 함의를 잘 알고 있다. 불신자와 기독교 윤리를 논할 때에는 이를 염두에 두면서, 철저하게 이성적인 호소를 통해 그들을 설득할 수 있으리라는 잘못된 희망을 갖고 그들에게 예수님의 가르침이 선한가에 관한 질문 세례를 해서는 안 된다. 예수님의 권위를 받아들이는 이

---

7) Thomas Nagel, *The Last Word* (Oxford: Oxford University Press, 1997), 130.

유들에 우선적으로 초점을 맞춘다면, 성에 관한 그분의 비전을 변호하기 위해 돌아갈 필요를 느낄 것이다.

2. 성적 존재로서 살기 위해 죽기. 우리는 성이 자유롭고 경계가 없어 보이는 문화에서 살고 있다. 성이 너무 높은 위치에 올려져 있어서, 우리가 성에 대해 주장하는 내용은 시대에 뒤떨어지고, 고지식하며, 심지어 비합리적으로 보일 수 있다. 오늘날 문화에서 많은 사람의 만트라(mantra)는 "기분이 좋으면 하라!"이다. 하지만 성경은 우리를 더 높고 거룩한 곳으로 부르며 진정으로 풍요로운 사람이 되도록 빚어지는 데 도움이 되는 지침을 제공한다.

그리스도인은 이미 오랫동안 각각의 다른 죄가 다른 결과를 가져온다는 것을 인식해 왔다. 하지만 모든 죄의 바닥에 있는 마음의 문제는 같다. 그것은 하나님께 "아니요. 나는 내 방식대로 할 겁니다."라고 말하는 것이다. 아주 사소한 거짓말에서 잔인한 살인에 이르기까지 모든 죄는 하나님이 아닌 자신을 예배하는 데 뿌리를 두고 있다. 우리는 나름의 규칙을 만들고 싶어 한다. 나름의 방식을 따르고 싶어 한다. 나름대로 제일 잘 안다고 생각한다. 하나님을 향한 바로 이 자세가 세상이 첫 단추를 잘못 낀 모습이며 지금 우리가 사는 무질서하고 깨진 피조 세계가 바로 그 산물이다. 하나님을 향한 바로 이 자세가 우리를 그분으로부터 분리시킨다. 예수 그리스도께서 가져다주신 좋은 소식은 하나님은 우리가 집으로 돌아와 그분과 연합하여 원래 의미했던 대로 관계가 회복되기를 원하신다는 것이다. 하나님은 특별히 어느 한 죄를 대적하시는 것이 아니라 그분의 창조 질서, 그분의 권위, 그분과의 관계, 세상을 향한 그분의 선한 계획에 맞서는 모든 것을 대적하신다.

인간의 성을 위한 하나님의 계획에는 두 가지 선택만이 있다. 한 남자와 한 여자가 서로에게 평생 헌신하는 결혼, 아니면 독신의 삶이다. 두 가지 선택 모두 다른 선택과 마찬가지로 어느 하나에 대해서는 "예!"를 말하고 다른 것을 향해서는 "아니오!"를 말하는 것이다. 이 두 가지 길 모두 제자도와 순종을 요구한다. 하지만 기독교에 의하면 이것이 참된 기쁨과 인간의 형통을 향한 유일한 두 길이다. 물론 이 두 길이 언제나 우리를 '바른 느낌'만을 가지게 한다는 뜻은 아니다. 때로는 결혼한 사람의 성적인 충동이 불륜으로 이어질 수 있고 독신인 사람이 너무 외로워서 육체적 혹은 감정적인 친밀감을 위해 성을 사용하려는 욕구를 가질 수도 있다. 감사하게도 하나님의 의도된 길에서 벗어나 자신이 원하는 길로 갈 때에도 은혜는 여전히 유효하고 속죄도 가능하다. 예수님께 돌아가면 정죄가 아닌 용서를 얻을 수 있다(요일 1:9).

앞서 보았듯이 감정이나 충동, 혹은 우리가 '타고난 방식'을 신뢰해서는 창조주를 알고 우리의 참된 의미와 목적을 살아내는 선한 삶으로 이끌릴 수 없다. 예수님은 그분의 길을 자신의 길보다 나은 것으로 믿으며 자신에 대해 "아니오!"라고 말하고 그분께 "예!"라고 말하라고 명하신다. 심지어 예수님을 따르는 길이 우리를 죽음으로 인도한다 할지라도 결국에는 그것이 진정으로 사는 유일한 길이다.

추천 도서

Allberry, Sam. *Is God Anti-Gay? And Other Questions about Homosexuality, the BIbel and Same-Sex Attraction*. Rev. ed. Surrey, UK: Good Book Company, 2015; 샘 올베리, 『하나님은 동성애를 반대하실까?』, 홍병룡 역, 아바서원, 2019.

Forston, S. D., and Rollins G. Grams. *Unchanging Witness: The Consistent Christian Teaching on Homosexuality in Scripture and Tradition*. Nashville: B&H Academic, 2016.

Roberts, Christopher C. *Creation and Covenant: The Significance of Sexual Difference in Moral Theology of Marriage*. New York: T&T Clark, 2007.

Sprinkle, Peterson. *People to Be Loved: Why Homosexuality Is Not Just an Issue*. Grand Rapids: Zondervan, 2015.

Wilson, Todd. *Mere Sexuality: Rediscovering the Christian Vision of Sexuality*. Grand Rapids: Zondervan, 2017.

공격 무기 3: "그리스도인은 위선자다. 여기에는
오늘 내가 만나는 많은 사람들, 그리고 역사적, 집단적으로
사람을 부당하게 대우한 교회가 포함된다."

말과 행동의 중요성 기억하기

우선 이 반대가 바로 변증이 제자도나 교회의 확고한 교리로부터 분리되면 안 되는 이유이기도 하다. 예를 들어, 미국 남부 백인 개신교인이 인종적 불의에 둔감하게 반응한다면, 소수 민족에게 전도하는 일에 얼마나 부정적인 영향을 줄지 생각해 보라.[8] 하나님은 우리 자신과 그분의 교회가 하나님 나라를 실현하여 세상이 이를 맛보도록 의도하셨다. 그러므로 우리 삶이 변증이 되도록 우리는 복음을 살아내야 한다. 6장에서 다루었듯이 우리는 말과 행동으로 변증을 해야 한다.

오늘날 그리스도인 개인의 도덕적 결함에 대해서는 어떠한가?

그리스도인 개인이 기독교의 높은 도덕적 기준에 합당하게 살지 못한 것과 관련해 다음 세 가지 중요한 점을 언급할 수 있다.

첫째, 그리스도인이라고 주장하는 사람이 나쁜 짓을 했다고 해서 기독교가 나쁘다는 의미는 아니다. 세속주의 철학자인 존 그레이가 서술했듯이 종교만이 악화되는 것이 아니라 과학을 포함한 모든 인간 행동이 잠재적 악을 지닌다.[9] 일부 과학자가 대학살을 위한 무기나 고문을 위해 사용된 약을 만든다고 해서 과학을 포기하는 것은 어리석은 일이듯이 일부 그리스도인이 악한

---

8) Russell Moore, "A White Church No More," *New York Times*, May 6, 2016, www.nytimes.com/2016/05/06/opinion/a-white-church-mo-more.html을 보라.
9) John Gray, "What Scares the New Atheists?" *Guardian*, March 3, 2015, www.theguardian.com/world/2015/mar/03/what-scares-the-new-atheistsf을 보라.

일을 한다고 해서 기독교를 포기하는 것도 어리석은 일이다. 참된 그리스도인도 때로는 나쁜 일을 행하지만, 가짜 과학자가 있듯이 이름만 신자인 가짜 그리스도인도 있다는 것을 인식해야 한다.

둘째, 기독교 신학에 의하면 그리스도인 개인이 성장하는 데는 시간이 걸린다. 참되게 회심했다 하더라도 그들의 삶이 즉각적으로 예수님의 방식을 따라가는 것은 아니다. 모든 신자는 시간이 지나면서 성숙해진다 하더라도 이생에서는 완전함에 이르지 못할 것이다.

셋째, 때로는 폭력적이거나 불안정하고 기능 장애가 있는 사람들이 기독교로 개종한다. 그들은 여러 다양한 긍정적인 방법으로 변하겠지만 특정한 종교적 신앙이 없어도 안정적이고 평안한 환경에서 자란 사람보다는 도덕적으로 덜 성숙해 보일 수 있다. 교회는 도덕적으로 아픈 사람들, 궁극적으로는 우리 모두를 위한 병원이다. 그렇기 때문에 교회가 아주 건강한 사람만을 수용하는 것은 말이 되지 않는다. 왜냐하면 병원의 전반적인 목적은 아프고 상한 사람을 치유하는 것이기 때문이다.

과거 역사에서 교회의 실패는 어떻게 생각해야 하는가?

애석하게도 개인만 실패한 것이 아니다. 종종 회의주의자는 기독교 신앙에 대한 그들의 비판을 합리화하기 위해 노예 제도, 차별 정책과 같은 교회의 두드러진 실패를 지적할 것이다. 교회가 이 문제들을 바르게 언급하는 일에 실패하기는 했지만, 이를 둘러싼 거짓된 이야기들도 난무하다. 이런 이유 때문에 누군가가 역사에서 기독교의 실패를 지적할 때는 먼저 과거의 실패를 인정하고, 그다음에 지배적인 반기독교적 서사를 교정하며 분명하게 하는 두 단계 접근을 취하기를 권한다. 다음 단원에서 우리는 구체적으로 노예 제도와 차별 정책에 관한 비판을 두 단계 접근을 사용해서 다룰 것인데, 이는 교회의 다른 실패들에도 적용될 수 있다.

노예 제도

잘못 인정하기. 성경이 노예 제도에 관해 무엇을 말하는지 이해하는 데 있어 역사의 여러 시점에서 많은 그리스도인이 자기 이익을 위해 그 해석을 흐리게 하기도 했다. 예를 들면 19세기 미국 남부의 일부 그리스도인은 인종에 근거한 노예 소유를 지지하기 위해 성경을 사용했다. 동료 인간을 종속시키는 잔인함과 비인간성은 핑계의 여지가 없다.

지배적인 반기독교 서사를 교정하고 분명히 하기. 무엇보다 성경은 노예 제도를 지지하는 신학을 발전시키거나 변호하지 않는다. 노예 제도와 관련해 성경이 가장 부정적으로 언급될 만한 부분은, 노예 제도가 일반적이던 역사적, 문화적 맥락에서 이스라엘 백성 또한 노예를 소유했다는 것이다. 다만, 이스라엘의 노예에 대한 법은 주변 민족들의 법보다 훨씬 더 인간적이었다.[10] 그런데 성경이 노예에 관해 전하는 내용은 노예를 단순히 인간적으로 대해야 한다는 것보다 훨씬 더 나은 이야기이다. 해리 호프너(Harry A. Hoffner Jr.)는 "폐지의 정신"이 성경의 시작부터 나타난다고 관찰한다. 하나님이 남자와 여자를 그의 형상대로 창조하셨을 때 모든 이에게 고유한 가치와 존엄성을 부여하셨기 때문이다. 인간 존엄에 대한 이 긍정은 창세기에서 레위기까지 그분의 백성에게 주신 율법 안에 지속적으로 표현되었다. "남은 것은 분별력 있고 자비로운 영혼들이 그 의미를 인식하고 적용하는 것뿐"이었다.[11]

다른 말로 하면 하나님이 그의 형상대로 모든 인간을 만드신 그 함의를 실천하는 것이 교회의 책임이다. 노예 제도는 기독교 신앙에 맞지 않다고 인정하는 것이 교회의 책임이다. 애석하게도 교회는 때로, 특히 자기 이익이 기독

---

10) 성경에 있는 노예에 관해서는 Paul Copan, *Is God a Moral Monster? Making Sense of the Old Testament God* (Grand Rapids: Baker, 2011), 124-57; 폴 코판, 『구약 윤리학: 구약의 하나님은 윤리적인가?』, 이신열 역, 기독교문서선교회, 2017를 보라.

11) Harry A. Hoffner Jr., "Slavery and Slave in Ancient Hatti and Israel," in *Israel: Ancient Kingdom or Late Invention?* ed. Daniel I. Block (Nashville: B&H, 2008), 154-55.

교의 원리를 대신할 때 성경을 오역했고 잘못 적용했다. 미국 남부에서의 노예 제도는 이를 잘 보여 준다.

하지만 좋은 소식은 결국 기독교의 도덕적 능력이 자기 이익을 극복해 내리라는 것이다. 성경에서 하나님 형상 교리에 담긴 함의를 발견하고 깨달은 그리스도인 남녀는 궁극적으로 노예 제도를 약화시키고 폐지하는 데 결정적인 역할을 했다. 이를 잘 보여 주는 예가 영국의 토머스 클락슨(Thomas Clarkson, 1760-1856)과 윌리엄 윌버포스(William Wilberforce, 1759-1833)의 지칠 줄 모르는 수고, 미국의 퀘이커교도의 조직적인 노력이다. 노예 제도를 종식시키려는 운동은 공공연하게 그리고 은연중에 성경에 뿌리를 둔 논증을 사용했던 그리스도인에 의해서 주도되었다. 기독교 신학, 특히 하나님 형상 교리는 다른 문화적 영향력과 함께 영국, 프랑스, 미국, 스페인 그리고 라틴 아메리카에서 노예 제도를 마침내 종식시킨다.[12]

차별 정책

잘못 인정하기. 성경적 근거가 약했던 인종 분리를 지지하기 위해, 그리스도인은 종종 주권 논리나 교회와 국가의 분리와 같은 정치적 교리에 그들의 편견을 숨기곤 했다. 미국 남부에 있는 백인 그리스도인과 백인 교회는 성경이 가르치는 대로 인종적 평등을 위해 일하거나 소외된 계층을 일으키려고 하기보다는 차별에 대해 소극적인 입장을 취했다. 때에 따라서는 그리스도인의 복음 증거에 치명적인 정책인 짐 크로우 법안(Jim Crow Laws; 미국 남부에서 인종 차별적으로 만들어진 법안들-역주)을 적극적으로 지지함으로써 더 나쁘게 행동하기도 했다. 두려움과 자기 이익은 신학적 사고와 도덕적 행동에 명백하게 위배되는 행동을 하게 했다.

---

12) Rodney Stark, *For the Glory of God: How Monotheism Led to Reformations, Science, Witch-Hunts, and the End of Slavery* (Princeton, NJ: Princeton University Press, 2003), 338-65

지배적인 반기독교 서사를 교정하고 분명히 하기. 마틴 루터 킹(Martin Luther King Jr.), 제임스 로슨(James Lawson), 패니 루 해머(Fannie Lou Hamer), 프레드 셔틀스워스(Fred Shuttlesworth), 밥 모지스(Bob Moses)와 같은 남녀 지도자에게서 분명히 볼 수 있듯이 성경 계시와 기독교 신앙은 특히 다음의 네 가지 성경적 역학을 통해 인종 차별 철폐 운동의 주요 원동력이 되었다.

첫째, 인종 차별 철폐 운동의 접근 방식은 인간의 죄악에 대한 강력한 설교와 사회적 정의를 추구한 구약의 선지자들의 강력한 설교에 의해 형성되었다. 인종 차별 철폐 운동의 많은 흑인 지도자는 자연적이고 점진적인 발전을 말하는 진보적 교리를 믿지 않았다. 그들 중 많은 사람이 그것은 비현실적이고 비효율적이라고 믿었다. 왜냐하면 제임스 로슨이나 C. S. 루이스처럼 그들은 "인간 사회의 정상적인 과정은 타락했고 죄악되다."[13]고 믿었기 때문이다. 오직 그리스도인이 사회적 편견과 이기심을 강력하고 적극적으로 물리칠 때에만 변화가 일어날 것이다.

둘째, 세상에 적극적으로 임재하시는 하나님에 대한 믿음이 차별에 반대하는 사람들의 동기였다. 인종 차별 철폐 운동의 흑인 연대는 종종 깊은 영성과 하나님의 기적적인 능력에 대한 믿음에 심취되어 마치 부흥회 같은 분위기를 가지고 있었다. 물론 인종 차별 철폐 운동의 모든 지도자가 그리스도인이었다는 말은 아니지만 대부분은 성경적 계시와 기독교적 소망으로 움직였다. 그들 대부분은 분명히 세속적인 불신자는 아니었다. 역사가인 데이비드 샤펠(David Chappell)이 주장하는 대로 "초월적이고 종말론적인 신앙이 없었다면, 그 많은 사람이 남부의 보안관들, 소방 호스, 그리고 전투견에 맞서 그 긴 시간 고통스러운 위험을 감수하지 못했을 것이다."[14]

---

13) David L. Chappell, *A Stone of Hope: Prophetic Religion and the Death of Jim Crow* (Chapel Hill: University of North Carolina Press, 2004), 69.
14) Chappell, *Stone of Hope*, 102.

셋째, 이 운동의 비폭력적인 본질은 신약성경에서 예수님이 가르치신 복음의 빛과 사랑의 정서에서 아마도 가장 현저한 영향을 받았다. 마틴 루터 킹은 인종 차별 철폐 운동을 하며 지속적으로 사랑에 관한 기독교 교리의 중요성을 강조했다. "우리의 행동은 기독교 신앙의 가장 깊은 원리들의 인도를 받아야 한다. 사랑은 우리를 규제하는 이상이 되어야 한다. 우리는 수 세기에 걸쳐 메아리 치는 예수님의 말씀을 들어야 한다. '원수를 사랑하라. 저주하는 자를 축복하고 악하게 이용하려는 자를 위해 기도하라.'"[15] 왕께서 이루신 진정한 변화는 폭력과 미움이 아닌 예수님의 가르침 가운데 발견된 평화와 사랑에 의해서 임했다.

넷째, 하나님 나라의 도래(유대인도 이방인도 종도 자유인도 없는)에 대한 소망이 그 나라의 여러 면을 현실 속에 나타내도록 그들에게 동기를 주었다. 제임스 로슨은 설명하기를 "그리스도인이 인종적인 장벽을 무너뜨려야 하는 이유는 이미 그곳의 시민이 된 구원 공동체는 인류를 나누는 어떤 장벽도 인식하지 않기 때문이다."라고 했다.[16] 그리스도인의 삶의 핵심적인 목표 중 하나는 천국에서와 같이 이 땅에서도 미래의 왕국을 실현하는 것인데 거기에는 그리스도 안에서 모든 사람의 평등을 추구하는 일이 포함된다.

인류 가운데 가장 이상적인 분이신 예수님이, 불완전한 제자들에 의해서 보여진다. 우리는 그리스도인이 왜 실수를 하는지 회의주의자가 이해하도록 도울 뿐 아니라 동시에 노예 제도나 차별 정책과 같은 문제들에 관한 지배적인 서사 안에 있는 오류를 설명해 주어야 한다. 예수님의 가르침과 성경에 바르게 뿌리를 내리고 있는 기독교 신학은 선을 위한 강력한 자료를 제공하고 악과 불의에 맞서는 교정의 힘이 된다.

---

15) Martin Luther King Jr., *Stride Toward Freedom: The Montgomery Story* (1958; repr., Boston: Beacon, 2010), 51; 마틴 루터 킹, 『자유를 향한 대행진』, 채규철 역, 예찬사, 1990.
16) Chappell, *Stone of Hope*, 69에서 인용됨.

> **추천 도서**
>
> Chappell, David L. *A Stone of Hope: Prophetic Religion and the Death of Jim Crow.* Chapel Hill: University of North Carolina Press, 2004.
> Copan, Paul, *Is God a Moral Monster? Making Sense of the Old Testament God.* Pages 124–57. Grand Rapids: Baker, 2011; 폴 코판, 『구약 윤리학: 구약의 하나님은 윤리적인가?』, 이신열 역, 기독교문서선교회, 2017.
> Hoffner, Harry A. Jr. "Slavery and Slave Laws in Ancient Hatti and Israel." pages 154–55 in *Israel: Ancient Kingdom or Late Invention?* Edited by Daniel I. Block. Nashville: B&H, 2008.
> Stark, Rodney. *For the Glory of God: How Monotheism Led to Reformations, Science, Witch-Hunts, and the End of Slavery.* Princeton,NJ: Princeton University Press, 2003.

공격 무기 4: "신앙은 이성이나 과학과 대치되며, 증거 없이 믿는 사람을 위한 것이다. 초자연과 신성에 관한 오래된 신화를 벗어나 이성과 경험적 관찰을 통해 진리를 발견한 지가 벌써 오래다."

이 공격 무기 뒤에 있는 성장 서사의 정체를 확인하라

많은 현대인이 수용하는 '도전받지 않은 명제' 중 하나는 다음과 같은 이야기다. 비종교적인 사람은 과학이 인류에게 제시한 냉혹하고 엄정한 사실을 수용할 용기를 가진 사람이다. 그들은 편안하고 유아적인 종교적 신념을 포기하고 이제 현실에 관한 성인의 입장을 취할 만큼 성장했다.[17]

---

17) Charles Taylor, *A Secular Age* (Cambridge, MA: Harvard University Press, 2007), 362-66, 560-93)을 보라.

이 공격 무기는 강력한 성장 서사를 만들어낼지 모르지만 잘못된 가정에 기반하고 있다.[18]

과학적인 방법은 오로지 이성에만 근거한 것이 아니다

믿음을 완전히 제거한 채 진리를 발견하는 이론을 채택하는 것이 과연 가능한가? 과학주의의 우선적인 문제는 중심적인 주장이(과학이 진리를 발견하는 유일한 기준이라는) 과학에 의해 정당화될 수 없고 따라서 그 자체의 기반을 약화시킨다는 것이다. 그런 면에서 이런 입장은 전혀 일관적이지 못하다.[19] 그렇다면 과학주의를 추종하는 사람과의 대화에서 이렇게 물을 수 있다. "과학이 진리의 유일한 근원임을 과학은 어떻게 증명할 수 있는가?"

현대 과학은 진리를 이해하는 데 있어서 의문의 여지 없이 중요한 산업(enterprise)이기 때문에 이에 대해서 우리가 얼마나 감사하고 있는지 재빠르게 인정하는 편이 좋다. 과학이 수많은 발견과 세상을 변화시키는 엄청난 발명을 가능하게 하지 않았는가! 우리가 문제를 삼아야 하는 부분은 과학이 진리를 얻는 유일한 수단이라는 주장이다. 이와 같은 주장을 하는 사람을 대한다면 현대 과학이 필연적으로 말하는 가정을 좀 더 신중하게 생각해 보도록 자극함으로써 당신의 입장을 이해하게 하는 데 도움을 줄 수 있다.

기독교에 대해 이런 이의를 제기하는 사람은 아마도 모든 종교적이고 초자연적인 신념이 제거된 세계에서 가장 중립적인 입장은 세속주의라는 (거짓된) 이야기, 즉 찰스 테일러가 말하는 "빼기 이야기"(subtraction story)를 수용하는

---

18) 한때는 이러한 환원주의적 이야기를 당연시했지만 이후 유아적인 과학주의에서 벗어나 하나님에 대한 성숙한 신앙으로 성장하는 자신의 '성장 서사'를 전한 사례로는 다음을 참고하라. Alister McGrath, *The Big Question: Why We Can't Stop Talking about Science, Faith, and God* (New York: St. Martins, 2015), 1–75.

19) John C. Lennox, *God's Undertaker: Has Science Buried God?* (Oxford: Lion Hudson, 2009), 43; 존 레녹스, 「신을 죽이려는 사람들」, 홍종락 역, 두란노, 2017.

사람일 가능성이 높다.[20] 이 서사의 문제점은 세속주의(그 변형을 포함해) 역시 사실상 증명할 수 없는 고유한 신념과 가치를 가지고 있으며, 따라서 일종의 믿음을 필요로 한다는 점이다.[21] 예를 들면 현대 과학에 필연적인 두 가정(우주의 합리성과 기본적인 자각 기능의 신빙성)은 과학 자체에 의해 증명될 수 없다. 그것을 먼저 믿어야 한다.

사람은 종종 과학적인 방법만이 문제를 해결하는 기본적 논리와 경험적 사실을 사용한다고 가정한다. 하지만 그것은 틀렸다. 이러한 추정된 중립적 방법론은 사실 믿음과 직관을 피할 수 없다.[22]

사람은 단순히 중요한 사실을 관찰한 후에 문제를 풀기 위한 가정을 세울 수 없다. 어떤 사실을 중요하게 만드는 것은 무엇인가? 이 사실로 해결하려는 문제가 가치 있는지 어떻게 판단할 수 있는가? 어떤 문제가 가치 있는지, 혹은 어떤 사실이 중요한지 미리 결정할 수 있는 과학적인 방법은 없다. 진행이 되려면 직관이나 개인적인 경험, 혹은 과학을 넘어선 다른 어떤 근거에 믿음을 두어야 한다.[23] 더욱이 자료를 검증한 후에 가설을 세우는 규칙은 무엇인가? 과학의 역사는 채택된 이론이 사실을 수집한 결과가 아님을 우리에게 알려 준다.[24] 상상력, 직관, 역사적 환경이 모두 성공적인 가설을 세우는 데 관여한다.

---

20) Taylor, *A Secular Age*, 26-29.
21) Stephen LeDrew, *The Evolution of Atheism: The Politics of a Modern Movement* (New York: Oxford University Press, 2016).
22) Michael Polanyi, *Personal Knowledge: Towards a Post-Critical Philosophy* (Chicago: University of Chicago Press, 1962).
23) Albert Einstein, *The World As I See It* (1984; repr., New York: Citadel, 2006), 125; 알베르트 아인슈타인, 『나는 세상을 어떻게 보는가』, 강승희 역, 호메로스, 2017을 보라.
24) 토마스 쿤(Thomas S. Kuhn)은 과학적 이론화가 단순히 사실들의 수집이라는 가정을 반박하는 데 중요한 역할을 했다[*Structure of Scientific Revolutions*, 50th anniv. ed. (Chicago: University of Chicago Press, 2012); 토마스 쿤, 『과학혁명의 구조』, 김명자, 홍성욱 역, 까치, 2013].

과학주의는 그 자체를 약화시킨다

종교와 같은 진리의 다른 원천을 '빼고' 나면 일종의 유물론만 남는다는 세속적 관점의 또 다른 문제는, 우리의 이성적 사고 능력을 근본적으로 뒷받침하거나 정당화하기 어렵다는 것이다. 유물론자는 어떻게 과학적으로 그들의 이성적 능력이 믿을 만하다고 증명할 수 있는가? 그들의 이성적 활동이 진리를 향한다고 어떻게 그렇게 확신할 수 있는가? 진화론의 목표가 생존이라면 인간의 이성적 능력은 진리의 발견이 아닌 생존을 향해 나아가지 않겠는가? 이러한 종류의 질문은 유명한 기독교 철학자인 앨빈 플랜팅가와 그의 많은 비신앙인 동료가 직면한 문제로 이어졌다. 자연주의와 진화론은 모두 결국 스스로를 약화시킨다.[25]

과학적인 방법은 많은 현실적인 부분을 설명하지 못한다.[26] 현대 과학이 우리에게 세상에 대한 중요한 지식을 제공하지만, 과학적 방법론은 우리 대부분이 진실로 받아들일 만하다고 정당하게 여기는 광범위한 지식과 경험을 증명하거나 설명할 수는 없다. 예를 들면 과학적 방법은 논리적이며 수학적인 진리를 설명하지 못한다. 그저 가정할 뿐이다. 당연한 것으로 여기는 많은 기초적인 신념들, 즉 타인에게도 마음이 존재하고 기억은 실제로 일어난 일이라는 것과 같은 신념을 증명할 수 없다. 아름다움도 설명할 수 없다. 미는 과학의 이해 범위 밖에 있다. 윤리적인 언급도 할 수 없다. 과학적 방법으로는 어떤 행동이 도덕적으로 옳은지 결정할 수 없다(13장을 보라).

결과적으로 과학은 정의, 인권, 혹은 선과 악에 관해 설명하지 못한다. 만일 모두가 과학의 절대화된 관점을 일관되게 적용하려 한다면 우리는 많은

---

25) Alvin Plantinga, *Where the Conflict Really Lies: Science, Religion, and Naturalism* (New York: Oxford University Press, 2011), 349을 보라. 또한 이 점에 관한 보충 설명으로 본서의 13장을 보라.
26) 다양한 과학적 방법의 형태가 있다. 간단한 토론을 위해서는 Lennox, *God's Undertaker*, 32-35; 레녹스, 『신을 죽이려는 사람들』을 보라.

중요한 진리를 받아들이지 못할 것이다. 더욱이 만약 누군가가 방법론적 자연주의에 기초해 과학을 한다면, 이 세상에 관한 질문에만 답할 수 있을 뿐 물질 세계 너머에 관한 질문에는 답할 수 없다. 즉 하나님을 믿는 것뿐 아니라 믿지 않는 것 역시, 과학이 제시할 수 있는 해답을 넘어서는 형태의 믿음이 필요하다.

과학을 사용해 종교적인 신앙을 공격하는 것은 한계가 있을 뿐 아니라 일관되지도 못하다. 이 공격 무기에 대한 반응은 그들이 이성과 경험적 증거만으로는 충족시킬 수 없는 진리를 가정하고 있음을 보게 하는 것이다. 실제로 회의론자 역시 다른 사람과 마찬가지로 다양한 이유로 세상에 대한 믿음을 가지며, 그중 많은 것이 '증명 불가능'하다. 이 공격 무기에 대한 결정적인 반응은 이것이다. "불신자는 자신의 가장 기본적인 신념에도 일관되게 적용할 수 없는 증명의 기준을 하나님을 증명하는 데 요구하지 말아야 한다."

> **과학과 그 한계들**
> "과학적 진리의 특징은 정확성과 그 예측 가능성이다. 그러나 과학은 궁극적이고 결정적인 질문은 그대로 둔 채 부차적인 관심사 수준에 머무는 것을 대가로 이 놀라운 자질을 성취한다."[27]

성경적인 신앙은 타당한 이유 없이 무언가를 믿는 것이 아니다. 이 공격 무기는 또한 기독교를 오해하고 있다. 기독교 신앙은 맹목적인 믿음을 의미하지 않는다. 기독교 신앙에는 많은 근거 있는 역사적, 이성적, 경험적, 사회적 이유가 있다. 11장과 13장에서 보듯이 현실을 다루는 기독교의 이야기는 세속주의가 제공하는 것보다 더 실제적이고 폭넓은 설명을 제공한다. 기독교적 체계는 사실 현대 과학이 맨 처음 자랄 토양을 제공한 결정적인 요소였다. 이

---

27) 스페인 철학자 호세 오르테가 이 가세트(Jose Ortega y Gasset)의 말. McGrath, *The Being Quesions*, 4에서 인용됨.

에 관해 불신자와 대화를 시작하기 위해 이런 질문을 할 수 있다. "현대 과학을 가능하게 한 체계나 세계관은 무엇이었다고 생각하십니까?"

기독교적 체계에 포함되는 다음의 세 가지 신념이 현대 과학의 부상에 힘을 실어 주었다.

1. 창조 교리는 우주에 규칙과 질서가 있다고 암시하여 자연을 연구하고 이해할 수 있다는 확신을 가지게 했다.
2. 자연을 탐구할 때 하나님을 더욱 인정하게 될 것이라는 확신이 자연을 연구하는 데 중요한 동기가 되었다.
3. 원죄에 대한 교리는 순수한 이성에 의심을 가지게 했고 자연에 관한 지식을 얻으려면 실험이 필요하다는 입장을 가지게 했다.[28]

기독교적 체계는 우리의 인지 능력이 주변 세계와 부합할 것이라는 이유를 제공하지만, 자연주의는 그러한 부합을 기대할 만한 이유를 제공하지 않는다. 바로 이것이 앨빈 플랜팅가가 "과학과 유신론적 신앙 사이에는 깊은 일치감이 있다."고 주장한 이유이다.[29] 역사가인 로드니 스타크(Rodney Stark)가 보여 주었듯, 현대 과학은 왜 굉장히 철학적인 사회였던 중국이나 고대 그리스, 혹은 이슬람 국가가 아닌 기독교 기반의 유럽에서 발생했는가?[30] 거기에는 종교적인 이유가 있다. 예를 들면 우주를 다른 종교의 관점을 따라 절대적 정신의 방출로 본다면 현대 과학은 일어나지도 못했을 것이다.[31] 우주는 의존

---

28) McGrath, *The Big Questions*, 37–38; 또한 Peter Harrison, *The Bible, Protestantism, and the Rise of Natural Science* (Cambridge: Cambridge University Press, 2001)를 보라. 세 번째 신념에 관해서는 Peter Harrison, *The Fall of Man and the Foundations of Science* (Cambridge: Cambridge University Press, 2009)를 보라.
29) Plantinga, *Where the Conflict Really Lies*, 350.
30) Stark, *For Glory of God*, 150–57.
31) Lesslie Newbigin, *The Gospel in a Pluralistic Society* (Grand Rapids: Eerdmans, 1989), 20; 레

적으로, 인격적이며 주권적인 창조주의 명령으로 만들어졌다는 기독교 신앙이 과학을 발전시켰다. 따라서 과학과 믿음 사이에 깊은 충돌이 있다고 보는 것과는 달리 알리스터 맥그래스가 기록한 대로 기독교 신앙이 "과학이 흥할 수 있는 개념적인 체계"를 제공했다.[32]

> **추천 도서**
>
> Copan, Paul et.al.,eds. *Dictionary of Christianity and Science: The Definitive Reference for the Intersection of Christian Faith and Contemporary Science*. Grand Rapids: Zondervan, 2017.
> Lennox, John C. *God's Undertaker: Has Science Burried God?* Oxford: Lion Hudson, 2009; 존 레녹스, 『신을 죽이려는 사람들』, 홍종락 역, 두란노, 2017.
> McGrath, Alister. *The Big Question: Why We Can't Stop Talking About Science, Faith, and God*. New York: St.Martin's 2015.
> Plantinga, Alvin. *Where the Conflict Really Lies: Science, Religion, and Naturalism*. New York: Oxford University Press, 2011.

공격 무기 5: "세상에 너무 많은 악과 고난이 있어서 하나님을 믿을 수 없다."

이러한 반대를 하는 사람에게 답할 때 시작하기 가장 좋은 지점은 "고난과 악이 하나님을 믿는 데 왜 장애가 되는지 좀 더 말씀해 주실 수 있나요?"나 "이러한 결론에 이르도록 한 어떤 특별한 계기가 당신의 삶에 있었나요?"와

레슬리 뉴비긴, 『다원주의 사회에서의 복음』, 홍병룡 역, IVP, 2007.
32) McGrath, *The Big Question*, 38. 칼 F. 폰 바이츠제커(C .F. Weizsacker)는 현대 과학을 기독교의 유산이라고 불렀다[*The Relevance of Science* (New York: Harper, 1964), 163].

같은 사려 깊은 질문을 하는 것이다. 그들의 대답은 그들을 힘들게 하는 것이, 고난의 존재와 사랑의 하나님 사이에 합리적인 모순으로 인식되는 악에 관한 추상적이고 논리적인 문제인지, 아니면 자신의 삶에 일어난 나쁜 일을 어떻게 이해하고 다루어야 하는지와 같은 확실한 경험적 악의 문제인지 힌트를 제공할 수 있다.

우리는 먼저 경험적인 문제부터 다루려 한다. 신학자인 헨리 나우웬(Henri Nouwen)이 지적했듯이 "사람들 대부분에게 가장 뜨거운 질문은 또 다른 하루, 또 다른 한 주, 또 다른 한 해를 어떻게 견딜 수 있을까?"이기 때문이다.[33] 우리는 악에 관한 논리적인 문제와 경험적인 문제를 따로 다루겠지만, 이 둘은 상호 연결되어 있으며 따라서 실제 대화에서는 이 둘 사이를 왔다 갔다 하게 될 것이다.

경험적인 문제

고난은 단지 기독교만의 문제는 아니다. 고난은 인간의 문제 중 하나, 어쩌면 바로 인간의 문제라고 말할 수 있다. 고난과 죽음은 그들의 세계관이 무엇이든 간에 모든 사람의 삶에 그림자를 드리우는 경험이다.

우선 고난으로 인해 힘들어하는 불신자의 체계 안에서 고난을 보고, 세상에 있는 잘못된 것들에 대해 어떻게 반응해야 하는지 다양한 설명을 살펴봄으로써 그들의 체계 밖으로 이동해 가면 도움이 된다. 그렇게 하면 좀 더 넓은 맥락을 발견하고 그들이 기독교로 향하도록 돕는 기회를 제공할 것이다.

1. 전통적인 입장들

기독교의 비전을 다른 입장과 대조하는 것은, 기독교가 인간 경험들에 대

---

[33] Henri J. M. Nouwen, *Henri: Letters on the Spiritual Life* (New York: Convergent, 2016), 127; 헨리 나우웬, 『사랑을 담아, 헨리』, 홍종락 역, IVP, 2019.

해 가장 좋은 설명을 제공하며 고난 중에도 살아야 할 강력한 이유를 제공한다고 보여 주는 좋은 방법이다.

1) 악을 환상으로 보는 입장

이 입장의 대표적인 예로서 불교는 세상에 고난이 있다고 인정하지만 악은 더 넓은 환상에 근거한 것이라고 주장한다. 사람이 고난을 당하는 이유는 충족되지 않은 욕망이 있기 때문이며 따라서 해결은 모든 욕망을 억제하고 그렇게 함으로 깨달음에 이르는 것이다. 욕망을 제거하고 물질적인 세상에서 우리를 분리시킬 때에만 해탈과 평안에 이르게 된다.

인정할 점. 기독교와 마찬가지로 이 입장이 고난에 대해 말하고자 하는 바가 있다. 우리는 삶에 고난이 있을 것을 예상해야 한다. 고난으로부터 배워야 한다. 그리고 변해야 한다. 더욱이 그리스도인은 불교와 비슷하게 물질에 대한 애착이 종종 고난을 가져온다고 인식한다.

도전할 점. 기독교는 악이 환상이라거나, 고난을 이기는 방법은 우리 주변의 세상으로부터 격리되는 것이라고 가르치지 않는다. 오히려 기독교는 악이 실재이며, 우리는 이 세상에 깊이 관여하여 불의를 억제하고 악을 물리치기 위해 노력해야 한다고 강조한다. 악은 모두 하나님의 선한 창조에 대한 대적의 침입이다.

2) 운명론적 입장

이 입장은 고대 그리스와 로마 문화에서는 일반적인 것이었는데 오늘날도 많은 다양한 형태로 여전히 현저하게 나타난다. 사람은 운명을 이길 수 없기 때문에 어떤 악이 임하든지 스토아적인(Stoic) 방법으로 견뎌내야 한다. 고난과 죽음을 맞이할 때 스토아적인 결단력을 가지는 것이 영광과 명예의 유산을 이루는 길이다.

인정할 점. 기독교도 고난은 인생의 불가피한 부분임을 인정하며 고난에는 의미가 있고 우리는 이를 숭고하게 직면해야 한다고 믿는다.

도전할 점. 기독교는 고난을 스토아적인 냉담함으로 직면하고 추구해야 할 영광스러운 것으로 보지 않는다. 그리스도인은 그들의 슬픔, 약함 그리고 고통과 악 가운데 소망을 표현하도록 격려를 받는다. 기독교는 숭고한 고난에 대한 아주 다른 형태를 제공한다.

3) 도덕적인 종교적 입장

누군가가 고난을 받는다면 이는 그들이 고난을 받을 만한 행동을 했기 때문이다. 인생에서 한 사람의 몫은 이생에서나 아니면 전생에서 행한 것과 직접적인 관련이 있고 그들은 마땅히 받아야 할 것을 받는 것이다. 따라서 고난을 피할 길은 선을 행하는 것뿐이다.

인정할 점. 기독교도 마찬가지로 고난은 의미가 있고 우리를 개선하는 효과가 있다고 가르친다. 더욱이 기독교의 이야기는 일반적으로 이 세상에 있는 고난은 하나님을 대적한 반항에 뿌리를 두고 있다고 인정한다.

도전할 점. 기독교는 죄와 고난 사이에 단순한 인과관계가 있다거나 고난이 과거의 행동에 근거해서 평등하게 임한다고 가르치지 않는다. 오히려 한 사람이 당하는 고난의 양은 마땅히 받을 만한 것이 아니거나 균형적으로 불공평하다. 이는 욥이나 예수님의 생애에서 볼 수 있다. 우리가 고난을 당하는 이유는 적어도 단기적으로 볼 때 신비에 속해 있다.

4) 우주적 마찰 입장

이러한 이원론적 입장은 세상이 팽팽한 선과 악 사이의 마찰 가운데 있다고 본다. 인기 있는 영화 "스타워즈"(Star Wars)를 생각해 보라. 어두운 쪽(고난과 불의의 뒤에 있는)과 밝은 쪽(모든 선한 것 뒤에 있는)이 전쟁을 하고 있다.

인정할 점. 기독교도 역시 불의와 고난을 행하는 악의 세력이 역사하고 있다고 인정한다. 인간은 선의 편에 서서 악을 대적해야 한다.

도전할 점. 기독교의 하나님은 인간에게 선택권과 책임을 주시지만 동시에 하나님이 궁극적인 주권을 가지시기에 그분의 계획은 어긋날 수 없다. 하나님은 악보다 강하시며 결국은 이기실 것이다. 또한 기독교는 우주를 흑백이나 선과 악 둘로 나뉘었다고 보기보다는 선과 악 모두가 우리의 마음을 관통한다고 인식한다.

2. 세속적인 선택들

고난에 대한 세속적인 입장은 위에 열거한 전통적인 입장과는 다르다.[34] 모든 전통적인 입장은 어쨌든 고난은 실제적인 의미를(그것을 통해 배우고 성장하고 변화되어야 할) 가지고 있다고 주장한다. 전통적인 입장 대부분은 현재의 삶이 이야기의 끝이 아니라고 덧붙이지만, 현재의 세속적 견해는 이를 부인하고 고난은 의미가 없으며 죽은 후에는 아무것도 없다고 주장한다. 따라서 세속적인 관점에서 '의미'나 혹은 '의미 있는 삶'이 있다면 그것은 이생에서만 발견될 것이며 우리가 스스로 만들어 내는 행복과 만족에 뿌리를 둔다.[35] 고난은 초월적인 의미나 목적이 없기 때문에 어떤 값을 지불하더라도 피해야 하고 없애야 한다. 고난이라는 공통된 인간 문제를 대하면서 어떻게 살아야 하

---

34) 어떻게 다양한 세계관이 고난과 악을 보는지 좀 더 깊이 연구하고 중요한 자료를 원한다면 다음을 보라. Timothy Keller, *Walking with God through Pain and Suffering* (New York: Dutton, 2013); 팀 켈러, 『팀 켈러, 고통에 답하다』, 최종훈 역, 두란노, 2018.

35) 어떤 사람은 삶의 의미란, 더 큰 선을 위해 섬기는 공리주의적 생각에서 발견된다고 할 것이다. 그렇다면 고난도 더 큰 선을 위한 것일 수 있다. 하지만 이러한 입장에는 몇 가지 문제점이 있다. 다른 사람의 행복을 위해 자신의 행복을 희생하도록 동기를 부여하는 분명한 근거가 없다. 게다가 '더 큰 선'도 여전히 궁극적인 의미가 없기는 마찬가지다. 자신을 부인하는 행동의 중요성은 인류가 죽을 때 함께 사라질 것이다. 또한 알라스데어 매킨타이어가 관찰한 대로 더 큰 선, 혹은 행복은 다양한 형태를 가지고 있기 때문에 유용한 지침이 될 수 없다. '선'이 근거가 되는 인류를 위한 초월적 목적(telos)을 제공하는 체계가 필요하다[*After Virtue*, 3rd ed. (Notre Dame, IN: University of Notre Dame Press, 2008), 51-78; 『덕의 상실』, 이진우 역, 문예출판사, 2021을 보라].

는지에 관해 일반적으로 나타나는 세속적인 반응은 두 가지가 있다. 세속적 염세주의 입장과 세속적 낙관주의 입장이다.

1) 세속적 염세주의 입장

우주에는 의미도 목적도 도덕도 없다. 하나님은 죽었다. 마찬가지로 의미도 죽었다. 어느 날 우리 모두는 더 이상 존재하지 않을 것이다. 우리는 대체로 생명에 적대적인 기계적 우주의 우발적 산물일 뿐이다. 제대로 된 생각을 가졌다면 아무도 고난을 원하지 않겠지만, 마지막 날에 우리는 고난이 의미도 없고 피할 수도 없는 잔인한 세상에 살고 있음을 인정하게 될 것이다.

인정할 점. 우리는 이 입장이 불굴의 일관성을 가지고 있다고 인정할 것이다. 만일 우주가 결국 종말을 맞이하며 끝에는 아무것도 기억되지 않는다면 삶은 사실 의미가 없다. 또한 이 입장이 견지하는 냉정하고 경험적인 현실주의도 인정할 수 있다. 이 세상은 잔인하고 인간의 성취는 고난을 제거하거나 미래의 소멸을 막지 못할 것이다.

도전할 점. 이 입장은 기본적으로 실제적이지 않다. 우리는 자연히 의미를 가지고 세상을 살아간다. 존 그레이와 같은 철저한 염세적 세속주의자조차도 "다른 동물은 삶에서 목적을 필요로 하지 않지만 인간은 그것 없이는 살 수가 없다."고 인정한다.[36] 인간은 매일 삶의 시련에서 의미, 목적, 도덕성을 부여할 것이다. 그게 우리가 하는 일이다.

2) 세속적 낙관주의 입장

이 입장은 세상에는 우리가 발견할 수 있는 초월적인 의미가 없기 때문에 의미를 스스로 만들어야 한다고 주장한다. 세속적 낙관주의의 복음은 진리나

---

36) John Gray, *Straw Dogs: Thoughts on Humans and Other Animals* (London: Granta, 2002), 199; 존 그레이, 「하찮은 인간, 호모 라피엔스」, 김승진 역, 이후, 2010.

의미의 외적인 근원을 닮아가는 일에서 우리는 해방되었고, 자신을 위한 선과 의미를 결정할 자유가 우리에게 주어졌다는 것이다. 이 입장의 대변인은 "세속주의자는 우주를 당장 눈에 보이는 목적이 없다고 보고 스스로 목적과 윤리를 만들어야 한다고 본다. … 우주는 목적이 없을지라도 인생은 그렇지 않다. … 우리는 스스로의 목적을 만들고 그것은 실재한다."라고 설명한다.[37] 이 입장은 종종 고난을 극복하는 인간의 능력에 대한 이상주의를 수반한다. 우리를 위해 어떤 신이 행동하기를 기다리거나 모든 것이 다 좋아질 사후의 삶에 희망을 두기보다 "인본주의자 선언문"(Humanist Manifesto)이 선포하듯이 우리는 "스스로를 구원해야 한다."[38]

인정할 점. 세속적 낙관주의자에게 인생은 의미가 없다고 비난하지 않는 것이 중요하다. 만일 비난한다면 그들은 "저는 아내와 서로 아끼며 살고 있고, 자녀를 친절하고 도덕적인 사람이 되도록 기르며, 사업을 통해 고용을 창출하고, 자원봉사도 합니다. 어찌 생각하면 저는 이 모든 것을 위해 희생하고 있습니다. 이 모든 일이 각자 의미와 가치가 있기 때문입니다."라며 당신을 조롱할 것이다. 이 모든 헌신은 조롱하기보다 인정해야 할 일이다. 또한 앞에서 살펴보았듯 비세속적인 입장에 속한 사람은 종종 악에 대해 수동적인 입장을 취하며 물러나기도 하는데, 낙관적 세속주의자는 인간이 세상의 악과 맞서 싸워야 한다고 말한다. 그리스도인은 여기에 동의할 수 있다.

도전할 점. 첫 번째로 이 입장은 합리성이 부족하다. 만일 의미의 웹과 중요성의 웹을 우리 스스로가 구축한다면 우리가 죽은 다음, 그것은 어떻게 되는가? 만일 우리가 구축한 의미와 의의가 인류의 멸망과 함께 사라진다면 장

---

[37] Jerry A. Coyne, "Ross Douthat Is on Another Erroneous Rampage against Secularism," *New Republic*, December 26, 2013, http://newrepublic.com/article/116047/rossdouthat-wrong-about-secularism-and-ethcis; Keller, *Making Sense of God*, 63을 보라.

[38] "Humanist Manifesto II," *American Humanist Association*, 1973, https://americanhumanist.org/what-is-humanism/manifesto2.

기적으로 볼 때 우리의 노력이 무슨 의미가 있는가? 이 질문에 대한 대중적인 반응 중 하나는 "그런 질문은 하지 않는 게 좋다."이다. 그에 관해서는 생각하지 말아야 한다고 말이다. 그냥 최선을 다해서 주어진 삶을 살라. 그리고 먼 미래에 관해 너무 깊이 생각하는 데 시간을 낭비하지 말라. 하지만 세상에 관한 어떤 입장이 삶의 불가피한 면들(즉, 죽음과 고난)을 생각하지 말라고 권한다면, 그 입장의 합리적 업적에는 의문의 여지가 있다.

두 번째로 이 입장은 경험적으로 너무 가볍다. 만일 의미가 이생에서의 한계 안에서만 주어진다면 그 의미의 근원(가족, 직업, 친구)이 잘못될 때는 어떻게 해야 하는가? 불가피한 삶을 살아가며 스스로를 위해 구축한 의미의 웹이 찢어지거나 흩어질 때는 어떻게 해야 하나? 이런 일이 발생할 때 의미와 의의 그 자체의 개념은 위협을 받고 무너질 것이다.[39]

3. 기독교적 입장

그리스도인에게 있어서 고난과 죽음은 추구해야 할 것도 아니며 어떤 값을 치르든 피해야 할 것도 아니다. 잘 산다는 것은 고난과 죽음의 우주적인 경험을 무시하지 않으며 오히려 그것을 깊이 생각하게 한다. 다양한 형태의 세속주의에서와 달리 고난은 단지 의미 있는 것이 아니라 우리를 가르치고 훌륭한 무언가로 변화시킨다(고후 4:17). C. S. 루이스가 한 유명한 말처럼 "하나님은 즐거움 가운데 우리에게 속삭이시고 우리의 양심에는 말씀하시지만 고난 가운데는 소리를 치신다."[40]

기독교는 고통과 고난의 존재를 세상이란 의미 없고 추상적인 것이라는 의미로 이해하지 않고, 세상의 원래 의도는 그렇지 않았다고 이해한다. 인간이

---

39) Keller, *Making Sense of God*, 74; 켈러, 『팀 켈러의 답이 되는 기독교』, 윤종석 역, 두란노, 2018.
40) C. S. Lewis, *The Problem of Pain* (New York: Macmillan, 1962), 93; C. S. 루이스, 『고통의 문제』, 이종태 역, 홍성사, 2018.

생명을 주신 하나님으로부터 멀어졌기에 그 결과 피조물의 변질과 죽음이 임했다. 악은 환상이 아니라, 분명한 실재이다. 악은 그저 상대적이고 개인적인 혹은 문화적인 선택으로 정의되는 것이 아니다. 악은 하나님과 그분의 창조 계획에 대적하는 모든 것이다.

기독교의 메시지는 예수님 안에서 하나님이 이 타락한 세상을 구원하시며 어느 날 정의와 영원한 평화로 임하시리라는 것이다. 그리스도인은 정의와 평화를 위해 싸워야 한다는 세속주의자의 말에 동의할 수 있지만, 이는 단지 개인의 문화적 선호의 문제가 아니라고 분명히 주장해야 한다. 그리스도인은 박애주의를 실천하는 데 있어서 상대주의자의 문화적 이상보다 훨씬 더 안정적인 근거를 가지고 있다. 다시 말해 인신매매나 여성에 대한 차별 등을 종식시키기 위해 싸워야 한다는 점에 세속주의자와 동의하지만, 동시에 "그런 것이 어떻게 단순한 문화적 선호도 이상으로 간주되어야 하는가?"라고 물어야 한다. 행동주의를 위한 기독교의 정당성은 훨씬 더 강력하다. 왜냐하면 이는 하나님의 형상으로 창조된 인간의 본유적인 가치, 창조된 세상을 돌보라고 하나님이 주신 직업적 소명, 모든 인간이 창조주에게 가지고 있는 도덕적 의무에 근거하기 때문이다.

기독교의 이야기는 정의와 선을 위해 희생하고 고통을 참는 것에 있어 세속적인 입장에는 결여된 강력한 동기를 제공한다. 기독교는 정의와 선에 대해 초월적인 의미를 가지고 있기 때문이다. 그것은 하나님의 문제이고 영원의 문제이다.

예일대학의 철학자인 니콜라스 월터스토프(Nicholas Wolterstorff)는 그의 통렬한 저서 『나는 사랑하는 사람을 잃었습니다』(A Lament for a Son)에서 "애통하는 자가 복이 있다."는 예수님의 말씀을 숙고한 후에 "애통하는 자가 누구인가?"를 묻는다. 그는 애통하는 자는 "하나님의 새 날을 잠시 들여다본 자, 그 날의 임함을 위해 전심으로 아파하는 자, 그것의 부재를 직면하며 눈물을 흘리는 자이다. … 애통하는 자는 마음 아파하는 예견자들"[41]이라고 말한다. 정의를 위한 세속적인 비전은 그와 같은 미래에 대한 소망을 가지고 이 세상에 깊이 헌신하도록 마음에 불을 붙이는 데 고전을 면치 못한다. 예를 들면 인생의 도전을 만날 때 스스로를 강하게 하고 감정에 휘둘리지 않도록 해야 한다고 말하는 스토아파를 생각해 보라. "침착하라. 자신을 비우라. 웃지도 울지도 말라." 예수님은 첨예하게 대조되는 말씀을 하신다. "세상의 상처를 향해 마음을 열어라. 인류의 애통함으로 애통하며 인류의 애통함으로 인해 눈물을 흘리라. 인류의 상처로 상처를 입고, 인류의 고통으로 고통을 당하라. 그러나 평화의 날이 온다는 기대감으로 그리하라."[42]

뤼크 페리는 이를 가리켜 기독교의 "유혹적인 약속"(비인격적이고 오래된 이교도의 영생에 관한 입장에서는 찾아볼 수 없는 약속)이라고 불렀다.[43] 그리스도인은 영원한 사랑에 의해서 그 사랑 안으로 구원받았음을 안다. 그러므로 그리스도인은 "우리의 사랑의 삶은 지상에서의 죽음으로 끝나는 것이 아니라"는 확신을 갖고 안식할 수 있다.[44]

논리적인 문제

기독교에는 고난과 함께 살고 이 문제에 대해 답할 수 있는 풍성한 자료가 있다. 그러나 세속적인 관점을 가진 사람은 종종 이의를 제기할 것이다. "기독교가 현실을 이해하는 데 있어 다른 주요 세계관보다 낫다고 해도 상관없습니다. 그렇다고 그게 사실이라는 의미는 아니니까요. 제가 기독교에 대해 가지는 의문은 어떻게 선하고 전능한 하나님이 고난과 악이 세상에 들어오는

---

41) Nicholas Wolterstorff, *A Lament for a Son* (Grand Rapids: Eerdmans, 1987), 85-86; 니콜라스 월터스토프, 『나는 사랑하는 사람을 잃었습니다』, 박혜경 역, 좋은씨앗, 2003.
42) Wolterstorff, *Lament for a Son*, 86; 월터스토프, 『나는 사랑하는 사람을 잃었습니다』.
43) Luc Ferry, *Learning to Live: A User's Manual* (Edinburgh: Canongate, 2010), 86.
44) Ferry, *Learning to Live* 87.

것을 허락했는가 하는 것입니다. 만일 하나님이 선하다면, 그리고 세상에 들어올 모든 악과 고난을 알았다면, 그리고 무엇을 할 수 있었다면 그는 했을 것입니다. 무언가를 할 수 있으면서도 고난을 허락했다는 것은 그가 진짜로 선하지 않다는 의미이고, 만일 그가 무언가를 할 수 없어서 고난을 허락했다면 진짜로 전능하지 않은 겁니다. 하나님에 대한 기독교의 개념은 심각한 논리적 문제가 있습니다." 이 이의에 대응할 때 우리는 그 안에 기독교에 불리하게 작용하는 특정한 문화적 가정이 포함되어 있음을 지적할 필요가 있다.

선과 악에 관한 세속적인 문제

세속주의자는 무언가를 선하거나 악하다고 판단할 분명한 근거가 없다. 선과 악의 범주가 곧 회의주의자가 해결할 문제이다. 드러내야 할 그들의 거짓된 가정은 그들이 선과 악의 범주를 가정할 수 있다는 말이다. 기독교는 도덕을 위한 분명한 근거를 제시하지만, 유신론을 벗어난 입장은 그렇지 못하다. 도덕적 의무(단순한 주관적인 도덕적 느낌이 아닌)를 주장하려는 세속주의자는 그들이 올라야 할 가파른 언덕 앞에 서 있는 셈이다(13장을 보라). 다른 비판자는 기독교 그 자체가 말이 되지 않는다고 주장한다. 따라서 그들은 선과 악이 실제로 존재하는지에 관한 판단을 피하려고 한다. 그럼에도 경험과 본능은 도덕적 판단을 내리지 않고는 살 수 없다고 가르친다. 그러므로 이 두 입장에 대한 답변으로 우리는 "당신은 선과 악을 믿으십니까? 만일 그렇다면 어떤 근거로 그와 같은 범주를 만드십니까? 선과 악의 실재를 부인한다면, 그런 부인은 현실적이라고 생각하십니까?"라고 물어야 한다.

하나님의 무한한 지식과 지혜

기독교 신학은 신비를 인정한다. 이 세상에서는 무한하신 하나님이 고난과 악을 허락하신 이유를 온전히 알기란 불가능하다. 이 점에서는 앞에서 살펴본 계몽주의 시대와 그 이후에 발생한 문화적 변화에 관한 내용을 상기하는 것이 중요하다. 오늘날 많은 사람이 찰스 테일러가 "내재적 틀"이라고 부르는 관점을 당연하게 받아들인다.[45] 이는 우리가 우주와 그 안의 모든 사회적, 윤리적 질서를 자체적으로 충분히 설명할 수 있으므로, 초자연적이거나 초월적인 외부의 무언가에 의존할 필요가 없다는 인식이다. 현대적 자아는 자신의 이성을 통해 세상을 이해할 수 있다는 고조된 입장을 가지고 있다. 이전 사회들도 고난의 경험과 문제를 가지고 갈등했지만 테일러의 주장대로, 분석해서 결론에 도달하는 인간의 능력에 대한 확신이 주술처럼 여겨져 신비에 관한 감각이 사회적 상상력으로부터 사라지기 전에는 그런 갈등이 대체로 하나님에 대한 불신으로 이어지지는 않았다.[46]

세상을 온전히 이해할 수 있다는 인간의 능력에 대한 바로 이 확신에 성경은 도전한다(예. 신 29:29; 욥기, 롬 11:33-36). 우리가 하나님의 본질을 희석하여 이해하고, 자신에 대한 높은 견해를 받아들일 때, 우리는 고난의 존재를 근거로 하나님을 반대하는 사람들의 주장에 동조하는 셈이다. 이 반대 논리에 응답할 때는 상대방이 자신의 이성적 능력을 확신하는 문제에 대해 인식하도록 돕고, 더 크고 위대하신 하나님의 비전을 제시하는 것이 중요하다. 당신은 이렇게 답변할 수 있다.

"기독교는 하나님이 전능하시며 동시에 완전히 선하시다고 가르친다는 당신의 말이 맞습니다. 하지만 기독교의 하나님에 대한 당신의 그림은 너무 단순하고 또 그리스도인이 오랫동안 믿어 왔던 것과 일치하지 않습니다. 성경에 의하면 하나님은 자신을 우리가 인격적으로 알 수 있도록 계시하셨지만 온전

---

45) Charles Taylor, "Afterword: Apologia pro Libro suo," in *Varieties of Secularism in a Secular Age*, ed. Michael Warner, Jonathan VanAntwerpen, and Craig Calhoun (Cambridge, MA: Harvard University Press, 2010), 307.
46) Taylor, *A Secular Age*, 223, 306-7, 317-19.

히 다 계시하시지는 않았습니다(가령 신 29:29을 보십시오.). 우리는 하나님을 알 수 있지만 그분은 창조주이시고 우리는 피조물이기 때문에 우리에게는 피조물로서의 한계가 있습니다. 하나님은 무한하시고 우리는 유한합니다. 우리는 하나님이 하시는 일과 그분이 허락하신 일에 대한 모든 이유를 볼 수도 이해할 수도 없습니다. 따라서 하나님이 전능하시며 선하시다는 말은 맞지만, 세상에 있는 악과 고난을 생각할 때 우리는 그분이 무한한 지식과 지혜를 가지고 계시다는 사실도 함께 생각해야 합니다."

다시 말해 이 반대 논리는 "만일 하나님이 악을 허락하신 좋은 이유가 있다면 나는 그것을 알 수 있어야 한다."는 원리가 인정될 때에만 유효하다.[47] 하지만 이 원리는 자증적일 수 없으며, 성경이 말하는 하나님의 모습과도 상충된다.

두 가지 비유. 좀 더 이해를 돕기 위해, 하나님이 악과 고난을 허락하신 이유를 알 수 있는 능력을 작은 벌레(맨눈으로는 거의 볼 수 없는)를 보는 능력과 비교해 생각해 보자. 만일 내가 텐트 안에 커다란 개가 있다고 주장했는데 텐트를 열었을 때 개를 볼 수 없다면 내가 틀렸다는 주장은 옳을 것이다. 하지만 내가 텐트 안에 작은 벌레가 있다고 주장했다면, 당신은 거기에 벌레가 있는지 없는지 알 수 없을 것이다. 만일 하나님이 기독교의 성경이 말하는 하나님이시라면 우리는 철학자 스티븐 존 윅스트라(Stephen John Wykstra)를 따라 이렇게 말할 수 있다. "고난을 위해 하나님이 의도하신 선이 있다면 ⋯ 그건 우리의 지식 너머에 있다고 생각할 만한 충분한 이유가 있다."[48]

---

47) C. Stephen Evans, *Faith Beyond Reason: A Kierkegaardian Account* (Grand Rapids: Eerdmans, 1998), 134.
48) Stephen John Wykstra, "Rowe's Noseeum Arguments from Evil," in *The Evidential Argument from Evil*, ed. Daniel Howard-Snyder (Bloomington: Indiana University Press, 1996), 139을 보라.

또한 하나님을 이해하는 능력을 유아가 부모를 이해하는 능력과 비교해 볼 수도 있다.[49] 나(조슈아)는 어린 딸을 데리고 첫 번째 예방 접종을 하러 갔던 일을 기억한다. 만일 어린 딸이 자기 생각을 말할 수 있었다면 이렇게 물었을 것이다. "엄마, 아빠! 나를 사랑한다며 그렇게 열심히 돌보아 주더니 왜 이 낯선 사람이 나를 아프게 하는데 그냥 내버려 두지요?" 우리가 딸에게 고통을 허락한 이유와, 어린 딸이 그 이유를 이해할 능력 사이에는 큰 간극이 있었다. 비록 딸이 온전히 이해하지 못하겠지만 부모의 지혜와 판단을 믿어 주기를 요청했던 이런 상황이 딸이 자라면서 많이 있었다.

하지만 그럼에도 어떤 사람은 여전히 이의를 제기할 것이다. "하지만 세상에 악이 있다는 것은 정의롭지 않습니다. 세상에 존재하는 엄청난 양의 악 그 자체가 무엇으로도 그것을 정당화할 수 없다고 믿게 합니다." 하지만 이 반대가 우리가 하려는 말을 바꾸지는 않는다. 왜냐하면 이 반론은 여전히 기독교 성경이 말하는 하나님의 위엄을 과소평가하는 오류를 범하기 때문이다. 온 세상에 가득한 고난을 허락하신 하나님의 이유를 우리가 이해하지 못하더라도, 하나님을 신뢰하는 것이 여전히 합당하다.

악과 고난에 대한 하나님의 응답으로서의 십자가

어떤 사람은 "하지만 부모와 자녀의 예는 함정이 있습니다. 시간이 지나면서 이상적인 아버지는 그의 딸에게 그녀를 돌보는 아버지를 신뢰해야 할 이유를 알려 줄 것입니다. 하지만 하나님은 우리에게 그렇게 하지 않습니다. 하나님은 이러한 분명한 돌봄을 우리에게 보여 주지 않습니다."라고 이의를 제기할 수도 있다. 하지만 이것이 바로 기독교가 하나님이 우리에게 보여 주셨으며 보여 주고 계시다고 주장하는 바다. 하나님은 공적으로 그분의 아들 예

---

49) Wykstra, "Rowe's Noseeum Arguments," 139-42을 보라.

수 그리스도 안에서 세상으로 들어오셨고 우리와 함께, 우리를 위해 고난을 받으셨다. 그분은 악과 고통의 흔적을 지니고 계신다. 십자가를 바라보는 어떤 신자도 "하나님이 정말 상관하시는가?" 의심하지 않는다. 그분은 자신의 아들을 보내셔서 십자가에 달려 죽게 하심으로 잘못된 것을 바로잡을 만큼 상관하신다. 하나님의 아들의 성육신과 죽음(기독교 이야기의 핵심 부분)은 하나님이 우리를 상관하신다고 신뢰할 수 있는 이유를 제공한다. 십자가에 달리신 예수님을 바라볼 때 "우리는 사랑이 많으셔서 우리와 함께 고난을 받으시는 하나님이라는 말이 무슨 의미인지 이해하게 된다."[50]

> **문학적인 예: "상처투성이의 예수"에서 발췌**
> "다른 신들은 강했지만 주님은 약했습니다.
> 그들은 올라탔지만 주님은 보좌에서 내려오셨습니다.
> 그러나 오직 하나님의 상처만이 우리의 상처에 관해 말할 수 있습니다."[51]

> **추천 도서**
> Keller, Timothy. *Walking with God through Pain and Suffering*. New York: Dutton, 2013; 팀 켈러, 『팀 켈러, 고통에 답하다』, 최종훈 역, 두란노, 2018.
> Lewis, C. S. *The Problem of Pain*. New York: Macmillan, 1962; C. S. 루이스, 『고통의 문제』, 이종태 역, 홍성사, 2018.
> Meister, Chad, and James K. Dew, eds. *God ad the Problem of Evil: Five Views*. Downers Grove, IL: InterVarsity, 2017; 채드 마이스터, 제임스 k. 듀 주니어 편집, 『신정론 논쟁』, 이용중 역, 새물결플러스, 2020. 상호 배타적이지 않은 세 가지 기독교 입장에 대해서는 필립 캐리, 윌리엄 크레이그, 스티븐 윅스트라가 쓴 챕터를 참고하라.

---

50) Nouwen, *Love, Henri*, 127; 나우웬, 『사랑을 담아, 헨리』.
51) Edward Shillito, "Jesus of the Scars," in *Masterpieces of Religious Verse*, ed. James Dalton Morrison (New York: Harper, 1958), 235.

Plantinga, Alvin. *God, Freedom, and Evil.* ed. Grand Rapids: Eerdmans, 1989; 앨빈 플랜팅가, 『신·자유·악』, 김완종, 우호용 역, SFC, 2014.
Wolterstorff, Nicholas. *A Lament for a Son.* Grand Rapids: Eerdmans, 1987; 니콜라스 월터스토프, 『나는 사랑하는 사람을 잃었습니다』, 박혜경 역, 좋은씨앗, 2003.
Wykstra, Stephen John. "Rowe's Noseeum Arguments from Evil." Pages 126–50 in *The Evidential Argument from Evil.* Edited by Daniel Howard Snyder. Bloomington: Indiana University Press, 1996.

공격 무기 6. "나는 심판과 진노의 하나님은 믿을 수 없다."

재구성하기

공의에 관한 현대의 특정한 직관과 용서에 대한 신념은 우리에게 이 반대에 대응하기 위한 연결점을 제공한다(10장에서 다룬 A 교리와 B 교리를 떠올려 보라). 용서는 심판과 관련이 있다. 후기 모더니즘이 특히 신과 같은 존재일수록 용서를 기본적인 태도로 취해야 한다고 가정하기 때문이다. 따라서 이런 공격 무기에 대한 접근 중 하나는 심판에 관한 질문, 즉 "하나님이 어떻게 진노에 가득 찬 심판을 할 수 있는가?"를 용서에 관한 반대의 질문, 즉 "당신은 용서하시는 하나님에 대해 불만이 있는가?"로 재구성하는 것이다.[52]

이상한 질문처럼 보이겠지만 이 전환된 질문은 다른 사람으로 하여금 자신의 문화에 내재된 가정을 생각하도록 돕는다. 좀 더 전통적인 다른 문화에서는 심판하시는 하나님과 관련해 아무런 문제가 없었다. 오히려 부도덕한 사람이 어떤 보응 없이 하나님께 용서를 받는 것에 불쾌감을 느꼈다. 즉, 이렇

---

52) 하나님의 성품에 관한 문화적 직관에 도전하는 이러한 기본적인 질문과 이에 뒤따르는 접근은 티모시 켈러(Timothy Keller)가 예배 후에 한 여인과의 대화를 소개할 때 잘 다루어졌다[*The Reason for God: Belief in an Age of Skepticism* (New York: Dutton, 2008), 72를 보라].

게 물을 수 있다. "당신의 심판과 용서에 관한 신념은, 다른 문화나 혹은 하나님의 실체와 일치하지 않는 특정한 문화적 가정 안에 있는 게 아닐까요?"

하나님의 분노와 사랑

서구 문화가 인간 중심으로 전환된 후 심판은 회개하지 않는 사람의 문제가 아닌 하나님의 문제가 되었다.[53] 이는 더 이상 우리의 도덕적 결함이나 우리가 하나님의 시각으로 심판을 완전히 이해할 수 없기 때문이 아니다. 오히려 하나님이 존재하신다면 그분께 우리를 심판할 책임이 있다는 문화적 전제에서 시작한다. 우리는 우리가 받을 자격이 있는 것에 대해 더 긍정적으로 생각하고, 하나님의 거룩하심과 그분의 사랑의 진정한 본질에 대해서는 덜 생각하도록 학습되어 왔다.

> **인간 중심적인 전환**
>
> 찰스 테일러는 17-18세기 전환기 무렵에 발생한 네 가지 사고의 전환을 통해 인간 중심적인 전환을 설명한다. 사람들은 이렇게 믿기 시작했다.
>
> 1. 하나님은 우리 자신보다 더 큰 목적을 위해 그에게 희생적으로 순종할 것을 요구하지 않는다. 우리가 그에게 진 빚은 인간으로서 우리 선을 이루는 것이다.
> 2. 하나님의 은혜에 전적으로 의지하지 않고도 인간은 자신의 이성을 이용하고 의지를 활용해 하나님의 계획을 실천하기 위해 도전할 수 있다.
> 3. 우리를 향한 하나님의 계획은 우리의 선을 추구하는 것이므로 우리는 자연을 탐구하고 그 설계를 이해함으로써 하나님의 존재와 계획을 온전히 이해할 수 있다. 어떤 의미에서 하나님은 모든 패를 테이블 위에 올려 놓았다. 인간이 벗길 수 없는 베일도 없고, 언젠가 설명될 수 없는 신비도 존재하지 않는다.
> 4. 인간은 본유적으로 그렇게 죄악되거나 훼손된 존재가 아니다. 하나님이 우리를 완전히 변화시키지 않아도 우리는 현 상태에서 인간으로서 발전하거나 이 세상에서 선을 행할 수 있다.[54]

---

53) Taylor, *A Secular Age*, 222-24, 260-65을 보라.
54) Taylor, *A Secular Age*, 222-24.

하나님은 거룩하시기에 그분의 선한 창조를 훼손하는 부패를 대적하신다. 하나님은 사랑이시에 그분이 사랑하시는 세상의 부패에 무관심하지 않으시다. 하나님의 심판은 그분의 거룩하심과 그분의 사랑에서 흘러나온다. 심판은 한편으로 선을 대적하는 모든 것에 대한 분명하고 활동적인 반대이다.[55)]

우리는 자녀를 사랑한다. 그들의 삶에 깊이 관여한다. 그렇기 때문에 자녀 중 누가 끔찍한 사람이 되어서 자기 삶을 망가뜨리고 가정의 미래를 파괴적인 행동으로 무너뜨리려 한다면 무관심할 수 없을 것이다. 화를 낼 것이다. 이처럼 깊은 사랑은 깊은 분노와 연결되어 있다. 당신이 어떤 사람을 사랑한다고 하면서 그의 파괴적인 행동에 무관심하다면 사람들은 그 사랑의 진실성에 의문을 제기할 것이다. 물론 이런 예화는 그 자체에 한계가 있다. 인간의 사랑은 하나님의 사랑과 다르다. 하지만 이 예화는 하나님의 진노로 인해 갈등을 겪는 사람이 우리의 유한한 경험에서도 사랑의 반대는 분노가 아니라는 점을 숙고하는 데 도움을 준다. 사랑과 분노는 밀접하게 연결되어 있다.

신약에 나온 정죄에 대한 또 다른 관점은, 심판하시는 하나님이 그들 자신이 원하는 대로 내버려 두셨을 뿐이라는 사실이다(롬 1:18-32). 다른 말로 하면 하나님은 자유를 원하는 사람에게 자유를 주심으로 심판하신다. 사도 바울은 하나님의 권위로부터 떨어져 나갔을 때 사람들이 어떻게 자기 연민적인 우상과 파괴적인 행동으로 점점 더 악화되는지 그 모습을 묘사했다. 도움을 거절하고 자신을 파괴하는 마약에 점점 더 빠져드는 마약중독자처럼 우상에 대한 우리의 집착은 황폐함을 가져온다. 이 관점에서 볼 때 심판은 본질적으로 하나님이 "좋다. 네가 원하는 것을 가지라."라고 말씀하시는 것과 같다. 물론 이것이 성경이 제공하는 하나님의 심판에 관한 유일한 관점은 아니다.

---

55) Keller, *Reason for God*, 73; 켈러, 『팀 켈러, 하나님을 말하다』를 보라. 켈러는 베키 피펫(Becky Pippert)의 *Hope Has Its Reason*에서 인용한다. "분노는 사랑의 반대말이 아니다. 사랑의 반대말은 미움인데 미움의 최종적인 형태는 무관심이다. … 하나님의 진노는 짜증스런 폭발이 아니라 … 그분이 전심으로 사랑하시는 인류의 속을 좀먹는 암 덩어리에 대한 확고한 반대이다."

그러나 인간의 변덕스러움에 관해 사람들로 하여금 좀 더 깊이 생각하게 하는 데 도움을 준다.

용서와 정의

용서는 후기 모더니즘의 대중적인 정서이다. 많은 사람이 여전히 세계의 평화와 화평을 열망하고 이상화한다. 이러한 열망은 아름다우며, 우리도 이를 인정해야 한다. 하지만 너무 많은 경우에 이 열망은 그저 싸구려 정서에 머물고 만다. "왜 우리는 모두 서로 용서하고 사이좋게 지내지 못하는 거죠?" 내용도 현실성도 없이 말이다. 개인주의, 개인의 권리, 자아실현을 중시하는 문화에서는 용서가 요구하는 희생이 전혀 감당하지 못할 정도는 아니라도 대단히 어려운 것으로 여겨진다.

어떤 세계관이 단순히 악을 맞설 뿐 아니라, 평화와 사랑으로 타인을 대하며 살아갈 자원을 제공할 수 있을까? 체포하기 위해서 증거를 조작한 부패한 경찰을 실제로 왜 용서하려고 할까? 아니면 질투심 때문에 중상모략하는 동료를 왜 용서하려고 할까? 아니면 국민을 집단 학살한 지도자는? 다른 한편으로 우리는 도덕적 존재로서 과연 그런 행동들에 책임을 져야 하는 것일까? 우리는 본능적인 감각으로 위에 언급한 행동이 잘못되었다는 것을 안다. 그리고 용서하기 힘든 일이라는 것도 안다. 후기 모더니즘의 가정처럼 만일 삶이 근본적으로 개인의 관심과 평안을 추구하는 것이라면 특히 더 그렇다. 다른 사람을 용서할 이유가 도대체 어디에 있는가? 그것이 나에게 무슨 유익이 있는가? 게다가 우리 안에 있는 강한 정의감(후기 모더니즘의 흔한 특성)은 내가 느끼는 부당함에 대해 정의를 실현해야 한다고 말하지 않는가?

기독교는 용서를 위한 실질적인 근거를 제공할 뿐 아니라, 결국에는 정의가 실현될 것이라는 확신을 주어 이를 통해 평화의 삶을 살도록 우리를 자유롭게 한다. 발칸에서 잔인한 폭력을 경험했던 크로아티아 신학자 미로슬라브 볼프(Miroslav Volf)는 용서는 오직 하나님의 정의로 인해 가능하다고 주장한다. 그는 이렇게 설명한다.

> 인간의 비폭력이 심판에 대한 하나님의 거부와 일치한다는 논제는 한적하고 조용한 도심 변두리에서나 가능하다. 죄 없는 사람의 피로 젖은 불에 탄 땅에서 그 논제는 언제나 죽어 갈 것이다. 그것이 죽어 가는 것을 지켜보면서 그는 자유주의적 사고가 만들어 낸 수많은 다른 즐거운 속박에 대해 숙고하는 편이 좋을 것이다.[56]

우리의 마음은 정의가 실현되기를 간절히 원한다. 우리는 죄 있는 자가 벌 받기를 원한다. 모든 것이 바르게 되기를 욕망하는 것은 옳은 일이다. 볼프가 만일 하나님이 공의를 실현하시지 않거나, 마침내 악을 종식시키시지 않는다면, 그분은 예배를 받기에 합당한 분이 아니라고 주장한 이유가 여기에 있다.[57] 하지만 만일 궁극적으로 최후의 심판을 행하실 하나님이 존재하지 않는다면 왜 우리는 자신을 위한 정의를 얻지 못하는 것일까? 대조적으로 기독교적 입장은 다른 사람을 용서해야 할 강력한 두 가지 이유를 제공한다.

1. 하나님의 징벌이 악을 억제하는 역할을 한다는 믿음. 우리는 복수를 추구하지 않는다. 왜냐하면 그것은 하나님의 권한이지 우리의 권한이 아니기 때문이다. 하나님은 마지막에 정의가 행해진 모습을 보실 것이다.
2. 인간의 죄성에 대한 신념은 우리 스스로가 자신을 유죄로 만들었음을 인식하게 한다.

---

56) Miroslav Volf, *Exclusion and Embrace: A Theological Exploration of Identity, Otherness, and Reconciliation* (Nashville: Abingdon, 1996), 304; 미로슬라브 볼프, 『배제와 포용』, 박세혁 역, IVP, 2021.
57) Volf, *Exclusion and Embrace*, 303; 볼프, 『배제와 포용』.

정의가 실현되리라는 약속뿐 아니라, 인간으로서 대신 고난을 받아 용서를 확증하신 하나님을 신뢰함으로 우리에게는 더 이상 죄가 없다고 선언되었고 우리는 잘못한 사람으로 인한 괴로움의 속박에서 자유롭게 되었다. 우리는 진정한 용서를 경험한 사람들로서 진정한 용서를 베풀 수 있다. 예수님은 그분을 따르는 자들에게 원수를 사랑하고 핍박하는 자를 위해 기도하라고 가르치셨을 뿐 아니라, 자신이 직접 그들을 위해 십자가에 달리심으로 그들을 용서하셨다. 또 기독교는 정의, 심판, 사랑을 합당한 방식으로 함께 묶어서 용서를 제공하고 용서할 이유를 제공한다.

> **추천 도서**
>
> Keller, Timothy. "How Can a Loving God Send People to Hell?" Pages 70–86 in *The Reason for God: Belief in an Age of Skepticism*. New York: Riverhead, 2008; 팀 켈러, 『팀 켈러, 하나님을 말하다』, 최종훈 역, 두란노, 2017.
>
> Volf, Miroslav. *Exclusion and Embrace: A Theological Exploration of Identity, Otherness, and Reconciliation*. Nashville: Abingdon, 1996; 미로슬라브 볼프, 『배제와 포용』, 박세혁 역, IVP, 2021.

공격 무기 7: "성경은 믿을 만하거나 진지하게 받아들일 만하지 않다."

이 반대에 대해 간단히 답변하자면 신약의 복음서에 집중하는 것이 최선이다. 왜냐하면 복음서는 예수님의 사역에 관한 가장 오래된 이야기를 다루기 때문이다. 우리가 이런 접근을 권장하는 이유는 성경의 다른 책들의 신뢰성을 변호할 수 없어서가 아니라 다음의 이유 때문이다.

1. 공통적인 반대들에 대해 간결하면서도 확실한 답을 주는 것이 우리의 의도이다.
2. 예수님은 성경의 중심이시며 복음 이야기의 핵심이시다. 예수님이 기독교에 얼마나 중요한지 아는 비평가는 복음서 이야기에 초점을 맞춘다.
3. 마지막으로 예수님에 관한 이 이야기는 전략적인 시작점이 될 수 있다. 왜냐하면 한편으로 예수님이 신약과 구약성경의 정당성을 보증하셨기 때문이다. 그분은 히브리 성경을 귀하게 여기셨고 다른 신약성경을 형성하는 데 중요한 역할을 했던 그의 사도들에게 개인적으로 명하셨다. 만일 예수님을 주님으로 신뢰한다면 성경의 다른 책들에 대한 그분의 고견에 기꺼이 동의할 것이다.

또한 우리는 방어적인 것보다는 좀 더 능동적인 전략을 사용하기를 권한다. 먼저 성경의 신뢰성에 회의적인 사람이 제시하는 문제를 진지하게 살펴본 후 이에 답변하기 위한 개요를 제공하려 한다.

복음서 저자들은 증인들의 증언과 신중한 연구에 의존했다

20세기 초반에 한 부류의 학자가 중대한 오류를 범하여 복음서에 대한 많은 사람의 관점을 왜곡시켰다. 이 학자들은 복음서를 옛날 독일 전설들과 유사한 민속 문학으로 믿도록 만들었다. 그들은 예수님의 이야기가 무명의 공동체에 의해 구전으로 전해 내려왔으며, 시간이 지나면서 그 이야기는 실제 역사적 사건으로부터 독립된 나름의 생명력을 가지게 되었다고 주장했다. 예수님의 제자들과 그분의 사역을 목격한 다른 사람들은 원래의 복음 전통을 전했지만, 그들이 세상을 떠나자 원래의 전통이 변형되었다는 것이다.

이 이론은 전화 게임에 비교할 수 있다. 한 사람이 옆 사람에게 귓속말을 한다. 그러면 그 사람이 다른 사람에게 귓속말로 그 말을 전하고, 그렇게 마지막 사람까지 전달된다. 마지막 사람은 자신이 들은 말을 큰소리로 외친다. 이 게임의 재미있는 점은 대체로 마지막 사람이 처음의 말과 아주 살짝만 비슷한 말을 하게 된다는 것이다. 마찬가지로, 복음서 전통이 기록되었을 때 그것은 실제로 일어났던 원래 이야기를 어렴풋이만 닮게 되었다.

이 이론의 치명적인 문제는 예수님의 생애에서 일어난 일을 목격했던 사람들이 복음서가 기록되고 난 후에도 여전히 살아 있었고 초대 교회 안에서 활발히 활동했다는 사실이다. 신약학자인 리처드 보컴(Richard Bauckham)은 『예수와 그 목격자들』(Jesus and Eyewitnesses)에서 이 증인들이 원래 복음의 전통의 권위를 지키는 근원으로서 역할을 했으리라고 주장한다. 구전 사회에서는 사람들이 이런 역할을 했다. 전화 게임 예로 다시 돌아가 보자면, 처음에 귓속말을 한 사람이 그 말이 잘 전달되는지 확인하기 위해 각 사람에게 전달될 때마다 그 말을 확인한 것과 같다.

복음서가 기록되었을 시대에 살았던 유능한 역사가들은 할 수 있는 만큼 증인들의 증언에 의존했다. 이를 누가복음 서두에서 볼 수 있는데 누가는 의도적으로 증인들의 증언에 호소하며 당대에 역사 기록 시 통용된 전문 용어를 사용한다(눅 1:1-4). 이는 그가 책을 집필하면서 얼마나 신중했는지 잘 보여 준다.[58]

파피아스(Papias)라는 이름을 가진 2세기경의 목사도 복음서 기록이 지닌 증인적 성격에 관한 정보를 제공한다. 파피아스는 복음의 증인을 1-3세대로 규정하는데 1세대는 직접적인 증인들, 2세대는 그들의 지도 아래 있던 장로들, 3세대는 장로들의 제자들이다. 파피아스는 그가 아직 젊었을 때, 늦어도 주후 80년경까지 1세대 증인들을 포함해서 이 세 가지 세대의 사람들이 많

---

58) Richard Bauckham, *Jesus and the Eyewitnesses: The Gospels as Eyewitness Testimony*, 2nd ed. (Grand Rapids: Eerdmans, 2017), 1-11, 116-24; 리처드 보컴, 『예수와 그 목격자들』, 박규태 역, 새물결플러스, 2015을 보라.

이 살아 있었다고 기록한다. 그 당시에 마가복음은 이미 기록이 완성되었고 마태복음과 누가복음도 기록이 되었거나 기록 중에 있었다. 이 증거는 복음서가 단순히 구전으로 전해 내려오다가 다양한 단계를 거치면서 변질된 것이 아니었음을 제시한다. 오히려 복음서는 증인들의 증언에 의해 보전된 구전 역사였다.

또 다른 한 중요한 점으로 보컴은 복음서 안에 기록된 이름은 독자가 그 정확성을 확인할 수 있게 하려는 것이었다고 주장한다.[59] 복음서의 인물들은 고유한 이름으로 불리며 구별되었다. 이들이 전통의 살아 있는 보증인 역할을 했다는 의미였다.

이 점을 보여 주기 위한 단순하면서도 중요한 예는 마가복음 15장 21절에서 찾아볼 수 있다. 아마도 가장 먼저 기록된 복음서로 여겨지는 마가복음은 여기서 구체적으로 구레네 사람 시몬뿐 아니라 그의 두 아들인 알렉산더와 루포도 언급한다. 다른 복음서들은 아들들의 이름을 언급하지 않고 시몬만 언급한다. 마가는 그의 독자가 이 두 아들을 알고 있으리라 기대하는 듯하다. 하지만 그렇다 하더라도 왜 그들의 이름을 언급할까? 이에 대한 최고의 설명은 마가가 초대 기독교에 알려져 있던 인물인 그의 아들들을 통해 시몬의 증언을 소개한다는 것이다.[60] 복음서를 나중에 기록한 마태와 누가는 알렉산더와 루포의 이름을 포함시킬 이유가 없었다. 왜냐하면 그들이 더 이상 잘 알려지지 않았을 것이기 때문이다. 이는 마가가 그의 이야기를 확증할 수 있는 살아 있는 증인을 가리키기 위해 시몬의 두 아들을 언급했다고 보여 준다.

또한 각 복음서의 시작과 끝에[때로는 목격자 증언의 '인클루지오'(inclusio) 용법이라고 부르는] 주요 증인을 언급하는 것도 생각해 보라. 마가의 복음서에서는 그의

---

59) Bauckham, *Jesus and the Eyewitnesses*, chs. 3-9; 보컴, 『예수와 그 목격자들』을 보라.
60) Bauckham, *Jesus and the Eyewitnesses*, 51-52; 보컴, 『예수와 그 목격자들』.

주요 증인이 베드로인 것을 분명히 알 수 있는데(막 1:16; 16:7), 이는 마가가 증인 베드로의 경험에 의존했다는 초기 전통과 일맥상통한다.[61] 베드로의 이름은 마가복음에 놀랄 만큼 자주 나타난다.

이 단원의 요점을 정리해 보자. 복음서들은 복음서의 사건이 발생하고 난 직후에 기록되었다. 예수님의 생애를 목격한 증인들은 여전히 살아 있었고 교회에서 주도적인 역할을 했다(신화라고 보기에는).

복음서는 거짓말이라고 보기에 너무도 반직관적이다
제자들에 대한 부정적인 묘사

복음서에 의하면 예수님이 자신이 죽임을 당할 것이라고 말씀하셨을 때 제자들은 이해하지 못했다. 사실 복음서는 지속적으로 제자들이 예수님을 오해했다고 묘사한다. 예수님은 겸손과 다른 사람을 섬기는 일의 중요성을 가르치려 하시지만 제자들은 누가 더 큰 자인가를 놓고 서로 다툰다. 예수님이 그들을 가장 필요로 하실 때 어떤 제자들은 그저 잠을 잤다. 한번은 베드로가 예수님의 말씀을 잘못 판단했는데, 그래서 예수님께 "사탄"이라는 말까지 듣는다(마 16:23).

이는 메시지를 선전하는 한 운동 지도자의 모습을 묘사하는 방식이라 하기에 괴상하다. 어떤 운동을 홍보하는 캠페인이 의도적으로 그 운동 지도자를 우둔하고 심지어 사탄이라고까지 부르겠는가? 저자가 복음서의 이야기를 이렇게 기록하는 유익은 아무것도 없어 보인다. 그들의 목적이 실제로 일어난 일을 신실하게 기록하기 위한 것이 아니라면 말이다. 복음서 저자들은 초대 교회 지도자들의 명성에 치명적이라 할지라도 진실성을 소중히 여긴 것으로 보인다.

---

[61] Bauckham, *Jesus and the Eyewitnesses*, 124-27; 보컴, 『예수와 그 목격자들』. 비슷한 현상이 요한복음에서 예수님이 요한을 사랑하시던 제자라고 언급한 것에도 나타난다. 보컴의 책 127-29을 보라.

여성들의 역할

1세기경에 여성은 법정에서 증언을 하는 것이 허락되지 않았다. 왜냐하면 그들은 사안의 중요성을 증언하기에 믿을 만하지 못하다고 여겨졌기 때문이다.[62] 그렇다면 모든 복음서 전통이 예수님의 사역에서 여성이 중요한 역할을 했다고 기술할 뿐만 아니라, 예수님의 부활의 첫 번째 목격자로 언급하는 것은 참으로 놀라운 일이다.[63]

이야기를 이런 식으로 만들어 내는 것은 반직관적이다. 복음서를 '신화'와 같은 방식으로 형성하려 했다면, 1세기 규범에 맞게 세부적인 이야기를 바꾸어서, 특히 부활에 관한 이야기에서는 여성이 중요한 역할을 하지 않도록 각색하는 편이 훨씬 쉬웠을 것이다. 하지만 어떤 복음서에서도 이런 일은 발생하지 않았다. 복음서에서 여성들이 중요한 역할을 한 것에 관한 최선의 설명은 초대 교회가 예수님의 생애에 관한 증인들의 이야기를 충실하게 전달하는 데 진심이었다는 것이다.

차이점이 잘 해결되지 않는다

복음서들 사이의 차이점은 사실 그들의 진실성을 보여 주는 변증이다. 만일 복음서의 저자가 다른 사람을 속이려고 공모했다면 서로 상충되어 보이는 부분은 그렇게 보이지 않도록 고쳤을 것이다. 하지만 복음서에서는 그런 시도가 보이지 않는다. 네 개의 복음서 모두 기본적인 이야기에 있어서는 같지만 세부적인 부분은 저마다 조금씩 다르다. 만일 거짓된 이야기를 꾸며 내려

---

62) Richard Bauckham, *Gospel Women: Studies of the Names Women in the Gospels* (Grand Rapids: Eerdmans, 2002), 268-77을 보라. 또한 N. T. Wright, *Resurrection of the Son of God* (Minneapolis: Fortress Press, 2003), 607; 톰 라이트, 『하나님의 아들의 부활』, 박문재 역, CH북스, 2005을 보라.
63) 보컴은 복음서에 나타난 여성들의 명단에 차이가 있는 것은 복음서를 기록한 각 사람이 목격자의 역할을 한 여성들의 이름을 언급하는 데 신중했음을 보여 준다고 주장한다(*Jesus and the Eyewitnesses*, 51; 『예수와 그 목격자들』).

했다면, 그와 같은 차이가 회의주의자의 의구심을 불러일으켰으리라 예상했을 초기 그리스도인들이 그것을 보완했을 것이다.

복음서 이야기에서 보이는 정확도의 차이는 사건들의 진실성을 가리킨다. 그와 같은 차이점은 모순이 아니다. 모순과 정당한 다양성 사이에는 차이가 있다. 만일 가족이 함께 여행을 간다면 각 사람이 여행지에서 있었던 일을 말할 때 조금씩 다를 것이다. 각자가 많은 중복된 이야기를 하겠지만(장소, 교통편, 중요한 사건들), 그들이 공모를 하는 게 아니라면 저마다 나누고 싶은 사건을 선택하는 문제나 그 사건을 요약하는 방식, 혹은 어떤 순서로 말할 것인가에 따라 정당한 다른 관점에서 여행에 관해 말할 것이다. 사람들이 오늘날 역사적인 사건을 믿을 만하게 이야기할 때에도 이런 정당한 다양성을 보일 것이며 심지어 기대할 것이다. 신약의 예수님에 관한 이야기들에서도 우리는 이런 다양성을 발견한다.[64]

추천 도서

Bauckham, Richard. *Jesus and the Eyewitnesses: The Gospel as Eyewitness Testimony*. 2nd ed. Grand Rapids: Eerdmans, 2017; 리처드 보컴, 『예수와 그 목격자들』, 박규태 역, 새물결플러스, 2015.

Blomberg, Craig. *Can We Still Believe the Bible An Evangelical Engagement with Comtemporary Questions*. Grand Rapids: Brazos, 2014; 크레이그 L. 블롬버그, 『복음주의 성경론』, 안상희 역, CLC, 2017.

Kitchen, K. A. *On the Reliability of the Old Testament*. Grand Rapids: Eerdmans, 2013.

Kostenberger, Andreas J., Darrell L. Bock and Josh D. Chatraw. *Truth in a Culture of Doubt: Engaging Skeptical Challenges to the Bible*. Nashville: B&H, 2014.

---

64) 신약 문서들의 신뢰성 비판에 대한 반응으로는 다음 책을 보라. Andreas J. Kostenberger, Darrell L. Bock, and Josh D. Chatraw, *Truth in a Culture of Doubt: Engaging Skeptical Challenges of the Bible* (Nashville: B&H, 2014), 79-106.

공격 무기 8: "기독교의 삼위일체 교리는 혼란스럽고 비논리적이다."

많은 회의론자에게 삼위일체 개념은 합리적으로 보이지 않는다. 어떻게 삼위(아버지, 아들, 성령)가 각각 완전한 하나님이면서 동시에 한 하나님일 수 있는가? 그들에게 삼위일체는 기독교를 신앙할 이유와 거리가 멀고 오히려 신앙하지 말아야 할 이유가 된다. 너무 혼란스럽고 비논리적이기 때문이다.

삼위일체가 강력한 계몽주의의 합리주의적 체계 안에서는 제대로 작동하지 않겠지만 그렇다고 비논리적인 것은 아니다. 도움이 될 만한 예를 들자면, 알리스터 맥그래스가 양자 이론의 파동-입자 이중성과 같은 개념을 이해하려고 하면서 여전히 고전적인 뉴턴 물리학의 틀 안에서 사고했던 경험을 들 수 있다. 고전적인 뉴턴 물리학을 배경으로 가진 물리학자에게는 양자론이 반직관적이지만, 양자론 안에서 사고하는 것이 익숙한 사람은 그 합리성을 직관적으로 인정한다. 마찬가지로 기독교의 삼위일체는 계몽주의의 강력한 합리성을 전제할 때 합리적으로 보이지 않겠지만, 기독교 신학 안에서 삼위일체는 합리적이며 인간의 삶을 조명한다.[65]

삼위일체 교리는 하나님의 존재에 근거해 사랑과 관계를 이해하도록 돕는다. 삼위일체 하나님은 인격적이고 관계적이며 상호적이시다. 삼위일체의 각 위께서는 서로의 삶을 공유하신다(요 16:12-14; 17:1, 20-23). 이 세상을 창조하신(요 1:1-3) 삼위일체 하나님에 대한 믿음은 "자기 희생적 사랑을 권장한다. 우리가 세상의 본질에 맞게 살아가려면 타인에게 마음을 열고, 그들이 우리에게 마음을 열 때 기꺼이 함께하려는 자세를 취해야 하기 때문이다."[66] 우주의 근본 논리는 삼위일체 하나님의 자기를 내주는 사랑에 근거한 사랑이다.

---

65) McGrath, *The Being Question*, 198.
66) Peter J. Leithart, *Traces of the Trinity: Signs of God in Creation and Human Experience* (Grand Rapids: Brazos, 2015), 110).

삼위일체와 그 합리성은 실제로 세상에 대한 이해도 조명한다. C. S. 루이스의 말대로 "나는 태양이 떠오르는 것을 믿듯이 기독교를 믿는다. 단지 그것을 보기 때문이 아니라 그것에 의해서 다른 모든 것을 보기 때문이다."[67] 우리는 삼위일체 신앙이 우리가 사는 세상을 조명한다고 말할 수 있다. 사람들 대부분은 사랑의 관계가 삶을 가치 있게 만든다고 본능적으로 인식하기 때문이다. 더욱이 불신자도 하나님의 모습을 상상할 때 하나님이 사랑이라고 가정하는 경향이 있다. 이러한 본능은 공동체적 사랑의 근원이신 인격적 존재로 하나님의 본질을 묘사하는 기독교적 관점으로 가장 잘 설명된다.

하나님이란 존재의 본질이 영원한 사랑이라는 교리는 기독교의 하나님에 대한 개념을 모슬렘의 개념과 구별한다. 모슬렘 신학은 알라의 절대적 유일성을 강조한다(그는 삼위로 존재하지 않는다.). 영원 전, 모든 것을 창조하기 전부터 알라는 철저하게 혼자였다. 사랑은 대상을 요구하고 관계를 요구하기 때문에 알라는 우주를 창조하기 전에는 사랑하는 존재, 관계적인 존재일 수 없었다. 관계를 맺을 대상이 없었기 때문이다. 사랑하는 존재가 되려면 알라는 누군가를 창조해야 했다. 대조적으로 기독교의 하나님은 언제나 삼위로 존재하시기 때문에 언제나 사랑하는 존재, 관계적 존재이시다. 그분의 사랑은 창조에 구속되지 않고 자기를 내주는 영원히 상호적이고 친밀한 사랑이다. 알라는 그렇지 않다.[68]

사랑에 관한 기독교의 개념이 단지 다른 종교와만 대조를 이루는 것은 아니다. 세속적이고 유물론적인 관점과도 첨예한 대조를 이룬다. 유물론자가 주장하는 대로 하나님이 존재하지 않는다면 우리는 단지 자연적 과정의 산물

---

67) C. S. Lewis, *The Weight of Glory and Other Adresses* (1949; repr., San Francisco: HarperOne, 2001), 140; C. S. 루이스, 「영광의 무게」, 홍종락 역, 홍성사, 2019.
68) Nabeel Qureshi, *No God but one: Allah or Jesus?* (Grand Rapids: Zondervan, 2016), 65-66; 니발 쿠레쉬, 「누가 진짜 하나님인가? 알라인가, 예수인가」, 박명준 역, 새물결플러스, 2018.

일 뿐이고 사랑이란 뇌의 화학 작용 외의 아무것도 아니다. 사랑은 그저 생존하도록 돕기 위해 조상들로부터 전승된 화학적 상태일 뿐이다.

세상에 대한 기독교의 입장은 하나님에 관한 삼위일체 개념을 발전시킴으로써 다른 어떤 입장보다 사랑을 위한 강력한 근거를 제공한다. 사랑은 하나님 자신 안에서 발견된 궁극적 실재이다. 그리고 "우리는 자기를 희생하고 사랑하는 형상을 따라 창조되었기 때문에 우리는 본성적으로 자기를 희생하고 서로를 사랑하도록 설계되었다. 자기를 희생하기보다 자기 중심적이 될 때 우리는 본성에 역행하는 것이다."[69] 타락하고 깨어진 상태에서 우리는 본래 설계된 대로 진정으로 다른 사람들을 사랑하기란 어렵거나 불가능하다고 느낀다. 하지만 놀랍게도 그리스도께서 우리로 하나님의 사랑이란 영원한 현실 속으로 다시 들어갈 수 있게 하셨다. 그리고 우리를 향한 하나님의 사랑을 확장시키셔서 다른 사람을 진정으로 사랑할 수 있게 하신다.[70] 삼위일체 하나님이 창조하신 세계에서는 사랑이 현실의 중심에 있다. 삼위일체적인 사랑은 우주의 논리이다.

추천 도서

Leithart, Peter J. *Traces of the Trinity: Signs of God in Creation and Human Experience*. Grand Rapids: Brazos, 2015).
Qureshi, Nabeel. "Tawhid or the Trinity: Two Different Gods." Pages 47–72 in *No God but One: Allah or Jesus?* Grand Rapids: Zondervan, 2016; 니발 쿠레쉬, 『누가 진짜 하나님인가? 알라인가, 예수인가』, 박명준 역, 새물결플러스, 2018.
Sanders Fred. *The Deep Things of God: How the Trinity Changes Everything*. Wheaton, IL: Crossway, 2010); 프레드 샌더스, 『삼위일체 하나님이 복음이다』, 임원주 역, 부흥과개혁사, 2016.

---

69) Qureshi, *No God but One*, 71; 쿠레쉬, 『누가 진짜 하나님인가? 알라인가, 예수인가』.
70) Timothy Keller, *The Reason for God: Belief in an Age of Skepticism* (New York: Riverhead, 2008), 225–26; 팀 켈러, 『팀 켈러, 하나님을 말하다』, 최종훈 역, 두란노, 2017를 보라.

공격 무기를 넘어 나아가기

물론 이 여덟 개의 공격 무기가 기독교를 대적하는 모든 도전이라고 말할 수 없다. 그러나 이 여덟 가지가 가장 일반적인 반대들이기 때문에 다른 공격 무기를 상대할 때에도 도움이 될 것이다. 본 장은 10장과 11장에 기초해서 불신자와 소통하면서 개인적으로 확장할 수 있는 답변의 궤도를 제시했다. 이제 마지막 장으로 나아가 기독교를 위한 긍정적인 사례를 만드는 모델을 제시하려고 한다.

13장

실제 사례 가이드

이런 이유 때문에 지금이 기독교 국가였을 때보다 더 낫다. 과거 기독교 국가였던 시절에는 모든 사람이 그리스도인이었고 이에 관해 아무도 두 번 생각하지 않았다. 하지만 지금은 이론과 소비의 생존자들이 성 안토니오처럼 사막의 나그네가 되어 표적들을 본다.

_ 워커 퍼시, 『낯선 땅의 이정표』(Signposts in a Strange Land) 중 "당신은 왜 가톨릭인가?"에서

변증의 영역 넓히기

나는(조슈아) 미국의 남동부에서 자랐는데, 내가 사는 지역에는 두 개의 지배적인 종교가 있었다. 곧 침례교와 미식축구가 그것이다. 물론 나의 지역사회가 어디에 더 마음을 두고 온전히 헌신했는지 알아채는 데는 그리 긴 시간이 필요하지 않았다.

가을철 매주 토요일에 SEC(남동부 컨퍼런스) 대학 캠퍼스를 방문하면 세대를 거쳐 전승된 전례(응원 구호)를 암송하고, 찬양을 부르고(응원가), 예식에 참여하는(시합 전날 파티와 의식들) 다양한 연령의 헌신된 예배자를 목격할 것이다. 얼마나 많은 사람이 팀의 성공에서 자신의 정체성을 찾는지, 경기를 이기거나 진 후에 팬들이 보이는 반응을 보면 알 수 있다. 나는 존경받는 교회 지도자가 경기 때문에 몸싸움 직전까지 가는 것을 직접 목격하기도 했다. 상대 팀을 향한 적대감과 분노는 여전히 나를 놀라게 한다.

우상은 강력한 힘이다. 그들은 여러 다양한 수준에서 심오한 방법으로 우리를 유혹한다.[1] 그렇다고 미식축구가 악이라는 말은 아니다(무엇이든 우상이 될 수 있다.). 하지만 외부인으로서 혹은 열렬한 팬에서 한 걸음 물러나 그 지역의 미식축구 문화를 지켜본다면 기이하다 싶을 것이다. 가죽으로 된 공을 이리저리 던지는 선수들에게 왜 그렇게 많은 사람이 그토록 열광하는가?

미식축구 팬은 자신이 왜 팬이 되었는지 회의주의자에게 설명하며 단지 선수 명단을 이유로 들지 않을 것이다. 대신에 과거의 전설적인 선수들에 관한 영웅담이나 아니면 현재 선수들에 관해 인간적으로 관심 있는 이야기를 말해 주려 할 것이다. 그들은 경기와 관계된 오래된 전통을 설명하려 할 것이다. 아니면 그래도 설득되지 않는 사람을 경기에 초청할 것이다. 새로운 사람이 경기 전야에 열리는 온갖 의전으로 가득 찬 시끄럽고 활력이 넘치는 열성 팬의 모임에 참석한다면, 그리고 당일 아침에 연합 모임에 참석하여 경기 시간까지 함께 노래를 부르고 행진한다면, 그들은 갑작스런 흥분을 경험하게 될 것이다. 그러고 나서 열기로 가득 찬 분위기에서 9만 명이 모여 매 순간마다 환호를 지르는 경기장으로 들어간다면, 앞에 있는 전혀 모르는 사람과 손바닥을 마주치고 서로를 부둥켜안는 자신의 모습을 발견하게 될 것이다. 대부분의 팬들에게 이것은 일종의 회심으로 인도하는 경험이다. 참된 회심은 결코 단순한 지적 경험이 아니다.

이 책에서 강조하는 중요한 점은 그리스도인의 설득이 전인적이라는 것이다. 이전 장에서 다룬 공격 무기에 대한 반응이든, 철저하게 준비된 기독교를 위한 변증이든, 참된 제자도와 교회의 예배로부터 분리되어서는 안 된다. 교회는 살아 있는 변증적 호소이자, 변증적 논증이 설득력을 갖도록 뒷받침하는 중요한 맥락이다.

---

[1] 이 예는 제임스 스미스(James K. A. Smith)의 다음 책에서 영감을 받았다. *Desiring the Kingdom: Worship, Worldview, and Cultural Formation* (Grand Rapids: Baker Academic, 2009); 『하나님 나라를 욕망하라』, 박세혁 역, IVP, 2016. 또한 Charles Taylor, *A Secular Age* (Cambridge, MA: Harvard University Press, 2007), 481-83을 보라.

다른 예를 들어보자. 만일 적대감을 가진 먼 나라와의 전쟁에 자원하도록 누군가를 설득한다고 상상해 보라. 그들에게 접근해서 "당신이 지금 사랑하는 삶의 방식을 떠나 우리와 함께 이 전쟁에 참전해야 할 다섯 가지 분명한 논증이 있습니다."라고 한다면, 그들은 아마 이렇게 대답할 것이다. "당신의 논증이 얼마나 그럴듯하든지 상관없습니다. 나는 그 일에 전혀 관심이 없습니다!" 당신의 요청을 그들이 실천하는 모습을 상상하는 것도 의미가 없는 이유는 그렇게 실천해야 할 합리적인 이유가 무엇이든 그들은 듣고 싶어 하지도 않기 때문이다. 무언가를 위해서 생명이 위험에 처하기를 선택하도록 감동을 주는 일은 논리 하나만으로 가능하지 않다. 마찬가지로 일부 그리스도인이 '다섯 가지 강력한 논증'이라고 여기는 것을 사람들에게 제공한다 해도 그들은 그것이 적절하지 않은 다양한 이유를 대면서 기독교가 설득력이 없다고 생각할 것이다.

후기 모더니즘 시대를 사는 그리스도인은 불신자에게 단순히 논리적인 논증만을 제공한 다음, 할 수 있는 변증적인 역할을 다했다고 생각하고 떠나서는 안 된다. 찰스 테일러가 상기시키는 대로 "우리는 모두 우리가 온전히 이해할 수 없는 배경과 체계 안에서 행동하고 생각하고 느낀다."[2] 이미 살펴본 대로, 우리는 이러한 체계를 배우고 이들과 소통해야 한다. 그것이 이해하기 어렵거나(대체로 그럴 것이다) 우리가 복음으로 인도하려는 사람이 이를 깊이 고민해 보지 않은 경우에도 마찬가지이다.

지금까지 인간의 결정에 대한 전인적인 이해와 분명하게 언급되지 않은 체계의 중요성을 고려하며 변증에 다방면으로 접근하기 위한 비전을 제시했다. 십자가 중심 변증은 (1) 기독교에 대한 오해를 제거하고 삶에 대한 더욱 설득력 있고 고상한 비전을 구현하는 변증을 살아내기를(6-8장), (2) 기독교가 합

---

2) Charles Taylor, *A Secular Age* (Cambridge, MA: Harvard University Press, 2007).

리적이지 않다고 생각하게 만드는 배경과 체계의 문제를 보도록 다른 사람을 돕기를(9-11장), (3) 반대에 대한 지적인 답변과 그리스도께 헌신해야 할 이유를 제공하기를(12-13장) 교회에 요청한다.

십자가 중심 변증은 성경에서 발견되는 다양한 변증의 씨앗을 발전시키고(1-2장), 교회 전통의 풍성한 자료들로부터 통찰을 얻어 냄으로써(3-5장) 변증의 임무를 넓힌다. 본 장은 이를 염두에 두며 왜 기독교가 합리적인지 그 이유를 개관할 것이다. 다시 말해 다른 사람을 위한 변증적 지도를 그릴 때 사용될 만한 논증의 예를 제공할 것이다. 이 개관은 다른 책들에서 구체적으로 언급되었던 논증들에 대한 서론일 뿐이다. 각 논증에서 좀 더 깊이 들어가려면 각 주요 단원마다 나오는 '추천 도서'를 주의 깊게 보라. 마지막으로 '안에서 밖으로' 접근은 우리의 삶과 주변 세상을 설명하는 경쟁 논리와 건설적인 소통이 가능하도록 유용한 정신적 가건물 역할을 할 것이다.

이정표

오직 피상적인 진리만이 절대적으로 증명될 수 있다. 그리고 인생의 가장 깊은 대답은 절대적 증명 너머에 있다.[3] 따라서 본 장은 하나님의 존재를 증명하는 강력한 방식을 제시하지 않는다. 기독교는 그런 의미에서 증명될 수 없지만, 합당하게 설명할 수 있다. 신뢰해야 하며 신뢰할 수 있다. '증명' 대신에 다음의 논증이 이정표가 될 것이다. 이정표는 무언가를 전하거나 신호를 주지만, 우리는 이를 잘못된 체계로 해석하거나 완전히 무시할 수도 있다. 이정표 주변에는 여러 길이 있다. 하지만 질문은 이것이다. "이 이정표에 대

---

3) Alister McGrath, *The Big Question: Why We Can't Stop Talking About Science, Faith, God* (New York: St. Martins, 2015), 170.

한 어떤 해석이 가장 깊고 풍부하며 가장 일관된 현실관을 제공하는가?" 이 단원에서 제시하는 질문은 다른 사람들로 하여금 이정표를 해석하는 가장 좋은 길을 생각하는 데 도움이 될 것이다.

어떻게 우주를 이해할 수 있는가?

세상은 이해될 수 있다. 완전히는 아니지만 이해될 수 있다. 우리는 주변 세계의 여러 면을 이해하는 데 너무 익숙해져서 이런 근본적인 질문을 금방 지나친다. "일반적으로 과학과 이해를 가능하게 하는 것은 무엇일까? 우주의 구조가 수학적으로 잘 정리되는 이유는 무엇일까?" 이론 물리학자인 존 폴킹혼(John Polkinghorne)이 말한 대로, "우주는 질서 정연한 형태가 아니라 무질서한 혼돈이었을지 모른다. 아니면 우주는 우리로서는 접근이 불가능한 합리성을 가지고 있을지 모른다."[4] 또는 옥스퍼드의 수학자인 존 레녹스(John Lennox)가 설명하는 대로 "인간 지성의 순수한 발명품으로 보이는 가장 추상적인 수학적 개념이 과학 분야에서 매우 중요한 역할을 하고 광범위하게 실용적 응용이 가능하다니 참 놀라운 일이다."[5] 무엇이 우리의 지성(mind)과 우주 사이의 이 조화를 가장 합리적으로 만들까?

어떤 사람은 인간의 지성이 세상의 구조를 그렇게 만든 것으로, 그 구조는 그저 환상에 불과하다고 주장한다. 하지만 이 주장은 과학적인 이론과 물리적인 세상에 대한 관찰 및 예측 사이의 정확한 일치를 설명하지 못한다.[6]

---

4) John Polkinghorne, *Science and Creation: The Search for Understanding* (London: SPCK 1988), 20.

5) John Lennox, *God's Undertaker: Has Science Buried God?* (Oxford: Lion Hudson, 2009), 61; 존 레녹스, 「신을 죽이려는 사람들」, 홍종락 역, 두란노, 2017. 더 알기 원한다면 Paul Davies, *The Mind of God* (Lodon: Simon and Schuter, 1992)과 고전적인 논문 E. P. Wigner, "The Unreasonable Effectiveness of Mathematics in the Natural Sciences," *Communications in Pure and Applied Mathematics*, no.1 (1960): 1-14을 보라.

6) McGrath, *The Big Question*, 86-87을 보라.

또 어떤 사람은 이 조화를 단지 우주적 우연으로 설명한다. 수학과 우주, 자연법칙에 대한 이해가 우연히 일치한다는 것이다. 하지만 실제로 많은 사람이 이는 제대로 된 설명이 아니라고 인식한다.

또 어떤 사람은 세상을 이해하는 인지적 능력을 적자생존의 진화로 설명하려 한다. 10장과 11장에서 다룬 안에서 밖으로 접근을 기억하라. 이는 한 체계가 우리를 어디로 인도하는지 보여 주고, 그 세계관이 그 자체로 일관성이 있는지 보여 준다. 자연주의적 진화를 수용하는 사람에게 "당신의 입장은 지식을 생산하는 인간의 능력을 신뢰하고 인간의 인지 능력과 주변 세계의 조화를 신뢰하는 데 충분한 이유를 제공합니까?"라고 물어볼 수 있다. 예를 들어, 인간의 인지 능력이 단순히 자연적 힘에 의해 생산된 물질이라고 가정해 보자. 그것이 사실이라면 이 기관을 신뢰할 그럴듯한 이유가 있겠는가?

많은 철학자가 만일 자연주의와 진화론이 모두 사실이라면, "우리의 인지 능력은 신뢰할 만한 것이 못 될 가능성이 높다."고 주장했다.[7] 프리드리히 니체(Friedrich Nietzsche), 토머스 네이글, 존 그레이와 같은 유력한 비신자조차도 이 점에 있어서는 유신론자와 동의한다.[8] 왜 신앙이 있는 지성인과 신앙이 없는 지성인이 동의를 할까? 그들은 자연주의적 진화론을 일관성 있는 결론까지 끌고 간다. 자연주의적 진화론은 우리 신념의 신빙성보다는 우리가 행동하는(생존하고 재생산하는) 방식에 관심을 가진다. 자연주의적인 관점에

---

7) Alvin Plantinga, *Where the Conflict Really Lies: Science, Religion, and Naturalism* (Oxford: Oxford University Press, 2011), 314. 이와 같은 논증의 초기 형태로는 Arthur Balfour, *The Foundations of Belief* (New York: Longmans, 1895); C. S. Lewis, *Miracles*, rev.ed. (San Francisco: HarperOne, 2015); C. S. 루이스, 「기적」, 이종태 역, 홍성사, 2019; Richard Taylor, *Metaphysics*, 4th ed. (Upper Saddle River, NJ: Princeton Hall, 1991); 리차드 테일러, 「형이상학」 엄정식 역, 서광사, 2006을 보라.

8) Friedrich Nietzsche, *Nietzsch: Writings from the Late Notebooks*, ed. Rudiger Bittner, trans. Kate Sturge (Cambridge: Cambridge University Press, 2003), 26; Thomas Nagel, *The View from Nowhere* (Oxford: Oxford University Press, 1989), 79; John Gray, *Straws Dogs: Thoughts on Humans and Other Animals* (London: Granta, 2002), 27; 존 그레이, 「하찮은 인간, 호모 라피엔스」, 김승진 역, 이후, 2010.

서 보면 신경학적 구조에 의해 생산된 내용이 참되다고 생각해야 할 이유가 없다. 플랜팅가의 설명대로 "생존과 적응에 필요한 것은 신경 작용이 적응을 위한 행동을 유발하는 것인데, 이 신경 작용은 또한 신념의 내용을 결정한다. 그러나 그 내용이 참이든 아니든 적응에는 아무런 차이가 없다."[9] 즉, 자연주의와 유도되지 않은 진화가 모두 참이라면 인간이 우주를 이해한다는 것을 신뢰할 이유가 없다. 다시 말해 지식에 대한 주장이 가치가 없다는 뜻이다.

지성과 주변 세계와의 일치가 기독교를 증명하지는 않는다. 하지만 기독교 신앙은 세상을 이해하는 데 있어 세속적인 체계보다 훨씬 타당성이 있다. 기독교는 어떤 의미에서 우주에 대한 이해를 설명하는 체계를 제공하는 데 훨씬 앞서 있다고 보여 주었다. 알리스터 맥그래스는 이렇게 기록한다.

> 하나님은 세상을 질서 있는 구조로 창조하셨으며, 인간은 '하나님의 형상'을 지녔기에 그 구조를 발견할 수 있다. 이는 인류가 과학을 진지하고 체계적으로 연구하기 천 년 전인 아주 초기부터 기독교 신앙의 확고한 신념이었다. 그럼에도 이러한 지적인 체계는 우리가 현재 알고 있는 (1700년대까지는 알지 못했던) 것에 잘 들어맞는다."[10]

추천 도서

Lennox, John, C. "Designer Universe?" Pages 57-75 in *God's Undertaker: Has Science Buried God?* Oxford: Lion Hudson, 2009; 존 레녹스, 『신을 죽이려는 사람들』, 홍종락 역, 두란노, 2017.

McGrath, Alister. "Inventing the Universe." Pages 77-99 in *The Big Question: Why We Can't Stop Talking About Science, Faith and God.* New York: ST. Martins, 2015.

---

9) Plantinga, *Where the Conflict Really Lies*, 327.
10) McGrath, *The Big Question*, 88.

우주는 왜 생명을 위해 미세 조정된 것처럼 보일까?

생명이 발생하기 위해서는 엄청난 일이 제대로 일어나야 한다는 사실에 대한 인식이 점점 더 커지고 있다. 예를 들어, 우주는 복잡한 다이얼 시스템에 의해 조절되고 있으며, 각각의 다이얼이 정확한 위치에 있어야 생명이 존재할 수 있다고 상상해 보라. 여기에는 우주 상수, 강한 핵력과 전자기력, 별의 탄소 생성, 양성자와 중성자 차이, 약한 핵력, 중력 등이 포함된다. 이러한 사례에서 생명이 발생하는 조건에 필요한 미세 조정의 범위는 10분의 1에서 10^{53}분의 1까지의 정밀도를 요구한다.[11]

이 미세 조정에 관해 앨빈 플랜팅가는 조심스럽게 결론을 내린다. "정확한 양을 알 수 없고, 제안된 많은 구체적인 사례와 관련해 논쟁이 있을 수 있지만, 모든 것을 감안할 때 합리적인 결론은 실제로 엄청난 양의 미세 조정이 필요하다는 것이다."[12] 일반적으로 우주의 미세 조정이 널리 받아들여지고 있지만 과연 그것은 미세 조정자의 존재를 가리키는가?

세계의 유력한 유전학자 중 한 사람이며, 미국국립보건원(National Institutes of Health) 원장인 프랜시스 콜린스(Francis Collins)와 같은 과학자의 대답은 "그렇다."이다. "우리의 우주, 즉 복잡성을 비롯한 모든 가능성이나 어떤 형태의 생명체가 존재할 가능성을 가지려면 모든 것이 이 불가능에 가까운 경계선 위에서 정확히 규정되어야 한다." 따라서 그는 결론내리기를, "창조자는 단순한 무작위 입자보다 조금 더 복잡한 것을 원했고, 그래서 우리는 그 매개변수들을 정확히 그렇게 설정한 창조자의 손길을 볼 수밖에 없다."[13]고 했다.

---

11) Plantinga, *Where the Conflict Really Lies*, 198.
12) Plantinga, *Where the Conflict Really Lies*, 198-99.
13) Francis Collins, "Reflections on the Current Tensions between Science and Faith," Christian Scholar's Conference, Pepperdine University (2011)를 Alan Lightman, "The Accidental Universe: Science's Crisis of Faith," *Harper's Magazine*, December 2011, https://harpers.org/archive/2011/12/the-accidental-universe/에서 인용함.

한 예로서 미국 프로 농구에서 자유투를 가장 잘 던지는 사람 열 명을 뽑아 각자 자유투를 던지게 했다고 상상해 보라. 각각의 시도에서 모두 골대의 링도 미치지 못하고 실패한다. 물론 이것은 엄청난 우연일 수도 있다. 그들은 모두 틀림없이 선수 생활 중 한 번은 링도 백보드도 맞추지 못한 경험이 있을 것이다. 또한 한 이벤트에서 이들 모두 골을 넣지 못하는 경우도 가능하다. 어쩌면 경기장에 오기 전날 밤에 술을 너무 많이 마셨을지 모르고 아니면 전혀 의도하지 않았던 이 우연에 대한 다른 설명도 가능할 것이다. 하지만 사람들 대부분은 이 사건에 의문을 가질 것이고 무언가 계획된 일이 있으리라고 가정할 것이다.

어떤 사람은 이런 예들에 대해 회의적이라서 미세 조정 논증이 아무것도 증명하지 못한다고 말할지 모른다. 다시 말하지만 여기서 '증명'이라는 말이 무슨 뜻인지에 따라 달라진다. 이는 엄격한 의미에서 하나님을 증명하지 않는다고 동의할 것을 제안한다. 일부 사람이 주장하는 대로 어쩌면 수천만 개 우주가 있을 수도 있고 우주는 생명을 위해 미세하게 조정된 것일 수 있다. 하지만 여러 개의 우주에 관한 이론 역시도 가설이다. MIT 물리학자인 앨런 라이트먼(Alan Lightman)이 지적했듯이 "우리는 이런 다른 우주를 관찰을 통해 아는 것도 아니고 그들의 존재를 증명할 수 있는 것도 아니다."[14]

하지만 논의를 위해 가정해 보자. 수많은 우주가 존재할 가능성을 전제로 할 때 '우주의 조정 다이얼'이 어떤 우주에서는 생명이 존재할 수 있는 적절한 숫자에 맞춰질 수도 있다. 즉, 단 한 사람이 복권에 당첨될 확률은 낮지만, 결국 누군가는 당첨되기 마련이다. 실제로 수많은 우주가 존재한다는 것을 신념으로 받아들인다면, 우주의 미세 조정을 유신론의 증거로 여기는 것을 피할 수 있다.

---

14) Lightman, "The Accidental Universe," https://harpers.org/archive/2011/12/the-accidental-universe/

비록 합리적으로 강제적이지는 않더라도, 우주의 미세 조정에는 많은 사람이 그냥 쉽게 떨쳐버리기 어려운 무언가가 있다. 플랜팅가는 그 이유에 대한 통찰력을 주고자 우리가 서부 개척 시대에 산다고 상상해 보기를 권한다.

포커 게임을 하는데 매번 카드를 돌릴 때마다 에이스 네 장과 와일드 카드 한 장을 받았다고 상상해 보라. 연속으로 세 번 이 일이 일어난다. 그러자 텍스가 벌떡 일어나 책상을 뒤엎고 6연발 권총을 꺼내 들고는 내가 속였다고 말한다. 나는 대답한다. "생각해 보십시오. 우주에는 발생 가능한 수많은 확률이 있고 포커 게임에도 어떤 카드를 연달아 받을 확률도 물론 있습니다. 따라서 나처럼 속임수 없이도 언제나 에이스와 와일드카드만 나오는 사람도 있을 수 있습니다." 텍스는 아마도 만족하지 못할 것이다. 똑같은 것이 한 사람에게만 계속 나온다는 가설은 사실일지라도 적합하지 않기 때문이다."[15]

똑같은 패가 한 사람에게만 계속 나온다는 가설이 왜 적합하지 않을까? 플랜팅가는 설명한다. "수많은 사람이 포커 게임을 하는데 속임수 없이 한 사람에게만 항상 에이스와 와일드카드가 들어오는 경우는 물론 가능하다. 그러나 내게만(다른 사람에게는 결코 일어나지 않고) 그 일이 일어날 확률은 아주 낮다. … 내가 속임수를 쓰고 있을 확률이 훨씬 높다. 텍스가 총을 쐈다고 해서 어떻게 그를 원망하겠는가?" 이런 식의 주장은 미세 조정 논증을 반대하는 입장을 유추하게 한다. "그것이 사실이라면, 엄청나게 많은 우주가 존재한다는 사실은 이 우주가 생명에 적합하게 미세 조정되었을 확률을 (무신론의 관점에서) 높이는 데 아무런 영향을 미치지 않는다. 그 확률은 여전히 매우 낮다."[16]

---

15) Plantinga, *Where the Conflict Really Lies*, 213-14.
16) Plantinga, *Where the Conflict Really Lies*, 214.

따라서 합리적으로 강제하지 않더라도 우주의 미세 조정 가설은 미세 조정자를 가리키며 창조주로서 하나님에 대한 기독교 신앙과 조화를 이룬다.

> **추천 도서**
>
> Collins, Robin. "A Scientific Argument for the Existence of God: The Fine-Tuning Design Argument," Pages 47–75 in *Reason for the Hope Within*, Edited by Michael J. Murray. Grand Rapids: eerdmans, 1999.
> _____. "The Teleological Argument: An Exploration of the Fine-Tuning of the Universe." Pages 202–81 in *The Blackwell Companion to Natural Theology*. Edited by William Lane Craig and J. P. Mooreland. New York: Wiley, 2009.
> Craig, William Lane. "Design and the Anthropic Fine-Tuning of the Universe." Pages 155–77 in *God and Design: The Teleological Argument and Modern Science*. Edited by Neil Manson. London: Routlege, 2003. White, Roger, "Fine-Tuning and Multiple Universes." *Nous* 34, no.2 (2000): 260–76.

우주에는 시작이 있다는 합의로는 무엇이 가장 타당할까?

우주에 시작이 있는지 아니면 영원히 존재해 왔는지에 관한 질문은 역사적으로 많은 논란이 되어 왔다. 가령 아리스토텔레스는 우주의 영원설을 믿었고 그리스도인과 유대인은 우주가 창조되었다고 믿었다.

상당히 긴 시간 우주의 영원설이 서구에서 지배적인 과학적 입장이었다. 원거리 은하수로부터의 빛의 적색 이동, 우주적 초단파 배경, 열학 등과 같은 연구가 다른 쪽으로 전체적 의견을 바꾸기까지는. 최근 대부분의 과학자는 우주에 시작이 있었다는 데 동의한다. 이러한 합의에 동의하지 않는 사람은 때때로 시작 없는 '무한 후퇴'(infinite regress)를 주장한다. 하지만 이 이론은 어떤 과학적 연구에서도 증명된 적이 없다. 우주는 기원이 있다는 결론을 피하기 위해 제시된 이론처럼 보인다. 하지만 아이러니하게도 이 이론조차도 우주를 설명하기 위해 자연계의 관찰 범위를 넘어선 또 다른 영역을 가리킨다. 이 세상에서의 경험은 존재하기 시작한 모든 것에는 원인이 있다는 결론으로 인도하지 않는가. 우주가 존재하기 시작했다면 우주에도 원인이 있다.

> **누가 하나님을 만들었는가?**
> 이 단원의 요점을 오해하고는 종종 이런 질문을 던지는 사람이 있다. "그렇다면 하나님은 누가 만들었는가?" 존재하기 시작한 모든 것은 원인이 있다. 하지만 하나님은 존재를 시작한 적이 없다. 하나님은 이미 시간과 공간 밖에 영원히 존재하시기 때문이다.

우주에 시작이 있다는 합의는 신적 원인을 인정하는가? 모든 사람이 그런 것은 아니다. 어떤 사람은 우주가 양자 진공에서 만들어졌다고 짐작한다. 하지만 이는 다시 맨 처음의 질문으로 돌아갈 뿐이다. 만일 그렇다면 이 양자 진공(일종의 우주 제조기)은 어디에서부터 왔는가? 마찬가지로 어떤 이는 물리학의 법칙이 우주를 만들어 냈다고 말하겠지만 그 법칙은 어디에서 왔는가? 물리학의 법칙은 창조를 하지 않는다.

다시 한번 분명히 하자면 본 장에서는 그 어떤 논리도 인격적이고 거룩하신 기독교의 하나님을 보여 주지 않는다. 그럼에도 현재의 과학적 증거는 기독교가 오래 주장해 온 것과 가장 잘 부합된다. 우주에는 시작과 원인이 있다. 왜냐하면 하나님이 창조하셨기 때문이다.

> **추천 도서**
> Craig, William Lane, and James D. Sinclair. "The Kalam Cosmological Argument." Pages 101–201 in *The Blackwell Companion to Natural Theology*. Edited by William Lane Craig and J. P. Moreland. New

> York: Wiley, 2009.
> Lennox, John C., "Designer Universe?" Pages 57–75 in *God's Undertaker: Has Science Buried God?* Oxford: Lion Hudson, 2009; 존 레녹스, 『신을 죽이려는 사람들』, 홍종락 역, 두란노, 2017.

도덕적 실재론의 근거는 무엇인가?

불가피한 도덕성

도덕적 실재론에 지적으로 동의하지 않을지라도(도덕이 우리의 지각이나 느낌과 독립적으로 존재한다는 것을 부인할지라도) 사람은 실제로 도덕적 판단을 피할 수 없다고 느낀다. 우리는 어쩔 수 없이 도덕적 실재론을 가정한다. 예를 들면 프랑스 세속적 인본주의 철학자인 뤼크 페리는 독자에게 1995년 스레브레니차 학살에서 보스니아 세르비안 군인이 보스니안 모슬렘에게 행한 잔인한 폭력에 대해 듣고 즉각적으로 어떤 생각이 드는지 떠올려 보라고 요청하며 이를 강조한다. "그들은 피해자의 다리에 총을 쏜 다음 그들을 살육하기 전에 도망가라고 뛰라고 하고, 귀를 자르고, 고문과 살인을 하면서 피해자를 위협하기를 즐겼다."[17]

우리는 불신자에게 이렇게 물을 수 있다. "만일 도덕의 객관적 기준이 없다면 왜 우리는 '이것이 악하다'는 강력한 느낌을 가지게 되는가? 이것은 그저 느낌뿐인가? 아니면 실제로 악한 것인가?" 페리에게 있어서 이러한 행동이 악하다는 것은 자명한 사실이다. 다른 사람과 마찬가지로 그들에게도 다르게 행동할 선택권이 있었기 때문이다. 만일 그들이 사나운 동물이었다면 도덕적 판단의 여지가 없었겠지만 사람으로서 그들은 분명히 선택을 할 수 있었고

---

17) Luc Ferry, *A Brief History of Thought: A Philosophical Guide to Living* (New York: HaperCollins, 2011), 228.

따라서 그들 자신의 행동으로 인해 정죄될 수 있다.[18]

물론 페리가 강조하는 대로 많은 유물론자가 모든 가치 판단은 환상에 불과하고 문화적 조건에 의해 결정된다고 주장할 것이다. 하지만 이와 같은 생각의 문제는 페리가 설명하는 대로 반사회적 인격 장애가 아닌 이상 한 살아 있는 인간이라면 가치 판단을 전적으로 무시할 수 없다는 데 있다. 심지어 마르크스와 니체에서 출발한 유물론자도 "그들의 철학 전반이 그런 행동을 억제하도록 기대함에도 그들은 모든 것과 모든 사람에 대해 도덕적 판단을 내리기를 멈출 수 없었다."[19] 유물론자가 이런 도덕적 판단을 내리는 근본적인 이유는, 물론 이론적으로는 부정할지라도 인간에게는 책임져야 할 선택을 할 능력이 있음을 믿지 않을 수 없기 때문이다.

이 근본적인 비일관성이 바로 유물론의 입장이 유지될 수 없는 이유이다. 그것은 그저 실제적이지 않다. 철학자가 서재를 떠나 현실 세계로 들어가는 순간 무너지게 된다. 이러한 현실을 스스로 깨달았던 페리는 자신이 "도덕적 삶의 의무를 발명할 수 없고" 진리, 아름다움, 정의, 사랑은 "마치 다른 곳에서 온 것처럼 그에게 임한다."고 인정한다.[20] '어딘가'로부터 온 이 도덕성의 근거는 무엇인가? 인간은 도덕적인 존재이다. 마음으로는 현실적 도덕성의 실재를 부인한다 할지라도 불가피하게 도덕적 판단을 내리는 도덕적 존재로 살아간다. 그렇다면 우리가 이론적으로는 아닐지라도 실제로는 모두 인정하는 듯한 이 도덕성은 어디에서 근거를 찾을 수 있는가?

도덕성의 근거를 문화에 둘 수 있는가?

어떤 사람은 도덕성이 철저하게 문화적 태도와 가정에 의존한다고 주장했

---

18) Ferry, *Brief History of thought*, 228–29.
19) Ferry, *Brief History of Thought*, 229.
20) Ferry, *Brief History of Thought*, 236–37.

다. 다시 말하면 우리는 사회적 위치에 근거해서 좋은 것과 나쁜 것을 판단한다는 뜻이다. 한 문화에서 좋다고 여겨지는 것이 다른 문화에서는 나쁜 것으로 여겨지기도 한다. 대화를 하는 동안 이 마지막 문장에 동의할 수 있을 것이다. 문화는 종종 사물을 다르게 보도록 만드니 말이다. 하지만 문제는 문화화 차이가 아니다. 오히려 "어떤 문화적 입장이나 개인의 행동을 옳거나 더 나은 것으로, 혹은 나쁘거나 열등한 것으로 판단하는 방법이 있는가?"이다. 만일 여기에 긍정적으로 대답한다면 이는 문화를 초월해서 도덕성을 결정하는 무엇인가 존재한다고 인정한 것이다. 가령 문화적으로 남자와 여자는 같은 권리를 가져야 옳다고 말한다면 이는 문화 위에 있는 무언가를 인정하는 것이다.

만일 부정적으로 대답하여 문화 위에는 아무것도 없다고 주장한다면 다른 질문이 필요해진다. C. S. 루이스가 지적한 유명한 말처럼 그렇다면 독일 나치에 대해 어떤 결론을 내릴 수 있을까?[21] 홀로코스트에 대한 정죄나 인권을 위한 변호는 그저 문화적 편견의 반영일 뿐인가? 만일 누군가가 "그렇다, 우리에게는 문화적 관행을 악하다고 말할 권리가 없다."고 말한다면, 그럼 아무에게도 문화적 관행을 악하다고 말할 권리가 없다는 도덕적 판단을 어떻게 내릴 수 있는지 물어야 한다. 게다가, 그들은 현실에서 이 입장을 고수할 수 없을 것이다. 다른 말로 하면 도덕성을 상대적인 문화적 기준에 근거를 두는 것은 그 자체로 무너질 것이며 실제적이지도 않다.

도덕성의 근거를 과학에 둘 수 있는가?

신경과학과 자연주의적 진화 이론이 도덕성을 설명할 수 있다고 주장하려는 시도가 있었다. 이에 대해 어떻게 반응해야 할까? 우리는 과학이 도덕성의 물

---

[21] C. S. Lewis, *Mere Christianity* (New York: Macmillan, 1960), 25; C. S. 루이스, 『순전한 기독교』, 이종태 역, 홍성사, 2018.

리적 측면에 특별한 설명을 제공하는 데 유용하다고 인정할 수 있다. 과학은 우리가 도덕성에 관한 질문을 탐구하는 데 도움이 된다. 하지만 '도덕성'과 '설명'이라는 용어가 무엇을 의미하는지에 많은 것이 달려 있다. 이와 같은 토론에서 '도덕성'이라는 용어는 적어도 다음의 세 가지를 가리키는 데 사용된다.

1. 도덕성이란 옳고 그름의 영역을 의미하는 데 사용된다. 이런 의미에서 도덕성은 무언가를 처방하기 때문에 거기에는 의무가 있다. 종종 이것을 실제적 혹은 권위적 도덕성이라고 부른다.
2. 도덕성이란 순전히 서술적 차원에서 주어진 사회적 규범과 실천을 의미하는 데 사용된다. 이런 의미에서 한 문화의 도덕성은 그저 서술될 뿐이고 실제로 옳고 그름에 근거하여 평가되지는 않는다.
3. 도덕성은 실제적이고 수단적인 것을 의미하는 데 사용된다. 이런 의미에서 도덕성은 어떤 처방이 있어서 허락하거나 금하는 행동이 있지만 첫 번째 형태의 도덕성에서 말하는 도덕적 의무감은 없다. 대신에 그것은 수단적인 것이다. "골을 넣기 원한다면 슛을 해야 한다." 다시 말해 여기서 '해야 한다'는 목적을 성취하게 하는 방향은 있지만 그 목적이 선하거나 악하다고 말하지는 않는다.[22]

이 세 가지 정의를 구분하면 대화 중에 서로 딴소리하는 일을 피할 수 있을 것이다. 경험에 근거한 과학적 연구는 나중 두 개의 도덕성 범주에 대해 언급할 수 있지만 첫 번째 범주, '실제적 도덕성'(real morality)에 대해서는 언급하지 못한다. 하지만 제임스 데이비슨 헌터나 폴 네델리스키(Paul Nedelisky)가

---

22) James Davinson Hunter and Paul Nedelisky, "Where the New Science of Morality Goes Wrong," *Hedgedog Review* 18, no.3 (Fall 2016): 48-62, https://iasculture.org/research/publications/where-new-science-morality-goes-wrong

지적하듯이 때때로 이를 설명하려는 시도는 일종의 야바위 게임일 수 있다. 실제적 도덕성을 언급한다고 주장하지만 "능숙한 손놀림을 통해" 도덕성의 다른 형태가 "끼어들어서 용어의 의미를 뒤섞는 놀이"를 하는 것이다.[23] 다른 말로 하면 다양한 세속적 과학은 사회 내에서 하나의 목표를 서술하거나 심지어 그 목표를 가장 잘 성취하는 방법을 제시할 수 있다. 하지만 그들은 어떤 목표를 추구해야 하는지는 말해 줄 수 없다. 그래서 무신론 철학자인 토머스 네이글은 "다윈주의적 관점에서 볼 때, 가치에 대한 우리의 인상이 현실적으로 구성된다면 그것은 완전히 근거가 없다."고 인정한다. 만일 기본 가치가 참이라면 "실천적 성찰과 문화적 발전에 의해 형성된 가치와 도덕성의 정교한 구조 전체도 참이어야 한다."고 네이글은 덧붙인다.[24]

과학은 도덕적 의무를 제공하지 않는다. 가령, 다윈의 과학에 의하면 인생의 목표는 때로 혈투가 될 수 있는 생존이다. 사람들 대부분은 자연 안에서 일어나는 폭력을 사회를 작동시키는 모델로 인식하지 않는다. 곰이 먹이를 잡는 모습을 악하다고 판단하지 않는다. 하지만 뤼크 페리의 예가 상기시키듯이 인간이 그와 같은 행동을 하는 경우 도덕적으로 책임이 있다고 본다.

과학이 도덕성을 제공할 수 있다는 주장이 일종의 야바위 게임으로 드러나자, 이로써 도덕 이론가들이 가치, 의무, 권리 등과 관련된 '진짜' 도덕성을 경험적으로 입증할 가능성을 거의 포기했음이 분명해졌다.

온전한 의미에서 도덕성을 적합하게 설명할 능력이 과학에 없음에도 불구하고, 무신론 철학자인 토머스 네이글은 선과 악이 개인의 선호도 이상이라는 신념을 떨칠 수 없었다. 네이글에게 있어 고통이 실제로 나쁘고 쾌락이 실제로 좋다는 것은 "그 반대로 상상하려고 얼마나 애를 쓰든지 그것은 내게 엄

---

23) Hunter and Nedelsky, "Where the New Science of Morality Goes Wrong," 56.
24) Thomas Nagel, *Mind and Cosmos: Why the Materialist Neo-Darwinian Conception of Nature Is Almost Certainly False* (New York: Oxford University Press, 2012), 109.

연한 사실이었다. 이는 다른 사람에게도 마찬가지일 것이라고 생각한다."[25]

하나님께 도덕성의 근거를 두기

도덕성과 삶의 의미와 같은 우리의 가장 깊은 질문들에 대한 답을 찾아갈 때 과학과 문화를 넘어서는 일이 필요하다. 철학자인 알라스데어 매킨타이어는 도덕적 평가가 사실적 진술로 여겨지려면 어떤 것이 무엇을 위해 설계되었는지 이해가 있어야 한다고 주장했다.[26] 예를 들면, 시계가 좋다고 여길 때 이는 무슨 의미인가? 긍정적인 평가는 그 시계의 목적에 대한 이해에 달려 있다. 만일 시계가 무기로서 고안되었다고 이해한다면 우리는 시계가 시간을 알려 주기 위해 만들어졌다고 이해할 때와는 다르게 시계를 평가할 것이다. 물건의 목적을 이해하는 것은 그것이 좋은지 나쁜지를 아는 데 본질적이다. 윤리적인 평가를 내림에도 마찬가지로 사실이다. 인간이 무엇을 위해 창조되었는지 그 목적에 대한 이해가 도덕적 실재론에 있어서 본질적이다.[27]

세상을 설계하고 삶에 궁극적인 의미를 부여하는 세상 너머에 있는 초월적이고 인격적이고 선한 대리인을 바라보는 것이 도덕적 진리의 전 영역에 대한 가장 간단하고 일관성 있는 설명이다. 이 논증은 다른 여러 형태의 유신론을 지지하는 데 사용될 수 있지만 가치, 도덕적 의무, 인생의 목적에 대한 인간의 필요는 현실을 다루는 기독교 이야기와 완벽하게 들어맞는다.

---

25) Nagel, *Mind and Cosmos*, 110. 서구 세계에서는 거의 보편적으로 가정되고 있지만 특정한 도덕적 범주의 근거를 제공하는 자연주의의 능력에 반대하는 강력한 논증으로는 Christian Smith, "Does Naturalism Warrant a Moral Belief in Universal Benevolence and Human Rights?" in *The Believing Primate: Scientific, Philosophical, and Theological Reflections on the Origins of Religion*, ed. Jeffrey Schloss and Michael Murray (Oxford: Oxford University Press, 2011), 292-317을 보라.

26) Alasdair MacIntyre, *After Virtue*, 3rd ed. (Notre Dame: University of Notre Dame Press, 2007), 55-60; 알래스데어 매킨타이어, 『덕의 상실』, 이진우 역, 문예출판사, 2021.

27) 매킨타이어는 과학적 용어를 유지하면서도 과학에 대한 일관된 틀을 잃은 가상의 문화에 대한 비유를 사용했는데, 이는 큰 목적론적 틀 없이 도덕적 언어가 유지되는 현재의 문화적 상황을 설명하는 데 도움이 된다 (MacIntyre, *After Virtue*, 1-5; 매킨타이어, 『덕의 상실』을 보라).

도덕성의 가능성 생각하기

철학자인 데이비드 바게트와 제리 월즈는 누군가에게 도덕적 근거의 가능성을 생각하도록 겸손하게 요청하는 방법을 제시한다.

"이 세상을 살펴보고 도덕성과 그 독특한 특징을 설명하는 데 어떤 방식으로 접근할 수 있는지 생각해 보라. 그리고 어느 정도 진전을 이룰 수 있다면 놀라지 말라. 그리고 설명이 필요한 더 광범위한 도덕적 사실들, 가치와 의무는 물론이고 도덕적 자유, 지식, 책임, 도덕적 후회, 수치심, 용서, 도덕성의 예방적 능력과 합리적 권위, 행복과 거룩의 일치에 대한 욕구, 도덕적 변화를 위해 필요한 자원, 인간의 존엄성과 평등 및 가치를 다시 상기하며, 스스로에게 이 질문을 던져 보라. 이 도덕적 사실들 전반을 가장 잘 설명하는 것은 무엇일까? 단지 이 세상만인가, 아니면 우리를 자신의 형상대로 목적을 위해 창조셨으며, 우리에게 공감, 이성, 도덕적 이해의 능력을 부여하신 창조주와 이 세상의 합인가?"[28]

추천 도서

Hunter, James Davison and Paul Nedelsky. "Where the New Science of Morality Goes Wrong." *Hedgehog Review* 18, no. 2 (Fall 2016): 48–62.

Keller Timothy. "Problem of Morals." Pages 176–92 in *Making Sense of God: An Invitation to the Skeptical*. New York: Viking, 2016; 팀 켈러, 『팀 켈러의 답이 되는 기독교』, 윤종석 역, 두란노, 2018.

MacIntyre, Alasdair C. *After Virtue: A Study in Moral Theory*. 3rd ed. Notre Dame, IN: University of Notre Dame Press, 2007; 알래스데어 매킨타이어, 『덕의 상실』, 이진우 역, 문예출판사, 2021.

Skeel, David. "Justice." Pages 109–36 in *True Paradox: How Christianity Makes Sense of Our Complex World*. Downers Grove, IL: InterVarsity, 2014.

Smith, Christian. "Does Naturalism Warrant a Moral Belief in Universal Benevolence and Human Rights?" Pages 292–317 in *Believing Primate: Scientific, Philosophical, and Theological Reflections on the Origins of Religion*. Edited by Jeffrey Schloss and Michael Murray. Oxford: Oxford University Press, 2011.

---

28) David Baggett and Jerry L. Walls, *God and Cosmos: Moral Truth and Human Meaning* (New York: Oxford University Press, 2016), 77.

수많은 증인이 증거하는 기적들에 대한 최선의 대답은 무엇인가?

역사를 통해 그리고 세계 곳곳에 걸쳐 수많은 사람이 기적의 실재를 증언한다. 그들 다수가 좋은 교육을 받은 사람이고 덕이 있는 사람이고 심지어는 많은 경우에 회의주의자였던 사람이다.[29] 그럼에도 많은 사람이 기적 이야기를 부인한다. 이런 현상을 어떻게 이해해야 할까? 기적에 대한 수많은 증인의 이야기를 어떻게 설명하는 것이 최선일까?

어떤 이는 기적은 불가능하다는 것이 최선의 설명이라고 말할 것이다. 그런 일은 발생하지 않는다. 4장에서 본 대로 18세기 영향력 있는 회의론자인 데이비드 흄은 기적은 자연법칙을 깨뜨리므로 실제로 기적이 발생하는지 결코 확신할 수 없었다. 그는 "기적은 자연법칙에 대한 침범이다. 확고하고 변하지 않는 경험이 이런 법칙들을 확립했기 때문에, 사실의 본질에서 기적에 반대하는 증거는 경험으로부터 상상 가능한 어떤 논증만큼이나 완전하다."[30]고 했다. 그 어떤 추정된 기적도 믿어서는 안 되는 이유가 그것이 자연법칙에 있어 가장 분명하고 보편적인 관찰을 무시하기 때문이다. 흄의 논증이 지닌 주요 문제는 그 순환성이다. 흄은 기적에 대한 모든 선험적 증거를 배제하며 연역적으로 논증한다. 따라서 그는 하나의 관찰된 경험(자연법칙)을 사용하여 다른 입증된 경험(기적)을 허용하지 않는다.[31]

또 어떤 사람은 초자연적인 사건은 경험적으로 증명될 수 없으므로, 다시 말해 반복되지 않으며 실험이 불가능하기 때문에 참으로 받아들일 수 없다고

---

29) 리처드 퍼틸(Richard L. Purtill)은 기적을 "(1) 하나님의 능력으로 이루어진 (2) 일시적이고 (3) 일반적인 자연의 과정에 반하여 (4) 예외적이며 (5) 하나님이 역사 안에서 일하기 계심을 보여 주기 위한 목적의 사건"이라고 정의한다["Defining Miracles," in *In Defense of Miracles: A Comprehensive Case for God's Action in History*, ed. R. Douglas Geivett and Gary Habermas (Downers Grove, IL: InterVarsity, 1997), 72]. 기적에 관해 잘 정리되고 신중한 연구로는 Craig S. Keener, *Miracles: The Credibility of the New Testament Accounts*, vols.1-2 (Grand Rapids: Baker Academics, 2011)가 있다.
30) David Hume, "Of Miracles," in *In Defense of Miracles*, 33.
31) Keener, *Miracles*, 161-62을 보라.

주장한다. 이론적으로 비록 기적이 발생한다 하더라도 과학적으로 확인될 수 없기 때문에 신뢰할 수 없다(물론 이미 12장에서 본 대로 우리는 과학이 진리를 확인하기 위한 한 가지 제한된 방법에 불과하다고 대답할 것이다.).

기적에 회의적인 사람에게는 기적적인 사건들에 대한 초자연적인 설명보다 자연적인 설명이 더 신빙성 있게 들릴 것이다. 그렇다면 다양한 시대에 다양한 장소에서 발생한 셀 수 없이 많은 기적에 관한 증언을 회의론자는 어떻게 설명할까?

여기에 몇 가지 제안된 설명이 있다. 그중 하나는 속임수라는 것이다. 사람들이 거짓말을 하는 것이다. 이유가 무엇이든(어쩌면 명성, 힘, 혹은 돈) 그들이 기적에 관한 이야기를 만들어 낸 것이다. 두 번째 설명은 환각이다. 심한 스트레스를 받거나 정신적인 압력을 받을 때 사람은 때로 실제로는 일어나지 않은 일을 일어난 것으로 생각하게 된다. 세 번째 설명에는 심리적 치료가 내포된다. 인간의 마음은 질병과 치유에 관한 스스로를 설득하는 놀라운 능력이 있다. 때로는 정신적인 요소가 자신이 기적적으로 치료를 받았다고 인식하게 할 수 있다. 네 번째 설명은 '소망 충족'이다. 사람에게는 단순히 기적을 경험하고픈 욕망이 있다. 그들은 하나님이 자연적이고 정상적인 인생의 과정 안으로 들어오셔서 자신이나 그들이 사랑하는 사람을 놀라운 방식으로 구원하거나 필요를 채워 주시는 세상에 살기를 원한다. 기적에 대한 믿음은 힘든 세상에서 그들에게 소망을 준다.

위의 설명이 기적에 대한 최선의 설명일까? 어떤 점은 틀림없이 유효하다. (1) 기적은 일반적인 사건이 아니다. 일반적인 것이었다면 아무도 기적이라 부르지 않았을 것이다. (2) 본질적으로 기적은 반복적이지 않다. 실험관에 넣어서 경험적으로 증명할 수 없다. (3) 속임수, 환각, 심리 치료, 소망 충족이 소위 기적이라고 부르는 것들 중에 틀림없이 있었을 것이다. 기적이라고 부르는 모든 사건이 실제로 기적인 것은 아니다.

그럼에도 이러한 자연주의적인 설명은 수많은 기적 이야기를 정당하게 다루지 않는다. 어떤 기적은 부인할 수 있겠지만 수많은 기적에 대한 증인들의 무수한 증언을 다루는 더 나은 설명이 틀림없이 있을 것이다. 신뢰할 만한 증인들의 개인적인 강력한 경험과 증언은 쉽게 무시할 수 없다. 이러한 초자연적인 일들에 대한 더 나은 입장은 그중 많은 것이 이 세상 너머에 있는 실재를 가리킨다고 보는 것이다. 분명히 자연법칙은 정상적으로 일어나는 일을 수용하고 있지만, 그 외에는 다른 것이 있을 수 없다는 주장은 너무 지나치다. 자연법칙은 사실 법칙이 아니다. 자연법칙은 깨질 수 없는 규칙이 아니다. 자연법칙이란 그저 일상적으로 발생하는 것일 뿐이다.

자연법칙과 신적 기적에는 모두 공통된 근원, 곧 창조주가 있다. 하나님이 초자연적으로 일하실 때 그분은 무언가 새로운 것을 주입하심으로 자신이 세상에 임재하고 계심을 보여 주신다. C. S. 루이스는 "기적이란 신적 행위는 사건이 보여 주는 패턴을 망가뜨리는 것이 아니라, 그 패턴을 새로운 사건들로 채우는 것"이라고 했다.[32] 기적 사건이 발생한 후에는 자연법칙이 초자연적인 사건을 그들의 자연 과정 속으로 받아들인 후 정상적인 기능을 다시 시작한다. 따라서 기적을 통해 자연의 창조주는 자신의 초월적이고 초자연적인 능력과 자연 세계에 임재하여 다스리심을 보이신다.

> **이정표와 내재적 틀**
> 사람들은 더 이상 자연이 초자연적인 것을 가리킨다고 보지 않는다는 찰스 테일러의 '내재적 틀'에 관한 설명을 상기해 보라(10장). 만약 테일러의 연구가 시사하듯 기독교에 대한 자연적 논증의 타당성이 "궁극적으로 이를 뒷받침하는 합리적인 논증을 초월하는 문화적 압력과 상상적 구조에 의해 형성된다면"[33] 본 장에

---

32) C. S. Lewis, *Miracles: A Preliminary Study* (New York: Macmillan, 1947), 72; C. S. 루이스, 『기적』, 이종태 역, 홍성사, 2019.
33) Alister E. McGrath, *Re-Imagining Nature: The Promise of a Christian Natural Theology* (West Sussex, UK: Wiley Blackwell, 2017), 143.

서 말하는 이정표는 지금까지 배운 변증의 도구들 안에서 어떤 기능을 할 수 있을까? 테일러의 연구에 비추어서 알리스터 맥그래스는 본서 11-13장의 메타 논증과 일치하는 답을 제공한다. "닫힌 상태에서 세상을 읽고 있는 '내재적 틀'을 대하는 최선의 방법은 합리적 타당성을 보여 주는 강력한 상상이란 대안을 제공하는 것이다."[34] 그러고 나서 이렇게 덧붙인다.

"우리는 닫힌 세계 시스템에 걸린 마술을 풀고 세상을 읽는 대안을 열 필요가 있다. 그것은 합리적인 논증이 아닌 실재에 대한 더 풍성하고 깊은 비전을 가지고 문화적 상상력을 붙잡을 때 (간단히 말해 새롭게 상상된 자연) 가장 잘 이루어진다. 이러한 새로운 오리엔테이션은 닫혀 있는 논리적 논증의 냉정한 확신에서 일어나는 것이 아니라, 기독교 신앙의 중심에 있는 진리, 아름다움, 선에 관한 환하고 강력한 비전을 열린 상상력으로 수용할 때 일어난다."

맥그래스는 이성을 무시하지 않는다(합리적 타당성에 관한 그의 주장을 읽어 보라.). 그가 말하려는 것은 이성 이하가 아닌 이성 이상이 필요하다는 것이다.

추천 도서

Craig, William Lane. "The Problem of Miracles." Pages 247-83 in *Reasonable Faith: Christian Truth and Apologetics*. Wheaton, IL: Crossway, 2008.

Keener, Craig S. *Miracles: The Credibility of the New Testament Accounts*. 2 vols. Grand Rapids: Baker Academic, 2011.

Lennox, John C. "Are Miracles Pure Fantasy?" Pages 165-84 in *Gunning for God: Why the New Ahteists are Missing the Target*. Oxford: Lion Hudson, 2011; 존 레녹스, 『현대 무신론자들의 헛발질』, 노동래 역, 새물결플러스, 2020.

Lewis, C. S. *Miracles: A Preliminary Study*. New York: Macmillan, 1947; C. S. 루이스, 『기적』, 이종태 역, 홍성사, 2019.

---

34) McGrath, *Re-imagining Nature*, 143.

가장 위대한 이야기

지금까지 우리는 어떻게 관찰과 경험이 우주 너머에 있는 초월적인 실재(물론 기독교 세계관에서 가정하는)를 가리키는지 살펴보았다. 그에 따르는 각 질문과 설명은 기독교 이야기의 독특한 면을 생각하게 하는 문을 열도록 돕는다.

8장에서 살펴본 대로 이야기는 세상을 경험하는 생동감 있는 체계와 세상을 보는 입장을 도전하는 수단을 제공한다.[35] 이야기는 우리의 폐부를 찌른다. 그리고 예를 들어, "우리는 누구인가? 세상의 문제는 무엇이며 그 해결은 무엇인가? 우리는 어디로 가고 있는가?"와 같은 인생의 깊은 질문은 단순히 개별적인 진술이나 논리적 삼단논법이 아닌, 우리의 뼛속까지 스며들어 일상생활을 강력하게 이루는 이야기들로 답변된다.[36]

지난 2천 년 동안 수많은 사람의 인생을 바꾸며 전해지고 수용된 기독교의 이야기는 심지어 불신자도 주목해 온 대로 이러한 우주적인 질문들에 강력한 답변을 제공해 왔다. 프랑스 철학자인 뤼크 페리에게 있어서 기독교 이야기는 예외적으로 심오하고 거부하기 어려운 이야기이다.[37] 그럼에도 그는 "진실이기에는 너무 좋은 이야기"라는 데 문제가 있다고 했다.[38] 영국 작가인 줄리언 반스(Julian Barnes)에게 있어서 기독교의 잠재력은 복음 이야기의 아름다움에 기인한다고 했다. 비록 그에게 그것은 "아름다운 거짓말"이고 "탁월한 소설"이지만 말이다.[39] 다음 단원에서 어떻게 이 이야기를 거짓말이 아닌,

---

35) N. T. Wright, *The New Testament and the People of God* (Minneapolis: Fortress, 1992), 39; 톰 라이트, 『신약성서와 하나님의 백성』, 박문재 역, CH북스, 2003.
36) 이 질문은 라이트의 네 가지 세계관 질문에서 영감을 받았다. *New Testament and the People of God*, 123; 라이트, 『신약성서와 하나님의 백성』을 보라.
37) Ferry, *Brief History of Thought*, 77.
38) Ferry, Brief History of Thought, 11.
39) Julian Barnes, *Nothing to Be Frightened Of* (2008; repr., New York: Vintage, 2009); 줄리언 반스, 『웃으면서 죽음을 이야기하는 방법』, 최세희 역, 다산책방, 2016.

인생에 관한 우주적 질문에 대한 참된 답변으로서 전할 수 있을지 개관적으로 다루겠다.

우리는 누구인가?

우리는 하나님이 우리를 위해 만드신 세상에서 살아가도록 하나님의 형상으로 지음을 받았다. 곧 우리에게는 본유적인 가치, 의미, 목적이 있다는 뜻이다. 우리는 하나님과 바른 관계를 맺고 그분께 즐거이 헌신하고 선물로 주신 창조물을 관리하며 살도록 설계되었다.

사람이 가진 자연적 능력이 각자 다르다는 분명한 관찰에도 불구하고 기독교 이야기는 우리 모두가 하나님의 형상을 가진 자로서 동일한 존엄성을 가지고 있다고 인정한다. 우리는 궁극적으로 생물학이나 문화에 의해 결정되는 것이 아니다. 인간이 본능적으로 가정하는 선택과 목적은 허상이 아니다. 우리의 창조주는 그리스 철학의 로고스처럼 우주의 구조 안에 거하는 비인격적인 힘이 아니라, 인격적인 동시에 그분의 창조와 구별되는 하나님이시다. 역사의 절정은 하나님이 창조의 선함을 확인하고 창조를 향한 인격적인 사랑을 보여 주신 인간으로, 신-인으로 창조 안에 들어오신 사건이다.

예수님은 또한 인간 이상이시다. 신실하신 그분은 창조와 아버지를 온전하게 사랑하신다. 그분은 권위와 사랑, 정의와 자비의 조화를 이루시며 순종 안에서 발견되는 자유를 보여 주신다. 간단히 말하면 예수님은 인간이 마땅히 되어야 할 모습의 완성이시며 본이 되신다. 그분은 우리가 하지 못한 일을 친히 행하셨다.

세상의 문제는 무엇이며 그 해결은 무엇인가?

무언가 잘못되었다는 거의 보편적인 직관이 사람들에게 있다. 사물은 원래의 모습이 아니다. 어떤 사람은 종교 자체가 문제라고 말한다. 가령 존 레논의 노래 "이매진"(Imagine)은 종교가 없는 세상, 그 결과로 사람들이 평화 가운데 사는 것을 상상해 보라는 요청으로 유명하다. 하지만 몇 가지 면에서 이 주장은 세상에서 관찰되는 것과 일치하지 않는다.

우선, 사회학자는 종교가 사라지지 않을 거라고 점점 더 강조하고 있다. 현대화의 발전으로 종교는 더 이상 존재하지 않을 것이라고 말하는 단순화된 세속주의 이론은 기본적으로 잘못되었음이 드러나고 있다.[40] 게다가 현재의 궤적이 세계적으로 보수적인 종교들의 성장과 함께 더 앞으로 나갈 거라고 예견했던 세속 학자들에 의해 놀라운 인구통계 연구가 이루어지고 있다.[41]

두 번째로 종교를 없애려는 시도는 종종 피를 흘리게 한다.[42] 최근 역사에서 종교에 대한 폭력은 프랑스 혁명, 스페인 독립 전쟁, 소비에트 연합 그리고 중국에서 일어났다. 이러한 시도는 궁극적으로 종교를 뿌리째 뽑아 버리는 데 실패했으며, '평화'라는 용어는 종교를 제거하려는 시도나 스탈린(Stalin), 폴 포트(Pol Pot)와 같은 이름과 일반적으로 연관되지 않는다.

그럼에도 레논이 표현하려고 하는 문화적 사상 속에서 우리가 인정할 수 있는 것이 있다. 종교(모든 종류의 이데올로기도 함께 언급하고 싶다.)는 적대감과 특별한 상황, 심지어 폭력도 유발할 수 있다. 만일 한 부류의 사람이 다른 부류보다 도덕적으로 우월하거나 더 발달되었다고 믿는다면, 그들이 다른 사람을 무시하지 않고 그들의 결함을 애석해하지 않기란 거의 불가능하다. 우리는 이전 장에서 기독교도 이런 실패로부터 자유롭지 않음을 이미 주목해 보았

---

40) 가령, 피터 버거는 그와 다른 사회학자들이 예견했던 종교적 신념의 분명한 쇠락은 일어나지 않았다고 인정했다[*The Many Altars of Modernity: Toward a Paradigm for Religion in a Pluralist Age* (Berlin: DeGruyter, 2014)]; 또한 Rodney Stark, *The Triumph of Faith: Why the World Is More Religious Than Ever* (Wilmington, DE:ISI, 2015)를 보라.

41) 예를 들면, Eric Kaufmann, *Shall the Religious Inherit the Earth? Demography and Politics in the Twenty-First Century* (London: Profile Books, 2011)을 보라.

42) John Lennox, "Is Atheism Poisnous?" in *Gunning for God: Why the New Atheists Are Missing the Target* (Oxford: Lion House, 2011), 83-95; 존 레녹스, 『현대 무신론자들의 헛발질』, 노동래 역, 새물결플러스, 2020을 보라.

다. 그러나 관용과 다양성을 찬양하는 시대에도 우리는 "역사의 잘못된 편에 있다."든지, "용납할 수 없는 악"에 관한 이야기를 많이 듣는다. 성찰해 보면, 이러한 표현들은 세속적 진보를 믿지 않는 사람을 배제하는 판단적인 표현이 분명하다. 소외, 적대, 우월감은 거의 불가피해 보인다. 그래서 문제가 있다. 서로를 향한 깊은 적대감(너무 많은 경우에 전쟁, 학살, 지구의 멸망을 초래하는)은 무언가가 심각하게 잘못되었다는 신호이다. 해결책은 무엇일까?

기독교의 주장은 해결의 핵심이 추상적인 신념이나 이데올로기의 연속이 아닌 한 사람에게 있다는 것이다. 예수님은 그분의 제자들에게 칼을 버리라고 하셨다. 예수님은 "화평하게 하는 자는 복이 있나니"라고 가르치셨다(마 5:9). 그분은 청중에게 다른 뺨을 내놓으라고 하셨고, 자기를 사랑하는 사람뿐만 아니라 원수도 사랑하라고 하셨다. 예수님은 기꺼이 세상을 구원하기 위해 십자가의 길을 가시며 그분을 못 박은 자들을 용서해 달라고 기도하셨다. 다른 말로 하면, 기독교 메시지의 핵심에는 이방인과 나와 다른 사람과, 원수를 향한 희생과 사랑이 있다. 기독교 이야기의 핵심은 단순한 메시지가 아니라, 인간의 강압과 교만이라는 성향을 약화시키는 한 사람이다.

하지만 문제는 그저 우리가 다른 사람을 나쁘게 대하는 것이 아니다. 문제는 사실 훨씬 더 깊다. 우리는 창조주께 반항했다. 그 결과가 무질서한 창조 세계이다. 근본적인 문제는 수직적이며, 그 결과로 주변에서 보는 수평적인 문제가 생겼다. 하나님으로부터 분리되었다. 그래서 그분의 형상을 입은 자로서 창조된 목적과 부르심을 위해 제대로 준비되지 못한다. 예수님은 우리를 하나님께 다시 회복시키셔서 자기도취와 임박한 심판으로부터 우리를 구원하기 위해 오셨다. 그분은 인간으로서 우리가 얼마나 번영할 수 있는지 보여 줄 뿐 아니라, 진정으로 의미 있는 삶을 살아 내게 하기 위해서도 오셨다. 이러한 의미 있는 삶의 특징은 자비와 은혜이다. 종종 깊은 신념을 동반하는 교만은, 점검하지 않으면 우리로 다른 사람을 경멸하게 한다. 우리가 이처럼 절망적인 상황에 있었으나 하나님의 자비로 구원받은 것을 더욱 잘 이해할 때 교만은 약화된다.

요약하자면 이 문제의 해결은 사랑의 아버지로서 하나님이 행하신 일에 있다. 그분은 창조 세계를 정죄하시거나 우리가 죽음과 비참함에 빠져들도록 내버려두지 않으신다. 악을 물리치고 우리를 다시 바르게 하기 위해 예수님을 통해 세상에 들어오셔서 우리 반역의 대가를 대신 치르셨다. 하나님과 그분이 구하신 세상과 영원히 바른 관계를 가지고 살기 위해 자기도취로부터 돌이켜 온전하신 주님께 충성을 다짐하는 자들 안에 성령님이 거하신다.

우리는 어디로 가는가?

뤼크 페리는 우주적 갈망이란 피할 수 없는 문제를, 모든 인간이 "이해받고, 사랑받고, 외롭지 않고, 사랑하는 사람과 헤어지지 않으려는 갈망(간단하게 말하면 죽지 않고 주변 사람들이 죽지 않도록 하기 위해)을 해결하려는 시도"라고 묘사했다.[43] 기독교 이야기는 이에 대한 답을 제공한다. 그는 에드거 앨런 포(Edgar Allan Poe)의 시 "까마귀"(The Raven)에 나오는 유명한 구절, "결코 다시는"을 죽음이 가져오는 실존적 공포에 대한 강력한 예로 소개한다. "포는 죽음이 반복될 수 없는 모든 것을 의미한다고 말한다. 죽음은 삶의 한가운데 있어서 다시 돌아오지 않으며, 돌이킬 수 없는 과거에 속하고 회복의 소망이 전혀 없다."[44]

죽음은 삶의 전 영역에 그림자를 드리운다. 죽음은 다시는 돌아갈 수 없는 유년 시절의 모든 전원적인 경험에서도 보인다. 죽음은 다시 돌이킬 수 없는 우리가 행한 모든 실수이다. 죽음은 우리가 묻어야 했던 모든 친구, 자녀, 사

---

43) Ferry, *Brief History of Thought*, 4.
44) Ferry, *Brief History of Thought*, 5.

랑하는 사람이다. 우리는 결코 돌아갈 수 없다. 그들은 다 이미 지나갔다. 죽음은 미래다. 피할 수 없는 운명이다. 완전한 침묵의 어둠이며 사랑하는 모든 것, 소중히 여기는 모든 것과의 절연이다. 사랑과 관계의 종국은 죽음을 도저히 견딜 수 없게 만든다.

죽음은 인간을 의식의 부재로 이끄는 비인격적인 경험이라는 믿음이나, 그냥 '무'(nothingness)가 되는 것이라는 믿음은 거의 혹은 전혀 위로가 되지 않는다. 대조적으로 기독교에서는 어둠이 궁극적으로 사라졌다. 신자에게는 상호적인 사랑 안에서 하나님, 그리고 다른 사람과의 영원한 관계가 제공된다. 부활은 이 세상에서의 사랑들, 하나님과의 바른 관계 안에서 사랑하는 것들이 단지 의미 있을 뿐 아니라 영원히 존재하리라고 약속한다. 죽음은 결코 그와 같은 사랑을 건드릴 수 없다. 예수님의 부활은 세상과 개인, 즉 실제 사람(몸, 얼굴, 목소리, 개성)의 전부가 구속되었다고 가리킨다. 이렇게 끝이 없다는 개념은 영원한 구원을 통해 온전히 구체화된다. 사랑은 죽음으로 끝을 맞이하지 않게 되고, 하나님은 죽음을 무효화시키신다. 그분은 돌이킬 수 없어 보이는 것을 돌이키실 것이다.

이 소식이 너무 좋아서 사실로 믿기 어려운가? 줄리언 반스가 인정하는 대로 복음은 아름다운 이야기이다. 하지만 이것은 거짓말인가? 페리는 "구원에 관한 가능한 교리 중에 기독교와 겨룰 만한 것은 없다. 당신이 신자라는 전제하에."라고 동의한다.[45] 나중에 그는 덧붙여 말하기를 "만일 이것이 사실이라면 … 나도 받아들일 것이다."라고 했다.[46] 변증가로서 우리의 임무 중 하나는 "만일 그것이 사실이라면?"이라는 질문을 던지는 것이다. 우리의 첫 번째 목표는 불신자가 이 질문에 "만일 그 이야기가 사실이라면 정말 좋겠네요.

---

45) Ferry, *Brief History of Thought*, 261.
46) Ferry, *Brief History of Thought*, 263.

하지만 그것을 믿어야 할 좋은 이유가 없다는 것이 아쉽네요."라는 답변을 듣는 것이다. 이 이야기의 아름다움에 대한 공감은 이 이야기의 진실성을 믿게 하는 첫 번째 단계이다. 상상력을 깨울 수 있다면 믿어야 할 이유로 인도하는 문이 열릴 것이다.

이 이야기를 믿어야 할 이유로는 무엇이 있을까? 본 장은 복음을 위한 문을 열기 위해 현대 세속 서사들 너머를 가리키는 이정표를 살펴보며 시작했다. 본 장 앞부분에서 다룬 이정표를 염두에 두고, 이제 이 이야기가 아름다우며 진실한 이야기임을 다른 사람에게 설득하는 모델을 제공하겠다. 이를 위해 기독교 서사의 절정으로부터 역사적 이정표를 다루도록 한다.

> **추천 도서**
>
> Vanhoozer, Kevin J. *The Drama of Doctrine: A Canonical-Linguistic Approach to Christian Theology*. Louisville: Westminster John Knox, 2005; 케빈 밴후저, 『교리의 드라마』, 윤석인 역, 부흥과개혁사, 2017.
>
> Wax, Trevin. "The Gospel Story." Pages 23–42 in *Counterfeit Gospels: Rediscovering the Good News in a World of False Hope*. Chicago: Moody, 2011; 트레빈 왁스, 『일그러진 복음』, 김태곤 역, 생명의말씀사, 2012.
>
> Wright, N. T. *Simply Christian: Why Christianity Makes Sense*. San Francisco: HarperOne, 2006; 톰 라이트, 『톰 라이트와 함께하는 기독교 여행』, 김재영 역, IVP, 2007.

예수님의 죽음과 부활

고대 역사에서 어떤 사건을 다룰 때에는 모든 사람을 위한 100퍼센트 증명이란 없다. 그것은 고대 세계에서 역사적 증거가 작용하는 방법이 아니기 때문이다. 또한 특히 관심이 집중된 함의가 있는 질문에 접근할 때에는 중립적인 관찰자란 존재하지 않음을 기억하라. 우리는 자신을 편견이 없는 사람으로 묘사하거나 불신자에게 공정할 것을 요구하지 말아야 한다. 하지만 공정하도록 애를 쓸 것이고 불신자에게 가능한 한 공정하게 접근해 보도록 요청할 수 있다.

예수님의 부활의 이야기는 만들어 냈다고 하기에 너무 반직관적이다
예기치 못했던 죽음

폭넓은 지지에 의해서 오늘날 거의 모든 신약학자들은 예수님이 로마에 의해 십자가 처형을 당했다고 동의한다.[47] 대조적으로 예수님이 오시기 전 유대인 학자들은 참된 메시아가 십자가에서 죽으리라고는 예상하지 못했던 듯하다. 제자들은 예수님을 십자가에서 수치스럽게 처형을 당하신 메시아 왕이라고 지속적으로 주장했는데, 그래서 1세기 사람들의 귀에는 이 말이 이상하게 들렸다. 십자가는 가장 경멸스러운 죄수를 위한 것이었다. 어느 유대인도 심지어 예수님의 제자들도 오랫동안 기다리던 유대인의 왕이 그렇게 십자가에서 죽으리라고는 상상조차 하지 못했다.

제자들은 예수님의 죽음에 관한 말씀을 반복해서 잘못 이해했는데, 이는 바로 1세기의 다른 유대인과 마찬가지로 오실 메시아에게서 정상적으로 기대되었던 것들(십자가에서 불명예스럽게 죽기보다는 어쩌면 전쟁의 승리를 통해 국가를 건지고 이 땅에 가시적인 왕국을 세우는)을 예수님이 하실 것이라고 믿었던 데서 기인한다. 그들은 예수님의 죽음이 임할 것을 알지 못했기 때문에 예수님이 부활하실 것도 알지 못했다.

---

[47] 수많은 기독교, 비기독교 자료가 예수님의 죽음을 기록한다. Tacitus, *Annals of Imperial Rome* 15.44 (AD 115); Flavius Josephus, *Antoquity of the Jews* 18.3 (AD 93); 마라 바르 세라피온(Mara bar Serapion)이 아들에게 보낸 편지(아마도 2세기경)를 보라. 바벨론 탈무드, 산헤드린 탈무드 43a (2세기경); 마가복음, 마태복음, 누가복음과 사도행전, 요한복음, 고린도전서를 보라.

반직관적 주장: 부활

N. T. 라이트와 같은 학자들의 연구는 예수님의 부활이 어떤 운동을 일으키려는 목적으로 지어 내기에는 1세기 유대인과 그리스인에게 대중적이지 않은 개념이었다고 보여 준다. 비유대인을 지배하던 입장은 육체의 부활은 불가능하며 원하지 않는 것이었다. 그들은 영혼은 선하지만 육체는 악하다고 믿었다.

반면에 많은 유대인은 미래의 육체적 부활을 고대하고 있었다. 하지만 이 부활은 모든 의로운 자들의 연합적인 부활이었지 어느 특정한 한 사람의 부활이 아니었다.[48] 더 나가서 이 미래의 부활은 온 세상의 회복과 함께 일어날 것이라고 생각했다. 세상의 문제는 여전히 해결되지 않았는 데 역사의 한 시점에서 그저 한 개인에게 일어날 일이 아니었다.

여기에 열쇠가 있다. 제자들은 예수님의 부활 이야기를 지어 내지 않았다. 왜냐하면 우선 사람들이 메시아가 죽임을 당했다가 살아날 것이라고 기대하지 않았기 때문이다. 이런 상황은 유대인에게도 그리스도인에게도 자연스럽지 않았다.[49] 게다가 예수님 말고도 역사 속에는 추종자를 모으기 위해서 메시아라고 주장했다고 처형을 당한 인물이 있다. 그럼에도 불구하고 N. T. 라이트가 관찰한 대로

> 그들의 영웅이 죽음에서 살아났다고 주장하는 제자들이 실망했다는 언급은 그 어디에도 없었다. 그들은 잘 알았다. '부활'은 사적인 사건이 아니라, 인간의 몸에 관한 사건이다. 빈 무덤은 여기저기에 있었을 것이다. 지도자가 당국

---

48) 나사로가 죽음에서 다시 살아난 일이나 헤롯 안티파스가 예수님을 죽은 세례 요한이 다시 살아난 것이라고 생각한 사례는 예수님의 부활과 다르다. 예수님은 언젠가는 나이가 들어 다시 죽는 상태로 살아나시지 않았다. 대신에 예수님은 영원히 영화롭게 된 몸으로 부활하셨다는 것이 그들의 주장이었다.

49) 부활에 관한 유대인과 비유대인의 세계관에 관한 심도 있는 연구로는 N. T. Wright, *The Resurrection of the Son of God* (Minneapolis: Fortress, 2003); 톰 라이트, 『하나님의 아들의 부활』, 박문재 역, CH북스, 2005이 있다.

에 의해 처형된 후 자신은 체포를 면한 유대 혁명가에게는 두 가지 선택지가 있었다. 혁명을 포기하거나 다른 지도자를 세우는 것 … 원래의 지도자가 다시 살아났다고 주장하는 것은 선택 사항이 아니다. 물론 그가 정말로 다시 살아난 것이 아니라면."[50]

반직관적인 증인들

1세기 상황에서 각 복음서마다 부활하신 예수님의 증인으로 여인을 언급한다는 것도 이상하다. 그 당시에 여인은 중요한 문제에 있어서 신뢰할 만한 증인들로 간주되지 않았고, 그래서 법정에서 증언할 수 없었다.[51] 증인으로 간주되지 않는 사람에 의해 전파되는 대중적이지 않은 교리에 사람들은 어떤 반응을 보였을까? 여인이 증인이라는 사실은 틀림없이 도움이 되지 않았을 것이다. 사람들이 믿기를 바라면서 이런 식으로 이야기를 만드는 것은 틀림없이 반직관적이다. 그 일이 실제로 일어난 경우가 아니라면 말이다.

오백 명 이상이 부활하신 예수님을 보았는데
그들 중 일부는 직접 보기 전까지는 회의적이었다

여러 번 나타나심

베드로, 야고보, 바울 그리고 한 번에 5백 명의 사람이 부활하신 예수님을 보았다고 주장했다. 바울은 고린도전서 15장에서 예수님이 5백 명에게 나타나신 것은 사람들이 예수님을 보았던 많은 경우 중 하나이며, 그 증인 중 많은 사람이 여전히 생존해 있다고 기록했다. 만일 이 증인들이 주변에 없었다면 바울의 주장은 쉽게 무효화되었을 것이다.

---

50) N. T. Wright, *Who Was Jesus?* (Grand Rapids: Eerdmans, 1993), 63.
51) Richard Bauckham, *Gospel Women: Studies of the Names Women in the Gospels* (Grand Rapids: Eerdmans, 2002), 268-77; 참고. Wright, Resurrection of the Son of God, 607.

예수님의 추종자가 너무 슬픔에 잠겨서 환각을 보았다는 주장도 있지만, 이는 어떻게 그렇게 많은 사람이 다른 때에 그런 환각 상태에 빠질 수 있었는지 설명하지 못한다. 환각은 마음의 투시로서 단회적이고 주관적인 사건이기 때문이다. 집단 환각 상태에 관해(집단으로 모인 사람들이 같은 이미지를 환상에서 보는 것) 설명하는 현대 심리학자는 그와 같은 사건을 충족시키기에는 너무 적은 과학적 증거만 제시했을 뿐이다.[52] 분명히 예수님의 죽음을 슬퍼하지 않았고 그리스도인을 핍박하던 헌신된 유대교 지도자인 바울이 왜 환각 상태에 빠졌는지 설명할 수 없다. 게다가 환각 이론은, 이 운동을 종식시키기 원하고 시신을 확보할 능력과 동기가 있었던 당국이 왜 시신을 제시하지 않았는지도 설명하지 못한다.

그럴 것 같지 않았던 제자들

갑자기 변화된 교회의 핍박자 바울

바울은 적극적인 교회의 핍박자였는데 그의 간증처럼 바울은 부활하신 주님을 만났다. 즉각적으로 바울은 적극적인 핍박자에서 담대한 복음의 선포자로 변했다. 바울은 부활하신 주님을 너무도 분명하게 경험해서 남은 생애 동안 영적으로 육체적으로 복음을 위해 고난을 받았다.

예수님의 동생 야고보 – 회의주의자가 신자가 됨

복음서에서 우리는 예수님의 동생이었던 야고보가 예수님의 사역 동안에는 불신자였다고 배운다(막 3:21, 31; 6:3-4; 요 7:5). 하지만 예수님의 죽음과 부활 직후 야고보는 그저 신자가 아니라 예루살렘에서 유력한 기독교 지도자가 되었다. 고린도전서 15장 3-8절은 예수님이 동생 야고보에게 나타나셨다고 증언한다. 또한 사도행전 15장과 갈라디아서 1장에서 야고보는 예루살렘 교회의 지도자가 되었음을 알 수 있다. 더욱이 야고보는 신자요 지도자였을 뿐 아니라, 요세푸스와 다른 자료들에 의하면 신앙을 위한 순교자가 되었다.

---

52) 환각 상태에 대한 현대 연구로는 Andre Aleman and Frank Laroi, *Hallucinations: The Science of Idiosyncratic Perception* (Washington, DC: American Psychological Association, 2008)을 보라.

시체가 없었다

만일 부활에 대한 주장이 꾸며낸 것이라면 그 이야기가 예루살렘에서 시작되었다는 사실은 반직관적이다. 예수님이 죽으시고 장사되신 예루살렘은 부활이 거짓 주장임을 증명하기에 쉬운 곳이었다. 유대인과 로마 권력은 시체를 내놓기만 하면 되었다.

어떤 이는 그들이 시체를 내놓을 수 없던 이유는 로마 정책이 십자가 처형을 당한 사람을 매장하지 못하게 했고, 그래서 예수님의 시체는 동물에게 먹혔거나 아니면 버려졌기 때문이라고 주장하기도 한다. 로마 제국의 일부 지역에서는 처형당한 시체를 십자가에서 썩게 두거나 동물이 먹도록 내버려두었다는 것이다. 하지만 만일 그것이 로마 사람이 예루살렘 근처에서 유대인을 취급한 방식이었다면, 당국은 기독교의 주장에 이렇게 대답했어야 한다. "물론 무덤에는 시체가 없다. 왜냐하면 그는 매장이 허락되지 않았기 때문이다! 십자가 처형을 당한 사람의 매장을 허락하지 않는다는 것을 모든 사람이 알지 않는가!" 만일 예루살렘에서 일반적으로 그렇게 행해졌다면 부활과 빈 무덤에 대한 명백한 답변이 되었을 것이다.[53]

그럼에도 당시 권력이나 기독교 비판가들은 그렇게 대답하지 않았다. 왜냐하면 로마 당국이 예루살렘 근처에서 죽은 유대인의 매장을 대체로 허락했다는 것이 일반적인 지식이기 때문이다. 대신에 누가 시체를 훔쳐 갔다는 이야기가 회자되었는데, 시체가 실제로 무덤에서 사라졌다면 그것이 가장 일리 있는 반응이었을 것이다.

---

[53] 더 많은 토론을 위해서는 Craig A. Evans, "Getting the Burial Traditions and Evidences Right," in *How God Became Jesus: The Real Origin of Belief in Divine Nature-A Response to Bart D. Ehrman*, ed. Michael F. Bird (Grand Rapids: Zondervan, 2014), 74-75; 마이클 F. 버드, 크레이그 A. 에반스, 사이먼 J. 게더콜, 찰스 E. 힐, 크리스 틸링, 『하나님은 어떻게 예수가 되셨나?』, 손현선 역, 좋은씨앗, 2016를 보라.

초대 제자들은 이 대중적이지 않은 이야기를 변호해서 얻는 것보다는 잃는 것이 훨씬 많았다. 그렇다면 그들의 동기는 무엇이었는가?

자신의 거짓말을 위해 죽다?

만일 제자들이 그와 같은 주장을 꾸며낸 것이라면 그들은 왜 그런 속임수를 그렇게까지 붙들었을까?

사도들과 초대 교회 교인들은 그들의 신앙 때문에 핍박을 받았다. 스데반은 돌에 맞아 죽었고(행 6-8장) 요한의 형제 야고보는 헤롯 아그립바에게 죽임을 당했다[행 12:1-2; 요세푸스의 『유대 고대사』(Antiquities) 20.200이 이를 지지함]. 네로 황제는 주후 60년대 초에 그리스도인에 대한 국가적인 핍박을 가했다[타키투스의 『연대기』(Annals) 15.37-41을 보라.]. 바울은 그가 얼마나 극심한 핍박을 당했는지 고백했고(고후 6:4-9) 대부분의 학자는 바울이 주후 60년대에[클레멘트1서 5:5-7; 유세비우스, 『고대사』(Historia Ecclesiastica) 2.25-5-8] 순교를 당했다는 전승을 받아들이고 있다.

사도행전 5장 17-42절에 따르면 베드로와 요한은 감옥에 갇혀 매를 맞았다. 요한복음 21장 18-19절은 요한복음이 기록되었을 당시 베드로가 순교했다는 사실은 이미 잘 알려져 있었다고 암시한다.[54] 만일 제자들이 자신이 만든 속임수로 인해 고난을 받을 것을 알았다면, 왜 그와 같은 핍박을 기꺼이 받으려고 했는지 이해하기 어렵다. 따라서 게리 하버마스는 오랫동안 인정되고 여전히 예리한 역사적 논점을 강조한다.

사실상 누구도, 친구든, 원수든, 신자든, 비판자든, 부활하신 예수님을 보았다는 확신이 제자들에게 급진적 변화를 일으켰음을 부인하지 않았다. 그들은 특별히 자신이 부활하리라는 믿음 때문에 기꺼이 죽으려 했다. 역사를 통해서

---

54) 에크하르트 슈나벨(Eckhard J. Schnabel)은 초대 교회 그리스도인이 경험한 핍박을 문서화했다[*Early Christian Mission* (Downers Grove, IL: InterVarsity, 2004), 2:1533-38].

많은 사람이 정치적 혹은 종교적인 이유로 자신의 생명을 내놓았다. 하지만 여기서 결정적인 차이점은 많은 사람이 자신의 신념을 위해 죽은 반면, 예수님의 제자들은 자신이 죽음을 무릅쓸 만큼 확신했던 사건의 진실을 알 수 있는 위치에 있었다는 것이다.[55]

급진적 변화

기독교의 기원을 둘러싼 이 사건들에 대한 역사적인 설명을 제공하려면 크레이그 블롬버그(Craig Blomberg)가 기록했듯이 "예수님의 패배한 소수의 추종자들은 거의 하룻밤 사이에 담대한 증인들로 변하여, 50일 전 예수님의 십자가 처형에 동참했던 많은 사람들 앞에서 그분의 육체적 부활을 선포하며 죽음을 무릅쓴 이유를"[56] 설명할 수 있어야 한다. 여기서 잠시, 부활하신 예수님에 관한 개념은 초대 제자들이 만들어 냈다는 주장이 대안이 되는 주요한 이야기였음을 기억하라. 하지만 이 소설적인 아이디어는 어디에서 나온 것인가?

유대교에는 부활한 메시아에 관한 전례가 없었다. 부활을 믿었던 사람들에게 부활은 역사의 중간에 등장한 어떤 한 사람을 위한 것이 아니라, 역사의 끝에 모든 신실한 자를 위해 일어나는 일이었다. 따라서 이 아이디어를 만들어 낼 만한 근접한 맥락이 존재하지 않았다. 그 사건이 실제로 일어난 것이 아니라면 말이다.

---

[55] Gary R. Habermas, "The Resurrection Appearance of Jesus," in *Evidence for God: 50 Arguments for Faith from the Bible, History, Philosophy, and Science*, ed. William A. Dembski and Michael R. Licona (Grand Rapids: Baker, 2010), 174–75.

[56] Craig L. Blomberg, "Jesus of Nazareth: How Historians Can Know Him and Why It Matters," Gospel Coalition, https://chab123.wordpress.com/2012/04/15/jesus-of-nazareth-how-historians-can-know-him-and-why-it-matters-by-craig-blomberg

한 사람을 예배하다
: 너무 빠르게 일어난 유대인의 패러다임 변화

십자가 처형을 당하고 부활한 메시아를 예배하는 것은 1세기 세계에서는 스캔들이었고 설명이 필요한 일이었다. 유대인에게 그것은 인간을 예배하는 신성모독이었다. 신약학자인 마이클 버드(Michael Bird)가 설명한 대로, "헬라인에게 있어 최근에 죽음에서 부활한 사람을 예배하는 일은 좀비 아포칼립스에서 처음 만난 좀비에게 경의를 표하는 것과 같다."[57]

유대인 공동체 안에서 가끔 예외적인 경우가 가능했지만 초대 제자들과 같은 1세기 경건한 유대인들은 철저한 일신론자였다. 다시 말하면 그들은 오직 하나님만을, 모든 것의 창조주만을 예배했다.[58] 이들은 많은 신들을 섬기던 이교도가 아니었다. 그들은 히브리 성경의 가장 핵심 구절 중 하나인 "우리 하나님 여호와는 오직 유일한 여호와이시니"(신 6:4)를 급진적으로 떠난 유대인이 아니었다. 그럼에도 충격적이게도 그들은 예수님을 예배했다!

예수님은 그냥 일종의 천사로 예배를 받으셨던 것도 아님을 주목해야 한다. 천사는 창조하지 않는다. 창조는 히브리 성경의 하나님이 하시는 일이다. 하지만 우리가 가진 가장 오래된 성경 구절 중에는 예수님이 창조하신다는 기록이 분명히 있다(고전 8:4-6; 골 1:15-20). 천사는 예배의 대상이 될 수 없다(계 19:10; 22:8-9). 그럼에도 예수님을 따르는 자들은 그분이 성부 하나님과 신적 정체성을 공유한다고 보았기에 초대 교회에서는 예수님을 예배했다(예를 들어, 히 1장; 계1:4-5).[59]

---

57) Michael Bird, "Of God, Angels, and Men," in *How God Became Jesus*, 26-27; 마이클 F. 버드, 크레이그 A. 에반스, 사이먼 J. 게더콜, 찰스 E. 힐, 크리스 틸링, 『하나님은 어떻게 예수가 되셨나?』, 손현선 역, 좋은씨앗, 2016.
58) 신 6:4; 사 45:5-7; 마카베오후서 1:24-25; 롬 11:36; 고전 8:4-6.
59) Richard Bauckham, *Jesus and the God of Israel: God Crucified and Other Studies on the New*

이 예배는 오랜 시간 점진적으로 일어나지 않고 거의 즉각적으로 시작되었다. 역사학자 래리 허타도는 초대 제자들이 "예수님을 유일한 하나님과 관련하여 정의하고 경배했다."고 하면서 "우리는 유대교 유일신 사상의 강력한 영향이 전례 없던 방식으로 예수님을 경배하려는 강한 추진력과 결합한 것을 본다."고 설명했다.[60]

어떻게 그렇게 빨리 엄청난 패러다임의 변화가 일어날 수 있었을까? 이와 같은 즉각적인 변화에 무엇이 동기를 부여한 것일까? 일반적으로 그런 변화는 점진적으로 발생한다. 그러나 이 보수적인 유대인 지도자들은 거의 급진적으로 변화되었다는 증거가 있다. 우리는 이를 가능하게 한 것이 오직 한 가지였다고 생각하는 실수를 범하지 말아야 한다. 히브리 성경을 주의 깊게 다시 읽으면서 예수님의 주장과 행동을 숙고하는 일은 이 변화에 뒤따르는 원동력의 일부일 뿐이다. 하지만 성경을 다시 읽고 예수님의 가르침에 대한 이해를 재평가한다면(아마도 가장 중요한 부분일 텐데) 결정적인 패러다임 변화를 일으키는 '사건' 없이는 그들의 예배를 상상하기 어렵다. 따라서 불신자는 기독교의 기원과 관련해 역사적 증거에 반하는 다양한 이론을 제시하겠지만, 역사의 여러 실들은 함께 엮어서 부활에 대한 강력한 논거를 제시한다.

> **추천 도서**
>
> Bird, Michael F., ed. *How God Became Jesus: The Real Origins of Belief in Jesus's Divine Nature—A Response to Bart D. Ehrman*. Grand Rapids: Zondervan, 2014; 마이클 F. 버드, 크레이그 A. 에반스, 사이먼 J. 게더콜, 찰스 E. 힐, 크리스 틸링, 『하나님은 어떻게 예수가 되셨나?』, 손현선 역, 좋은씨앗, 2016.

Testament's Christology of Divine Identity (Grand Rapids: Eerdmans, 2008); 리처드 보컴, 『예수와 이스라엘의 하나님』, 이형일, 안영미 역, 새물결플러스, 2019.

60) Larry Hurtado, *Lord Jesus Christ: Devotion to Jesus in Earliest Christianity* (Grand Rapids: eerdmans, 2003), 151-52; 또한 Bird, "Of Gods, Angels, and Men," 30.

> Habermas, Gary R., and Michael R. Licona. *The Case for the Resurrection of Jesus*. Grand Rapids: Gregel, 2004.
> Hurtado, Larry. *Lord Jesus Christ: Devotion to Jesus in Earliest Christianity*. Grand Rapids: Eerdmans, 2003; 래리 허타도, 『주 예수 그리스도』, 박규태 역, 새물결플러스, 2010.
> Licona, Michael R. *The Resurrection of Jesus: A New Historiographical Approach*. Downers Grove, IL: InterVarsity, 2010.
> Wright, N. T. *The Resurrection of the Son of God*. Minneapolis: Fortress, 2003; 톰 라이트, 『하나님의 아들의 부활』, 박문재 역, CH북스, 2005.

결론

언젠가 나는(조슈아) 학생 중 한 명에게 왜 그렇게 변증에 열정을 가지느냐고 물었다. 그는 바로 대답했다. "무신론자가 하는 지성적 게임에서 그들을 물리치고 싶습니다." 내가 물었다. "그게 기독교 변증의 목표일까?" 그의 미소는 내가 무슨 말을 하려는지 이해하는 듯했다. 이 짧은 대화는 그날 강의에서 했던 이야기를 넘어 나의 생각에 자극을 주었다. 그리스도인이 변증을 한다는 것은 무슨 의미일까? 이 질문에 답을 하는 것이 본서의 목표이다.

우리는 "기독교 [변증]은 예수 그리스도의 복음에서부터 비롯되어야 한다. 그렇지 않다면 그것은 기독교 [변증]이 아니다."라는 확신을 가지고 변증을 시작해야 한다.[61] 복음은 변증의 임무가 접근하려는 목표이고 동시에 렌즈이다. 복음은 우리로 하여금 자신보다 다른 사람을 먼저 생각하도록 원동력을 제공한다. 즉 타인 중심적이고 전인적인 변증적 접근의 중요성을 보여 준다.

---

61) Oliver O'Donovan, *Resurrection and Moral Order: An Outline for Evangelical Ethics*, 2nd ed. (Grand Rapids: Eerdmans, 1994), 11. 여기서도 우리는 이 인용을 적용했다. 괄호 안에 변증이라고 한 것을 오도노반은 윤리라는 단어를 사용하고 있다.

본서는 가능한 변증적 논증이나 질문을 모두 소개하려고 하기보다는 지침이 되는 강조점을 소개하고 어느 상황이든 받아들이기 충분할 만큼 유동적인 접근 모델을 소개하려고 했다. 개관서로서 이 책의 목적은 당신을 경기에 끌어들이는 것이다. 이제 당신이 훈련한 것을 실습해야 할 시간이다.

변증은 상황화되어야 하지만 또한 바른 상황으로부터 형성되어야 한다. 건강한 교회는 여전히 건강한 변증을 위한 핵심이다. 우리 주변 세상을 향한 변증적 초상인 십자가를 따르는 삶은, 궁극적으로 그리고 우선적으로 주말 컨퍼런스에 참석하거나, 좋아하는 변증가의 영상을 보거나, 변증서를 읽음으로써 이루어지지 않는다. 십자가 중심 변증가를 세우는 데는 교회가 여전히 핵심적인 역할을 한다. 바른 상황에서 바른 변증적 지도를 그리는 데 더할 수 없이 중요한 십자가의 지혜는 하나님의 말씀을 중심으로 찬양하고 성경을 읽고 교제하고 기도하며 고백하는 하나님 백성의 비옥한 땅에서 자란다.

감사의 글

이 책의 아이디어는 몇 년 전 우리가 커피를 마시며 만났을 때 시작되었다. 우리는 학생 대부분이 현재의 문화적 맥락에서 효과적인 변증가로 활동하기 위한 다양한 지식의 흐름을 통합하는 훈련을 받지 못한다는 점을 안타까워했다. 그들은 다양한 지식의 단편을 배우고 있지만, 효과적인 증언을 위해 학문을 통합하지 못했다. 한 분야에서는 효율적이지만, 다른 분야에서는 부족함이 드러나는 경우가 많았다.

또한, 변증학과 지역 교회 사이에 단절도 있었다. 목회자와 교수들은 당연히 자신의 사회적 위치에서 말하고 듣지만, 때때로 서로를 외면하거나 잘 듣지 않는 경우가 많다. 결국 우리는 이러한 문제들에 대해 무엇을 할 수 있을지 논의하기 시작했다.

그 첫 만남 이후, 우리는 매주 한 번씩 아침 식사를 하며 모였다. 이 프로젝트가 우리의 대화의 중심에 있었지만, 매주 만남에서는 주님과 그분이 우리 삶에서 행하시는 일들, 관계 그리고 사역 등 다양한 주제를 나누었다. 다시 말해, 이 책은 우리를 교회의 증언에 대한 공통적인 관심과 그리스도인이 세상과 소통하도록 가르치는 공유된 비전을 바탕으로 모이게 했는데, 동시에 우리가 친구로서 함께 사명을 이어가기 위한 기준점 역할도 했다. 우리는 이 프로젝트가 우리의 우정을 통해 더욱 풍성해졌다고 확신한다.

이 책을 쓰는 동안 많은 사람의 조언과 지원을 받았다. 특별히 우리 두 사람의 아내와 자녀들에게 감사하다. 가족의 격려 덕분에 우리는 늦은 밤부터 이른 아침까지 몰두한 결과를 보게 되었다. 또한 전문성과 예리한 편집 감각으로 도움을 준 존더반의 편집자 매디슨 트램멜에게 감사를 전한다. 그리고 이 책의 많은 내용을 인쇄 전에 활용해 준 포레스트침례교회와 리버티대학교에도 고마움을 표한다.

아울러 초기 원고를 읽고 의견을 준 트레빈 왁스, 네이선 리튼하우스, 제임스 스피겔에게도 큰 감사를 드린다. 마지막으로, 다양한 방식으로 도움을 준 학생들, 미카일린 가이어, 잭 카슨, 케빈 리처드, 메건 젠틀맨, 조슈아 어브, 더그 테일러, 마리아 코미터, 이사야 그리피스, 딕슨 응가마에게 깊은 감사를 전한다.

사명선언문

너희가 흠이 없고 순전하여……세상에서 그들 가운데 빛들로
나타내며 생명의 말씀을 밝혀 _ 빌 2:15-16

1. 생명을 담겠습니다
만드는 책에 주님 주신 생명을 담겠습니다.
그 책으로 복음을 선포하겠습니다.

2. 말씀을 밝히겠습니다
생명의 근본은 말씀입니다.
말씀을 밝혀 성도와 교회의 성장을 돕겠습니다.

3. 빛이 되겠습니다
시대와 영혼의 어두움을 밝혀 주님 앞으로 이끄는
빛이 되는 책을 만들겠습니다.

4. 순전히 행하겠습니다
책을 만들고 전하는 일과 경영하는 일에 부끄러움이 없는
정직함으로 행하겠습니다.

5. 끝까지 전파하겠습니다
모든 사람에게, 땅 끝까지, 주님 오시는 그날까지
복음을 전하는 사명을 다하겠습니다.

서점 안내

광화문점 서울시 종로구 새문안로 69 구세군회관 1층
02)737-2288 / 02)737-4623(F)

강남점 서울시 서초구 신반포로 177 반포쇼핑타운 3동 2층
02)595-1211 / 02)595-3549(F)

구로점 서울시 동작구 시흥대로 602, 3층 302호
02)858-8744 / 02)838-0653(F)

노원점 서울시 노원구 동일로 1366 삼봉빌딩 지하 1층
02)938-7979 / 02)3391-6169(F)

일산점 경기도 고양시 일산서구 중앙로 1391 레이크타운 지하 1층
031)916-8787 / 031)916-8788(F)

의정부점 경기도 의정부시 청사로47번길 12 성산타워 3층
031)845-0600 / 031)852-6930(F)

인터넷서점 www.lifebook.co.kr